Holger Kaschner

Cyber Crisis Management

Das Praxishandbuch zu Krisenmanagement und Krisenkommunikation

2. Auflage

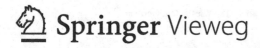

Holger Kaschner
Berlin, Deutschland

ISBN 978-3-658-43464-9   ISBN 978-3-658-43465-6   (eBook)
https://doi.org/10.1007/978-3-658-43465-6

Die Deutsche Nationalbibliothek verzeichnet diese Publikation in der Deutschen Nationalbibliografie; detaillierte bibliografische Daten sind im Internet über https://portal.dnb.de abrufbar.

Planung/Lektorat: David Imgrund
Springer Vieweg ist ein Imprint der eingetragenen Gesellschaft Springer Fachmedien Wiesbaden GmbH und ist ein Teil von Springer Nature.
Die Anschrift der Gesellschaft ist: Abraham-Lincoln-Str. 46, 65189 Wiesbaden, Germany

Das Papier dieses Produkts ist recycelbar.

Cyber Crisis Management

An wen sich dieses Buch richtet, was es behandelt und wie es aufgebaut ist

Zielgruppe

Dieses Buch ist für Mitglieder von Krisenstäben gedacht, die Experten und/oder Führungskräfte in ihrem Fachgebiet, aber mit Krisenmanagement und Cyberrisiken nur am Rande vertraut sind. Ebenso ist es für CISOs gedacht, die ihren Aufgabenbereich besser mit dem organisationsweiten Notfall- und Krisenmanagement verzahnen wollen.

Krisenstab, Notfallorganisation und IT-Fachebene

Während die IT-Fachebene (oder ein Dienstleister, an den die IT ausgelagert ist) bei einer Cyber-Krise das technische Trouble-Shooting (oft als (Major) Incident Management bezeichnet) übernimmt, müssen Krisenstäbe das große Ganze im Blick behalten, d. h. die Ziele und die wesentlichen Stakeholder der Organisation sowie deren Erwartungen an die Organisation. Die Brücke zwischen dem Krisenstab auf der strategischen Ebene und der operativen IT-Fachebene bildet als taktische Ebene die Notfallorganisation, die den Notbetrieb der kritischen (Geschäfts-)Prozesse sicherstellt. Das Zusammenspiel der drei Ebenen ist ein wesentlicher Erfolgsfaktor für professionelles und erfolgreiches Krisenmanagement.

Was ist eigentlich eine Krise?

Unter einer Krise verstehen wir gemäß ISO 22361:2022 „anormale oder außergewöhnliche Ereignisse oder Situationen, die eine Organisation oder Gemeinschaft bedrohen und eine strategische, anpassungsfähige und rechtzeitige Reaktion erfordern, um ihre Lebensfähigkeit und Integrität zu bewahren". Wenn wir dem altgriechischen Wortstamm folgen, erhalten wir obendrein die Eigenschaft eines „Wendepunkts".

Krisenmanagement

- dient dem Schutz von (im-)materiellen Gütern (zuallererst Menschen);
- ist nicht im Detail planbar;
- muss auf unterschiedlichen Ebenen erfolgen;
- muss auch Themen wie Stakeholder- und Issuemanagement, Geschäftsfortführung, Incident Response etc. umfassen.

Damit orientieren wir uns an den Standards BS ISO 22361 und BfV/BSI/ASW 2000-3.

...und eine Cyber-Krise?

Eine Cyber-Krise ist demzufolge eine Krise, bei denen IT-Systeme und auf ihnen verarbeitete Daten eine zentrale Rolle spielen. Dabei geht es um die klassischen Schutzziele der Informationssicherheit: Vertraulichkeit, Integrität und Verfügbarkeit der Daten sowie Authentizität der Kommunikationsteilnehmer und Inhalte der Kommunikation (technisch wie auch organisatorisch).

Wir haben es also immer dann mit einer Cyber-Krise zu tun, wenn aus der Verletzung der Schutzziele reale Gefahren für Leib und Leben von Menschen beziehungsweise die strategischen Ziele, die Reputation oder die Überlebensfähigkeit unserer Organisation entstehen (können).

Nebenbei bemerkt: Das Management von Krisen aller Art und somit auch von Cyber-Krisen ist Bestandteil der Risikovorsorge, zu der Vorstände (§§ 91, 93 AktG) und Geschäftsführer (§ 43 Abs. 1 GmbHG) verpflichtet sind.

Analogie: Verkehrssicherheit und Cybersecurity

Cybersecurity (oder auf Neudeutsch: Cyber-Sicherheit) wird oftmals mit IT-Sicherheit gleichgesetzt und auf letztere reduziert. Wer auch nur ein bisschen Ahnung hat kann dann nur mit dem Kopf schütteln. Cybersecurity und IT-Sicherheit gleichzusetzen ist in etwa so, als wenn wir Verkehrssicherheit auf die ordentliche Bereifung eines Fahrzeugs reduzieren.

Verkehrssicherheit braucht Regeln – die Straßenverkehrsordnung. Cybersecurity braucht ebenfalls Regeln – u. a. das BSI-Gesetz, NIS2, DORA, VAIT, MaRisk und wie sie alle heißen. Fahrer und Autos werden nicht einfach so auf die Menschheit losgelassen – ohne Hauptuntersuchung und Zulassung sowie Führerscheinprüfung geht es nicht. Tests und Audits sind das Äquivalent im Cybersecurity-Kontext. Damit wir unser Auto angemessen bewegen (können), müssen wir zu Beginn unserer Autofahrerkarriere Fahrstunden nehmen und auch später im Straßenverkehr kontinuierlich aufmerksam bleiben. Das ist nichts anderes als der Ruf nach Trainings- und Awareness-Maßnahmen mit Blick auf Cyberrisiken. Stichwort Risiken: Im Straßenverkehr berücksichtigen wir bei unserem Fahrverhalten u. a. unser eigenes Geschick, die Witterungsverhältnisse, den Zustand unseres Fahrzeugs sowie vor allem, ob wir allein unterwegs sind oder mit uns lieben Passagieren in einer hektischen und gefährlichen Umgebung. Nichts anderes tun wir mit Blick auf Cybersecurity, wenn wir eine Informationssicherheitsstrategie aufsetzen und ein Cyber-Risk-Management Programm betreiben. Was in unserer Analogie die Passagiere bzw. die kostbare Fracht sind, sind im Informationssicherheitskontext die Informationen, vulgo Daten. Und die besonders wichtigen, die wir hüten wollen wie unseren Augapfel, das sind die Crown Jewels.

Keine Frage, ein sicher konstruiertes Fahrzeug mit einer vollständigen Übersicht aller verbauten Teile und ihrer Spezifikation ist elementar. Genau wie die Informationssicherheitsarchitektur als Kern des Informations-, IT-Sicherheits- und Asset Managements.

Es ist aber eben nicht alles. Wenn wir uns im Straßenverkehr bewegen wollen, müssen wir auch immer einen Plan B in der Tasche haben, falls unser Fahrzeug mal liegen bleibt oder – Gott bewahre – wir einen Unfall gebaut haben. Uns aus dem Fahrzeug befreien, Unfallstelle absichern, erste Hilfe leisten, Rettungskräfte und Polizei rufen, Abschleppwagen und anschließende Reparatur organisieren und mit Gaffern am Unfallort umgehen. Und was bedeutet das für die Cybersecurity-Analogie? Nun, wir brauchen eine wirksame Incident Response sowie ein wirksames Stakeholder- und Issuemanagement, Business und IT Service Continuity Management bzw. ICT readiness for business continuity und nicht zuletzt Krisenmanagement (!).

Zusammen ist man weniger allein

Cybersecurity herzustellen und aufrechtzuerhalten ist genau wie das Management von Cyber-Krisen etwas, das nur im Verbund gelingt. Aus einer Cybersecurity-Perspektive sitzen wir alle in einem Boot, auch dank wechselseitiger Abhängigkeiten (Stichwort: Liefernetze). Daher ist regelmäßiger Austausch mit anderen Unternehmen nicht zu unterschätzen. Denn niemand kann alles wissen. Um in der Verkehrssicherheitsanalogie bleiben: Es ist illusorisch, an uns selbst den Anspruch zu formulieren, unser Fahrzeug komplett selbst zu entwickeln, bei einem Unfall sämtliche Hilfeleistungen inklusive Abschleppen und anschließend auch noch die Reparatur selbst zu bewerkstelligen zu wollen. Bei all dem können und müssen uns Partner helfen, zu denen wir hoffentlich eine Vertrauensbeziehung aufgebaut haben. Wie auch im Privatleben können, werden und müssen diese Partner uns auch mal den Spiegel vorhalten und unliebsame Wahrheiten aussprechen. Das wird nicht immer angenehm sein. Aber genau deshalb sollten wir ihnen zuhören.

Psychologie

Egal, um welche Art von Krise es sich handelt: Für die Beteiligten und Betroffenen ist es eine Ausnahmesituation, die sie aus ihrer Komfortzone herausholt und unter Zeit- und Erwartungsdruck setzt. Anders ausgedrückt: Krisen bedeuten Stress und Stress führt häufig dazu, dass Menschen anders reagieren, als sie es normalerweise täten. Daher enthält das Buch Hintergründe zu den Verhaltensweisen, die Menschen unter Stress an den Tag legen – und natürlich Tipps zum Umgang mit Stresssituationen.

Dies behandeln wir in Kap. 2 „Das Wichtigste zuerst: Der Faktor Mensch beim Management von (Cyber-)Krisen".

Bewältigung von (Cyber-)Krisen

Um in einer Cyber-Krise Krisenstabsarbeit, Krisenkommunikation, Notfallmanagement (IT- und prozessseitig) sowie technische Gegenmaßnahmen aus einem Guss liefern zu können, müssen nicht nur die Krisenstabsmitglieder verstehen, wie Cyber-Krisen

- entstehen,
- typischerweise verlaufen und
- bewältigt werden

können. Sondern damit die Bewältigung personenunabhängig zum Erfolg führt, muss auch die Krisenbewältigung schnell eingeleitet werden und anhand eines strukturierten Prozesses erfolgen. Dies müssen alle Mitglieder einer Notfall- und Krisenorganisation im Schlaf beherrschen.

Die praktische Krisenbewältigung kann noch so gut sein – ohne eine effektive begleitende Kommunikation verliert sie viel von ihrer Wirkung. Oftmals sind gerade in den Anfangsstunden einer Krise noch keine Fortschritte erkennbar. Gerade dann (aber nicht nur dann) kommt der Krisenkommunikation zentrale Bedeutung zu. Bei der Krisenbewältigung müssen wir unterschiedliche Ebenen berücksichtigen. Während die meisten Krisenmanagementbücher nur die strategische Ebene behandeln, richten wir den Blick auch auf die taktisch-operativen Elemente – ohne diese sind sämtliche strategischen Ansätze nur Schall und Rauch.

Die Krisenbewältigung – operativ und kommunikativ, strategisch und taktisch-operativ – behandeln wir im Kap. 3 „Cyber Crisis Response".

Vorbereitung auf (Cyber-)Krisen

Damit die unterschiedlichen Ebenen und Elemente der Krisenbewältigung ihre Wirkung voll entfalten können, müssen wir Vorkehrungen treffen. Dazu zählt insbesondere, eine schlagkräftige Notfall- und Krisenorganisation aufzubauen und ihr die nötigen Hilfsmittel zur Bewältigung von (Cyber-)Krisen an die Hand zu geben.

Dabei helfen folgende Management-Disziplinen und -Systeme:

- Business Continuity Management (BCM)
- ICT readiness for business continuity (IRBC) bzw. IT Service Continuity Management (ITSCM)
- Information Security Incident Management

Diese und weitere Maßnahmen stellen wir im Kap. 4 „Cyber Crisis Preparation" vor.

Vorbeugung gegen (Cyber-)Krisen

Aber nicht nur das, denn: Mit ein wenig Glück (und vor allem den richtigen Präventionsmaßnahmen) können Organisationen durchaus verhindern, dass aus einem Cyber-Incident eine ausgewachsene Krise wird.

Dabei helfen insbesondere folgende Bausteine:

- IT-Sicherheitsarchitektur
- Cybersecurity Management
- Information Risk Management (IRM)
- Information Security Management (ISM)

Dies schauen wir uns im Kap. 5 „Cyber Crisis Prevention" näher an.

Grundlagen zum Management von Cyber-Sicherheit und Cyber-Krisen
All das setzt auf einigen Grundlagen auf, ohne die wir keine der anderen Phasen des
Cyber Crisis Management vernünftig angehen können. Diese Grundlagen sind eine Informationssicherheitsstrategie, die unsere präventiven du reaktiven Fähigkeiten mit
Schwerpunktsetzung auf Crown Jewels definiert, ein hoffentlich profundes Verständnis
von Kritikalitäten und Abhängigkeiten sowie die Fähigkeit, externe und interne Stakeholder so zu integrieren, dass sie alle an einem Strang ziehen (und das vorzugsweise in die
gleiche Richtung).
   Dies vertieft Kap. 6 „Cyber Crisis (& Security) Grundlagen".

Aufräumarbeiten nach (Cyber-)Krisen
Nach der Krise ist vor der Krise (und umgekehrt). Wenn sich die Wogen wieder geglättet
haben und sich die Situation normalisiert, stehen wichtige Nacharbeiten an. Meist beschädigt eine Krise die Beziehungen einer Organisation zu ihren Stakeholdern. Diese
Beziehungen gilt es zu reparieren. Bei Cyber-Krisen kommt oft noch eine technisch-organisatorische Dimension hinzu. Bei all dem müssen wir den Blick gleichermaßen in unsere Organisation hinein wie auch nach außen richten. Derartige Aspekte sind Gegenstand des Kap. 7 „Post Crisis Care – Krisennachsorge und -nachbereitung".

Schwerpunkt: Crown Jewels
Da wir beim Management von Krisen nicht jede Facette gleichermaßen angehen können,
sollten wir einen (!) Schwerpunkt setzen (mehrere Schwerpunkte kann es nicht geben,
sondern wäre eine Schwerfläche).
   Als Schwerpunkt – sprich, Ziel – hat sich der Schutz der sogenannten Crown Jewels
bewährt.
   Ausgangspunkt sollte immer die Unternehmensstrategie sein, aus der wir die Crown
Jewels ableiten sowie grundlegende Fähigkeiten zu ihrem Schutz definieren können. Die
Fähigkeiten wiederum lassen sich ihrerseits in Anforderungen und die Anforderungen
letztlich in Unternehmens- und IT-Architekturen sowie damit verbundene Maßnahmen
übersetzen.
   Prototypische Crown Jewels auf strategischer Ebene sind:

- Leib und Leben von Menschen;
- Umwelt und Tierwohl;
- kritische Geschäftsbereiche und Wertschöpfungsketten;
- Beziehungen zu den wichtigsten Stakeholdern.

Diese Schwerpunktsetzung greift in allen Phasen: Response, Preparation, Prevention und
Post Crisis Care. Daher werden uns die Crown Jewels im gesamten Buch wieder und
wieder begegnen – inklusive praxiserprobter Lösungsvorschläge, wie wir den Schutz
auch tatsächlich operationalisieren können.

Disclaimer: Governance-Systeme und (ISO-)Standards

Wer sich bereits mit Governance-Systemen und (ISO-)Standards beschäftigt hat, wird in diesem Buch viele Elemente wiedererkennen, insbesondere aus den Standards ISO 22301, ISO 27001, ISO 27002, ISO 27005, ISO 27031, ISO 27032, ISO 27035, ISO 31000 sowie BSI 200-x und ITIL® v4.

Die Elemente sind jedoch nicht streng nach dem jeweiligen Governance-System bzw. (ISO-)Standard sortiert. Stattdessen sind sie über das ganze Buch verteilt, damit deutlich wird, welchen konkreten Beitrag sie zum Management von Cyber-Krisen leisten können. Ähnliches gilt für Hinweise aus den Krisenmanagementstandards ISO 22361, BfV/BSI/ASW 2000-3 sowie dem mittlerweile zugunsten des ISO-Standards zurückgezogenen BS 11200.

Aufbau des Buchs

Das alles (und noch ein bisschen mehr) erklärt dieses Buch und gibt Tipps zur praktischen Umsetzung der einzelnen Elemente. Dazu müssen wir aber nicht ein Kapitel nach dem anderen und schon gar nicht das ganze Buch lesen. Vielmehr ist das Buch so aufgebaut, dass jedes Kapitel isoliert gelesen werden kann. Wo angebracht, finden sich Hinweise auf inhaltlich eng verbundene Kapitel. Auf diese Weise kann sich jeder Leser gezielt auf die Inhalte konzentrieren, die für ihn von Interesse sind.

Diese Flexibilität hat jedoch ihren Preis. Ohne kleinere Redundanzen geht es nicht, ansonsten bestünde das Buch aus nichts anderem als wechselseitigen Querverweisen. Sollte das Verhältnis von Redundanzen zu Verweisen kein ausgewogenes sein, trägt die Verantwortung dafür allein der Autor.

Holger Kaschner

Inhaltsverzeichnis

Abbildungsverzeichnis

Tabellenverzeichnis

Cyber-Krisen wie aus dem Lehrbuch

1

1.1 Cyber Crisis re-invented: Sony Pictures Entertainment

Warum ausgerechnet SPE?

Der Angriff auf SPE aus dem Jahr 2014 ist ein Paradebeispiel, weshalb professionelles Cyber Crisis Management im 21. Jahrhundert für jede Organisation eine Schlüsselkompetenz sein muss. Jede Organisation besitzt Daten, die vertraulich sind und immer verfügbar sein müssen. Ebenso ist die Integrität der Daten wichtig – nicht nur für die Buchhaltung, sondern auch für Fertigungsprozesse, Transaktions- und Steuerungssysteme. Und wem gefällt schon der Gedanke, einem Wildfremden Informationen anzuvertrauen, nur weil uns nicht auffällt, dass es sich um einen Fremden handelt?

Gleichzeitig erfüllt der Fall weitere Kriterien, die ihn für uns zu einem guten Übungsbeispiel machen:

- Die Dramaturgie des Krisenverlaufs ist prototypisch – von einer falschen Lagebeurteilung über mangelhafte Krisenkommunikation, Insideraktivitäten, Präzedenzfällen im Unternehmen bis hin zu peinlichen öffentlichen Reaktionen und nicht abschließend geklärter Täterschaft
- Zahlreiche Details sind öffentlich bekannt, d. h. es besteht kein Risiko, Kundeninteressen zuwiderzuhandeln.

Was wäre wenn…?

Stellen wir uns vor, wir erhielten eine Mail, in der mit der Übernahme unserer IT-Systeme, der Veröffentlichung von Gehältern, internen Mails oder Kundendaten gedroht würde, kurz, mit einem massiven Angriff sowohl auf unsere materiellen als auch immateriellen Werte. Wüssten wir, was zu tun ist im Fall einer Erpressung, bei einem Hackerangriff oder wenn vertrauliche Informationen an die Öffentlichkeit zu geraten

© Springer Fachmedien Wiesbaden GmbH, ein Teil von Springer Nature 2024
H. Kaschner, *Cyber Crisis Management,* https://doi.org/10.1007/978-3-658-43465-6_1

drohen? Was, wenn wir uns über unseren Firmen-E-Mail-Account abschätzig über Aufsichtsbehörden, Journalisten oder Kooperationspartner geäußert hätten und nun das ganze Internet mitlesen kann? Das klingt unrealistisch und übertrieben? Nun ja. Wie schnell ein solches Szenario Realität werden kann, musste die Geschäftsleitung von Sony Pictures Entertainment (SPE) erfahren.

Aus dem Nichts
Der 24. November 2014 beginnt für die Mitarbeiter von SPE, einer US-Tochter von Sony, wie jeder Montag. Die Mitarbeiter plaudern an der Kaffeemaschine über die Sportergebnisse und Erlebnisse des Wochenendes. Doch dann ist plötzlich alles anders. Auf ihren Arbeitsplatzrechnern verkündet eine Meldung, die Guardians of Peace (GOP) hätten die Geräte gekapert. Während dies einerseits für die Mitarbeiter bedeutete, tagelang auf Stift und Papier ausweichen zu müssen, war es andererseits für Unternehmensleitung und Führungskräfte der Auftakt einer komplexen Krise.

Aber der Reihe nach. Am 21. November 2014, einem Freitag, erhielt SPE eine Mail, in der eine bestimmte Geldsumme gefordert wurde. Drei Tage später attackierten Hacker die IT-Systeme. Sie stahlen mehrere Terabyte an Daten und veröffentlichten sie im weiteren Zeitverlauf im Internet, unter anderem via Wikileaks:

- Filme
- 47.000 Sozialversicherungsnummern
- Gehaltslisten
- Gesundheitsinformationen
- interne Mails
- Passwörter
- eine Liste mit den Tarnnamen bekannter Schauspieler

Obendrein kaperten die Angreifer verschiedene Twitter-Accounts von SPE.

Und SPE macht…?
Nach diesem Schock schaltete SPE Experten und Ermittlungsbehörden ein, will aber trotzdem erst am 1. Dezember – also eine Woche nach dem Angriff – bemerkt haben, dass auch Personaldaten betroffen waren. An diesem Tag begann SPE, die Mitarbeiter zu informieren.

Ergänzend bat Sony die Medien, die Berichterstattung über den Hack einzustellen und drohte mit rechtlichen Konsequenzen. Ebenso drohte das Unternehmen Twitter, falls Twitter nicht Accounts deaktiviere, über die gestohlene Informationen verbreitet wurden. Reddit löschte die Subpage zu dem Hack („SonyGOP").

Am 15. Dezember (!) veröffentlichte SPE für Betroffene schließlich Informationen auf der Startseite seiner Homepage in einem schwarzen, an einen Trauerflor erinnernden Banner.

So ganz nebenbei: Eine Pressemitteilung zu den Ereignissen suchte man auf der Unternehmenshomepage lange Zeit vergeblich.

Insider- und Historiendrama

Ehemalige Mitarbeiter erklärten öffentlich, SPE habe wissentlich die Informationssicherheit vernachlässigt und reichten Klage gegen das Unternehmen ein.

Nicht genug: Fast zeitgleich behauptete eine weitere Hackergruppe, Sonys Videospielebereich gehackt zu haben, um auf Sicherheitslücken hinzuweisen. Tenor: Sony sollte eigentlich die finanziellen Mittel haben, um die Sicherheit seiner Netzwerke zu gewährleisten.

Der Alptraum

Da der Zugriff auf die Buchhaltungssysteme sogar Ende Januar 2015 noch nicht wieder voll gegeben war, musste SPE eine Fristverlängerung für den Quartalsbericht beantragen. Für Unternehmen, die an der US-Börse notiert sind, eine alles andere als wünschenswerte Situation. Allein im ersten Quartal 2015 investierte SPE rund 15 Mio. US-\$ im Rahmen des Cyber Crisis Managements. Vor dem Hintergrund des Hacks und seiner Folgen erklärte Amy Pascal im Mai 2015 ihren Rücktritt als Co-Vorstandsvorsitzende von SPE.

Tappen im Dunkeln

Bis heute ist nicht abschließend geklärt, wie lange der Angriff vom Eindringen in die IT-Systeme bis zur Veröffentlichung der Daten insgesamt dauerte und wer dafür tatsächlich verantwortlich ist. Überwiegend wird eine Dauer von mindestens zwei Monaten und vor dem Hintergrund des SPE-Films The Interview eine wie auch immer geartete Beteiligung Nordkoreas angenommen. Wenn dies stimmt, liegt eine asymmetrische Konfliktlage vor: auf der einen Seite ein privatwirtschaftliches Unternehmen, auf der anderen ein staatlicher Akteur.

1.2 Dramaturgie unzureichend gemanagter Cyber-Krisen

Phasen

Unabhängig davon, ob wir durch eine Cyber-Attacke, klassische technische Probleme oder einen Ausfall bedingt durch höhere Gewalt (Elementarereignisse etc.) in eine Cyber-Krise schlittern: Wir können prototypische Phasen und darin wiederkehrende Ereignisse identifizieren.

Alles scheint ruhig

Zunächst scheint alles ruhig zu sein, alles wie immer. Die Öffentlichkeit und alle unsere Stakeholder interessieren sich nur für uns, insofern sie ein konkretes Anliegen an uns haben. Ansonsten interessieren sie sich nicht für uns und wollen in der Regel auch nicht von uns behelligt werden.

In dieser Phase machen wir die ersten, grundlegenden Fehler: Wir

- versäumen, die technischen oder organisatorischen Voraussetzungen zu schaffen, die einen Abfluss oder Ausfall von IT-Ressourcen (Systeme, Daten) im Idealfall verhindern oder alternativ wenigstens wieder schnellstmöglich beheben;
- versäumen, Schwachstellen und damit verbundene Risiken systematisch zu identifizieren oder zu behandeln – oftmals entgegen der expliziten Warnungen von Mitarbeitern oder Dienstleistern, die Schwachstellen können technischer, organisatorischer oder menschlicher Natur sein;
- haben keinen geregelten Prozess, mittels dessen wir unsere Sicherheitsarchitektur kontinuierlich weiterentwickeln;
- versäumen, Pläne für die Geschäftsfortführung von kritischen Prozessen aufzusetzen, in denen beschrieben ist, wie der Ausfall zentraler IT-Ressourcen zu kompensieren wäre;
- sind blind gegenüber host- oder netzwerkbasierten Angriffen, da wir weder IDS oder IPS, noch SIEM-Lösungen nutzen bzw. kein SOC im 24/7 betreiben;
- versäumen uns ein gutes Verständnis unserer Informationsarchitektur zu verschaffen – damit fehlt uns elementares Wissen für fundierte Entscheidungen im Krisenfall;
- pflegen eine negative Feedback- und Fehlerkultur, die nicht gerade geeignet ist, die Loyalität von (ehemaligen) Mitarbeitern zu sichern;
- haben keine oder nur rudimentäre organisatorische Maßnahmen ergriffen, um im Bedarfsfall effektive Krisenbewältigung inklusive Krisenkommunikation betreiben zu können;
- nehmen bei einem Migrationsprojekt für IT-Systeme aufgrund der Kosten und Zeitvorgaben Risiken in Kauf bzw. reden diese bewusst klein.

Es beginnt
Auslöser

- Bei der letztlichen Migration von IT-Systemen geht etwas gravierend schief. Wir merken es jedoch nicht sofort, sondern erst mit etwas Zeitverzug. Bis dahin feiern wir uns selbst und posten Bilder von der Feier auf Social-Media-Plattformen (ok, zugegeben, die Postings sind nicht typisch, aber leider schon mal vorgekommen).
- Ein Erpressungsschreiben geht ein, aber möglicherweise verloren bzw. wird nicht ernst genommen.
- Gerüchte, dass Datenbestände, die uns gehören, im Internet kursieren, tauchen auf. Oder gleich die Daten selbst.

Operative Ebene

- Bewegung auf der XDR-Plattform. IDS/IPS und SIEM schlagen an.
- Die Vielzahl der Alarme kann durch das Cybersecurity Operation Center (CSOC) kaum bewältigt werden, zumal es ohnehin unter zu vielen False Positives leidet oder mit zusätzlichen Aufgaben betraut ist oder nicht 24/7 betrieben wird.

Eskalation

- Es herrscht Unsicherheit auf allen Ebenen, ob, und wenn ja, wer und wie, alarmiert werden soll.
- Mitglieder der Notfallteams sind nur schwer erreichbar, da die Situation außerhalb der üblichen Arbeitszeiten erfolgt.

Taktische Ebene

- Die Beschreibungen in den Notfallplänen sind unzureichend.
- Bei der Aufnahme des Notbetriebs hakt es, da nicht alle kritischen Geschäftsprozesse korrekt identifiziert waren.

Strategische Ebene

- Der Krisenstab und/oder die oberste Leitungsebene wird bestenfalls verzögert alarmiert.
- Es herrscht Uneinigkeit, wie die Lage zu bewerten ist.
- Es herrscht Unsicherheit, inwieweit Maßnahmen nötig sind.
- Der Krisenstab tut sich schwer mit der Entscheidung, den Krisenfall festzustellen und die Krisenbewältigung an sich zu ziehen.

Stakeholder

- Unzufriedenheit macht sich unter den Kunden und Partnern breit: Wir seien unfähig und noch nicht einmal erreichbar. Und wenn wir erreichbar sind, seien unsere Antworten nichtssagend.
- Kunden richten immer mehr Anfragen an uns, die wir nur unzureichend beantworten können.
- Erste Anfragen von Medien trudeln ein. Wir sind nicht sprachfähig.

In der Krise
Operative Ebene

- Netzsegmente werden abgeschaltet, Systeme heruntergefahren.
- Die Eindämmung und Beseitigung der Ursache des Incidents schreitet auf technischer Ebene voran.

Taktische Ebene

- Zunächst hakt es bei der Aufnahme des Notbetriebs, aber nach einiger Zeit stehen die kritischen Prozesse zumindest in gewissem Umfang wieder zur Verfügung.
- Der Output, der im Notbetrieb produziert werden kann, reicht nicht aus.
- Die Wiederherstellung von IT-Systemen und Datenbeständen schreitet voran.

Strategische Ebene

- Der Krisenstab verliert sich in Diskussionen.
- Es dauert viel zu lange, bis wir ein offizielles Signal geben, dass wir uns des Problems bewusst sind.

Stakeholder

- Kunden laufen Sturm.
- Mitarbeiter beschweren sich, dass sie nicht oder in ungenügender Weise informiert werden.
- „Heckenschützen" tauchen auf: ehemalige Mitarbeiter, Dienstleister oder sonstige Insider erklären, ein derartiger Zwischenfall sei zu erwarten gewesen. (Vermeintliche) Defizite seien intern längst bekannt gewesen, aber ignoriert worden.
- Datenschützer, Aufsicht und Pressure Groups: Alle verlangen Aufklärung.

Krise scheint überwunden
Operative Ebene

- Die weitergehende forensische Untersuchung beginnt.

Taktische Ebene

- Die wesentlichen IT-Systeme und Daten sind wiederhergestellt.
- Wir kehren mit unseren kritischen (Geschäfts-)Prozessen zum Normalbetrieb zurück.

Strategische Ebene

- Der Krisenstab hebt den Krisenfall auf.

Stakeholder

- Unser Geschäftsbetrieb normalisiert sich.
- Das Vertrauen in unsere Organisation ist beschädigt, mit ein wenig Glück aber noch nicht irreparabel.

- Falls Versprechen aus vorangegangen Phasen nicht eingehalten werden: Missfallens-äußerungen via Social Media, ggfs. auch klassische Medien.
- Insgesamt: Das Interesse der Öffentlichkeit nimmt ab, da andere Themen neuer und spannender sind.

Krise reloaded
Operative Ebene

- Die forensische Untersuchung fördert Teile eines Root Kits zutage.
- Der Angreifer konnte nicht vollständig aus den Systemen verdrängt werden.
- Einfallstore wurden nicht so gründlich geschlossen, dass ein erneutes Eindringen möglich ist.

Taktische Ebene

- Wir versuchen, den Rückstau abzuarbeiten, der aufgrund der Einschränkungen der letzten Tage aufgelaufen ist.

Strategische Ebene

- Alles deutet darauf hin, dass Daten über einen viel längeren Zeitraum als bislang angenommen abgeflossen sind oder manipuliert wurden.
- Eine neuerliche Lagefeststellung und Bewertung ist nötig.

Stakeholder

- Informationen über schlummernde Zeitbomben sickern durch.
- Falls Versprechen aus vorangegangen Phasen nicht eingehalten werden: Missfallens-äußerungen via Social Media, ggfs. auch klassische Medien.
- Ein echter Shitstorm bricht los, gegen den alles aus den vorangegangenen Phasen ein laues Lüftchen war.
- Vorwürfe werden wiederholt und immer lauter: Wir seien immer noch unfähig oder gar unwillig sowie vor allem ignorant und lernresistent.
- Unsere Aufsicht kündigt eine Sonderprüfung an.
- Datenschützer drohen mit Bußgeld, Pressure Groups mit Abmahnungen.
- Partner und Wettbewerber distanzieren sich öffentlich.
- Akteure aus der Politik (Kommunal-, Landes-, Bundespolitik) geben der Versuchung nach und positionieren sich gegen uns.
- Anteilseigner verlangen Aufklärung.

Nach der Krise
Operative Ebene

- Die Angreifer sind (hoffentlich) vollständig aus den Systemen vertrieben.
- IT-Systeme werden von Grund auf neu aufgesetzt.
- Schwachstellen (Einfallstore) werden (hoffentlich) systematisch geschlossen (kurzfristig).
- IT-Berechtigungen werden (hoffentlich) restriktiver gehandhabt (kurzfristig).
- Detektionsfähigkeiten werden (hoffentlich) systematisch verbessert (mittelfristig).

Taktische Ebene

- Der IT-Betrieb und die Geschäftsprozesse normalisieren sich.
- Zusätzliche Kapazitäten (bspw. von extern) sind nötig, um den aufgelaufenen Rückstau abzuarbeiten.

Strategische Ebene

- Die Leitungsebene unserer Organisation ist unter Druck: Anteilseigner, Aufsicht und Kunden sind gleichermaßen verärgert.
- Die Lessons Learned ergeben, dass weitreichende Änderungen in der Governance unserer Organisation nötig sind.
- Erhebliche Kosten werden erwartet – für Kundenbindungs- und -gewinnungsmaßnahmen, für Strafzahlungen, aber auch für technisch-organisatorische Änderungen.
- Personelle Konsequenzen – auch auf Leitungsebene – sind unvermeidlich.

Stakeholder

- Falls Versprechen aus vorangegangen Phasen nicht eingehalten werden: Missfallensäußerungen via Social Media, ggfs. auch klassischen Medien.
- Kunden erwarten Wiedergutmachung.

Und was machen wir mit diesen Erkenntnissen?
Da wir den prototypischen Ablauf nun kennen, können wir gezielt an den Punkten ansetzen, die uns das meisten Kopfzerbrechen bereiten. Wie sind wir bei den Präventionsmaßnahmen aufgestellt, d. h. wie sind unsere Chancen, zumindest manche Arten von Cyber-Krisen zu verhindern? Wie sind wir organisatorisch auf den Tag X vorbereitet? Sind wir in der Lage, kurzfristig die unterschiedlichsten Arten von Cyber-Krisen zu bewältigen? Trauen wir uns eine professionelle Krisenkommunikation zu? Wie gehen wir das Stakeholdermanagement an? Was müssen wir bei der Krisennachsorge bedenken?

Menschen und andere Crown Jewels 2

2.1 Crown Jewels – oder: Wie wir Schwerpunkte setzen

…und das hilft uns beim Crisis Management, weil…?
Egal, ob wir mitten in einer Krise stecken oder uns dagegen wappnen wollen: Wir können uns nicht um alles gleichzeitig und gleich gut kümmern. Das Leben ist kein Videospiel, in dem wir uns bei Bedarf weitere Leben oder unendlich viel Geld dazu cheaten können. Ohne Schwerpunktsetzung geht's also nicht. Nur, wie kommen wir zu einer Schwerpunktsetzung, die ihren Namen auch wert ist?

Crown Jewels oder die Conditio sine qua non
In (fast) jeder Organisation gibt es das berühmte Etwas, ohne das die Organisation nicht existieren könnte. Zu diesem Etwas zählen

- immer die Menschen, die für die Organisation mit arbeiten und mit ihr in Kontakt kommen;
- je nach Daseinszweck der Organisation meist bestimmte Tätigkeitsfelder, Produkte, Services oder Regionen, die für den (wirtschaftlichen) Erfolg der Organisation von zentraler Bedeutung sind.

Auf diese Crown Jewels müssen sich unsere Bemühungen konzentrieren. Herausfinden können wir sie durch eine sogenannte strategische Business Impact Analyse (BIA). Was wäre, wenn bestimmte

© Springer Fachmedien Wiesbaden GmbH, ein Teil von Springer Nature 2024
H. Kaschner, *Cyber Crisis Management*, https://doi.org/10.1007/978-3-658-43465-6_2

- Informationen kompromittiert (veröffentlicht, manipuliert, nicht verfügbar oder nicht mehr vertrauenswürdig) oder der
- Segmente ihren Geschäftsbetrieb bzw. die Leistungserbringung unterbrechen müsste?

An welchen Ecken unserer Organisation wären die Auswirkungen besonders drastisch, ja vielleicht sogar existenzgefährdend? Oder um in unserer Metapher zu bleiben: Was ist das Äquivalent zu einem Totalschaden?

Schwerpunktsetzung vs. Gießkannenprinzip
Der Fokus auf Crown Jewels ermöglicht (nicht nur) beim Management von Cyber-Krisen, Budgets zu allokieren. Die Grundlagen dazu legen wir insbesondere durch ein unserem Risikoprofil angemessenes Informationssicherheitsniveau. Aber Achtung: Alle Informationen und Prozesse gleichermaßen vor Cyber-Attacken zu schützen ist ein Ding der Unmöglichkeit und vor allem vollkommen unwirtschaftlich. Der Daseinszweck keiner Organisation besteht darin, für sich selbst Informationssicherheit zu betreiben. Geld für Sicherheitsmaßnahmen auszugeben ist immer nur Mittel zum Zweck und es nach dem Gießkannenprinzip in die Organisation zu schütten, macht uns nicht sicherer, sondern nur ärmer.

Aus der Praxis: strategische Business Impact Analyse
Für eine strategische BIA brauchen wir keinen überakademisierten Ansatz. Wir wollen schließlich keine akademische Abhandlung erstellen, sondern Schwerpunkte zur Budgetallokation herausfinden. Dazu gehen wir einfach die Geschäftsfelder, Produkte oder Regionen unserer Organisation durch.

Ausgehend von einer potenziellen Kompromittierung von Informationen und/oder einer Unterbrechung des Geschäftsbetriebs schauen wir uns dabei folgende Aspekte an:

- Gefährdungen für Leib und Leben
- Gefährdungen für die Umwelt (ESG als Investorenthema!)
- Wertschöpfungsbeiträge (Cash is Cake!)
- Reputationsaspekte (Wie schaffen wir es zu einer eigenen Folge in einem Podcast-Enthüllungsformat?)
- rechtliche Showstopper (Betriebslizenz, Marktzugänge)

Diese einfache Übung malt uns ein Bild unserer Crown Jewels. Die Praxis zeigt, dass die meisten Elemente des Bilds oftmals weder neu noch überraschend sind. Jedoch sind sie selten als Ganzes allen Mitgliedern des (Top-)Managements in dieser Deutlichkeit bewusst. Dieses Awareness-Defizit beeinträchtigt die Steuerungsfähigkeit von (Cybersicherheits-)Risiken, sodass die Schwerpunktsetzung für die Allokation von Security-Budgets oftmals reichlich arbiträr wirkt.

2.2   Faktor Mensch

2.2.1   Entscheidungen oder die Essenz von Krisenbewältigung

Krisenmanagement heißt, Menschen zu managen
Auch in Cyber-Krisen geht es nicht ohne Menschen, im Gegenteil. Es geht nicht nur nicht ohne sie, sondern explizit um sie. Warum ist das so? Nun, Krisen entstehen nicht durch irgendwelche Ereignisse, sondern erst durch die Bewertungen, die wir alle diesen Ereignissen geben. Ein Datenleck oder von einem Angreifer verschlüsselte und so unserem Zugriff entzogene Daten sind zunächst ein technisches Problem – aber eben nur zunächst, denn aus dem technischen wird schnell ein reales Problem: Aus einem Datenleck kann eine Bloßstellung resultieren und ein technisches Problem kann beispielsweise zu ausbleibenden, verzögerten oder fehlerhaften Überweisungen führen etc. Genau diese Folgen sind es, die wir nach unseren spezifischen (und oft ziemlich subjektiven) Maßstäben bewerten. Doch damit nicht genug: Abhängig vom Ergebnis der Bewertung dürfen wir mit einer Handlung rechnen. Und das ist der entscheidende Punkt. Wenn wir in der Lage sind, auf unsere Mitmenschen einzuwirken, können wir ihre Haltung gegenüber dem Ereignis und somit ihre Reaktion beeinflussen. Dazu bleibt uns leider wenig Zeit. Entscheidungen wollen getroffen werden, stets und ständig – gerade bei der Krisenbewältigung, wenn alle Beteiligten unter großer Anspannung (vulgo: Stress) stehen.

Entscheidungszwänge auf allen Ebenen
Beim Management von Cyber-Krisen werden wir auf strategischer wie auch auf taktisch-operativer Ebene permanent mit Fragen konfrontiert. Wir brauchen nur wenig Phantasie, um uns einige prototypische Fragen vorzustellen: Sollen wir

- den Krisenstab einberufen?
- der Öffentlichkeit mitteilen, dass wir ein Datenleck hatten?
- bestimmte IT-Systeme vom Netz trennen und somit zwar die Ausbreitung eines Virus verhindern, gleichzeitig aber auch wichtige Geschäftsprozesse zumindest temporär lahmlegen und damit einen meldepflichtigen Notfall provozieren?
- ein Backup einspielen oder das Risiko in Kauf nehmen, Dateninkonsistenzen zu erzeugen?
- …

Diese Liste können wir beliebig fortsetzen. Aber egal, welche Fragen wir ergänzen – eines haben sie gemeinsam: Unsere Entscheidung wird in der Regel weitreichende Konsequenzen haben.

Herausforderungen

Die Herausforderungen sind angesichts dieser permanenten Entscheidungszwänge vielfältig:

- Wir haben kein auch nur annähernd vollständiges Lagebild.
- Die Belastbarkeit der vorliegenden Informationen ist oft unklar.
- Das Interesse wesentlicher Stakeholder (Presse, Anteilseigner, Kunden, Aufsicht etc.) reduziert den Spielraum für Fehler erheblich.
- Die Krise selbst erzeugt Stress, macht müde und laugt uns aus – gerade bei länger andauernden Krisen.
- …

All das beeinflusst unser Entscheidungsverhalten.

Anforderungen an Entscheidungen zur Krisenbewältigung

Unsere Entscheidungen müssen (mindestens) zwei Anforderungen erfüllen:

- Schnelligkeit
- Zweckmäßigkeit

Um Missverständnissen vorzubeugen: Schnelligkeit bedeutet nicht Aktionismus, im Gegenteil. Schnelligkeit bedeutet vielmehr, so zeitnah wie möglich erkennen zu geben, dass wir uns der Situation bewusst sind und gleichzeitig ist sie Ausdruck dafür, dass die im Tagesgeschäft gerade im mittleren Management beliebte Strategie des „Zuwartens" (d. h. totstellen und auf neue Erkenntnisse hoffen) bei der Krisenbewältigung selten eine Option darstellt. Eine langsame Reaktion wird uns als Untätigkeit oder Schwäche ausgelegt. Beides Eigenschaften, die nicht gerade positiv konnotiert und damit wenig geeignet sind, auf unser übergeordnetes Ziel bei der Krisenbewältigung einzuzahlen: auf den Erhalt des Vertrauens in unsere Organisation.

Zweckmäßigkeit meint nicht, dass wir stets die für uns persönlich sicherste Option bevorzugen sollten. Derart defensives Entscheidungsverhalten kann zwar durchaus zweckmäßig sein, muss es aber nicht. Zweckmäßigkeit meint vielmehr, dass unsere Entscheidungen sowohl geeignet als auch angemessen sein müssen, um angesichts der spezifischen Krisensituation das Vertrauen in unsere Organisation direkt oder auch indirekt zu schützen. Wohlgemerkt, das gilt für den Zeitpunkt und Kontext, aus dem heraus wir die Entscheidung treffen. Im Nachhinein werden wir immer schlauer sein, sodass wir gut beraten sind, wenn wir zu jeder wesentlichen Entscheidung den Kontext und Zeitpunkt schriftlich festhalten.

Konsequenzen der An- und Herausforderungen

Wenn wir den Herausforderungen nun die Anforderungen entgegenhalten, die unsere Entscheidungen zur Krisenbewältigung erfüllen müssen, wird eines klar: Wir haben

Handlungsbedarf. Dazu können wir gleichzeitig oder nacheinander an verschiedenen Punkten ansetzen. Beispielsweise hilft es uns, wenn wir Maßnahmen ergreifen, um

- die Eintrittswahrscheinlichkeit und Auswirkungen von Krisen zu reduzieren (Kap. 5 Cyber Crisis Prevention). Der Grund ist einfach: wo keine Krise, da kein Bedarf an Entscheidungen zur Krisenbewältigung sowie
- im Fall einer Krise keine Zeit zu verlieren, Automatismen nutzen zu können und die richtigen Hilfsmittel an der Hand zu haben (Kap. 3 Cyber Crisis Response und Kap. 4 Cyber Crisis Preparation).

Das ist aber nur die halbe Miete. Unabdingbar ist vor allem, dass wir verstehen, warum Menschen Situationen so bewerten und reagieren, wie sie es tun (siehe Abschn. 2.2 Bewertungen, Verhaltensmuster und Stress).

2.2.2 Bewertungen, Verhaltensmuster und Stress

2.2.2.1 Wie Menschen Situationen wahrnehmen und bewerten

Wahrnehmung ist subjektiv
Wie unsere Stakeholder eine Situation wahrnehmen ist höchst individuell und hängt von einer ganzen Palette an Faktoren ab, die wir als Organisation nicht immer beeinflussen können. Zu den Faktoren gehören unter anderem:

- Betroffenheit
  Ist die Person direkt oder indirekt betroffen?
- Nähe
  Wie groß ist die räumliche und emotionale Distanz des Stakeholders zum Risiko?
- Freiwilligkeit
  Ist er das Risiko, das durch unsere Krise schlagend wurde, freiwillig eingegangen oder nicht? Hat er sich freiwillig auf uns eingelassen oder nicht?
- Kontrollierbarkeit
  Ist bzw. war die Situation für den Einzelnen subjektiv kontrollierbar oder nicht?
- Unmittelbarkeit
  Ist der Stakeholder zeitlich unmittelbar oder nur verzögert betroffen?
- Sozialisation
  Wie denkt das persönliche Umfeld der Person darüber?
- Öffentlichkeit
  Wie wird das Thema in den Medien behandelt?
- Kulturelle Filter
  Andere Länder, andere Sitten – aber welcher kulturelle Hintergrund prägt den Stakeholder?

- Zweck
  Verspricht der Risikoauslöser grundsätzlich Positives?
- Bedrohungsgrad
  Was ist bedroht? Leib und Leben? Sachwerte? Die eigene Existenz?

Diese Aufzählung ist zwar nicht abschließend, aber das muss sie auch gar nicht sein. Bereits in dieser Form hilft sie uns bei der Einschätzung, ob bzw. wie stark ein Stakeholder (auch die Krisenstabsmitglieder und Mitarbeiter sind Stakeholder!) sich betroffen fühlt.

Bewertung basiert auf Erfahrungen

Aus der Summe dieser Faktoren setzt sich schließlich ein Gesamtbild zusammen, das das menschliche Gehirn automatisch mit Erfahrungswerten abgleicht, die wir mit (potenziell) vergleichbaren Situationen gemacht haben. Diesen Vorgang schauen wir uns in Abschn. 2.2.2.3 Stress und wie er entsteht etwas genauer an. Das Ergebnis der Bewertung wiederum führt zu Reaktionen. Ihren prototypischen Varianten widmen wir uns jetzt (Abschn. 2.2.2.2 Verhaltensmuster und wie sie sich äußern).

2.2.2.2 Verhaltensmuster und wie sie sich äußern

Es steckt in unseren Genen

Im Angesicht einer Bedrohung hat uns die Evolution drei Verhaltensmuster in die Gene gepflanzt:

- Angriff
- Flucht
- Totstellen

Diese prototypischen Reaktionsmöglichkeiten können wir auch in Cyber-Krisen (aber nicht nur da) bei unseren Stakeholdern erkennen.

Wie äußern sich die Verhaltensmuster in der Praxis?

Stellen wir uns folgenden Fall vor: Wir betreiben eine Dating-Plattform und haben auch Kunden (jeden Geschlechts), die bei uns auf der Suche nach neuem (oder zusätzlichen) Glück sind, obwohl sie womöglich aktuell eine aus Sicht der jeweiligen Partner glückliche Beziehung führen. Über die grundlegenden Suchparameter (Frau sucht Mann, Mann sucht Mann, Mann sucht Frau, Frau sucht Frau, gern auch ergänzt um Varianten die das dritte Geschlecht miteinbeziehen) lassen sich grundlegende sexuelle Präferenzen ableiten (also besondere Arten personenbezogener Daten). Nun wird unser schönes Portal mit dem unschönen Umstand konfrontiert, dass Nutzer- und Kreditkartendaten im Darknet angeboten werden. Die Medien berichten und viele unserer Kunden stehen vor einem Problem. Was sollen, ja was können sie tun?

- Angriff: Einen Shitstorm gegen uns lostreten oder uns verklagen
- Flucht: sich vom Portal abmelden
- Totstellen: nichts tun und hoffen, dass der liebe Partner nichts davon mitkriegt

Eines unserer in dieser Situation recht zahlreichen Probleme ist: Nicht immer liegt einer Entscheidung ein nüchtern-analytischer Prozess zugrunde – sondern eine schnelle, emotional gesteuerte Reaktion, die ihrerseits zusätzlichen Stress für alle Beteiligten erzeugt und den ohnehin schon vorhandenen weiter verstärkt.

2.2.2.3 Stress und wie er entsteht

Eustress und Distress

Auch wenn es nach dieser Herleitung seltsam klingen mag: Stress ist gut. Zumindest in gewissem Umfang. Zahlreiche Untersuchungen belegen, dass der Mensch ein gewisses Erregungsniveau benötigt, um optimal leistungsfähig zu sein. Diese Art von Stress empfinden wir oftmals als positiv (Eustress). Anders verhält es sich mit Stress, mit dem wir auf eine (vermeintliche) Überforderung reagieren. Um diesen Distress soll es hier vorrangig gehen.

Stress

Aber wie entsteht Stress eigentlich aus einer systemischen Sicht? Veränderungen des Umfelds (Stressoren) führen zu Anpassungsreaktionen des menschlichen Organismus. Je stärker die Veränderung, desto schärfer die Anpassungsreaktion (Stress). Erschwerend kommt hinzu, dass unsere individuelle Persönlichkeit die Reaktion mal heftiger, mal weniger heftig ausfallen lässt (persönliche Stressverstärker). Diesen Mechanismus erleben wir auch bei einem Cyberangriff.

Stressoren

Ein Cyberangriff ist aus systemischer Sicht ein Stressor, d. h. eine Anomalie, eine komplexe Situation mit zahlreichen Ungewissheiten, die wir in unseren Alltagsroutinen nicht vorhersehen und auf die wir mehr oder wenig stark reagieren.

Die Stressforschung teilt Stressoren in vier Kategorien ein:

- physikalische Stressoren (Lärm, Licht, Umgebungstemperatur, Nässe etc.)
- körperliche Stressoren (Schmerzen, Wunden, Hunger etc.)
- Leistungsstressoren (Zeitdruck, Qualitäts- und Mengenvorgaben, Fehlerkultur, Prüfungen etc.)
- soziale Stressoren (zwischenmenschliche Konflikte, Konkurrenz, Trennung/Verlust etc.)

Diese Kategorien zu kennen ist eine gute Sache – dadurch sind wir in der Lage, die Stressoren systematisch abzumildern oder gar zu eliminieren. Doch davon später mehr.

Aus der Praxis: Shitstorm als Stressor

Shitstorms sind in aller Munde. Darunter verstehen wir eine Empörungswelle, die durch die sozialen Medien schwappt und meist via Twitter bzw. Instagram unter einem Schlagwort (= Hashtag; „#") mehr oder minder qualifizierte Meinungen bündelt. Ein Shitstorm kann mitunter über Tage anhalten und bedeutet für die betroffenen Personen eine außerordentliche Belastung. Insbesondere deswegen, weil die Kommunikationsteilnehmer aus der Anonymität heraus Beleidigungen und (Mord-)Drohungen gegen das Opfer (oder auch dessen Angehörige) absetzen können und ein Gefühl der Wehrlosigkeit beim Adressaten erzeugen. Leider sind derartige verbale Entgleisungen alles andere als unüblich. Shitstorms treffen in der Regel die Angehörigen einer Organisation, die nach außen sichtbar sind: Leitungsebene und/oder Kommunikationsabteilung. Im Fall der Fälle sind wir gut beraten, wenn wir dies bedenken und den Betroffenen (psychologische) Hilfe anbieten.

Wer mehr über Shitstorms und deren Wirkung erfahren möchte greife zu Sascha Lobos „Realitätsschock" (siehe das Kapitel „Zum Weiterlesen").

Persönliche Stressverstärker

Zu den Stressoren kommen persönliche Stressverstärker:

- Perfektionismus
- Ungeduld
- Alles-allein-machen-wollen
- Kontrollstreben
- Selbstüberforderung
- Versagensängste
- Verlustängste
- Scham
- …

Während wir bei den Stressoren zumindest teilweise auf unser Umfeld zeigen können, müssen wir uns bei den persönlichen Stressverstärkern – unseren Motiven, Einstellungen und Bewertungen – an die eigene Nase fassen.

Stressreaktion

Die Kombination aus Stressoren und persönlichen Stressverstärkern führt zur berühmt-berüchtigten Stressreaktion. Wer kennt es nicht: Die Hände beginnen zu schwitzen, der Blutdruck steigt, das Herz rast. Muskeln verkrampfen sich, das Blut zieht sich aus den Extremitäten ins Körperinnere zurück und das Denken fällt uns schwer. Wir werden vielleicht nervös, fühlen uns überfordert oder sind wie paralysiert, können Probleme nicht mehr strukturiert lösen und haben einen Blackout. Vielleicht reagieren wir gereizt oder ziehen uns in ein Schneckenhaus zurück. In ganz extremen Situationen machen wir uns eventuell sogar vor Angst in die Hose.

Bemühen wir erneut die Stressforschung für eine Systematisierung. Wir zeigen auf unterschiedliche Weise Reaktionen:

- mental
- emotional
- körperlich
- behavioral

All das ist menschlich. Und all das sollte jedes Mitglied einer Incident Response, Notfall- und Krisenorganisation wissen – weil wir alle so reagieren und derartige Symptome nicht nur bei uns selbst, sondern auch bei unseren Kolleginnen und Kollegen auftreten können (um nicht zu sagen: werden). Nur wenn wir die Symptome erkennen und richtig interpretieren, können wir angemessen reagieren.

Evolution
Aber wie kommt das? Was hat sich die (ansonsten durchaus clevere) Evolution dabei gedacht, uns derart zu programmieren?

Vereinfacht ausgedrückt: Damit wir dem Säbelzahntiger entkommen konnten – und da wir uns mittlerweile im 21. Jahrhundert befinden und uns mit Cybersecurity auseinandersetzen, während der Säbelzahntiger nur noch ein Exponat in prähistorischen Museen ist, scheint das Prinzip der Stressreaktion nicht ganz schlecht (gewesen) zu sein. Dumm nur, dass wir heute noch genauso funktionieren wie der Homo Habilis in grauer Vorzeit und bei komplexen Aufgaben die typische Stressreaktion eher hinder- als förderlich ist.

2.2.2.4 Stress und was wir dagegen tun können

Verlauf einer Stressreaktion
Stress entsteht – und baut sich bei entsprechenden Regenerationsmöglichkeiten auch recht schnell wieder ab, sodass wir nicht ohne Weiteres in den Bereich der Reizüberlastung kommen.

Viele kleine Nadelstiche
Vereinfacht ausgedrückt steigt unser Stresslevel immer dann, wenn wir mit etwas konfrontiert sind, das uns aus unserer Komfortzone herausholt. Das muss nicht ein einzelner, starker Reiz sein, sondern kann auch dank einer Kette von Reizen passieren, die so eng aufeinander folgen, dass wir gar nicht mehr in eine Erholungsphase kommen. Gerade bei länger andauernden Krisensituationen ist dies ein Problem, insbesondere wenn die Beteiligten nicht nur mit der Bewältigung der Cyberattacke befasst sind, sondern „nebenbei" auch noch ihren Alltagsbetrieb aufrechterhalten müssen.

Auf diese Weise ist eine Stressreaktion für Eingeweihte absehbar, für Außenstehende aber oftmals überraschend.

Das in der untenstehenden Darstellung gezeigte Muster ist – so ganz nebenbei –langfristig mindestens genauso gefährlich für die Gesundheit wie ein einzelnes, besonderes stressiges Erlebnis. Eine andauernde Stressreaktion schwächt nicht nur die Immunabwehr, sondern kann auch zu psychischen Erkrankungen und Erschöpfungsreaktionen führen. Und ein Mitarbeiter, der mit Burn-Out ausfällt, fällt in der Regel nicht nur für 14 Tage aus. Seinen Ausfall müssen Kollegen kompensieren – oftmals durch Mehrarbeit, die zu einer Erhöhung der Reizdichte und Verkürzung der Regenerationsphasen führt. Wir erkennen, worauf das hinausläuft, oder nicht?

Ziele von Stressmanagement
Um das Abgleiten in den Bereich der Reizüberlastung zu verhindern können wir an verschiedenen Punkten ansetzen: an den

* externen Ursachen (Stressoren);
* internen Ursachen (persönlichen Stressverstärkern);
* Stressreaktionen selbst.

Dass eine Kombination die besten Ergebnisse erwarten lässt, dürfte nicht überraschen. Wer mehr zu strukturiertem Stressmanagement erfahren möchte, dem sei insbesondere „Stressbewältigung. Trainingsmanual zur psychologischen Gesundheitsförderung" von Gerd Kaluza ans Herz gelegt, das sich für dieses Kapitel und reale Krisensituationen gleichermaßen als überaus wertvoll erwiesen hat.

Instrumentelles Stressmanagement als Aufgabe für Führungskräfte
Als Führungskraft können wir an unterschiedlichen Stellschrauben drehen, wenn wir den Stress für unsere Mitarbeiter (und uns selbst) reduzieren wollen. Vor allem können wir an den Stressoren ansetzen. Beispielsweise hilft eine kontinuierliche fachliche Qualifizierung, Mitarbeiter auf neue, herausfordernde Aufgaben und Situationen vorzubereiten (wie den Umgang mit Cyberattacken; für diejenigen unter uns, die im Bankenumfeld tätig sind: MaRisk AT 7.1 lässt grüßen). Realistische Qualitäts- und Zeitvorgaben, klare Prioritäten, Verantwortlichkeiten, Aufgaben und Abläufe (Prozesse!) reduzieren Ungewissheiten und damit die Notwendigkeit, immer wieder aufs Neue ad hoc regeln und entscheiden zu müssen. Auf diese Weise können wir der vor allem im angelsächsischen Raum immer besser erforschten decision fatigue (Entscheidungsmüdigkeit) vorbeugen. Ebenso helfen eine konstruktive Feedback- und Fehlerkultur sowie ausreichend Freiräume, sich in (informellen) Netzwerken einzubringen (und von ihnen Hilfestellung zu bekomme). Ziel muss es in Summe sein, Erwartbarkeiten zu erhöhen, Angst vor Fehlern zu nehmen und Unterstützung zu bieten. Derartige Maßnahmen verbucht die Stressforschung unter instrumentellem Stressmanagement.

Grundhaltung, Erfahrung, Ausbildung

Ob uns ein Ereignis stresst, hängt von verschiedenen Faktoren ab, u. a. unserer Grundhaltung, Ausbildung und Erfahrung. Wenn wir jedoch durch fachliche Qualifizierung
unseren Horizont erweitern, dann wirkt sich dies auch auf unsere Haltung gegenüber
kritischen Ereignissen aus. Das Ereignis ist dasselbe, jedoch liegt es jetzt innerhalb des
Scopes, in dem wir Unvorhergesehenes ohne großartige Stressreaktionen bewältigen
können. Zugegeben, die Darstellungen sind recht schematisch, illustrieren jedoch den
zugrunde liegenden Gedanken.

Mentales Stressmanagement

Wir müssen uns klar darüber sein, dass wir die persönlichen Stressverstärker der Mitglieder der Incident Response-, Notfall- und Krisenorganisation im Gegensatz zu den
Stressoren nicht wirklich beeinflussen können. Einstellungen und Bewertungen hängen
immer von der individuellen Wahrnehmung einer Situation ab und können nur intrinsisch
verändert werden. Daher ist an dieser Stelle die Motivation jedes Einzelnen gefordert
(mentales Stressmanagement), an den persönlichen Stressverstärkern zu arbeiten. Als
Führungskraft können wir jedoch eines tun: Trainingsmaßnahmen anbieten, die die Kollegen dabei an die Hand nehmen.

Regeneratives Stressmanagement

Um die Stressreaktion zu mindern, können wir uns des regenerativen Stressmanagements
bedienen. Ähnlich den persönlichen Stressverstärkern sind die Einflussmöglichkeiten
seitens der Führungskräfte hier auf den ersten Blick ziemlich begrenzt. Kurzfristig –
die Stressforschung spricht hier von palliativem Stressmanagement – gibt es zwar verschiedene Möglichkeiten (Psychopharmaka, Ablenkung durch Partys, Filme und Serien,
körperliche Abreaktion, Kurzmeditation etc.), die jedoch weitgehend außerhalb des Ein-
flusses einer Organisation liegen. Weitgehend deshalb, weil es tatsächlich einen sinn-
vollen Ansatzpunkt gibt: Peer-Gespräche, in denen zusätzlich geschulte Kollegen einen
Kanal bieten, damit der Betroffene sich frei von der Leber weg und unverblümt ein
wenig Luft machen kann – ohne Angst haben zu müssen, dass dies der Führungskraft
gleich zu Ohren kommt. Die langfristige, regenerative Stressbewältigung passiert ebenfalls meist außerhalb der Organisation: Hobbys und Freundschaften pflegen, regelmäßig
Sport treiben oder Entspannungsübungen (autogenes Training, Meditation, progressive
Muskelentspannung etc.). Wobei – Angebote für Betriebssport, Massagen, Yoga etc. lassen sich auch prima unter betrieblichem Gesundheitsmanagement verbuchen, oder nicht?

Wie mit Stressmanagement anfangen?

Ein guter Einstieg in ein strukturiertes Stressmanagement besteht darin, unsere Prozesse und Arbeitsabläufe systematisch auf Stressoren zu untersuchen. Ein gutes Format
dazu sind Workshops. Wenn wir Stressoren entdeckt haben, können wir versuchen, sie

zu eliminieren, beispielsweise indem wir unsere Prozesse und Abläufe anpassen, Verantwortlichkeiten justieren oder personelle Veränderungen herbeiführen (ja, auch das
kann dazu gehören). Wenn wir obendrein eine konstruktive Feedback- und Fehlerkultur
pflegen, sind wir für Krisen aller Art gerüstet.

Im unmittelbaren Ereignisfall hilft, wenn wir unseren Arbeitsplatz kurzfristig „krisen-
tauglich" machen. Dazu gehört, den Schreibtisch von allen Unterlagen zu befreien, die
nichts mit dem Krisenfall zu tun haben, das Telefon gegebenenfalls auf Stumm zu stellen sowie Messenger- und Mailprogramme zu schließen. Letzteres natürlich unter der
Voraussetzung, dass wir auf den für die Krisenorganisation definierten Kommunikationskanälen erreichbar bleiben. Aber keine Sorge: Bereits das Freiräumen des Schreibtischs
hilft beim Freikriegen des Kopfes und Umschalten in den Krisenmodus.

2.2.3   Anforderungen an die Mitglieder der Krisenorganisation

Aufgabe bestimmt Anforderungen
Der Krisenstab steht in jeder (Cyber-)Krise im Auge des Sturms. Seine Mitglieder sind
die Hauptverantwortlichen für die Krisenbewältigung. Ihre Kernaufgabe ist es, Entscheidungen zu treffen. Dazu müssen sie den (Gesamt-)Überblick haben – was nur gelingen kann, wenn sie frei von (fast) allen anderen Aufgaben sind.

Aber was macht einen guten Krisenstabsleiter beziehungsweise gute Krisenstabsmitglieder aus?

Eigenschaften von Krisenstabsleitern (und Krisenstabsmitgliedern)
Der Krisenstabsleiter ist der Fels in der Brandung. Er muss nicht unbedingt die größte
fachliche Tiefe mitbringen, denn die Vielfalt möglicher Krisen ist so groß, dass er ansonsten ein Universalgenie sein müsste. Und in Abhängigkeit von der Krisenart immer
wieder andere Personen zum Krisenstabsleiter zu benennen, ist wenig praktikabel, da
jeder Krisenstabsleiter auf seine damit verbundenen Aufgaben vorbereitet sein muss. Für
tiefe, fachliche Fragen sind daher die Krisenstabsmitglieder und deren nachgeordnete
Bereiche zuständig. Der Krisenstabsleiter muss vielmehr in der Lage sein, auch in unübersichtlichen und hektischen Situationen Ruhe auszustrahlen und eine Atmosphäre zu
schaffen, in der die einzelnen Krisenstabsmitglieder ihre Aufgaben bestmöglich wahrnehmen können. Wo nötig, muss er ausgleichend wirken oder auch bestimmt auftreten.
Im Idealfall schafft er es, im Krisenstab einen Konsens über die weitere Vorgehensweise
herzustellen und falls nicht, muss er die Stärke besitzen, Entscheidungen notfalls auch
gegen Widerstände zu treffen, zu erklären und durchzusetzen. Kommunikationsstärke
und Gelassenheit sind damit die wichtigsten Eigenschaften eines Krisenstabsleiters

Die Mitglieder des Krisenstabs wiederum beraten den Krisenstabsleiter, bereiten
Entscheidungen vor und müssen sich bei der Umsetzung der Entscheidungen auf nachgeordnete Bereiche nicht nur verlassen, sondern diese vor allem auch kontrollieren.

Daher sind Fachwissen, Lösungsorientierung, ein wenig Kreativität, Konfliktfreude und Kommunikationsfähigkeit zentrale Merkmale von Krisenstabsmitgliedern.

Allgemeine Eigenschaften

Intelligenz, Belastbarkeit und Entscheidungsfreude sind weitere Eigenschaften, die alle Mitglieder unserer Notfall- und Krisenorganisation haben sollten.

Ach ja, noch eine nicht ganz triviale Eigenschaft sollten sie ebenfalls mitbringen. Insbesondere (höhere) Führungskräfte sollten in der Lage sein, in ihrem Verantwortungsbereich eine positive Fehlerkultur zu etablieren Eine Kultur, in der Mitarbeiter auch kritisch-abweichende Meinungen äußern und Fehler zugeben können – ohne Angst vor Sanktionen. Eine Fehlerkultur kann jedoch nur entstehen, wenn sie organisationsweit gewünscht ist und vorgelebt wird. Auch wenn sämtliche Gremien der Notfall- und Krisenorganisation keine basisdemokratischen Debattierklubs sind, eines dürfen sie ganz gewiss nicht sein: autoritär geführte Ansammlungen, bestehend aus Duckmäusern.

Cyber Crisis Response

3

3.1 Executive Summary: Crown-Jewels-basierte Cyber Crisis Response

Alarmierung, Eskalation und Benachrichtigung

Oft richten sich Cyber-Attacken gegen die Crown Jewels einer Organisation, d. h. die Daten, die für kritische Prozesse in elementaren Wertschöpfungsketten, Geschäftsbereiche, Produkten und Services unverzichtbar sind. Da Daten aber weder angegriffen noch geschützt werden können, sind die sie verarbeitenden IT-Systeme klassische Angriffsziele.

Wenn wir feststellen, dass unsere Crown Jewels angegriffen werden, ist höchste Eile geboten. Dies setzt natürlich voraus, dass wir

- unsere Crown Jewels kennen,
- Angriffe auf sie detektieren (zeitnah, im Idealfall in Echtzeit) und
- Gegenmaßnahmen initiieren (ggfs. 24/7)

können.

Entscheidend für die Initiierung von Gegenmaßnahmen ist die rasche Alarmierung derjenigen, die den Angriff abwehren sollen – technisch-operativ, taktisch und auch strategisch.

Dabei hilft, dass in bestimmten Fällen zwingend alarmiert und eskaliert werden muss. Und zwar immer dann, wenn die Crown Jewels betroffen sein könnten.

Reaktion auf strategischer Ebene

Auf strategischer Ebene ist der Krisenstab das zentrale Organ zur Krisenbewältigung. Die Crown Jewels schlechthin sind für ihn

© Springer Fachmedien Wiesbaden GmbH, ein Teil von Springer Nature 2024
H. Kaschner, *Cyber Crisis Management,* https://doi.org/10.1007/978-3-658-43465-6_3

- Leib und Leben von Menschen;
- Umwelt und Tierwohl;
- Beziehungen zu den wichtigsten Stakeholdern;
- kritische Geschäftsbereiche, Wertschöpfungsketten, Produkte und Servicebereiche.

Bei der Initialisierung der Krisenstabsarbeit kommt es darauf an, mit Blick auf diese Crown Jewels konkrete Ziele für die weitere Krisenstabsarbeit abzuleiten. Dazu sollte der Krisenstab

- eine Lagefeststellung vornehmen (zum Beispiel anhand der W-Fragen),
- die wesentlichen Stakeholder identifizieren, die direktes oder indirektes Interesse an den Ereignissen haben könnten;
- Worst-Case-Szenarien ableiten, die sich aus dem Zusammenwirken der aktuellen Situation und den Interessen der Stakeholder entwickeln könnten.

Diese drei Punkte bereiten den Boden, auf dem ein oder mehrere Ziele formuliert werden können.

Die weitere Krisenstabsarbeit erfolgt anhand eines strukturierten Prozesses. Der zyklische Krisenbewältigungsprozess besteht aus vier Schritten:

- Lagefeststellung/Kontrolle
- Lagebewertung
- Entwicklung von Optionen und Maßnahmenplanung
- Entscheidung und Delegation

Diese Schritte werden – im Idealfall mit Fokus auf die Crown Jewels – durchlaufen, bis die Lagebewertung ergibt, dass keine Krisensituation mehr vorliegt.

Wichtig: Schlechte Krisenkommunikation ist der sicherste Weg, das Vertrauen von Kunden, Shareholdern, Kreditgebern, Geschäftspartnern, Aufsichtsbehörden und Angestellten zu verlieren. Der Krisenstab muss daher kontinuierlich sicherstellen, dass die wesentlichen Stakeholder

- zielgruppenspezifisch mit Informationen versorgt werden und
- die Organisation ihrerseits ansprechen können.

Krisenkommunikation ist keine One-Way-Infoveranstaltung.

Reaktion auf taktisch-operativer Ebene
Auch auf taktisch-operativer Ebene hilft uns der Fokus auf die Crown Jewels.

Allgemein gesagt besteht auf dieser Ebene das Ziel darin, den Geschäftsbetrieb so schnell und so weit zu stabilisieren, dass die Existenz unserer Organisation durch den Cyber-Sicherheitsvorfall nicht (mehr) bedroht ist.

Dazu gehören je nach Szenario verschiedene Maßnahmen:

- in kritischen Geschäftsprozessen zügig auf Workarounds für ausgefallene IT-Systeme und nicht verfügbare Daten umzustellen (Business Continuity Management)
- kritische Daten und IT-Systeme wiederherzustellen (IT Service Continuity und/oder Major Incident Management)
- einen (potenziellen Angriff) auf technischer Ebene unter Kontrolle zu bringen, damit Daten nicht (mehr) unkontrolliert abfließen oder manipuliert werden können (Incident Response).

Worst Case: Cold Start

Was früher der Bare Metal Restore war – also die Neuinstallation aller Systeme ausgehend von der Hardware – findet in Cyber-Krisen seine Entsprechung im Cold Start. Der Cold Start, zum Beispiel nach einer Ransomware-Attacke, ist die Königsdisziplin. Dieser ist erforderlich, wenn es Angreifer geschafft haben, uns komplett aus unseren eigenen IT-Systemen auszusperren. Alles Kritische (Crown Jewels!) wieder von null aufzubauen, ist technisch-organisatorisch hoch komplex und ein Kampf gegen die Uhr. On-prem- und Cloud-Systeme von Grund auf wiederherzustellen, verlangt nach der Cold Start Fähigkeit. Diese zeichnet sich dadurch aus, dass Incident Response, IT-Service Continuity/Major Incident Management und Business Continuity Management eng miteinander verzahnt sind.

Komplexe Entscheidung: Abschalten von Systemen

Wenn wir einen Angriff feststellen, lautet der naheliegende Impuls: sofort unterbinden und verhindern, dass der Angreifer noch mehr Daten stehlen oder manipulieren kann. Mit ein wenig Abstand können wir uns aber auch fragen: Was können wir aus dem Angriff lernen? Wie müssen wir zur Beweismittelsicherung vorgehen? Was wird der Angreifer tun, wenn er merkt, dass wir den Angriff detektiert haben? In diesem Fall ist das sofortige Unterbinden des Angriffs womöglich nicht die beste Idee.

Wichtig: Das weitreichende Abschalten von Systemen oder laufen lassen von Angriffen ist KEINE taktisch-operative-Entscheidung mehr, sondern aufgrund der zu erwartenden Auswirkungen auf den Geschäftsbetrieb eine strategische.

Prozesse nutzen und verzahnen

Unser Krisenmanagement sollte mit weiteren Disziplinen verzahnt sein, die ihrerseits auch auf Crown Jewels fokussiert sein sollten. Dazu zählen

- Information Security Incident Management/Incident Response
- IT Service Continuity Management bzw. Major Incident Management
- Business Continuity Management

Krisenbewältigung funktioniert (besser) im Verbund

Cyber-Attacken sind Ausnahmesituationen, die kaum Fehler verzeihen. Ausnahmesituationen haben jedoch die schlechte Eigenschaft, dass für sie üblicherweise zuvor keine Lernkurve durchlaufen werden kann. Die Lernkurve unter hohem Zeitdruck im Fokus der Öffentlichkeit selbst zu durchlaufen ist riskant. Und im Zweifel teuer. Richtig teuer.

Bei der Bewältigung von Cyber-Attacken zeigt sich immer wieder, dass es ohne Expertise in folgenden Disziplinen kaum geht:

- Krisenbewältigung
- Krisenkommunikation
- Continuity Management (Business und IT)
- Incident Response
- Verhandlungsführung
- Abwicklung von Lösegeldzahlungen
- IT- und Datenschutzrecht (auch international)
- Psychologie

Angesichts einer solchen Vielfalt an Disziplinen wird wieder einmal klar: Niemand kann alles können. Den eigenen Kolleginnen und Kollegen externe Expertise zur Seite zu stellen ist daher kein Zeichen von Schwäche, sondern im Gegenteil Ausdruck unternehmerischer Verantwortung.

3.2   Alarmierung, Eskalation und Benachrichtigung

3.2.1   Grundsätze und Erfolgsfaktoren

Automatismen statt Grübeln

Wenn wir mit dem Auto unterwegs sind und andere Verkehrsteilnehmer mal wieder Verkehrsregeln als unverbindliche Anregungen interpretieren (wir selbst tun das ja nie), dann müssen wir instinktiv handeln. Bremsen, ausweichen, beschleunigen – all das kann situativ richtig sein. Erst einmal zu überlegen, welche Reaktion die richtige ist, dazu fehlt die Zeit. Die Reaktion darf im Gehirn also nicht über den Neokortex laufen, sondern muss aus dem Rückenmark kommen.

Das Ausmaß unserer (Ausweich-)Reaktion richten wir nach deren Erfolg, das heißt, es gibt eine kontinuierliche Rückkopplung zwischen unserem Gehirn und unseren Extremitäten (Hände, Füße), mittels derer wir dem Auto unseren Willen übermitteln (Lenk-, Beschleunigungs- oder Bremsmanöver).

Die beiden Kernaspekte in jedweder potenziell gefährlichen Situation im (Straßen-) Verkehr sind

- schnelle Reaktion und
- kontinuierliche Rückkopplung.

Aber nicht nur im (Straßen-)Verkehr. Schnelle Reaktion und kontinuierliche Rückkopplung sind auch der Kern eines jeden Alarmierungs- und Eskalationsverfahrens.

Tempo, Tempo, Tempo
Genau wie bei einem Ausweichmanöver gilt auch beim Krisenmanagement: Wenn wir zu spät reagieren, sind die Folgen oftmals unnötig schlimm. Damit vergeben wir uns beim Krisenmanagement die Chance, ein potenzielles Problem schon im Entstehen zu bekämpfen oder, wenn das Problem schon akut ist, zügig Schadensbegrenzung vorzunehmen – in praktischer Hinsicht und vor allem mit Blick auf die Beziehungen zu unseren wichtigsten Stakeholdern.

Better safe than sorry
Daraus ergibt sich der Grundsatz: Lieber einmal zu oft alarmiert, als einmal zu wenig. Im Zweifel – Stichwort: Rückkopplung – können wir die Alarmierung abbrechen oder der Krisenstab stellt fest, dass die Situation (noch) keine Krise darstellt. In einem solchen Fall haben wir nicht allzu viel verloren, im Gegenteil. Jede erfolgreiche Alarmierung erhöht sowohl die Handlungssicherheit als auch das Vertrauen in die zugrunde liegenden Prozesse bzw. eingesetzte Technologie.

Hilfreich ist dabei eine Pflicht zur Eskalation. Wer glaubt, eine potenziell gefährliche Situation für die eigene Organisation entdeckt zu haben, MUSS seine Beobachtung entlang des Alarmierungs- und Eskalationswegs weitergeben. Wie heißt es so schön im Behördenumfeld? Melden macht frei (und belastet den Vorgesetzten).

Incident/Störung, Notfall und Krise
Wir haben den Begriff der Eskalation bereits kennengelernt. Aber was meint er in unserem Kontext genau? Dahinter verbirgt sich, dass Ereignisse in unterschiedliche Kategorien eingeteilt werden können. Je Kategorie gelten üblicherweise bestimmte Rahmenbedingungen, die zur Bewältigung des Ereignisses zur Verfügung stehen.

Kategorie*	Zuständigkeit
(Cybersecurity-)Incident bzw. Störung	Linienorganisation
Notfall/Major Incident	Notfallorganisation (gem. BCM und ITSCM; IT-seitig oftmals die sogenannte Major Incident Organisation)
Krise	Krisenorganisation
(Katastrophe)	Krisenorganisation

* Beispielhafte Definitionen finden wir im Kapitel Abkürzungen und Glossar

Aus der Praxis: Standardkategorien
Diese Kategorien können wir grundsätzlich so definieren, wie es für unsere Organisation zweckmäßig ist. Aber Obacht: Diese Freiheit hat ihre Tücken, beispielsweise hinsichtlich der Kompatibilität im Kunden- und Lieferantennetz sowie gegenüber Behörden.

Mitunter haben Organisationen aus ihrer Historie hinaus die Bedeutung der Kategorien Notfall und Krise vertauscht, d. h. der Notfall ist schlimmer als die Krise:

- Störung < Krise < Notfall
  statt
- Störung < Notfall < Krise.

Für die alteingesessenen Mitarbeiter des Kunden ist die abgewandelte Reihung vollkommen normal – nicht aber für Fach- und Führungskräfte, die von extern ins Unternehmen kommen oder für Kunden bzw. Lieferanten, mit denen Notfallkonzepte abgestimmt werden müssen.

Eskalationsbedarf
Sobald sich abzeichnet (oder vielleicht sogar schon feststeht), dass wir das Ereignis auf einer bestimmten Ebene nicht mehr bewältigen können, müssen wir das Ereignis hochstufen und an eine höhere Ebene übergeben, d. h. eskalieren. Das Alarmierungs- und Eskalationsverfahren wiederum muss diese Ebenen und Zuständigkeiten abbilden.

Woran Alarmierungen in der Praxis scheitern (I)
Im Alltag gibt es viele Gründe, weshalb der Krisenstab nicht oder nicht rechtzeitig alarmiert wird:

- Die Alarmierungs- und Eskalationswege sind nicht definiert, nicht dokumentiert, nicht bekannt oder funktionieren nicht.
- Diejenigen, die an der Alarmierung und Eskalation mitwirken müssen, sind nicht erreichbar (fehlende Erreichbarkeitsregelung bzw. Bereitschaftsdienst, veraltete Kontaktdaten).
- Die technische Lösung, die zur Alarmierung eingesetzt wird, funktioniert nicht.
- Potenziell bedrohliche Situationen werden nicht oder nicht rechtzeitig als solche erkannt bzw. (systematisch) unterschätzt.
- In der Organisation herrscht eine schlechte Fehlerkultur, die verhindert, dass Mitarbeiter sich trauen, potenziell bedrohliche Situationen zu melden (der Bote, der geköpft wird…).
- Um weitergehende Fragen von externen Prüfern (Aufsichtsbehörden, Wirtschaftsprüfer etc.) und regulatorische Handlungszwänge zu vermeiden, scheuen sich Organisationen, den Not- oder gar Krisenfall formal festzustellen.

- Angst vor Abnutzung: Wer neunundneunzigmal für nichts und wieder nichts alarmiert wird, geht beim hundertsten Mal nicht mehr ans Telefon – genau dann, wenn es wirklich nötig wäre.

Dass diese Fälle in der Realität ein Stück weit verschwimmen, zeigt folgendes Beispiel.

Woran Alarmierungen in der Praxis scheitern (II)
Angenommen, eine fleißige Mitarbeiterin aus dem Rechnungswesen legt am Abend des Gründonnerstags eine Nachschicht ein, um noch wichtige Zahlungen an verschiedene Lieferanten anzuweisen. In letzter Zeit kam es mitunter zu Verzögerungen bei der Rechnungsabwicklung, weswegen eine pünktliche Anweisung für die Reputation der Organisation extrem wichtig ist – der Verdacht von Liquiditätsengpässen darf auf keinen Fall aufkommen.

Irritiert stellt die Kollegin fest, dass sie zunächst auf einige Datensätze und kurz darauf auf das gesamte Buchhaltungssystem nicht mehr zugreifen kann.

Hand aufs Herz: Wie würde das Ganze in unserer Organisation weitergehen?

- Würde die Mitarbeiterin erkennen, dass an ihren IT-Problemen eventuell ein Cryptolocker schuld ist?
- Wüsste die Mitarbeiterin,
  – was sie in einem solchen Fall sofort tun müsste?
  – wen sie angesichts des langen Wochenendes spät abends noch erreichen könnte und über welche Kanäle sie am wenigsten Zeit verlieren würde – Telefon, Mail, SMS, WhatsApp etc.?
- Wäre in der IT noch jemand erreichbar, der technische Gegenmaßnahmen einleiten könnte?
- Wäre der Mitarbeiterin und der IT bewusst, welche weitreichenden Folgen dieses zunächst rein technisch daherkommende Problem für die Außendarstellung unserer Organisation haben könnte?
- Würde sich die nächste Alarmierungs- und Eskalationsinstanz trauen, den Krisenstab zu alarmieren?
- Wäre der Krisenstab erreichbar, falls das Problem IT-seitig nicht eingedämmt werden könnte?

Erfolgsfaktoren
Diese ganzen Hürden können wir auf einige wenige Erfolgsfaktoren reduzieren:

- Awareness
- klare Verantwortlichkeiten und eingeübte Abläufe
- Bereitschafts- oder Erreichbarkeitsregelung
- praktikable Tools und aktuelle Kontaktdaten
- starre Eskalationskriterien vs. Verantwortungsfreude und Fehlerkultur

Diese Faktoren schauen wir uns gleich genauer an.

Grundsatz: Robustheit über alles
Zuvor müssen wir uns aber den vielleicht entscheidenden Grundsatz vor Augen führen:
Egal, was wir in der Praxis aus den einzelnen Faktoren machen – wir müssen es robust
machen. So robust, dass ein Außenstehender sofort sagt: „Das Ganze funktioniert".
Wenn wir dieses Zeugnis ausgestellt bekommen, haben wir schon sehr viel richtig ge-
macht.

3.2.2   Verantwortlichkeiten und Abläufe

Ziel: Strukturen schaffen
Unsere Mitarbeiter müssen wissen, was sie tun müssen, wenn sie glauben, mit einem
potenziellen Krisenauslöser konfrontiert zu sein. Das bedeutet, wir dürfen nicht gezwungen sein, bei der Alarmierung erstmal zu improvisieren. (Keine Sorge, im Rahmen
der Krisenbewältigung bleibt noch genug Zeit für Improvisation. Aber bei der Alarmierung sollten wir nach Möglichkeit ohne auskommen.)

   Den Improvisationszwang können wir – wenig überraschend – vermeiden, indem wir
vorab und möglichst allgemeingültig definieren, wie eine Alarmierung ablaufen und wer
daran beteiligt sein soll.

Melder, Filter und Verteiler
Bei Alarmierungs- und Eskalationsverfahren können wir im Prinzip drei unterschiedliche
Kategorien von Rollen unterscheiden:

- Melder
- Filter
- Verteiler

Alle drei sind gleichermaßen wichtig und können mitunter in ein und derselben Rolle/
Funktion versammelt sein.

   Die Melder entdecken einen potenziellen Krisenauslöser und informieren (hoffentlich) einen Filter, der die Einschätzung der Melder gegencheckt. Sollte er die Einschätzung teilen, geht die Eskalation des Vorfalls weiter, möglicherweise in unterschiedliche Richtungen. Damit sind wir schon beim Verteiler. Je nach Größe unserer Organisation können mehrere Filter und Verteiler eingebaut sein. Aber Vorsicht: Je mehr Filter,
desto dicker die Lehmschicht und desto unwahrscheinlicher, dass der Krisenstab rechtzeitig Kenntnis erlangt.

   Wer aber sind die Melder, Filter und Verteiler?

Aus der Praxis: Melder
Schauen wir zunächst einmal auf die Melder. Das sind ausnahmslos alle Mitarbeiter,
da jedem etwas auffallen kann, das ein potenzieller Krisenauslöser sein könnte.

Die Beobachtungen der Melder können aus der eigenen Arbeit mit IT-Systemen, Produktionsanlagen etc. stammen, aber auch aus dem Kontakt mit externen Stakeholdern. Wenn etwas nicht stimmt, bemerken wir das im Idealfall bevor die Außenwelt davon Wind bekommt. Wie gesagt, im Idealfall. Nur ist die Welt nicht ideal, sodass alldenjenigen, die mit Kunden, Partnern, Dienstleistern, Behörden und sonstigen externen Stakeholder zu tun haben, eine besondere Verantwortung zukommt. Aus der Summe der Rückmeldungen und Außenkontakte ergibt sich für sie mitunter ein Bild, das an anderen Stellen unserer Organisation so nicht bekannt sein kann. Wenn viele Kunden innerhalb kurzer Zeit reklamieren, dass sie im Kundenportal (außerhalb von Wartungsarbeiten) nicht auf ihre Daten zugreifen können oder die Daten fehlerhaft sind, ist das eine wertvolle Information, die wir schnellstmöglich in Richtung eines Filters transportieren sollten.

Aus der Praxis: Melder, Filter und Verteiler
Neben den einzelnen Mitarbeitern gibt es vor allem drei Funktionen, die als Melder im Entstehen begriffener Cyber-Krisen gleichsam prädestiniert sind:

- IT-Helpdesk
  (1st Level Support und damit erste Anlaufstelle für IT-Probleme aller Art)
- IT-Leitstand/IT-Betriebsführung/Systemsteuerung
  (überwacht die reibungslose Funktion der IT-Systeme, oftmals im 24/7-Betrieb)
- Cybersecurity Operation Center (CSOC)
  (überwacht die IT-Systeme und Netzwerke auf Anomalien, die auf sicherheitsrelevante Ereignisse hindeuten können; in der Regel im 24/7-Betrieb)

Diese Funktionen sind qua definitionem auf Troubleshooting spezialisiert und fungieren gleichzeitig selbst als Filter und Verteiler.

Aus der Praxis: Filter und Verteiler
Zurück zu unserem kleinen Beispiel. Gesetzt den Fall, die Kollegin (Melder!) versteht sofort, was auf dem Spiel steht – wer muss sich jetzt kümmern? Nun, sie könnte sich (je nach Uhrzeit und Erreichbarkeit) an den IT-Helpdesk oder zur Not den IT-Leitstand/IT-Betriebsführung/Systemsteuerung wenden. Der beste Adressat wäre jedoch das Cybersecurity Operation Center (CSOC), da es auf genau solche Fälle spezialisiert ist. Die Sache hat nur einen Haken. Obwohl die Bedrohung durch Cyberrisiken seit Jahren kontinuierlich wächst, sind CSOCs vor allem im Mittelstand noch kaum verbreitet.

All diese Funktionen können ihrerseits an weitere Filter und Verteiler herantreten. Oftmals ist das der Manager vom Dienst (MvD) bzw. Manager on Duty (MoD), welcher in der Regel die Person ist, an die größere IT-Störungen 24/7 eskaliert werden. Der MvD/MoD muss dann entscheiden, ob die Störung mit der bestehenden Linienorganisation bewältigt werden kann oder ob eine weitere Eskalation in Richtung Notfall- und Krisengremien nötig ist bzw. welche Stakeholder informiert werden müssen.

Dies können sein:

- der Notfallmanager, der unter anderem dafür sorgt, dass wir für die kritischen Geschäftsprozesse rechtzeitig bereits im Vorfeld verfasste Geschäftsfortführungspläne aktivieren (siehe dazu Abschn. 4.7.1 Notbetrieb der (Geschäfts-)Prozesse vorbereiten);
- das IT-Notfallteam und das Cybersecurity Operation Center, das auf technischer Ebene Gegenmaßnahmen initiieren kann, beispielsweise zur Eindämmung des Ereignisses, zum Wiederanlauf von IT-Systemen oder zur Wiederherstellung verlorener/korrumpierter Daten (siehe dazu Abschn. 4.7.2 Wiederanlauf der IT-Systeme ermöglichen);
- der Krisenstab, der das Vorliegen eines Krisenfalls prüft und gegebenenfalls organisationsweite Maßnahmen zu Krisenbewältigung initiiert (siehe dazu Abschn. 3.3.1 Die Weichen stellen: Initialisierung der Krisenstabsarbeit).

Aus der Praxis: Alarmierungs- und Eskalationsverfahren
Egal, welche Rollen und Funktionen wir in unser Alarmierungs- und Eskalationsverfahren einbinden wollen – über Erfolg oder Misserfolg im Ernstfall entscheidet unter anderem,

- ob wir das Verfahren nachvollziehbar dokumentiert und denen bekannt gemacht haben, die es umsetzen müssen;
- dass die Beteiligten auch unter dem psychischen Druck eines Ernstfalls
  - wissen, was zu tun ist;
  - die zur Alarmierung einzusetzenden Tools beherrschen;
- dass die zur Alarmierung einzusetzenden Tools ordnungsgemäß funktionieren.

Deshalb reicht die Sensibilität der Melder gegenüber potenziellen Krisenauslösern und deren Folgen auch in Verbindung mit einer Erreichbarkeits- oder Bereitschaftsregelung allein nicht aus. Vielmehrmüssen wir vor allem den Prozess einüben, mittels dessen diejenigen kontaktiert werden, die konkret helfen oder Hilfe veranlassen können. Und natürlich kommen wir nicht umhin, die dafür vorgesehenen technischen Lösungen regelmäßig auf ordnungsgemäße Funktion zu testen.

Mehr dazu in den Kapiteln

- 4.6 Es ist noch kein Meister vom Himmel gefallen: Trainings und Übungen,
- 5.3.2 Gefahr erkannt, Gefahr gebannt: Awareness,
- 5.6 Unsere Cyber Resilience und wie es um sie bestellt ist: Audits sowie
- 4.8 Was funktioniert und was nicht: Tests.

Aus der Praxis: Durchlauferhitzer im Alarmierungs- und Eskalationsprozess vermeiden

Wenn wir uns eine Struktur zurechtlegen, mit der wir die Reaktionsfähigkeit unserer Krisenorganisation sicherstellen wollen, sollten wir unbedingt darauf achten, Durchlauferhitzer zu vermeiden. Durchlauferhitzer sind Rollen und Personen, die keinen qualitativen Mehrwert bieten, z. B. durch eine relevante Bewertung oder Verteilung von Informationen, aber gleichzeitig ein zusätzliches Glied in der Alarmierungskette darstellen. Zusätzliche Glieder erhöhen die Komplexität und den Zeitbedarf vom Bemerken des Problems durch den Melder bis zu seinem letztlichen Adressaten, dem Krisenstab. Ohne Frage, in jeder Organisation gibt es Menschen, die sich wichtig fühlen (wollen) und daher darauf drängen, bei einer Alarmierung des Krisenstabs bzw. Eskalation eines Vorfalles unbedingt an Bord zu sein. Je nach Situation ist nun Fingerspitzengefühl, ein Machtwort oder eine andere kluge Taktik gefragt.

Kurz: Wir müssen den Prozess schlank und robust halten – das gelingt am besten durch den Verzicht auf (technische, organisatorische und menschliche) Störvariablen.

3.2.3   Erreichbarkeits- oder Bereitschaftsregelung

Ziel: Handlungsfähigkeit sicherstellen

Die unterschiedlichen Rollen und Gremien für unser Alarmierungs- und Eskalationsverfahren zu definieren und zu besetzen, ist aber nur die halbe Miete. Die andere Hälfte der Miete besteht darin, dafür zu sorgen, dass die einzelnen Gremien auch tatsächlich handlungsfähig sind – je nach Risikoprofil unserer Organisation 365 Tage im Jahr und das rund um die Uhr. Das Mittel dazu sind Erreichbarkeits- oder Bereitschaftsregelungen.

Erreichbarkeits- und Bereitschaftsregelungen

Wie der Name schon sagt, verlangt eine Erreichbarkeitsregelung, erreichbar zu sein (wohlgemerkt erreichbar und grundsätzlich auskunftsfähig, aber nicht an einem bestimmten Ort). Nicht mehr, nicht weniger. Der Zwang, binnen einer bestimmten Reaktionszeit arbeitsbereit zu sein (dies gegebenenfalls an einem bestimmten Ort), besteht erst bei einer Bereitschaftsregelung.

Für diejenigen, die in eine Erreichbarkeits- oder gar eine Bereitschaftsregelung eingebunden sind, ist das in der Praxis mit ziemlich unangenehmen Einschränkungen verbunden. Kino, Oper, Kirche, Reisen mit der Bahn oder dem Flugzeug sind schwierig bis unmöglich, da wir entweder das Handy (hoffentlich) stumm geschaltet, den Flugmodus aktiviert oder schlichtweg keinen Empfang haben. Auch das Feierabendbier sollte uns nicht ganz so gut schmecken, wenn wir einen Bereitschaftsdienst übernehmen (vorsichtig ausgedrückt).

Aus der Praxis: wenig Lust auf formale Regelungen

Arbeitnehmervertreter sehen Bereitschafts- und Erreichbarkeitsregelungen oftmals ungern und lassen sich ihre Zustimmung (wenn überhaupt) teuer erkaufen. Dies führt (leider!) dazu, dass viele Organisationen von formalen Erreichbarkeits- oder Bereitschaftsregelungen absehen und stattdessen

- von Mitgliedern der Notfall- und Krisenorganisation (insbesondere den Führungskräften) implizit erwarten, trotzdem stets und ständig verfügbar zu sein;
- das Risiko akzeptieren, dass außerhalb der regulären Geschäftszeiten eine Alarmierung eventuell nur stockend funktioniert und der Krisenstab erst mit Verspätung handlungsfähig ist.

3.2.4 Informationskanäle oder: Alarmierungstools vs. Telefonkaskaden

Ziel: Alarmierungs- und Eskalationsverfahren härten und beschleunigen

Die Frage lautet nun: Über welche Kanäle erreichen wir diejenigen, die wir im Rahmen der Alarmierung, der Eskalation und vor allem der Krisenbewältigung brauchen? Und das nicht irgendwann, sondern im Idealfall sofort? An dieser Stelle ist es wichtig, dass wir uns noch einmal den zentralen Grundsatz vor Augen führen: Das Ganze muss absolut robust sein.

Single Points of Failure

Damit unser Verfahren robust ist, müssen wir Single Points of Failure vermeiden. Das bedeutet, das Gelingen der Alarmierung darf nicht daran scheitern, dass wir eine bestimmte Person nicht erreichen. Ebenso darf unser Verfahren nicht von einer bestimmten technischen Lösung oder Infrastruktur abhängen. Beides würde bedeuten, dass unser Verfahren nicht robust ist – und fehlende Robustheit ist ein K.-o.-Kriterium beim Krisenmanagement. Daher sollten wir uns weder auf einzelne Personen noch auf einen einzelnen Informationskanal verlassen (Voice-over-IP; VoIP !), sondern von Anfang an über Redundanzen nachdenken.

Tipp: Wir sollten unbedingt regelmäßig testen, wie robust unser Verfahren tatsächlich ist. Mehr dazu in den Abschn. 4.7 Was funktioniert und was nicht: Tests sowie 5.8 Unsere Cyber Resilience und wie es um sie bestellt ist: Audits.

Informationskanäle

Um die Beteiligten zu informieren, kommen unterschiedliche Kanäle infrage, die uns in der Praxis auch alle regelmäßig begegnen. Dazu zählen:

- Festnetztelefon
- Mobiltelefon

- E-Mail
- SMS
- Kurznachrichtendienste (WhatsApp, Signal, Threema, Telegram, WeChat etc.)
- Hybridsysteme (Skype etc.)
- persönlicher Kontakt
- …

(Telefon-)Kaskade

Das Funktionsprinzip einer Telefonkaskade (oft auch Call Tree genannt) ist vergleichsweise simpel (siehe Abb. 3.1: Telefonkaskade): Ebene 1 ruft Ebene 2 an, Ebene 2 wiederum Ebene 3 usw.

Pro:

- kostengünstig
- kaum Implementierungsaufwände

Contra:

- Redundanzen (Mail, Messenger) müssen separat aufgebaut und angestoßen werden
- Abtelefonieren mehrerer Adressaten kostet wertvolle Zeit
- Nichterreichbarkeit eines einzelnen Adressaten potenziert Zeitaufwand
- Herausgabe privater Kontaktdaten (für Alarmierungen außerhalb der üblichen Geschäftszeiten) kann nur freiwillig erfolgen

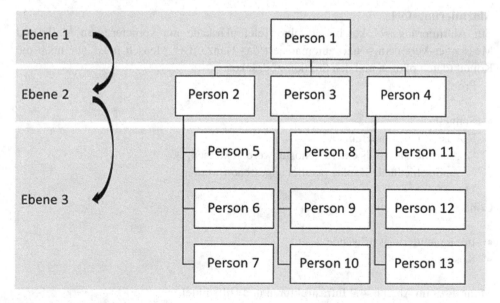

Abb. 3. 1 Telefonkaskade

Vorgefertigte Mail- und Messenger-Verteiler
Vorgefertigte Mail- und Messenger-Verteiler sind eine wichtige Ergänzung zur Telefonkaskade. Wer den Ton seines Telefons ausgeschaltet hat oder nicht frei sprechen kann,
kann gegebenenfalls noch eine Nachricht lesen.
   Pro:

- Kostengünstig.
- Kaum Implementierungsaufwände.
- Beliebig viele Adressaten simultan kontaktierbar
- Textbausteine für Alarmierungsnachrichten können vorbereitet und so für unter-
  schiedliche Arten von Krisen genutzt werden.
- Unterschiedliche Adressatenkreise (Verteiler) für unterschiedliche Arten von Krisen
  können vorbereitet werden.

Contra:

- Redundanzen (Telefon) müssen separat aufgebaut und angestoßen werden.
- Herausgabe privater Kontaktdaten (für Alarmierungen außerhalb der üblichen Ge-
  schäftszeiten) kann nur freiwillig erfolgen.
- Funklöcher in ländlichen Gegenden setzen dem Verfahren Grenzen.
- Einzelne Messenger-Dienste haben eine Begrenzung der Adressatenanzahl für das
  Weiterleiten von Nachrichten.
- Abhängig vom Funktionieren der Datenverbindung.

Alarmierungstool
Ein Alarmierungstool kombiniert eine Telefonkaskade mit vorgefertigten Mail- und
Messenger-Verteilern – und automatisiert das Ganze. Der Mensch muss nur noch die
Kontaktdaten pflegen und den Startknopf drücken.
   Pro:

- Schnell.
- Robuster, unter anderem da
  - Alarmierungstools extern gehostet werden können;
  - unterschiedliche Kanäle parallel angesteuert werden.

Contra:

- Implementierungsaufwände.
- Kosten.

Mehr dazu im Abschn. 4.2 Infrastrukturen und Hilfsmittel.

Aus der Praxis: Kontaktdaten als Stolperstein

Auch wenn es absolut trivial klingt, sorgt ein Phänomen immer wieder für Probleme: die Aktualität des Datenbestandes, auf den sich unsere Alarmierungsverfahren stützen. Die stabilste Technik, das schnellste Verfahren und die willigsten Mitarbeiter können nichts ausrichten, wenn die Kontaktdaten veraltet sind und die Alarmierung sich deshalb totläuft. Insofern ist eine Multikanalalarmierung (also die Kombination aus Telefonkaskade und Mail-/Messenger-Nachrichten oder gleich eine automatisierte Lösung mittels eines Alarmierungstools) doppelt sinnvoll – denn wenn die Telefonnummer sich geändert hat, stimmt vielleicht noch die Mailadresse (und umgekehrt).

Aus der Praxis: Risikofaktor VoIP-Technologie

Die Unfähigkeit zu kommunizieren verstärkt entweder bestehende Krisen oder kann selbst der Auslöser einer Krise sein.

Mit der nahezu flächendeckenden Umstellung auf Voice-over-IP-Telefonie (VoIP) haben wir uns einen erheblichen Risikofaktor eingekauft. In dem Moment, in dem wir einen größeren Stromausfall, den Ausfall unseres Telefonie-Providers oder der WAN-Anbindung verzeichnen, versagen in der Regel auch Mobiltelefone oder E-Mails. Damit steht uns das vielleicht zentrale Element zum Management von Krisen im Allgemeinen und Cyber-Krisen im Besonderen nicht mehr zur Verfügung. Und das, obwohl wir gerade in einer solchen Situation dringender denn je darauf angewiesen sind, mit allen unseren Stakeholdern kommunizieren zu können.

Als Backup-Lösung bleiben somit nur noch (teure) Satellitentelefone und (funktional eingeschränkte) (Verkehrs-)Funkgeräte als Absicherung übrig. Was aber wenig bis nichts bringt, wenn unsere Stakeholder nicht selbst damit ausgerüstet sind.

3.2.5 Eskalationskriterien vs. Verantwortungsfreude und Fehlerkultur

Ziel: Alarmierungs- und Eskalationsverfahren glätten

Ein Alarmierungs- und Eskalationsverfahren ist nur so gut, wie es in zweckmäßigem Umfang durchlässig ist. Wenn die Filter ihre Aufgabe zu streng oder zu locker interpretieren, besteht das Risiko von Extremen: Entweder schafft es kein Ereignis bis zum Krisenstab oder alle Ereignisse werden einfach durchgeroutet. Das Mittel zur Vermeidung derartiger Extreme sind Eskalationskriterien, anhand derer die Filter entscheiden können, ob

- die Alarmierung fortgesetzt,
- das Ereignis mit den zum jeweiligen Zeitpunkt (Linien- bzw. Notfallorganisation) verfügbaren Instrumenten angegangen oder
- die Alarmierung abgebrochen

werden soll.

Eskalationskriterien

Die Kriterien sollten wir an unseren Definitionen für die einzelnen Ereigniskategorien

- Störung,
- Notfall,
- Krise

ausrichten. Mit Blick auf die Definition der einzelnen Ereigniskategorien gilt: Sobald die wesentlichen Merkmale der nächsthöheren Ereigniskategorie erfüllt sind, muss unser Filter das Ereignis weiter eskalieren und die Alarmierung fortsetzen.

Aus der Praxis: Ermessensspielräume einräumen

In den meisten Organisationen besteht leider eine geradezu devote Haltung gegenüber den (nicht immer zweckmäßig) festgelegten Kriterien, die eine Eskalation rechtfertigen. „Rechtfertigen" ist aber der entscheidende Punkt. Die Kriterien dürfen eine Orientierung sein, das heißt, vorgeben, wann eskaliert werden MUSS. Das Verfahren und die Eskalationskriterien sollten aber keinesfalls verhindern, dass ein Ereignis schon eskaliert wird, BEVOR das Kind in den Brunnen gefallen ist. Das bedeutet in der Praxis, dass wir den Filtern durchaus Ermessensspielräume für die frühzeitige Eskalation einräumen sollten.

Im Zweifel spart die frühzeitige Eskalation wertvolle Zeit und schützt dadurch finanzielle Ressourcen, die Reputation unserer Organisation und bewahrt sie auch vor Gesetzes- oder Vertragsverstößen. Und rettet je Situation vielleicht sogar Leben.

Aus der Praxis: Konsultationsphase

Es ist nicht ungewöhnlich, dass wir den Krisenstab in einer Situation alarmieren, in der wir noch gar nicht so genau sagen können, ob tatsächlich eine Krise vorliegt. In diesem Fall kann sich der Krisenstab zunächst zu einer Konsultation zusammenfinden. Diese kann telefonisch, per Videokonferenz oder auch persönlich erfolgen. In dieser Konsultationsphase können die Krisenstabsmitglieder diskutieren, ob sie das Ereignis an sich ziehen und eine Krise ausrufen oder (zunächst) auf einer der unteren Ereigniskategorien belassen wollen. Der Vorteil dieses Verfahrens ist, dass wir dem Krisenstab rechtzeitig alle Karten in die Hand geben: Falls er den Krisenfall feststellt und die Krisenstabsarbeit initialisiert (siehe Abschn. 3.3.1 Die Weichen stellen: Initialisierung der Krisenstabsarbeit), gut. Wenn nicht, auch gut – dann sind die Krisenstabsmitglieder bereits im Bilde, falls sich die Lage verschärfen sollte.

3.3 Reaktion auf strategischer Ebene

3.3.1 Die Weichen stellen: Initialisierung der Krisenstabsarbeit

Warum Initialisierung?

Bevor wir in operative Hektik verfallen, müssen wir verstehen, was überhaupt los ist und worauf es jetzt ankommt. Das klingt erst einmal simpel und logisch, ist in der Praxis aber ziemlich tückisch. Tief in uns ist der Impuls verankert, unmittelbar zu reagieren und zu handeln, wenn wir unter Druck geraten. Diese unmittelbare Reaktion entlastet uns, indem sie uns das Gefühl der Hilflosigkeit und Passivität nimmt. Nur preschen wir leider oftmals blind los, ohne ein echtes Verständnis, was aus strategischen Gesichtspunkten wichtig und gleichzeitig dringend ist. Damit laufen wir Gefahr – bildlich gesprochen – zwar unglaublich schnell zu rennen, vielleicht sogar sehr, sehr weit. Nur eben leider von unseren strategischen Zielen weg, statt auf sie zu.

Das Ausrichten der Krisenbewältigung an strategischen Zielen bezeichnen wir als „Initialisierung" der Krisenbewältigung. Dabei spielt der Faktor Zeit eine große Rolle. Eine Organisation, die eine Krise zu verschlafen scheint, bringt sich dadurch selbst verschuldet noch mehr in die Defensive, als die Situation als solche es unbedingt erfordert – und das völlig unnötig. Daher kommt es darauf an, dass wir so schnell wie möglich die ersten, groben Weichenstellungen vornehmen. Wohlgemerkt, grobe Weichenstellungen. Für taktisch-operative Details ist der Krisenstab das falsche Gremium und außerdem wird zu Anfang die Faktenlage noch so konfus sein, dass die Weichenstellungen ohnehin nur die grobe Richtung vorgeben können.

Aus Chaos wird Ordnung

Im Prinzip geht es dabei nur um eines: Aus dem vermeintlich vollkommen unübersichtlichen Chaos ein Mindestmaß an Ordnung herauszuschälen. Ordnung dürfen wir hier ein wenig freier interpretieren, und zwar als Handlungsfelder oder – etwas plastischer – Probleme. Denn Handlungsfelder bearbeiten (oder Probleme lösen, wenn wir die ehrliche Ausdrucksweise bevorzugen) ist genau das, was wir im Tagesgeschäft auch tun. Sicher, ein paar Unterschiede in Zielsetzung und Methoden gibt es, im Kern ist das Prinzip aber absolut vergleichbar. Schauen wir uns die wesentlichen Unterschiede zwischen Tagesgeschäft und Krisenmanagement mal an.

Faustregel

Es gilt die Faustregel: Schnelligkeit vor Vollständigkeit. Dieses Credo gilt vor allem für die Krisenkommunikation der ersten Phase. Wichtig ist, dass wir signalisieren, dass wir verstanden haben, dass wir ein Problem haben – und dass wir uns kümmern. Eine schnelle Reaktion schafft Vertrauen (oder bremst zumindest die Erosion des Vertrauens) und verkleinert das Spekulationsvakuum, das ansonsten entsteht. Diejenigen unter uns, die Anhänger des Pareto-Prinzips (80/20-Regel) sind, dürften sich mit dem Gedanken anfreunden können. Perfektionisten haben hiermit häufig ein Problem, da die Faustregel bedeutet, Restrisiken in Kauf zu nehmen, die uns unter Umständen noch nicht einmal bewusst sind. Dazu gleich mehr. Trotzdem gilt: Besser schnell sein und ungefähr richtig liegen, als irgendwann einmal mit einer 99,9999-%igen-Lösung aufzuwarten.

Schritte bei der Initialisierung
Um die Krisenstabsarbeit aufzunehmen, müssen wir

1. eine erste Lagefeststellung vornehmen, um zu verstehen, was überhaupt los ist;
2. die Stakeholder ermitteln, die betroffen oder beteiligt sind, um zu verstehen, in wen wir uns hineinversetzen müssen;
3. versuchen, mit Blick auf das Geschehene und die Erwartungen der Stakeholder den Worst Case zu antizipieren, da uns das eine weitere, entscheidende Orientierung gibt;
4. aus dieser Gemengelage schließlich die Ziele herausdestillieren, auf die wir unsere Maßnahmen ausrichten müssen.

Der Reihe nach
Falls wir zu dem Schluss kommen, dass tatsächlich ein Krisenfall vorliegt, müssen wir diesen formal feststellen. Jetzt können wir dazu übergehen, Handlungsoptionen zu identifizieren, umzusetzen und deren Wirkung zu kontrollieren, kurz, den Krisen-bewältigungsprozess zu durchlaufen. Das ist kein Hexen-, sondern schlichtes Handwerk.

Aus der Praxis: Wirklich streng der Reihe nach?
Eine Vielzahl von echten Krisenfällen und Trainingssituationen zeigt: Die Reihen-folge der einzelnen Schritte ist gar nicht so wichtig und kann variieren. Auch wenn der Einstieg in 99 % der Fälle mit den W-Fragen (wir kommen gleich darauf zu spre-chen) beginnt, findet jeder Krisenstab meist seine eigene Reihenfolge für die restlichen Schritte. Der eine Krisenstab gewöhnt sich eine feste Reihenfolge an, der andere variiert die Schrittfolge von Fall zu Fall. Beides – das zeigt die Erfahrung – ist gleichermaßen zweckmäßig. Wichtig ist lediglich, alle Schritte zu durchlaufen, da ansonsten das Risiko besteht, die entscheidende Problemstellung zu übersehen. Insofern dürfen wir uns die In-itialisierung weniger als einen rein sequenziellen Prozess, als vielmehr als ein Mosaik vorstellen (siehe Abb. 3.2: Initialisierung der Krisenbewältigung).

3.3.1.1 Bevor wir zur Tat schreiten: Die „Du-kommst aus-dem-Gefängnis-frei-Karte"

Krisenstabsprotokoll
Um es in aller Deutlichkeit zu sagen: (Cyber) Crisis Management heißt Entscheidungen treffen. Dabei ist es unvermeidlich, dass Entscheidungen dabei sein werden, die sich im Nachhinein als falsch herausstellen. Daher müssen wir zu unserer eigenen Entlastung

Abb. 3.2 Initialisierung der
Krisenbewältigung

zeigen können, auf welchem Wissensstand wir die jeweilige Entscheidung getroffen
haben. Das Hilfsmittel dazu ist das sogantenannte Krisenstabsprotokoll (oft auch als Crisis Log oder Krisenlogbuch bezeichnet).

Dieses Protokoll

- sollten wir ab der ersten Konsultation des Krisenstabs und
- müssen wir spätestens ab dem Zeitpunkt des formalen Feststellens des Krisenfalls

führen.

Mindestanforderungen

Aus dem Krisenstabsprotokoll muss unter anderem dezidiert hervorgehen,

- wo es sich um Fakten und wo um Vermutungen handelt;
- wer eine Information überbracht bzw. eine Aufgabe zugewiesen bekommen hat;
- wann das (s. o.) erfolgt ist;
- ob eine Aufgabe bereits erledigt oder noch in Arbeit ist.

Ebenfalls unerlässlich ist der Schutz des Protokolls gegen nachträgliche Manipulation
der Einträge.

Dokumentationssoftware

Ein solches Template kann in verschiedenen Softwarelösungen erstellt werden. Wichtig
bei der Wahl der Softwarelösung sind

- deren Verfügbarkeit in einem IT-Notfall (Offline- und Remote-Fähigkeit);
- einfache Handhabbarkeit;
- Akzeptanz bei allen, die in einem Krisenfall damit arbeiten müssen.

Übliche Verdächtige

Die üblichen Verdächtigen dafür sind Word, Excel und in letzter Zeit verstärkt Share-point. Word wird von den Protokollanten zwar für die eigentliche Erstellung meist am Komfortabelsten empfunden, bietet aber beispielsweise wenig Unterstützung für das Tracking offener Punkte. Excel bietet über seine Filterfunktionen tolle Möglichkeiten für das Tracking offener Punkte und Shortcuts für Datums- und Uhrzeiteinträge, ist aber zum Protokollieren eher unüblich. Ähnliches gilt für Sharepoint, das über eine auto-matisierte Änderungshistorie verfügt und gerade bei dezentral aufgestellten Organisatio-nen seine Stärken ausspielen kann, aber bestenfalls bedingt offline-tauglich ist (während Word und Excel auch offline auf nahezu jedem Notebook funktionieren).

Insofern läuft es immer auf einen Kompromiss hinaus – auf welchen, muss jeder Krisenstab für sich selbst entscheiden.

Aus der Praxis: Allzwecklösung

Branchen- und organisationsunabhängig bewährt sich bei der Protokollierung folgender Ansatz:

- Excel
  Excel kann auch offline genutzt werden und ist fast jedem Nutzer bekannt. Falls der Protokollant ausfällt, ein unschätzbarer Vorteil.
- Protokollierung in Echtzeit
  Die Protokollierung in Echtzeit hat den Vorteil, dass man nicht mühselig im Nach-gang die konkreten Informationen rekonstruieren muss, die zum Zeitpunkt X vor-lagen.
- Visualisierung mittels Beamer
  Wenn alle Krisenstabsmitglieder das Protokoll sehen, behalten Sie den Überblick und können den Protokollanten Hinweise geben.
- speziell für den Krisenstab geschulte Protokollanten
  Die effiziente Nutzung des Templates (Abkürzungen, Filter, inhaltliche Zusammen-hänge im Excel-Template) unter den Bedingungen einer Krise (u. a. zeitgleich ein-gehende Informationen, Unklarheiten über Fakten vs. Vermutungen etc.) ist alles an-dere als trivial.
- Tracking offener Punkte anhand des Templates
  Kein Rekapitulieren offener Punkte aus dem Kopf – dazu ist das Protokoll mit seinen Filterfunktionen da.
- Unterscheidung von Informationen und Entscheidungen sowie Fakten und Ver-mutungen

Beim Tracking hilft, wenn wir nach eingehenden Informationen (I) und getroffenen Entscheidungen (E) filtern können. Aber auch, wenn wir systematisch Vermutungen von Fakten unterscheiden wollen. Dann gilt: Eine Information bleibt solange eine Vermutung, bis sie mit einer Bestätigungszeit versehen wird. Erst dann sollten wir von einer Tatsache ausgehen.

- Ausdruck + Unterschrift
  Wenn wir die Krise oder die Schicht beenden, ist das womöglich aus einer Haftungsperspektive heraus relevant. Und wir wollen ja schließlich aus dem Gefängnis freikommen.

Eine Möglichkeit zur Umsetzung zeigt Abb. 3.3: Krisenstabsprotokoll.

Leitfragen für den Krisenstab
Beim Start des Krisenstabsprotokolls kann sich der Krisenstab an folgenden Fragen orientieren:

- Haben wir im Protokoll vermerkt, dass wir den Krisenfall formal festgestellt haben bzw. uns einen Merker gesetzt, das zu gegebener Zeit nachzuholen?
- Haben wir Datum und Uhrzeit der ersten Zusammenkunft/Beratung des Krisenstabs vermerkt?
- Haben wir die beteiligten Personen und ihre Krisenstabsrollen festgehalten?
- …

Womit geht's weiter?
Der erste inhaltliche Schritt ist die initiale Lagefeststellung. Damit beantworten wir die Frage: Was ist überhaupt los?

Nr.	Was	Art (I/E)	Eingang/ Veranlassung (Uhrzeit)	Bestätigung/ Erledigung (Uhrzeit)	Wer	Hinweise
1	Datenzugriff nicht möglich → Cryptolocker bzw. Ransomware?	I	09:40	10:15	Meier	
2	Erpressungsschreiben	I	10:15		Hoffmann	Eingang via info@... Anfrage bei BSI?
3	Feststellung: Krisenfall	E	10:17	10:17	Kernkrisenstab	
4	Betroffene Netzsegmente isolieren	E	10:20		Meier	
5	Kommunikationsstrategie entwerfen	E	10:20		Müller	
6	Notbetrieb kritischer Prozesse anstoßen	E	10:20		Schulze	
7						
8						

Abb. 3.3 Krisenstabsprotokoll

3.3.1.2 Erste Lagefeststellung oder: Was ist überhaupt los?

Was ist überhaupt los?
Der Auftakt jeden Krisenmanagements muss sein, dass wir uns einen Überblick darüber verschaffen, was überhaupt los ist. Wichtig ist, dass wir Informationen darüber zunächst einfach nur sammeln und strukturieren. Die Bewertung kommt später – jetzt würde sie nur unseren Blick trüben und uns gegebenenfalls in eine falsche Richtung lenken.

W-Fragen
Bei der Informationssammlung und -strukturierung geben uns die W-Fragen, die wir aus dem Erste-Hilfe-Kurs kennen, gute Orientierung. Mit geringfügigen Anpassungen (besser: Ergänzungen) können wir fragen:

- Was ist passiert?
- Welche IT-Systeme sind betroffen und welche Art von Informationen/Daten werden damit verarbeitet?
- Welche Schutzziele sind gefährdet – Vertraulichkeit, Integrität, Verfügbarkeit, Authentizität?
- Welche Maßnahmen haben wir bereits ergriffen?
- Wann ist es passiert?
- Wer ist davon betroffen?
- Wer ist bereits involviert?

Das (fast) alles entscheidende „Welche"
Ob wir tatsächlich eine echte Cyber-Krise vor uns haben, hängt ganz wesentlich davon ab, welche Informationen (= Daten) betroffen sind. Dazu müssen wir verstehen, welche IT-Systeme welche Daten verarbeiten – denn Daten selbst können nicht angegriffen werden, dafür aber sehr wohl die sie verarbeitenden IT-Systeme.

Diese Informationen liefert uns (hoffentlich) unser → Informationsrisikomanagement (IRM) bzw. unser → Asset Management, zwei der zentralen Bausteine zur Prävention von Cyber-Krisen. Umgekehrt können wir von potenziell gestohlenen oder anderweitig abgeflossenen Informationen Rückschlüsse auf betroffene Systeme sowie grundsätzliche infrage kommende Innentäter ziehen. Bei letzterem hilft unser → Identity and Access Management (IAM), das die Berechtigungen für IT-Systeme steuert.

Antworten auf die Frage „welche" liefern uns also Ausgangspunkte für weitergehende Recherchen, die wir als Krisenstab anstoßen können. Mindestens genauso wichtig ist aber, dass wir von den betroffenen Daten auf die Stakeholder schließen können, die bei der Krisenbewältigung eine entscheidende Rolle spielen werden.

Und das „Wie" und „Warum"?
Der aufmerksame Beobachter hat vielleicht festgestellt, dass in unserer Auflistung (mindestens) zwei W-Fragen fehlen: die nach dem Wie und Warum beziehungsweise Wieso

oder Weshalb. Das hat einen ganz einfachen Grund. In den allermeisten Fällen hilft uns (im strategischen Krisenmanagement!) die Frage danach bei der ersten Bestandsaufnahme nicht wirklich weiter. Wie kommt das? Nun, da wäre einerseits das Problem der Informationslage. Um qualifizierte Ursachenforschung zu betreiben, brauchen wir erheblich mehr gesicherte (!) Informationen, als in der Entstehungsphase einer Krise in der Regel vorliegen. Und da es uns nichts bringt, unsere kostbare Zeit mit Spekulationen zu verbringen (die obendrein gefährlich irreführend sein können), sollten wir es zu diesem Zeitpunkt sein lassen. Andererseits geht es uns darum, die Auswirkungen eines Ereignisses einzudämmen, sodass dessen Ursachen auch aus dieser Perspektive zwar nicht unwesentlich, aber bei der Initialisierung der Krisenstabsarbeit selten entscheidend sind. Die Frage nach dem Wie und Warum ist später wichtig. Dann aber sehr. Wenn wir verstehen, warum und wie etwas passiert ist, können wir darauf hinarbeiten, dass sich das Ereignis nicht wiederholt. Das ist ein essenzieller Schritt bei der → Krisennachsorge.

Exkurs: taktisch-operative Ebene
Wie gesagt, das gilt für die strategische Ebene der Krisenbewältigung. Auf der taktisch-operativen Ebene hingegen ist die Frage „Wie konnte das passieren?" ziemlich zentral. Nur wenn die Kausalkette ausreichend klar ist, können wir IT-seitig zweckmäßig reagieren und das Ereignis eindämmen. Wir müssen

- den Abfluss vertraulicher Informationen unterbinden (falls das Schutzziel Vertraulichkeit verletzt ist);
- mit der Beseitigung von Inkonsistenzen in Datensätzen beginnen (falls das Schutzziel Integrität verletzt ist);
- die Wiederherstellung von Datensätzen anstoßen (falls das Schutzziel Verfügbarkeit verletzt ist);
- isolierte/deaktivierte Netzwerkkomponenten und -segmente oder Kommunikationsteilnehmer, IP-Adressen und Zertifikatsinhaber wieder zuschalten bzw. aktivieren lassen (falls das Schutzziel Authentizität verletzt ist).

Daher sollten wir auf der operativ-taktischen Ebene (im Gegensatz zur strategischen Ebene) Antworten auf die Frage nach dem Warum finden.

Fakten vs. Vermutungen
Der ehemalige US-Verteidigungsminister Donald Rumsfeld (ob er uns sympathisch ist oder nicht spielt hier keine Rolle) hat verschiedentlich mit folgenden Kategorien von Informationen gearbeitet:

- The known known → Fakten, mit denen wir arbeiten können.
- The known unknown → Informationen, die wir gezielt überprüfen/recherchieren können.

- The unknown known → Daten- und Wissensschätze, die anzuzapfen hilfreich wäre (und von denen wir oftmals gar nicht wissen, dass wir über diese Informationen verfügen).
- The unknown unknown → das berühmte unbekannte Unbekannte, das gleichzeitig eine Gefahr und eine Chance darstellt.

Wenn wir uns auf diese Weise einen ersten Überblick verschaffen, müssen wir peinlich darauf achten, Fakten von Vermutungen zu trennen. Da wir selten alle Informationen über alle Informationen verfügen werden, die wir für eine belastbare Entscheidung zu brauchen glauben, werden wir ohnehin mit Annahmen arbeiten müssen. Und um gute Entscheidungen zu treffen, müssen wir verstehen, was wir wirklich wissen – und was nicht.

Leitfragen für den Krisenstab
Bei der initialen Lagefeststellungen kann sich der Krisenstab an folgenden Fragen orientieren:

- Haben wir die W-Fragen abgearbeitet?
- Haben wir darauf geachtet, Fakten von Vermutungen zu trennen?
- Haben wir dies sauber protokolliert?
- …

Womit geht es weiter?
Der nächste Schritt ist die Identifikation der Stakeholder. Damit klären wir die Fragen: Wer will etwas von uns – und was?

3.3.1.3 Betroffene Stakeholder oder: Mit wem müssen wir rechnen?

Warum Stakeholder, wenn es um Daten geht?
Der Fokus auf die Stakeholder der Krise mag gerade bei einem Cyber-Ereignis ein wenig seltsam erscheinen, ist aber dennoch entscheidend. Wenn wir verstehen, wer von dem Ereignis betroffen ist, können wir versuchen, die Auswirkungen für ihn so gering wie möglich zu halten. (Objektive) Betroffenheit ist aber nicht der einzige relevante Umstand: Bloßes Interesse an der Situation reicht oftmals aus, damit sich Menschen und Organisationen betroffen fühlen und Erwartungen an die mit dem Ereignis konfrontierte Organisation haben.

Vertrauen
Vertrauen ist die Summe der gehaltenen Versprechen, die Basis für die Reputation eines jeden Unternehmens, kurz: Das Vertrauen unserer Stakeholder ist unser wichtigstes Kapital. Es zu gewinnen dauert Jahre, es zu verspielen nur Stunden. Verlorenes Vertrauen wiederzugewinnen ist im besten Fall kostenintensiv und zeitaufwendig, oftmals sogar

unmöglich. Unser Ziel muss also immer darin bestehen, das Vertrauen unserer Stakeholder zu bewahren.

Erwartungshaltungen

Gerade in Krisensituationen ist das mit dem Vertrauen aber ein Problem, ein Stück weit zumindest. Denn jeder Stakeholder hat eine andere Erwartungshaltung an unsere Organisation, die er oder sie bestätigt wissen will. Enttäuschen wir die Erwartungen, verlieren wir sein Vertrauen. Also müssen wir alles daran setzen, seine Erwartungen so zu erfüllen, dass unsere sonstigen Interessen dazu nicht im Widerspruch stehen.

Hier werden die gerade genannten Probleme evident. Einerseits können wir oftmals nur spekulieren, was das genaue Interesse eines Stakeholders ist. Andererseits werden wir es schlichtweg nicht schaffen, uns um alle Stakeholder und ihre Erwartungen gleichzeitig zu kümmern oder wechselseitige Interessenskonflikte vollständig auszugleichen. Während für die einen vollständige Transparenz über die Hintergründe und Rahmenbedingungen einer Cyber-Krise nicht verhandelbar ist (Aufsichtsbehörden, Medien, Verbraucherschützer …), haben andere hier (oftmals zu Recht) höchste Bedenken (Rechtsabteilung, Security-Experten …), während wieder andere eine für sie günstige Mischung aus Transparenz und Diskretion (Kunden!) erwarten.

Die Erwartungshaltungen spielen spätestens dann eine große Rolle, wenn wir uns mit der Frage beschäftigen, was denn eigentlich die konkreten Ziele sind, die wir im Rahmen unserer Krisenbewältigung verfolgen. Dazu mehr in Abschn. 3.3.1.5 Von der Feststellung zur Beurteilung: Ziel, Ziel und nochmals Ziel.

Vorgehensweise

Wenn wir unsere Reputation schützen wollen, müssen wir folglich die Stakeholder in den Mittelpunkt all unserer Maßnahmen stellen. Geht es den Stakeholdern gut, geht es auch unserer Organisation gut. Zynisch ausgedrückt könnte man von schierer Gefallsucht sprechen, nüchtern von pragmatischer Stakeholderzentrizität.

Zunächst einmal müssen wir uns darüber klar werden, welche Stakeholder– direkt oder indirekt – in unseren aktuellen Vorfall involviert sind, wie ihre Betroffenheit oder Beteiligung (im Englischen gibt es das schöne Wort *involvement*) aussieht und welche Erwartungshaltungen sie an uns haben. Wir müssen also etwas entwickeln, was man systemische Empathie nennen könnte. Dabei hilft uns ein Perspektivwechsel. Dazu versetzen wir uns in den jeweiligen Stakeholder hinein und formulieren aus dessen Perspektive heraus eine konkrete Anspruchshaltung an unsere Organisation, auf die ohnehin gerade so viel einprasselt.

Aus der Praxis: Perspektivwechsel leicht gemacht

Dieser Perspektivwechsel ist nichts Ungewöhnliches. Diejenigen unter uns, die Design Thinking im Rahmen ihrer Innovationsvorhaben einsetzen, dürften damit bestens vertraut sein. Die Vertreter aus der Kommunikationsabteilung und dem Kundenmanagement ebenfalls. Insofern setzen wir hier ein bewährtes Verfahren ein, wenn auch unter anderen Rahmenbedingungen.

Darüber hinaus ist ein solcher Perspektivwechsel gerade bei Cyber-Krisen auch oft nicht allzu schwierig. Wir waren vermutlich alle schon einmal in der Situation, dass eine Organisation, der wir selbst Daten anvertraut oder von der wir Leistungen in Anspruch genommen haben, Opfer einer Cyber-Attacke wurde (und wenn nicht die Organisation selbst, dann zumindest ein Provider oder wenigstens Wettbewerber). Spätestens dann haben wir uns, zumindest kurz, mit der Frage beschäftigt, was das Ganze eigentlich für uns selbst bedeutet und was wir jetzt eigentlich bräuchten, um ein gutes Gefühl gegenüber besagter Organisation zu haben.

Aus der Praxis: Vertrauen ist wie Zahnpasta
Enttäuschtes Vertrauen wiederzugewinnen ist für Wiederholungstäter fast unmöglich. Wenn eine Organisation mehrfach wegen vergleichbarer Pannen oder Delikte in den Fokus der Öffentlichkeit gelangt, kippt das Image und somit die Erwartungshaltung. Die Stakeholder erwarten nun negative Nachrichten, nicht positive. Jedem von uns kommen sofort Unternehmen aus der Bankenbranche, der Automobilindustrie, dem Transportwesen oder anderen Sektoren in den Sinn, die sich ihren mittlerweile schlechten Ruf durch konsequent unterirdisches (Krisen-)Management über Jahre hinweg hart erarbeitet und damit das Vertrauen ihrer Kunden verloren haben.

Externe Stakeholder
Zurück zu den Stakeholdern. Üblicherweise schauen wir zunächst auf die externen Stakeholder und stolpern je nach Branche automatisch über folgende Kategorien:

- Pressure Groups
- Medien (TV, Radio, Onlinemedien, Print)
- Influencer
- Kunden, Nutzer, Patienten
- Wettbewerber
- Dienstleister und Partner
- Gewerkschaften
- Anteilseigner, Aktionäre
- Aufsicht
- Polizei, LKA, BKA
- Ermittlungsbehörden, Staatsanwaltschaft
- Politik (lokal, regional, Bundesebene)
- Testimonials
- Unbeteiligte, aber interessierte Dritte
- …

Was bedeutet das für den Krisenstab?
Eine ganz schöne Palette an Akteuren, mit denen wir uns im Fall der Fälle auseinandersetzen müssen. Das Gute ist: Nicht jeder ist uns von vornherein übel gesonnen oder will mit unserem Problem Geld verdienen oder Profil gewinnen. Genau diese Akteure müssen wir aber identifizieren, um ihnen so gut es geht den Wind aus den Segeln zu nehmen. Umgekehrt bedeutet das, dass wir uns besonders gut um die Akteure kümmern müssen, die uns wohl gesonnen sind. Klar muss aber auch sein: Wir werden es nicht schaffen, jeden Stakeholder auf unsere Seite zu ziehen. Daher müssen wir verstehen, wo sich Engagement und Einsatz lohnen und wo wir besser damit knausern.

Maxime der Krisenbewältigung
Für diejenigen unter uns, die das Prinzip der Aufwands- und Ressourcensteuerung ein wenig allgemeiner gefasst haben möchten, hilft uns „Die Kunst des Krieges" von Sunzi. In Kapitel XII, das die schöne Überschrift „Der Angriff mit dem Feuer" trägt, heißt es:

> „Der erleuchtete Herrscher bedenkt es.
> Der tüchtige Feldherr lenkt es.
> Ohne Vorteil keine Bewegung,
> ohne Aussicht kein Einsatz,
> ohne Not kein Kampf".

Es dürfte klar sein, dass diese Maxime natürlich nicht nur für die Krisenbewältigung, sondern auch für das Tagesgeschäft gilt.

Aus der Praxis: Was Kunden, Nutzer und Patienten erwarten
Um Missverständnisse zu vermeiden: Für das bewährte Marketinginstrument der Kundenbefragung (Stichwort: Konkretisierung der Erwartungshaltung) fehlt uns in dieser initialen Phase des Krisenmanagements die Zeit. Falls ein Krisenstabsmitglied jedoch Erkenntnisse aus einer halbwegs aktuellen Befragung hat – immer her damit.

Für den Anfang können wir aus zahllosen Cyber-Krisen als kleinsten gemeinsamen Nenner festhalten: Kunden, Nutzer und Patienten

1. vertrauen uns ihr Leben an (je nachdem, in welcher Branche wir tätig sind). Sie erwarten von uns, dass wir alles in unserer Macht Stehende tun, um ihr Leben und ihre Gesundheit zu schützen.
2. haben uns ihre Daten anvertraut, wie z. B. Telefonnummern und sonstige Kontaktdaten, Geburtstag, Krankheitsbilder, sexuelle Präferenzen, Kontodaten, biometrische Informationen und vieles mehr. Das Mindeste, das sie erwarten, ist, dass wir sorgsam damit umgehen. Dazu gehört es, angemessene Maßnahmen zum Schutz der Vertraulichkeit, Integrität und Verfügbarkeit der Informationen zu ergreifen sowie Authentizitätschecks bei allen Kommunikationsteilnehmern (technische Lösungen, Menschen, Organisationen) durchzuführen.

Sobald sich abzeichnet, dass wir nicht mehr in der Lage sind, diese Erwartungshaltungen zu erfüllen, werden sie noch größer. Kunden, Nutzer und Patienten erwarten nun zusätzlich,

3. schnellstmöglich informiert zu werden, um als mündige Bürger selbst entscheiden zu können, wie sie mit der Situation umgehen wollen. Enttäuschung und Kontrollverlust sind die dominierenden Empfindungen, mit denen wir insbesondere in der Krisenkommunikation konfrontiert sein werden.
4. dass wir unsere eigenen Interessen konsequent hintenanstellen und alles tun, was wir nur können, um den Ursprungszustand wiederherzustellen (was oft nur teilweise funktioniert, gerade wenn vertrauliche Informationen bereits öffentlich geworden sind).

Erwartungen des BSI
Wenn wir hier von Aufsichtsbehörden sprechen, meinen wir insbesondere das Bundesamt für Sicherheit in der Informationstechnik (BSI), gegenüber dem alle Betreiber kritischer Infrastrukturen eine unverzügliche Meldepflicht für IT-Störungen und Informationssicherheitsvorfälle haben. Adressat der Meldung ist die zentrale Meldestelle des nationalen IT-Lagezentrums, wobei wir die Meldung mittels des auf dem Internetauftritt des BSI verlinkten Formular über die dort definierten Kanäle übermitteln nach dem Grundsatz „Schnelligkeit vor Vollständigkeit" müssen. Die genauen Meldepflichten regelt das BSI-Gesetz (konkret § 8b (4) BSIG). Deutlich wird, dass wir es noch nicht einmal zwingend mit einem IT-Sicherheitsvorfall zu tun haben müssen, um eine Meldung absetzen zu müssen.

Die Erwartungshaltung des BSI ist noch viel weitreichender. Vereinfacht gesagt erwartet es (als verlängerter Arm des Gesetzgebers) nach § 8a BSIG, dass Betreiber kritischer Infrastrukturen angemessene organisatorische und technische Vorkehren treffen, um dem Risiko eines IT-Sicherheitsvorfalls vorzubeugen.

Erwartungen weiterer Aufsichts- und Regulierungsbehörden
Neben dem BSI gibt es natürlich noch weitere, branchenspezifische Aufsichtsbehörden, denen gegenüber von ihnen regulierte Unternehmen rechenschaftspflichtig sind. Dazu zählen (in alphabetischer Reihenfolge)

- BaFin bzw. EBA (Bundesanstalt für Finanzdienstleistungsaufsicht bzw. Europäische Bankenaufsichtsbehörde; Meldepflicht u. a. gem. PSD II und MaSi bei Zahlungsverkehrsvorfällen)
- BfArM (Bundesinstitut für Arzneimittel und Medizinprodukte; Meldepflicht u. a. bei Vorkommnissen mit Patientengefährdung gem. Medizinprodukte-Sicherheitsplanverordnung [MPSV])
- BNetzA (Bundesnetzagentur; Meldepflicht u. a. gem. § 109a TKG im Fall einer Verletzung des Schutzes personenbezogener Daten)

- Datenschutzbeauftragte der Bundesländer sowie des Bundes (Meldepflicht gem. EU-DSGVO, sofern personenbezogene Daten betroffen sind oder sein können)
- LBA (Luftfahrtbundesamt, u. a. bei Ereignismeldungen gem. der 18 (!) verschiedenen Ereignistypen aus Art. 4 der Verordnung (EU) Nr. 376/2014)
- u. v. m.

Deren Erwartungshaltungen nicht nachzukommen ist weder regulatorisch konform noch strategisch sinnvoll. Sie zu bedienen schafft uns zwar auch keinen unmittelbaren Mehrwert, da wir allein dadurch weder einen einzigen Kunden bei Laune halten noch einen zusätzlichen Cent verdienen, was wir aber erreichen ist Folgendes: Wir erhalten uns das Vertrauen eines Stakeholders, der je nach Hintergrund auch Geldbußen verhängen und uns mittel- und langfristig das Leben ganz schön schwer machen kann.

Wohlgemerkt: Die hier genannten Meldepflichten beziehen sich nicht notwendigerweise unmittelbar auf Cyber-Incidents. Meist beziehen sie sich auf die Konsequenzen, die ein Cyber-Incident nach sich ziehen kann. Und das ist der Grund, warum wir im Cyber Crisis Management nicht nur das BSI als Adressat von Meldungen im Blick haben dürfen.

Aus der Praxis: Klarheit über Erwartungshaltungen
Eine in der Praxis leider selten beachtete Quelle für unsere Stakeholder und deren Erwartungen ist das Business Continuity Management. Über die in der Business Impact Analyse erhobenen Wiederanlaufanforderungen bekommen wir die Erwartungshaltung bzgl. Reaktionszeiten und über die Geschäftsfortführungspläne der kritischen Prozesse sogar die Stakeholder, die informiert werden wollen.

Aus der Praxis: Meldepflichten
Branchen- und organisationsübergreifend hat sich bewährt, im Krisenhandbuch eine checklistenartige Aufstellung der Meldepflichten aufzunehmen, aus der je Meldung u. a. hervorgeht:

- Empfänger inkl. Kontaktdaten
- Voraussetzungen/Bedingungen
- Fristen
- Organisationsinterne Zuständigkeit
- Ggfs. Meldeformular (falls vorhanden)

Mittelbarkeit und Unmittelbarkeit
Ein wichtiges Kriterium, das darüber entscheidet, wie intensiv wir uns einem Stakeholder widmen müssen, ist der Grad seiner Betroffenheit. Dabei geht es uns um die Betroffenheit zum jetzigen Zeitpunkt und auch die Betroffenheit, die sich vermutlich in Bälde ergeben wird. Problematisch ist mitunter, dass sich Stakeholder unmittelbar betroffen fühlen können, ohne es auf den ersten Blick zu sein.

Multiplikatoren und Influencer
Ein anderes, genauso wichtiges Kriterium, ist das Potenzial eines Stakeholders, die Einstellung und das Verhalten von anderen zu beeinflussen. Im B2B-Geschäft sind das die klassischen Multiplikatoren, zu denen Verbände ebenso wie die konventionellen Medien (egal ob online, TV etc.) und Politiker sowie (Aufsichts-)Behörden gehören. Im B2C-Geschäft müssen wir zusätzlich noch die einschlägigen Influencer auf dem Schirm haben, d. h. Personen bzw. Profile auf Instagram, Facebook, Twitter und anderen Portalen mit besonders vielen Followern aus unserer eigentlichen Zielgruppe. Diese auf der eigenen Seite zu haben, ist ein wesentlicher Aspekt, wenn wir die Deutungshoheit über unsere Krisenbewältigung haben möchten.

Aus der Praxis: Vorarbeiten zahlen sich aus
Um es klar zu sagen: Im Rahmen der Initialisierung der Krisenstabsarbeit haben wir keine Zeit, uns auf die Suche nach Multiplikatoren und Influencern zu machen oder diese etwa erst noch aufzubauen. Das haben wir (hoffentlich) im Rahmen unserer Krisenprävention, beispielsweise durch Stakeholder- und Issuemanagement bereits erledigt. Falls wir kein gesondertes → Stakeholder- und Issuemanagement betrieben haben, gibt es als Rückfallposition noch die Chance, dass wir in unserer Kommunikationsabteilung fündig werden bzw. dass die Kollegen aus dem Marketing Influencer für ihre Zwecke nutzen.

Interne Stakeholder
Kommen wir nun zu denjenigen, die wir (hoffentlich) nicht erst von unseren guten Absichten und noch besserer Arbeit überzeugen müssen. Kommen wir zu den internen Stakeholdern:

- Aufsichtsrat,
- Geschäftsleitung,
- Führungskräfte,
- Mitarbeiter,
- Betriebsrat,
- unmittelbar wertschöpfende Bereiche,
- Supportfunktionen, Governance-Funktionen
- etc.

gehören zwar alle zur Kategorie der internen Stakeholder, das hindert sie aber nicht daran, unterschiedliche Erwartungshaltungen an unsere Organisation und im Krisenfall an den Krisenstab zu haben. Die einen wollen nur informiert werden, die anderen wollen und müssen bei der Krisenbewältigung helfen.

Grundsatz
Diese allgemein gehaltene, branchenunabhängige Aufstellung von Stakeholdern zeigt uns schon, dass wir nicht alle Anspruchsgruppen, die um unsere Organisation und auch

in ihr versammelt sind, über einen Kamm scheren können. Manche können mehr zur Krisenbewältigung beitragen als andere und manche betrachten uns einfach nur als Täter (bzw. Schuldige, Verursacher, was auch immer), während wiederum andere zu einer differenzierteren Sicht in der Lage sind.

Divide et impera

Auch wenn die Maxime vom Teilen und Herrschen hier ein wenig schief ist, bringt sie uns doch auf eine nicht unwesentliche Spur. Egal ob interne oder externe Stakeholder – eine präzisere Unterteilung ist oftmals sinnvoll. Diese zielgruppenspezifische Segmentierung (erneut eine bekannte und bewährte Methode!) kann im Einzelfall sogar bedeuten, dass wir zwischen einzelnen Personen unterscheiden.

Aus der Praxis: Segmentierung

Eine solche Unterscheidung innerhalb eines Stakeholders hilft uns häufig, wenn wir Aufsichtsräte informieren. Arbeitnehmer- und Aktionärsvertreter haben Interessen und damit Erwartungshaltungen, die teilweise nicht deckungsgleich sind. Für die Medien gilt das erst recht. Hier können wir zwischen (einzelnen) Fach- und Publikumsmedien unterscheiden. Oder zwischen Onlinemedien, Radio, Print, TV und Social Media. Oder zwischen einzelnen Journalisten bzw. Influencern. Oder... Nun ja, der Gedanke sollte klar sein.

Aus der Praxis: Vorbereitungen

Es ist wenig zweckmäßig, dass wir uns in jeder (Cyber-) Krise aufs Neue Gedanken machen, welche Stakeholder es in unserem Orbit prinzipiell so alles gibt und wer von ihnen uns gegenüber wie eingestellt oder wie wirkmächtig ist. Stattdessen können wir Stakeholder-Kärtchen vorbereiten, aus denen auch schon Einfluss und Einstellung hervorgehen. Diese Kärtchen verbleiben im Krisenstabsraum und sind damit jederzeit einsatzbereit. Das Beste: Ganz nebenbei haben wir eine gute Möglichkeit geschaffen, um diesen Part der Initialisierung zu visualisieren. Stichwort: Stakeholder-Map. Diese ist auch für die Krisenkommunikation ein sinnvolles Hilfsmittel, siehe Abschn. 3.3.3 Krisenkommunikation.

Leitfragen für den Krisenstab

Bei der Identifikation und Analyse der Stakeholder kann sich der Krisenstab an folgenden Fragen orientieren:

- Haben wir ein Gefühl, mit welchen internen und externen Stakeholdern wir es zu tun haben und bekommen werden (und warum)?
- Wissen wir, welche Stakeholder besonders einflussreich sind?
- Haben wir die Erwartungshaltungen unserer Stakeholder ausreichend verstanden?
- ...

Womit geht es weiter?
Der nächste Schritt ist die Identifikation der Worst-Case-Szenarien. Auf diese Weise beantworten wir die Frage: Was kann im schlimmsten Fall passieren und was muss zusammenkommen, damit es passiert?

3.3.1.4 Ausnahmsweise mal negativ denken: Was wäre wenn?

Worst-Case-Szenario
Während wir im normalen Geschäftsalltag gut beraten sind, immer das Positive zu sehen, müssen wir jetzt ausnahmsweise einmal negativ denken. Es schlägt die Stunde all derer, die immer das Haar in der Suppe suchen, nur Probleme sehen und mit Vorliebe die Rolle des advocatus diaboli übernehmen.

Häufig tun wir uns jedoch damit schwer, gerade, wenn wir ansonsten immer lösungsorientiert unterwegs sind und uns eingebläut wurde, sogar das Wort „Problem" zu vermeiden und stattdessen von „Herausforderungen" zu sprechen.

Wozu in Worst-Case-Szenarien denken?
Wenn wir verstehen, was auf keinen Fall passieren darf, können wir darauf hinarbeiten, genau diesen Fall zu vermeiden. Jedes Ende hat eine Geschichte, aus der es hervorgegangen ist. Und in diese Geschichte können wir eingreifen. Unser Ziel ist also, ein alternatives Ende für unsere Geschichte zu schreiben – am besten ein Happy End.

Nüchterner formuliert können wir das Bild ein wenig abwandeln: Jedes Ereignis, jede Wirkung hat bestimmte auslösende Faktoren. Diese Trigger müssen wir herausfinden und umgehen. Denn auf diese Weise mindern wir das Risiko des Worst-Cases. Entweder wir reduzieren seine Eintrittswahrscheinlichkeit (Stoßrichtung 1) oder seine Auswirkungen (Stoßrichtung 2).

Maxime
Damit wir uns nicht falsch verstehen: Selbstverständlich dürfen und müssen wir immer auf das Beste hoffen. Uns aber nicht auf die Dinge vorzubereiten, die uns das Genick brechen können, wäre unternehmerisch grob fahrlässig. Daher gilt gerade in der Krisenbewältigung der Grundsatz: Hope for the best and prepare for the worst.

Perspektivwechsel: Stakeholder
Beim Herausarbeiten des Worst-Case-Szenarios helfen uns die Stakeholder, die wir im vorherigen Schritt identifiziert haben. Dafür müssen wir nicht alle Stakeholder einzeln betrachten – wir können uns auf die vier, fünf beschränken, die den größten Einfluss auf die Reputation unserer Organisation haben. Deren Erwartungshaltungen nehmen wir uns jetzt vor und stellen uns dabei zwei Fragen:

1. Welche Schlagzeile wollen wir auf keinen Fall lesen?
2. Welche Vorwürfe wollen wir uns auf keinen Fall anhören müssen?

Auf diese Weise wird nicht nur das unschöne Ende unserer Geschichte deutlicher, sondern auch und vor allem der Weg dorthin. Der Weg, in den wir eingreifen müssen.

Aus der Praxis: Das böse Wort „zu"
Wenn wir uns eine beliebige Anzahl von schlecht gemanagten (Cyber-)Krisen anschauen, erkennen wir schnell ein Muster in den Statements der Stakeholder. Das Muster gründet auf gerade mal zwei Buchstaben: auf dem Z und auf dem U.

Die üblichen Vorwürfe, die vom Vertrauensverlust gegenüber in der Krise befindlichen Organisationen zeugen, lauten:

- zu spät informiert
- zu wenig informiert
- zu wenig getan, um den Eintritt des Ereignisses zu verhindern
- zu wenig getan, um die Wirkung für [hier können wir den Namen eines beliebigen Stakeholders einsetzen] zu begrenzen
- zu spät reagiert, um die Wirkung für [hier können wir den Namen eines beliebigen Stakeholders einsetzen] zu begrenzen
- zu…

Aus der Praxis: Besserwisser und „Heckenschützen"
Zugegebenermaßen gibt es eine weitere, ähnlich unschöne Vorwurfsargumentation, die gern von vermeintlichen Experten, Kritikern, im Unfrieden aus unserer Organisation geschiedenen ehemaligen Mitarbeitern oder anderen „Heckenschützen" aufgemacht wird. Deren Argumentation dreht sich um die Gegenpole „immer" und „nie".

Stellen wir uns vor, dass es in unserer Organisation in der Vergangenheit schon einmal irgendeinen Cyber-Zwischenfall gegeben hat. Nehmen wir einfachheitshalber den Fall, dass im Rahmen eines testweisen RZ-Schwenks der Zugriff auf SAP-Datenbanken nicht gegeben war und es in der Folge zu Inkonsistenzen in der Datenbasis kam. Von oben genannten „Heckenschützen" dürfen wir bei – und das ist wichtig – nahezu jedem beliebigen Cyber-Incident Wortmeldungen erwarten, die in etwa so klingen werden: „Ich habe schon damals IMMER gesagt, dass die Organisation kein vernünftiges Datensicherungskonzept hat. Auch sonst habe ich auf zahlreiche Defizite in der IT-Sicherheit hingewiesen. Aber man hat NIE auf mich gehört, sondern mich vielmehr als Störenfried behandelt."

PESTLE-Schema
Alternativ können wir auch anhand des PESTLE-Schemas versuchen, uns dem Worst-Case zu nähern. Das Akronym steht für

- political,
- economical,
- social,

- technological,
- legal und
- environmental

und beschreibt im klassischen Analysemodell verschiedene Einflussfaktoren, die für unsere Branche, unsere Organisation und damit auch unser aktuelles Problem eine Rolle spielen. Vor allem aber können wir uns fragen, wie sich unsere Situation in entsprechender Hinsicht auswirkt. Wie kann sich die aktuelle Situation auswirken auf die

- Beziehungen unserer Organisation zur Politik?
- wirtschaftliche Lage unserer Organisation, inkl. der Beziehungen zu Kunden, Bewerbern, Partnern, Dienstleistern und Wettbewerbern?
- Einbettung ins gesellschaftliche Umfeld (Nachbarschaft, Medien)?
- technischen Infrastrukturen unserer Organisation (Maschinen, Anlagen, Datenbanken, IT-Systeme)?
- juristisch relevanten Aspekte (gesetzlich-regulatorische Anforderungen, Verträge etc.)?
- Umwelt?

Auch hier können wir die Quintessenz mit der Frage zusammenfassen: „Welche Schlagzeile wollen wir auf keinen Fall in den Medien lesen?"

Aus der Praxis (I): Pre-Mortem-Analyse
Wenn wir Schwierigkeiten mit dem Perspektivwechsel zugunsten der einzelnen Stakeholder oder dem etwas gröberen PESTLE-Modell haben, kann eine Pre-Mortem-Analyse helfen.

Unter anderem hatte ich das Vergnügen, die Krisenstabsleiter eines großen deutschen Energieversorgers in dieser Vorgehensweise zur Initialisierung der Krisenstabsarbeit zu trainieren. Die einzelnen Schritte leuchteten den Teilnehmern sofort ein und sie fühlten sich im Prozess dank der flexiblen Schrittfolge sofort wohl. Im Rahmen der Feedbackrunde kamen wir noch einmal auf den Punkt des Worst-Case-Szenarios zu sprechen. Es zeigte sich, dass ein vergleichbarer Ansatz im Unternehmen bereits seit einiger Zeit fester Bestandteil von Großprojekten war. In der Vergangenheit war ein Projekt mit einem beträchtlichen Investitionsvolumen in Schieflage geraten, daher führte der Energieversorger die sogenannte Pre-Mortem-Analyse als zusätzliches Instrument des Risikomanagements ein. Bei der Pre-Mortem-Analyse springen wir gedanklich fünf Jahre in die Zukunft und nehmen an, das aktuelle Projekt sei krachend gescheitert. Dann stellen wir uns die Frage, was dafür den Ausschlag gegeben haben könnte. Dadurch identifizieren wir die Klippen, die wir umschiffen müssen. Diesen Ansatz können wir auch in einer Cyber-Krise verwenden und uns die Frage stellen: Wenn unsere Organisation in fünf Jahren nicht mehr existiert – welche Rolle hat dabei das aktuelle Ereignis gespielt und was haben wir möglicherweise unterschätzt?

Aus der Praxis: Worst Case oder ein Unglück kommt selten allein
Stellen wir uns vor, dass wir mit einem gestohlenen Datensatz erpresst werden. Was er enthält, spielt hier keine Rolle. Eine Rolle spielen aber die Implikationen. Wenn jemand so weit Zugriff aus unsere IT-Systeme hatte, dass er vertrauliche Daten entwenden konnte, können und müssen wir davon ausgehen, dass er

a) auch weitere Daten (jenseits der im Datensatz genannten) stehlen UND
b) unsere Daten auch manipulieren konnte.

Von dort wiederum ist es nur ein kleiner Schritt auch damit zu rechnen, dass der Täter in der Lage war, uns einen Cryptolocker unterzujubeln. Das heißt, dass wir es nicht nur mit einer Verletzung des Schutzziels Vertraulichkeit zu tun haben, sondern womöglich auch mit einer der Schutzziele Integrität und Verfügbarkeit. Kurz: Wenn ein Schutzziel verletzt ist, ist es nicht zu weit hergeholt, beim Worst Case auch von einer Verletzung der restlichen Schutzziele auszugehen.

Worst-Case-Szenarien: Hinweis zur Semantik
Der guten Ordnung halber noch eine semantische Klarstellung: Worst Case meint auf Deutsch „schlimmster Fall". „Schlimmster" ist ein Superlativ, also eine Verabsolutierung, die Einzigartigkeit ausdrückt und keine weitere Steigerung kennt. Damit kann es streng genommen nur ein Worst-Case-Szenario geben – und nicht mehrere Worst-Case-Szenarien. In der Praxis hat sich aber der Terminus der Worst-Case-Szenarien durchgesetzt, auch wenn ein Ausdruck wie „really bad cases" oder „wirklich schlimme Szenarien" sprachlich zutreffender wäre. Insofern stehen die Worst-Case-Szenarien mit dem Super-GAU nicht nur funktional, sondern auch semantisch auf derselben, traurigen Stufe.

Leitfragen für den Krisenstab
Bei der Identifikation des Worst-Case-Szenarios kann sich der Krisenstab an folgenden Fragen orientieren:

- Mit welchem Stakeholder dürfen wir es uns auf keinen Fall verscherzen?
- Von welchem Produkt bzw. welcher Leistung ist unsere Abhängigkeit am größten?
- Welche Präzedenzfälle aus
  - der eigenen Historie,
  - der eigenen Branche,
  - anderen Branchen können uns als Mahnmal dienen?
- …

Womit geht es weiter?
Der nächste Schritt ist die Zieldefinition. Damit beantworten wir die Frage: Was wollen wir konkret erreichen?

3.3.1.5 Von der Feststellung zur Beurteilung: Ziel, Ziel und nochmals Ziel

Was ist das konkrete Ziel?
So banal oder akademisch es auch klingt, so entscheidend ist es doch: Ohne klar definiertes und von allen Beteiligten akzeptiertes Ziel können wir keine Krise vernünftig bewältigen.

Daher müssen wir uns bei der Initialisierung der Krisenstabsarbeit auf ein oder mehrere Ziele verständigen. Auch das ist einfacher gesagt als getan. Klar, wir wollen alle, dass sich die Situation so schnell wie möglich beruhigt und wir wieder zum Tagesgeschäft übergehen können. Aber in welche Richtung müssen wir unser in schwerer See befindliches Schiff dazu steuern?

Aus der Praxis: Zielhierarchie
Um das konkrete Ziel oder auch die konkreten Ziele festzulegen, können wir von einer allgemein akzeptierten Zielhierarchie ausgehend Konkretisierungen vornehmen.

Unabhängig von der Art der Krise können wir mit folgender Hierarchie arbeiten:

1. Schutz von Leib und Leben.
2. Ziele, die sich aus dem Worst-Case-Szenario und dessen Triggern ableiten.
3. Erfüllung der Erwartungen der wesentlichen Stakeholder.
4. Strategie und Leitbild der Organisation.

Wie aber können wir aus diesen mehr oder weniger universellen Zielen konkrete, für unsere Krisenbewältigung brauchbare Ziele destillieren? Schauen wir uns die einzelnen Prioritäten dazu nun genauer an.

Prio 1: Schutz von Leib und Leben
Der Schutz von Leib und Leben aller Beteiligten muss immer die oberste Priorität haben. Muss. Immer. Das ist nicht verhandelbar. Das ist nicht nur eine Frage der Ethik, sondern auch eine Frage der Vernunft. Sobald herauskommt, dass irgendein anderes Ziel Priorität hatte, ist das ein gefundenes Fressen für alle Kritiker. Dabei spielt noch nicht einmal eine Rolle, ob tatsächlich jemand zu Schaden gekommen ist. Allein die Tatsache, dass qua Zielsetzung ein solcher Schaden implizit billigend in Kauf genommen wurde, genügt in der Regel, dass das Vertrauen in unsere Organisation erodiert. Und eine Erosion aus diesen Gründen ist kaum aufzuhalten, geschweige denn wiedergutzumachen. Deshalb hat der Schutz von Leib und Leben immer oberste Priorität – auch bei Cyber-Krisen. Das mag uns im ersten Moment wundern, ist aber besonders brisant.

Schutz von Leib und Leben: Beispiel Steuerungssysteme
Werfen wir einen Blick auf beliebige Steuerungssysteme. Diese finden wir in Produktionsanlagen, Kraftwerken, Stellwerken, Zügen, Flugzeugen etc. Auch im Auto,

des Deutschen liebstem Kind, gewinnen „intelligente" „Assistenzsysteme" mehr und mehr an Bedeutung.

In dem Moment, wo die Steuerungssysteme kompromittiert sind, macht die zu steuernde Anlage nicht mehr das, was sie soll. Damit kann eine Gefahr für Leib und Leben einhergehen.

Schutz von Leib und Leben: Beispiel Gesundheitswesen
Noch klarer wird der Zusammenhang zwischen Cyber-Sicherheit und unmittelbaren Gefahren für Leib und Leben im Gesundheitswesen, insbesondere aufseiten der Leistungserbringer und deren Lieferkette. Krankenhäuser und niedergelassene Ärzte, Labore, Apotheken, Pharmaunternehmen, Medizintechnik – alle sind betroffen. Falsche oder im entscheidenden Moment nicht verfügbare (Produkt-)Spezifikationen gefährden das Leben von Patienten, egal, ob der Fehler bzw. die Nichtverfügbarkeit mutwillig erzeugt wurde oder nicht. Das gilt gleichermaßen für Patientendaten wie für Medikamente und medizintechnische Produkte. Damit nicht genug. Werden vertrauliche Informationen über Patienten öffentlich, ist das nicht nur ein Thema mit Blick auf die EU-DSGVO, sondern auch und vor allem ein potenzieller Trigger für irrationales Handeln aller Art seitens der betroffenen Patienten. Wie reagiert ein Mensch, der aus welchen Gründen auch immer eine bei ihm diagnostizierte Krankheit in seinem sozialen Umfeld verschwiegen hat, wenn diese Information plötzlich öffentlich wird, zu werden droht oder er gar damit erpresst wird?

Schutz von Leib und Leben: Beispiel Bankwesen
Aber selbst im Bankenwesen können sich unter bestimmten Umständen im Rahmen von Cyber-Krisen Gefährdungen für Leib und Leben ergeben. Ein Großteil der Bargeldversorgung läuft in Deutschland über Geldautomaten. Nehmen wir an, dass – aus welchem Grund auch immer – die Automaten flächendeckend nicht funktionsbereit sind. Dann müssten Sparkassen, Volks- und Raiffeisenbanken sowie andere Kreditinstitute mit ihrem zwischenzeitlich stark ausgedünnten Filialnetz ihre Kassenkapazitäten hochfahren. Aber wäre das in einem Umfang möglich, dass lange Schlangen und Chaos rund um die Filialen vermieden werden können? Panik könnte ausbrechen – aus der wiederum die Gefahr für Leib und Leben resultiert. Stellen wir uns nun eine 78-jährige, bereits ein wenig gebrechliche Dame vor, die in einen solchen Tumult gerät, stürzt und sich einen Oberschenkelhalsbruch zuzieht. Vielleicht ist auch noch ein Kamerateam vor Ort, um über das Chaos zu berichten. Dann ist es gut, wenn sich das Kreditinstitut, vor dem sie gestürzt ist, um eine Art Ordnungsdienst zumindest bemüht hat.

Prio 2: Vermeidung des Worst Case
Zur Erinnerung: Unsere Worst-Case-Szenarien fallen nicht einfach vom Himmel. Sie sind das Ergebnis unterschiedlicher Ereignisse, die in Zeit und Wirkung dem Worst Case vorgelagert sind. Diese Ereignisse nennen wir Trigger. Wenn wir also den Worst Case verhindern wollen, müssen wir die Trigger identifizieren und deren Verhinderung zum

Ziel machen. Das ist unsere Aufgabe, wenn wir aus den Worst-Case-Szenarien Ziele ableiten wollen. Wohlgemerkt, zu diesem Zeitpunkt geht es nur um die Frage, WAS wir erreichen wollen bzw. müssen. Die Frage nach dem WIE beantworten wir, wenn wir uns mit der Entwicklung von Optionen und der Planung von Maßnahmen befassen.

Prio 3: Stakeholdererwartungen

Nun kommt unsere Stakeholder- und Erwartungshaltungssammlung wieder ins Spiel. Nicht jede enttäuschte Stakeholdererwartung beschert uns gleich den Worst Case. Vielmehr gibt es immer noch weitere Stakeholder und Erwartungen, die wir in einer Krise berücksichtigen müssen. Welcher Stakeholder mit seinen Erwartungen Worst-Case-würdig ist und welcher nicht, hängt immer vom Einzelfall der Cyber-Krise, der eigenen Organisation, dem Zeitpunkt, der Historie etc. ab.

Prio 4: Eigene Vorgaben

Nicht völlig außer Acht lassen dürfen wir unsere internen Strategiedokumente (Unternehmensstrategie, IT-Strategie, Informationssicherheitsstrategie etc.). Diese geben uns bei der Zielformulierung ebenfalls Orientierung. So weit, so gut. Aber auch Selbstverpflichtungen wie Mission Statement, Leitbild, Code of Conduct, Homepage, Pressemitteilungen, Marketing- und Werbemaßnahmen, Jahresbericht etc. enthalten Aussagen über Werte, Prioritäten, Ziele und Absichten. Und hier wird es problematisch, denn diese Quellen sind der Öffentlichkeit zugänglich. Und das bedeutet nichts anderes, als dass wir uns auch im Krisenfall daran messen lassen müssen.

Aus der Praxis: Werte als Kompass

Übrigens: Leitbild und Mission Statement helfen uns bei Zielkonflikten aller Art. Im Zweifel schützt unsere Reputation das, was den Werten und Überzeugungen entspricht, die wir öffentlich kundtun.

Klassische Zielkonflikte

Leider sind Zielkonflikte unausweichlich, insbesondere bei Cyber-Attacken. Nehmen wir einen typischen Fall. Wir stellen selbst fest, dass wir einem Angriff ausgesetzt sind. Das kann beispielsweise eine Ransomware (ein Cryptolocker, der unsere Daten so verschlüsselt, dass wir sie nicht mehr lesen können) sein oder auch der unkontrollierte Abfluss von Informationen, darunter vermutlich vertrauliche Kundendaten. Außerhalb unserer Organisation weiß noch niemand davon (ok, abgesehen vom Angreifer und dessen eventuellem Auftraggeber). Nehmen wir weiter an, wir verfolgen u. a. diese Ziele:

a) den Schaden begrenzen
b) Beweise und Spuren sichern (wie der Angriff genau aufgebaut ist, welche Daten bereits abgeflossen sind etc.)
c) die Reputation unserer Organisation schützen

d) die Vertrauensbasis zum Kunden nicht gefährden

e) die Unternehmenswerte Offenheit und Transparenz leben

Und schon sind wir mitten im Zielkonflikt.

Die Ziele a) und b) schließen sich in vielen Fällen aus technischen Gründen aus. Um den Schaden zu begrenzen, müssen wir die Ausbreitung des Cryptolockers bzw. den Abfluss vertraulicher Informationen sofort stoppen. Das erfordert das Trennen der Netzverbindungen der betroffenen Systeme und zur Sicherheit auch, diese auszuschalten. Wenn wir aber die Systeme ausschalten, verlieren wir die im Cache der Systeme gespeicherten Informationen.

Von unserer Entscheidung zu a) oder b) hängt wiederum der Spielraum für c), d) und e) ab. Wie wirkt es sich auf das Vertrauen unserer Kunden aus, wenn wir den Angriff weiterlaufen lassen? Wie, wenn wir aus Eigeninitiative an die Kunden herantreten und sie informieren (schließlich ist das Problem noch nicht öffentlich)? Schützt das Demonstrieren von Offenheit und Transparenz die Reputation und stärkt die Vertrauensbasis? Diese Abwägungen muss der Krisenstab treffen. Das ist eine strategische Entscheidung, die nicht auf nachgelagerter Ebene getroffen werden darf (zum Beispiel im CSOC oder einem Notfallteam).

Strategische Zieldefinition vs. taktisch-operative Umsetzung
Ganz nebenbei haben wir hier eine entscheidende Form des Zusammenspiels zwischen strategischer und taktisch-operativer Ebene kennengelernt. Und auch einen Interessenkonflikt. Während aus taktisch-operativer und hier auch technischer Sicht das Laufenlassen des Angriffs zum Zweck der Beweis- und Spurensicherung (Ziel b) das naheliegende Ziel ist, bringt dies aus strategischer Sicht im Vergleich zum sofortigen Unterbinden des Angriffs oft das höhere Risiko und den geringeren Nutzen. Das heißt, aus strategischer Sicht ist die Priorisierung von a) und b) genau umgekehrt als aus taktisch-operativer Sicht.

Achtung: Strategische Ziele sollten Vorrang vor taktisch-operativen Erwägungen haben. Nicht, dass der Schwanz am Ende mit dem Hund wedelt.

Aus der Praxis: falsche Ziele
Neben Zielkonflikten begegnet uns in der Praxis ein allzu menschlicher Wunsch: den Angreifer zu verfolgen und dingfest zu machen. Dieser Impuls ist absolut verständlich – aber wenig zielführend. Dies hat mehrere Gründe: technische, rechtliche und praktische.

Wenn der Angreifer sich nur halbwegs geschickt anstellt, wird er verschleiern, wo er selbst tatsächlich sitzt und wer er ist. Und davon können wir arbeitsteilig vorgehenden, professionellen Angreifergruppen ausgehen. Diese führen beispielsweise einen Angriff nicht unmittelbar von eigenen Rechnern aus durch, sondern kapern mehrere andere Rechner und schalten diese zwischen sich und die Zielinfrastruktur. Wenn unsere Organisation angegriffen wird, führt uns die Spur zunächst zu dem Rechner, der dem des Angreifers (in seiner Kette von Rechnern) am weitesten entfernt ist.

Um die handelnden Personen zu finden, müssen wir unter Umständen die ganze Rechnerkette zurückverfolgen, d. h. jeden einzelnen Rechner auf die Spuren durchsuchen, die uns zum nächsten Rechner führen. Das ist zwar technisch grundsätzlich möglich, aber trivial, zeitaufwendig und vor allem hochgradig illegal. Eine derartige Ermittlung bedarf einer richterlichen Anordnung – für jeden einzelnen Rechner. Die Durchsuchungen durchzuführen ist dann selbstverständlich nicht unser eigenes Recht, sondern vielmehr Aufgabe der Ermittlungsbehörden. Jetzt stellen wir uns noch vor, dass der Angreifer selbst nicht in Deutschland sitzt, sondern in einem beliebigen Drittstaat und dass die Rechner in unserer schönen Kette auf verschiedene Länder verteilt sind. Gerade für die Ermittlungsbehörden macht das die Arbeit um ein Vielfaches umständlicher, da Landesgrenzen und unterschiedliche Rechtsysteme zeitaufwendige Hemmnisse (im besten Fall) oder gar Showstopper darstellen können. Egal, nehmen wir spaßeshalber nun sogar einmal an, dass wir uns nicht an Recht und Gesetz hielten und mit erheblichen Investitionen den Angreifer bzw. dessen Rechner fänden. Was dann? Gestohlene Informationen wiederzuholen wäre kaum möglich, denn der Angreifer könnte (und hätte) sie schon längst vor uns in Sicherheit gebracht haben (aus seiner Sicht in Sicherheit, natürlich).

Kurz: Den Angreifer verfolgen und stellen zu wollen ist menschlich, aber kein geeignetes Ziel.

Aus der Praxis: Visualisierung dringend empfohlen
Wieder und wieder bewährt es sich, wenn wir die Ziele für alle Krisenstabsmitglieder deutlich sichtbar im Krisenstabsraum visualisieren. Ob an einer Metaplanwand, einem Whiteboard, einem FlipChart, als Schlagworte oder als Sketch Notes spielt keine Rolle. Entscheidend ist, dass wir sie visualisieren. Das stellt sicher, dass wir unsere Ziele Im wahrsten Sinne des Wortes NIE aus den Augen verlieren.

Leitfragen für den Krisenstab
Bei der Identifikation des Worst-Case-Szenarios kann sich der Krisenstab an folgenden Fragen orientieren:

- Haben wir uns ein Zeitlimit gesetzt, um unsere Ziele zu definieren?
- Haben wir den Schutz von Leib und Leben als Prio 1 definiert?
- Welche Trigger lösen unsere Worst-Case-Szenarien aus?
- Welche Stakeholdererwartungen dienen uns als Richtungspunkt?
- An welchen Selbstverpflichtungen können wir gemessen werden?
- …

Abschluss der Initialisierungsphase
Wenn wir die

- Fakten gesammelt,
- Stakeholder identifiziert,

- Worst-Case-Szenarien beschrieben und
- Ziele definiert

haben, haben wir auch die Initialisierungsphase abgeschlossen.

Womit geht es weiter?
Der nächste Schritt ist die Lagebewertung. Sie ist bereits Bestandteil des zyklischen Führungsprozesses als einer Variante des Krisenbewältigungsprozesses (Abschn. 3.3.2.1 Die Qual der Wahl: Nach welchem Schema wollen wir arbeiten?). Mit der Lagebewertung beantworten wir die Frage: Wie schlimm ist unsere Situation eigentlich?

Damit steigen wir in den Krisenbewältigungsprozess ein. Aber keine Sorge, die Punkte aus der Initialisierungsphase begegnen uns darin regelmäßig wieder.

3.3.1.6 Die formale Feststellung des Krisenfalls: Houston, wir haben ein Problem

Formaler Ermächtigungsakt
Auch wenn die formale Feststellung kein komplizierter Akt ist, ist sie doch so entscheidend, dass sie ein eigenes (kurzes) Kapitel verdient hat. Die Feststellung des Krisenfalls ist deshalb so entscheidend, weil der Krisenstab erst durch sie das Recht bekommt, durch seine Entscheidungen in die normalen Abläufe unserer Organisation einzugreifen. Die Tatsache, dass er sich selbst dazu ermächtigen kann, unterstreicht, dass wir von dieser Befugnis nicht leichtfertig Gebrauch machen sollten.

Aus der Praxis: Augenmerk auf Dokumentation und Information
Wenn wir im Krisenstab beraten, ob eine Krise vorliegt, müssen wir uns irgendwann einmal dazu durchringen, ja oder nein oder vielleicht später zu sagen. Egal, wie die Entscheidung aussieht, wir müssen sie und unser Lagebild, aufgrund dessen wir die Entscheidung treffen, im Krisenstabsprotokoll festhalten. Und sobald die Entscheidung lautet „ja, es liegt ein Krisenfall vor", müssen wir unbedingt die Bereiche informieren, deren Arbeit von den Entscheidungen des Krisenstabs betroffen sein werden und die zu ihrer Umsetzung beitragen müssen. Andernfalls wundern sich diese zu Recht, warum ein im Alltag nicht sonderlich präsentes Gremium plötzlich alles über den Haufen wirft – entgegen jeglichen Gepflogenheiten.

Aus der Praxis: Kriterien für Not- und Krisenfälle
Ähnlich wie beim Feststellen des Krisenfalls tun sich Organisationen oftmals auch beim Ausrufen des Notfalls schwer. Die Gründe sind dieselben. Allerdings ist die Schwelle für das Ausrufen eines Notfalls niedriger, als für das eines Krisenfalls (oder sollte es zumindest sein). Folgende Kriterien begegnen uns in der täglichen Arbeit immer wieder und scheinen daher für viele Organisationen praktikabel zu sein:

- Gefährdung für Leib und Leben.
- Signifikanter Verstoß gegen die Vertraulichkeit, Integrität, Verfügbarkeit oder Authentizität von Informationen und Kommunikationsverbindung.
- Unterbrechung zentraler (Geschäfts-)Prozesse und Services.
- Gefahr für die Reputation unserer Organisation oder ihrer wesentlichen Repräsentanten (Mitglieder der Geschäftsleitung).

Dabei spielt es in der Regel keine Rolle, ob das Ereignis bereits eingetreten ist oder sein Eintritt lediglich droht.

Übrigens: Für einen Notfall können wir dieselben Kriterien anlegen wie für einen Krisenfall. Alles, was wir tun müssen, ist eine niedrigere Schwelle zu definieren, die ein Ereignis erreichen oder überschreiten muss.

3.3.2 Cyber-Krisen strukturiert bewältigen: Krisenbewältigungsprozess

Ziel und Zweck des Krisenbewältigungsprozesses
Ein strukturierter Krisenbewältigungsprozess hilft uns, unabhängig von der Art der Krise aus dem vermeintlichen Chaos die relevanten Probleme herauszufinden und zu bearbeiten. Das Adjektiv „strukturiert" ist an dieser Stelle in mehrfacher Hinsicht wichtig. In Situationen, in denen nichts klar ist, brauchen und suchen Menschen Orientierung. Dies gilt auch für Krisenstabsmitglieder. Vor allem aber ermöglicht uns ein strukturierter Prozess, mit Rollen zu arbeiten, auf deren Ausübung wir die handelnden Personen (Krisenstabsmitglieder!) vorbereiten können.

Was uns bei der Krisenbewältigung hilft: Grundsätze
Ein paar Grundsätze sollten wir bei der Krisenbewältigung beachten:

- Prozessdisziplin
- Ziele nicht aus den Augen verlieren
- Regelmäßige Kontroll-Meetings, damit alle den gleichen Informationsstand haben

Was sich hinter den einzelnen Grundsätzen verbirgt schauen wir uns bei den einzelnen Initialisierungsschritten genauer an.

Was uns bei der Krisenbewältigung hilft: Hilfsmittel
Es gibt ein paar Hilfsmittel, die uns die Krisenbewältigung deutlich leichter machen. Dazu zählen:

- Krisenstabsprotokoll
- Visualisierung der Ziele
- ….

Welche Rolle diese Hilfsmittel genau spielen, das sehen wir bei den einzelnen Initialisierungsschritten sowie im Abschn. 4.3 „ Hilfsmittel".

Schnittstellen

- Business Continuity Management (Business Impact Analyse, betroffene Geschäftsprozesse)
- IT Service Continuity Management (RTO vs. RTA, RPO vs. RPA)
- Incident Response (Systeme abschalten oder nicht?)
- Information Risk Management (Risiken, die sich aus einer Verletzung von Vertraulichkeit, Integrität, Verfügbarkeit und Authentizität eines Information Assets ergeben)
- Information Security Management (Schutzziele je betroffener Informationsklasse)
- Stakeholder- und Issuemanagement
- Dokumentation und Ergebnisse des Prozessschrittes "Entscheidung und Umsetzung"
- Dokumentation und Ergebnisse der Initialisierung des Krisenmanagements

3.3.2.1 Die Qual der Wahl: Nach welchem Schema wollen wir arbeiten?

Führungsprozess vs. FOR-DEC

Wie kann ein solcher Krisenbewältigungsprozess aussehen? Dafür gibt es wie so oft kein Richtig oder Falsch, sondern bestenfalls ein Zweckmäßig oder Unzweckmäßig. Was aber zweckmäßig (oder eben nicht ist), hängt stark von den Präferenzen des Krisenstabs bzw. seiner Mitglieder ab – sie sind es, die den Prozess umsetzen müssen. Zumindest im deutschsprachigen Raum begegnen uns zwei Varianten des Krisenbewältigungsprozesses immer wieder. Meist ist es der sogenannte Führungsprozess, deutlich seltener das FOR-DEC-Schema. Daher werden wir hier den Führungsprozess vertiefen und FOR-DEC lediglich kurz anreißen.

Führungsprozess

In Deutschland ist der Führungsprozess in Blaulichtorganisationen und vielen Behörden gesetzt. Ob Katastrophenschutz, THW oder Feuerwehr, ob Polizei oder Bundeswehr – deren Stäbe arbeiten seit Jahrzehnten, im Fall des (deutschen) Militärs sogar schon rund 200 Jahre, ausschließlich und in der Regel hochprofessionell nach diesem Schema, dessen visuelle Darstellungen dort in der Regel aber etwas anders aufgebaut sind. Das dürfte ein Indikator sein, wie robust und universell einsetzbar diese Vorgehensweise ist. Daher schauen wir ihn uns im nächsten Kapitel genauer an.

FOR-DEC

FOR-DEC ist ein Modell für Entscheidungsfindung in der Luftfahrt. Das Akronym steht für Fakten (facts; F), Optionen (options; O), Risiken und Nutzen (risks; R), Entscheidung (decision; D), Ausführung (execution; E) und Kontrolle (check; C). In der Luftfahrt ist das Modell gut etabliert, sodass es dort in der Regel wenig Überzeugungsarbeit braucht, um (neue) Krisenstabsmitglieder zur Anwendung des Modells zu animieren. Obendrein ist es in sich widerspruchsfrei und von seinem Aufbau her recht eingängig. Problematisch hingegen ist, dass in deutschen Behörden der Führungsprozess gesetzt ist. Dazu zählen Katastrophenschutz, Feuerwehr, Polizei, Rettungsdienste und die Bundeswehr. Das kann die organisationsübergreifende Zusammenarbeit erschweren.

Aus der Praxis (I)
In Implementierungsprojekten und in Trainings geht es regelmäßig unter anderem darum, dem Krisenstab einen Krisenbewältigungsprozess an die Hand zu geben, mit dem er sich wohl fühlt. Wenn wir FOR-DEC in besonders bodenständigen Unternehmen vorstellen (wohlgemerkt vorstellen, nicht empfehlen), beobachten wir mitunter eine ablehnende Haltung unter den Krisenstabsmitgliedern – und zwar aufgrund der englischen Begrifflichkeiten des Akronyms. Der Tenor lautet dann oft: „Wir sind ein deutsches, regional verankertes Unternehmen mit einem Kundenstamm nahezu ausschließlich in Deutschland. Unsere Unternehmenssprache ist Deutsch. Da fangen wir gerade im Krisenfall gar nicht erst mit Anglizismen an."

Aus der Praxis (II)
Da Krisenstabsmitglieder oftmals dank ehrenamtlicher Aktivitäten (Feuerwehr, Rettungsdienste etc.) oder durch vorherige berufliche Stationen bereits mit dem Führungsprozess vertraut sind, bedeutet FOR-DEC für sie die Notwendigkeit zum Umlernen. Als problematisch kann sich in diesem Zusammenhang die menschliche Eigenschaft erweisen, gerade in Stresssituationen (wie es Krisen nun einmal sind) auf gewohnte Routinen zurückzugreifen. Eine dann improvisierte Mischung aus verschiedenen Schemata kann ebenfalls funktionieren – muss aber nicht.

3.3.2.2 Deep Dive: Bewältigungsprozess auf strategischer Ebene

Prozessphasen
Der klassische Führungsprozess besteht aus vier Schritten:

- Lagefeststellung/Überprüfung
- Lagebewertung
- Identifikation von Handlungsfeldern und -optionen
- Entscheidung und Delegation

Diese Schritte müssen wir so oft durchlaufen, bis unsere Lagewertung ergibt, dass wir die wesentlichen Handlungsfelder einer Krise soweit im Griff haben, dass wir den Krisenfall formal beenden können (siehe Abb. 3.4: zyklischer Führungsprozess).

Stärken des Führungsprozesses
Krisenstabsmitglieder sind oftmals schon mit dem Führungsprozess vertraut – sei es, weil sie entweder im Privatleben in der freiwilligen Feuerwehr, Rettungsdiensten,

Abb. 3.4 zyklischer
Führungsprozess

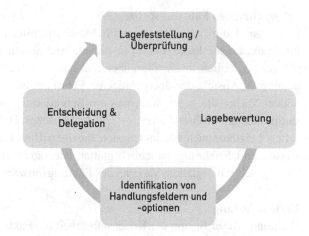

THW und dem Katastrophenschutz engagiert sind oder zuvor Soldaten oder Polizisten waren. Damit ist der Führungsprozess auch voll kompatibel zu den Abläufen zahlreicher wichtiger Partner im Rahmen einer Krise. Das zeigt sich spätestens dann, wenn unser Krisenstab mit den beteiligten Blaulichtorganisationen Personal austauscht, um die Koordination untereinander zu verbessern (der gute, alte Verbindungsoffizier); insbesondere für KRITIS-Betreiber ein nicht zu unterschätzender Aspekt.

Obendrein ist der Führungsprozess absolut robust. Wir können mit ihm nicht nur alle Arten von Krisen (es gibt schließlich nicht nur Cyber-Krisen) managen, sondern ihn auch im Tagesgeschäft wunderbar einsetzen. Dass er voll kompatibel zum Initialisierungsprozess ist, versteht sich von selbst (siehe Abb. 3.5: Krisenbewältigungsprozess (Gesamtdarstellung)).

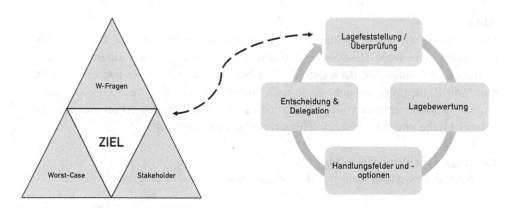

Abb. 3.5 Krisenbewältigungsprozess (Gesamtdarstellung)

Schwächen des Führungsprozesses

Leider sind die originären Begrifflichkeiten (Uniform tragende Organisationen haben ihre ganz eigene Fachsprache) in privatwirtschaftlichen Organisationen mitunter etwas schwer verdaulich, da sie alles, aber kein typischer Business-Sprech sind (z. B. „Befehls-gebung", „Absicht der übergeordneten Führung" etc.). Außerdem begegnen uns immer wieder Vorbehalte gegen alles, was mit Behörden und insbesondere der Bundeswehr zu-sammenhängt. Während letzteres ein ideologisches Thema ist, dem mit Sachargumenten selten beizukommen ist, lassen sich die Begrifflichkeiten mit ein wenig Hintergrund-wissen und Erfahrung sprachlich glätten oder adaptieren. In diesem Buch nutzen wir eine sprachlich geglättete Variante des Führungsprozesses.

Ende = Anfang

Während wir zu Beginn der Krisenstabsarbeit die Fakten im Rahmen des Initialisierungs-prozesses sammeln und auf dieser Basis beim Schritt Lagebewertung einsteigen, bildet die Umsetzungs- und Wirkungskontrolle und damit die Aktualisierung der Fakten gleich-zeitig End- und Anfangspunkt aller weiteren Durchläufe des Führungsprozesses.

3.3.2.2.1 Lagebewertung: Wo drückt der Schuh am meisten?

Ziel und Zweck des Schrittes Lagebewertung

Bei der Lagebewertung geht es um zwei Fragen:

1. Wo stehen wir mit Blick auf
   - Ziele?
   - Worst-Case-Szenario?
   - Stakeholder?
2. Haben wir eine Krise?

Ablauf

Dazu setzten wir unsere (initiale) Bestandsaufnahme systematisch in Bezug zu unse-ren Zielen, dem Worst-Case-Szenario und den Stakeholdern (zuerst die unmittelbar be-troffenen und Influencer, dann die mittelbar betroffenen, zuletzt die interessierten Drit-ten). Die Reihenfolge können wir je nach Bedarf (und persönlichem Gusto) variieren. Auf diese Weise erkennen wir, ob die vorliegende Situation den Kriterien einer Krise entspricht, die unsere Organisation für sich selbst aufgestellt hat.

Leitfragen für den Krisenstab

Bei der Lagebewertung kann sich der Krisenstab an folgenden Fragen orientieren:

- Was sind mit Blick auf die definierten Ziele unserer Krisenstabsarbeit die dring-lichsten Handlungsfelder?
- Welchen Stakeholdern müssen wir uns besonders intensiv widmen?
- Wie nah sind wir an dem, was wir unter einer Krise verstehen?

3.3.2.2.2 Handlungsfelder und -optionen: Was tun, sprach Zeus?

Ziel und Zweck des Schrittes Handlungsfelder und -optionen

Die Lagebewertung hat uns Klarheit darüber verschafft, ob wir es tatsächlich mit einer Krise zu tun haben. Mit der Antwort müssen wir nun umgehen. Sofern dies der Fall ist, müssen wir nun die dringlichsten Handlungsfelder identifizieren. Für diese Handlungsfelder gilt es nun zu verstehen, was wir tun müssen und können. Wohlgemerkt können, nicht werden. Das bedeutet, wir versorgen uns im Idealfall mit mehreren Optionen je Handlungsfeld, aus denen wir im Anschluss die zweckmäßigste auswählen.

Ablauf

Die Lagebewertung macht unsere Handlungsfelder sichtbar. Wie im Alltag auch können wir die Themen nach den Kriterien Wichtigkeit und Dringlichkeit ordnen, um so ein Gefühl für die Prioritäten zu bekommen. Die Dringlichkeit beschreibt, wie schnell etwas passieren muss, drückt also eine zeitliche Komponente aus. Die Wichtigkeit dagegen beschreibt die Konsequenzen, die aus etwas resultieren – also eine qualitative Komponente.

Bei der Maßnahmenplanung halten wir uns strikt an die Priorisierung der Handlungsfelder. Das heißt, wir fangen mit dem Handlungsfeld an, das die höchste Priorität besitzt und enden mit dem Handlungsfeld, das die niedrigste Priorität bekommen hat.

Dazu können wir auf zweierlei Weise vorgehen. Entweder wir entwickeln im Krisenstab gemeinsam Lösungsansätze für die einzelnen Handlungsfelder oder der Krisenstab bzw. Krisenstabsleiter delegiert einen entsprechenden Auftrag an einzelne Krisenstabsmitglieder, die sich ihrerseits des Wissens aus den Fachabteilungen bedienen (können), und die die Planung anschließend auch umsetzen müssen.

Erneut: Diskussionen erwünscht!

Diese Prioritäten festzulegen ist eine Aufgabe, die alle Krisenstabsmitglieder gemeinsam angehen müssen. Dies geht in der Regel nicht ohne Diskussionen, weil jedes Krisenstabsmitglied seine eigene Perspektive einbringt und das eine Ziel oder den einen Stakeholder daher vielleicht höher gewichtet als die Krisenstabsmitglieder, die links und rechts neben ihm sitzen. Aus der Diskussion bekommen wir eine Priorisierung von Handlungsfeldern, die (hoffentlich!) von allen Krisenstabsmitgliedern getragen wird. Dieser Ansatz ist aber nicht ganz ungefährlich. Als Krisenstabsleiter müssen wir darauf achten, die Diskussion irgendwann zu beenden. Bloßes Diskutieren hat noch nie Probleme gelöst.

Optionen

Unabhängig davon, wer sich der Maßnahmenplanung annimmt, ist das Ausarbeiten unterschiedlicher Optionen je Handlungsfeld sinnvoll. Einerseits gibt es im Krisenmanagement oftmals kein Richtig oder Falsch, sondern vielmehr ein Zweckmäßig oder Unzweckmäßig. Andererseits werden die einzelnen Optionen notgedrungen ihre Vor- und Nachteile haben oder auch von anderen Entscheidungen des Krisenstabs (oder von ihm nicht beeinflussbaren Entwicklungen) abhängen. Insofern ist es gut, wenn der Krisenstab aus verschiedenen Wegen auswählen kann, die alle zu demselben Ziel führen.

Aus der Praxis: Delegation bei Abhängigkeiten
Welche Variante wir wählen, hängt ein Stück weit davon ab, wie detailliert die Planung aussehen soll. Für eine detaillierte Planung braucht es in der Regel themenbezogenes Expertenwissen, das womöglich nicht alle Krisenstabsmitglieder besitzen.

Wenn wir die Maßnahmenplanung delegieren, müssen wir zwei Elemente unmissverständlich festlegen:

1. Was ist das Ziel, auf das sich die Maßnahmen für dieses Handlungsfeld richten müssen?
2. Wer ist für die Planung verantwortlich und bis wann muss sie umgesetzt sein?

Bei der Zieldefinition für die einzelnen Handlungsfelder geben uns die Ziele Orientierung, die wir im Rahmen der Initialisierung der Krisenstabsarbeit definiert haben. Diese müssen wir nun handlungsfeldspezifisch konkretisieren.

Damit wir den Bewältigungsprozess sauber durchlaufen können, müssen die Zeitlinien aufeinander abgestimmt sein, bis wann die Planung im Krisenstab vorliegen muss (siehe Abschn. 3.3.2.2.3 Entscheidung und Delegation: Nicht reden, handeln!).

Leitfragen für den Krisenstab
Bei der Entwicklung von Optionen und Planung von Maßnahmen kann sich der Krisenstab an folgenden Fragen orientieren:

- Was sind mit Blick auf die definierten Ziele unserer Krisenstabsarbeit die dringlichsten Handlungsfelder?
- Welchen Stakeholdern müssen wir uns besonders intensiv widmen?
- Was ist das Kernziel eines jeden Handlungsfelds?
- Für welche Handlungsfelder brauchen wir mehr als eine Option?
- Für welche Handlungsfelder setzen wir den Punkt direkt im Krisenstab um und für welche delegieren wir die Aufgabe an Fachleute außerhalb des Krisenstabs?
- Wie viel Zeit können/wollen wir uns für die Planung nehmen?

3.3.2.2.3 Entscheidung und Delegation: Nicht reden, handeln!

Ziel und Zweck des Schrittes Entscheidung und Delegation
Nachdem uns der vorhergehende Schritt für jedes Handlungsfeld mindestens eine Option geliefert hat, müssen wir nun – wiederum je Handlungsfeld – die zweckmäßigste(n) Option(en) auswählen. Mit der Auswahl allein ist es aber nicht getan. Die bloße Entscheidung ist das eine, die Delegation das andere. Auch sie ist Gegenstand dieses letzten Schrittes unseres Führungsprozesses.

Ablauf

Dazu nehmen wir uns entsprechend ihrer Priorität die einzelnen Handlungsfelder und ihre Maßnahmen der Reihe nach vor. Derjenige, der laut Krisenstabsprotokoll die Verantwortung für ein Handlungsfeld besitzt, stellt die vorhandenen Optionen vor. Falls wir es für angemessen erachten, können wir die Vorstellung der einzelnen Optionen um eine Bewertung ergänzen. Die Bewertung sollte unter anderem die Eignung zur Zielerreichung sowie die mit der Option verbundenen Risiken adressieren. Vorstellung und gegebenenfalls Bewertung enden IMMER mit einer Empfehlung, welche Option(en) umgesetzt werden sollten.

Sobald dem Krisenstab die Empfehlungen für jedes Handlungsfeld vorliegen, muss er die empfohlenen Maßnahmen handlungsfeldübergreifend auf Wechselwirkungen und gegenseitige Abhängigkeiten prüfen. Diese müssen unbedingt in der Entscheidung berücksichtigt werden und eventuell muss sogar die Planungsphase nochmals (zumindest teilweise) wiederholt werden.

Wenn der Krisenstab die einzelnen Empfehlungen auf Abhängigkeiten und Wechselwirkungen geprüft hat, muss er die Empfehlungen

- auswählen,
- priorisieren und
- delegieren, d. h. zur Umsetzung anweisen,

die er für die zweckmäßigsten hält, um die im Rahmen der Initialisierungsphase definierten Ziele der Krisenstabsarbeit zu erreichen.

Aus der Praxis: Kampf gegen die Zeit

Wir dürfen die Vorstellung und Bewertung der einzelnen Optionen auf keinen Fall akademisieren. Dazu fehlt beim Management von (Cyber-) Krisen schlicht die Zeit. Je nach Komplexität der Situation wird die Prüfung von Wechselwirkungen und Abhängigkeiten zu mitunter lebhaften Diskussionen führen. Das ist absolut normal und auch zweckdienlich. Dabei dürfen wir aber erneut nicht die Uhr aus den Augen verlieren. In Cyber-Krisen arbeiten wir meist gegen harte (und dokumentierte!) Wiederanlauf- bzw. weitere Schutzziele, sodass der Krisenstabsleiter die Diskussion steuern und zu gegebener Zeit beenden muss.

Dokumentation

Der Protokollführer muss mindestens folgende Informationen nachvollziehbar dokumentieren:

- welche Optionen umgesetzt werden;
- worauf sie abzielen;
- wer für die Umsetzung verantwortlich ist;
- wann wir die Entscheidung für eine Option getroffen haben;
- welche Frist für die Umsetzung gilt.

Die Dokumentation dieser Punkte hilft uns, wenn wir den Führungsprozess wieder und wieder durchlaufen (siehe Abschn. 3.3.2.2.4 Lagefeststellung/Kontrolle: Wirkt es schon?).
Im Idealfall hält der Protokollführer noch weitere Informationen fest. Dazu zählen unter anderem:

- Mindestinhalte (s. o.);
- welche anderen Optionen zur Diskussion standen;
- warum die gewählte Option gewählt bzw. die anderen nicht gewählt wurden (Informationsstand zum Zeitpunkt der Entscheidung!).

Diese Informationen helfen bei der Nachbereitung der Krise, beispielsweise bei der Identifikation von lessons learned oder einer „Begutachtung" durch Revision, Wirtschaftsprüfer oder Ermittlungsbehörden. Auf diese Weise wird das Protokoll zu dem, was bei Monopoly die „Du-kommst-aus-dem-Gefängnis-frei-Karte" ist.

Leitfragen für den Krisenstab
Bei der Entscheidung und Delegation kann sich der Krisenstab an folgenden Fragen orientieren:

- Haben wir die einzelnen Optionen und Maßnahmen auf Wechselwirkungen und gegenseitige Abhängigkeiten geprüft?
- Sind im Krisenstabsprotokoll je Aufgabe mindestens Gegenstand, Fristen, Verantwortlichkeiten, Ziel und Zeitpunkt der Entscheidung dokumentiert?
- Wie stellen wir sicher, dass die Personen, die für die Umsetzung der beschlossenen Maßnahmen verantwortlich sind, ihren Auftrag so verstehen, wie der Krisenstab es meint, d. h. wie reduzieren wir das Risiko von Missverständnissen bei der Auftragsübermittlung?

3.3.2.2.4 Lagefeststellung/Überprüfung: Wirkt es schon?

Ziel und Zweck des Schrittes Lagefeststellung/Überprüfung
Der Schritt Lagefeststellung/Überprüfung dient dazu, Situationsveränderungen nachzuvollziehen. Da sich die Situation ständig weiterentwickelt, aber nicht jedes Krisenstabsmitglied alles mitbekommen kann (schließlich gilt es, mit dem eigenen Unterbau in engem Austausch zu bleiben), geht es bei diesem Prozessschritt auch immer um einen Informationsabgleich. Was hat sich ereignet? Was wissen wir? Was vermuten wir? Umsetzungs- und Wirkungskontrolle sind hier die Stichworte.

Lagefeststellung
Der Einstieg in den Führungsprozess ist immer die Sammlung der Fakten, mit denen wir es im jeweiligen Moment zu tun haben. Das ist nichts anderes als die Initialisierung der

Krisenstabsarbeit, die wir bereits kennengelernt haben. Ebenso dient der Schritt dazu, sicherzustellen, dass alle Mitglieder des Krisenstabs den gleichen Informationsstand haben. Das erinnert uns an die Schule: Gute Lehrer sorgen dafür, dass alle Schüler auf der gleichen Seite sind.

Überprüfung

Im Rahmen der Überprüfung sollten wir uns vor allem auf unser Krisenstabsprotokoll stützen (siehe Abschn. 4.3 Hilfsmittel). Durch das Setzen von Filtern im Protokolltemplate sollten wir uns systematisch folgende Punkte anschauen:

- Bestätigte Informationen (= Fakten)
- Unbestätigte Informationen (= Vermutungen)
- Erledigte Aufgaben
- Offene Aufgaben

Auf diese Weise gewinnen wir einen Überblick über die Punkte, die sich seit dem Eintritt in den vorangegangenen Zyklus des Führungsprozesses verändert haben.

Ablauf

Wenn wir mit den Protokolleinträgen durch sind, ergänzen die einzelnen Krisenstabsmitglieder für ihren Verantwortungsbereich bzw. ihre Handlungsfelder das Lagebild. Schließlich kann es sein, dass noch nicht alle Informationen den Weg ins Protokoll gefunden haben. Diese Ergänzungen hält der Protokollführer (natürlich) ebenfalls im Protokoll fest.

Aus der Praxis: systematische Ergänzungen

Es hat sich bewährt, dass der Krisenstabsleiter (oder der Chef des Stabes, falls dem Krisenstabsleiter ein solcher zur Seite gestellt ist), diese Ergänzungen in einer festen Reihenfolge reihum abfragt, sodass jedes Krisenstabsmitglied eine Aussage treffen muss, ob es relevante Ergänzungen hat. Dies bringt Struktur in den Ablauf und verhindert, dass relevante Informationen verloren gehen. Außerdem macht dieses Vorgehen dem Protokollführer das Leben ein wenig einfacher.

Leitfragen für den Krisenstab

Da wir die erste Lagefeststellung im Rahmen der Initialisierung der Krisenstabsarbeit erledigt haben, können wir uns hier auf die Kontrolle unserer Maßnahmen, d. h. auf die Aktualisierung des Lagebilds konzentrieren.

Dazu kann sich der Krisenstab – unter Nutzung des Krisenstabsprotokolls! – an folgenden Fragen orientieren:

- Wie stellen wir sicher, dass alle wesentlichen an der Ereignisbewältigung beteiligten Akteure ein gemeinsames Lagebild haben?
- Welche Informationen wurden zwischenzeitlich bestätigt oder widerlegt?
- Welche Aufträge wurden zwischenzeitlich erledigt oder sind noch offen?
- Wo stehen wir in den einzelnen Handlungsfeldern mit Blick auf die Ziele, die wir uns gesetzt haben?
- Wo sind wir in Verzug?
- …

3.3.3 Krisenkommunikation

Zweck und Ziele von Krisenkommunikation
Krisenkommunikation ist neben den operativ-taktischen Maßnahmen die zweite Säule, auf der unsere strategische Krisenbewältigung ruht. Krisenkommunikation ist dazu da, den Stakeholdern unsere Bemühungen zur Lösung des aktuellen Problems zu erklären und umgekehrt ihre geäußerten Meinungen als Orientierungshilfe für unsere eigenen Entscheidungen einzuholen. Unser Leitmotiv muss daher immer darin bestehen, das Vertrauen der Stakeholder in unsere Organisation und das, was wir tun, so gut wie möglich zu fördern.

Aus der Praxis: Information ist NICHT Kommunikation
Um gleich mal mit einem weit verbreiteten Missverständnis aufzuräumen: Informationsarbeit ist nur ein Teil von Kommunikation. Wenn wir die Verantwortung für die Organisation und den Aufbau des Krisenstabs (und allem, was zu einer Krisenorganisation dazu gehört) bei einer der verschiedenen Governance-Funktionen (meist BCM) ansiedeln, dann besteht ein gewisses Risiko, dass Information und Kommunikation synonym verstanden werden. Damit tun wir allen Kommunikatoren unrecht! Für den BCMler kommt es in der Regel darauf an, in einem Notfall den Notfallteams und sonstigen Mitarbeitern Anweisungen und Informationen zu geben, die sich um die Aufnahme und Koordination des Notbetriebs drehen. In dieser Rolle liegt der Fokus ganz klar auf dem GEBEN von Informationen und wird trotzdem (fälschlicherweise) als Kommunikation bezeichnet, obwohl der entscheidende Aspekt einer echten Kommunikation gar nicht gegeben ist: die Rückkopplung.

Kommunikationsmodelle
Kommunikationswissenschaftler arbeiten sich seit Generationen an sogenannten Kommunikationsmodellen ab. Keine Sorge, wir sparen uns einen tieferen Exkurs in diese Gefilde und konzentrieren uns auf den Kern. Der lautet: Im Gegensatz zum bloßen Senden von Informationen (= Information) ist Kommunikation zwingend auf eine inhaltliche Rückkopplung angewiesen. Neben dem Sender gibt es also immer mindestens einen weiteren Teilnehmer an der Kommunikation, der nach Erhalt einer Information seinerseits selbst

zum Sender werden kann (aber nicht zwingend muss). Die Übertragung der Informationen erfolgt mittels eines Kommunikationskanals (mitunter auch Medium genannt; zum Beispiel E-Mail, Twitter, Brief, Pressemitteilung, Telefonat, persönliches Gespräch etc.).

Wenn wir kommunizieren wollen, brauchen wir also:

- Information
- Sender
- Empfänger
- Kommunikationskanal

3.3.3.1 Faustregeln für die Krisenkommunikation

Glaubwürdigkeit steht an erster Stelle

Wir müssen zwar nicht alles sagen, was wir wissen. Aber alles, was wir sagen, muss wahr sein. Wahr bedeutet, dass es nicht nur mit unserer eigenen (manchmal reichlich subjektiven) Realität übereinstimmt, sondern einer objektiven Tatsachenüberprüfung durch einen unvoreingenommenen Dritten standhält. Wie schon an anderer Stelle bemerkt: Vertrauen ist die Summe der gehaltenen Versprechen. Hier können wir noch ergänzen: Wer einmal lügt, dem glaubt man nicht.

Interne Kommunikation ist nie intern

Nebenbei müssen wir an dieser Stelle mit einem weiteren (unverständlicherweise noch immer weit verbreiteten) Irrglauben aufräumen. Der Irrglaube lautet:

Interne Kommunikation richtet sich nur an die Beschäftigten einer Organisation. Diese sind qua Vertraulichkeitsregelungen ihres Anstellungsvertrags zur Vertraulichkeit verpflichtet. Ergo bleiben Dinge, die wir an die Beschäftigten kommunizieren vertraulich, falls wir die jeweilige Information entsprechend klassifizieren.

Derartige Annahmen sind brandgefährlich. Was intern kommuniziert wird, dringt unweigerlich nach draußen. Die Frage ist nur wann, über wen und an wen. Wer von uns erzählt nicht seiner Familie oder Freunden von der Arbeit? Obendrein gibt es das Phänomen, das etwas umso spannender wird, je geheimer es präsentiert wird. Deshalb müssen wir auch bei der internen Kommunikation auf die Wahl unserer Worte achten – und darauf, welche Informationen wir tatsächlich preisgeben wollen.

Plakativ gesagt: Drei Menschen können ein Geheimnis bewahren – wenn zwei davon tot sind.

Tu Gutes und rede darüber

„Tu Gutes und rede darüber" ist ein guter Anfang. Noch besser ist: Tu Gutes und lasse darüber reden! Wenn wir dem Grundsatz folgen wollen, bedeutet das für uns, dass die praktische Krisenbewältigung nicht ohne begleitende Krisenkommunikation fruchten kann. Krisenkommunikation ohne praktische Fortschritte aber verpufft und schwächt das Vertrauen der Stakeholder noch weiter.

Wir brauchen also (mindestens)

- ein paar Aspekte, die unsere Zielgruppe als positiv wahrnehmen könnte. Und das geht nur, wenn wir auch in praktischer (und nicht nur kommunikativer) Hinsicht tun, was die Erwartungen unserer Stakeholder erfüllt.
- jemanden außerhalb unserer Organisation, der sich auch in dieser turbulenten Situation öffentlich zu uns bekennt, von unseren Stakeholdern als glaubwürdig angesehen wird und für uns positive Statements abgibt (s. Abschn. 3.3.4 Aus der Praxis: Strategien in akuten Cyber-Krisen).

Evolutionäre Verhaltensmuster durchbrechen
Wenn wir bei der Krisenbewältigung erfolgreich sein wollen, muss unsere Krisenkommunikation die evolutionären Verhaltensmuster durchbrechen, die in uns allen angelegt sind (siehe Abschn. 2.2.2 Bewertungen, Verhaltensmuster und Stress). Dazu muss unsere Krisenkommunikation zugleich

- schnell,
- persönlich,
- empathisch,
- sachlich,
- glaubwürdig und
- zuverlässig

sein.
    Wenn wir diese Punkte vertiefen möchten, sei uns Höbel/Hofmann: Krisenkommunikation (siehe das Kapitel „Zum Weiterlesen") ans Herz gelegt.

3.3.3.2 Ausgangspunkt: Bedürfnisse und Nöte der Stakeholder in Cyber-Krisen

Woher wissen wir, was unsere Stakeholder denken und wollen?
Wenn wir uns der Bedürfnisse und Nöte unserer Stakeholder in einer Cyber-Krise annehmen wollen, müssen wir (erneut wenig überraschend) eine Ahnung davon haben, wie sie Situationen bewerten (siehe Abschn. 2.2.2.1 Wie Menschen Situationen wahrnehmen und bewerten), aber auch was sie in einer Akutkrise umtreibt (siehe Abschn. 3.3.1.3 Betroffene Stakeholder oder: Mit wem müssen wir rechnen?).

- Im B2B-Umfeld sollten Vertrieb und Key Account Manager gerade jetzt einen möglichst engen Kontakt halten – auch wenn es weh tut. Aber dieses Kontakthalten hat neben der Informationsgewinnung noch einen weiteren unverzichtbaren Effekt: Wir zeigen auf diese Weise, dass wir auch in schweren Zeiten Verantwortung übernehmen und uns nicht wegducken.

- Insbesondere im B2C-Umfeld ist Social Media Monitoring ein wesentliches Instrument. Was sagen die Menschen auf Twitter, Facebook und Instagram? Die wesentlichen Hashtags und Foren im Blick zu behalten ist der Schlüssel.

Schauen wir uns einmal die prototypischen Bedürfnisse und Nöte an, von denen unsere Stakeholder gepeinigt werden, wenn wir unsere Cyber-Krise zu der ihren machen.

Vertrauliche Informationen werden öffentlich (B2C)
Im B2C-Umfeld kann das Publikwerden vertraulicher Informationen Existenzen vernichten. Nehmen wir einfach mal an, wir wären seit einer gefühlten Ewigkeit fest liiert und der Hafen unserer Ehe böte nach all der langen Zeit kein allzu aufregendes Verhältnis zwischen Reiz und Routine mehr. Da wir aber nicht gleich komplett über Bord springen wollen, versuchen wir erst einmal, ein kleines, wendiges und im Unterhalt günstiges Beiboot zuzulegen – für die unkomplizierte, vergnügliche und unverbindliche Tour zwischendurch. Kurz, wir melden uns bei einer kostenpflichtigen Plattform für Casual Dating an (was wir in Wirklichkeit selbstverständlich nie tun würden – es handelt sich um ein reines Gedankenspiel). Auf der einen Seite haben wir also eine bürgerliche Existenz mit allem, was dazu gehört: Partner, Kinder, Haus, Familie, Ehevertrag, Freunde und vielleicht sogar einen Job, der ein gewisses Maß an Diskretion erfordert (mindestens aber an bürgerlicher Fassade). Auf der anderen Seite haben wir einen digitalen Fußabdruck hinterlassen, aus dem nicht nur unsere Unzufriedenheit mit dem aktuellen Lauf unserer Beziehung deutlich wird, sondern auch und vor allem unsere sexuellen Präferenzen inklusive eines ziemlich genauen Track-Records zu unseren Erfolgen bei der Befriedigung dieser Präferenzen – nämlich die Kommunikation mit allen Personen, die wir über die Plattform kennengelernt und am Ende vielleicht sogar persönlich getroffen haben.

Preisfrage: Was geht uns durch den Kopf, wenn wir erfahren, dass die Plattform – wie es 2015 bei Ashley Madison, einem solchen Portal, tatsächlich der Fall war – gehackt wurde? Wir wechseln vermutlich ein paarmal die Gesichtsfarbe und sind dann eine ganze Weile damit beschäftigt, unseren Blutdruck wieder in halbwegs vertretbare Bahnen zu bringen. Wir fühlen uns entblößt, verwundbar, hilflos. Denn eines wird uns spätestens jetzt klar: Unsere Suche nach einem Beiboot könnte unseren tüchtigen Ehedampfer versenken – zum Kentern gebracht durch einen ausgewachsenen Tsunami – und damit unsere bürgerliche Existenz vernichten. Was wollen wir in dieser Situation vom Portalbetreiber? Nun, zuallererst Gewissheit, ob wir selbst von dem Hack betroffen und somit exponiert sind – und das pronto, bitte! Wenn wir einen Schritt weiter denken wird uns klar, dass wir noch mehr wissen müssen: Was ist mit den Daten geschehen? Stehen sie irgendwo im Darknet zum Verkauf oder sind sie gar einfach so im Internet verfügbar? Was ist mit den Accounts der Personen, mit denen wir Kontakt hatten? Wurden diese gehackt und droht uns sozusagen auf Umwegen weitere Gefahr? Was zur Hölle können wir tun? Reicht es, wenn wir unser Passwort ändern? Wie machen wir das noch gleich?

Zugegeben, dieses Beispiel ist ein drastisches. Aber im (Cyber) Crisis Management sind wir nun einmal gut beraten, über Worst-Case-Szenarien nachzudenken. Und ganz nebenbei bleibt die finanzielle Dimension bei allen Onlinediensten relevant, bei denen wir Zahlungsinformationen hinterlegt haben.

Weitere Problemfelder

Vergleichbare Worst-Case-Betrachtungen können wir nun für weitere Problemfelder im Cybersecurity-Kontext anstellen:

- Vertrauliche Informationen werden öffentlich (B2B)
  Beispiel: Gehaltslisten, Stellenabbaupläne, Konstruktionspläne, Forschungsergeb-nisse, persönliche Verfehlungen von MitarbeiterInnen etc. werden öffentlich oder dro-hen öffentlich zu werden, was Potenzial für Erpressungsversuche, Wettbewerbsnach-teile und Reputationsschäden bedeutet.
- Vertrauliche Informationen werden entwendet (B2C)
  Beispiel: Gesundheitsdaten, Kreditkarteninformation, Kontobewegungen, Tele-kommunikationsdaten, Video- und sonstiges Bild- und Tonmaterial (all das bietet Er-pressungspotenzial, insbesondere für Prominente oder Führungskräfte aus Wirtschaft, Behörden oder Politik)
- Integrität von Daten ist nicht mehr gegeben (B2B)
  Beispiel: Steuerungssysteme z. B. von Kraftwerken werden mit manipulierten Daten gefüttert, erreichen kritische Betriebszustände und gefährden Mensch und Umwelt.
- Integrität von Daten ist nicht mehr gegeben (B2C)
  Beispiel: Steuerungssysteme, z. B. von Autos oder medizinischen Geräten, werden mit manipulierten Daten gefüttert und gefährden Leib und Leben.
- Informationen sind nicht verfügbar (B2B)
  Beispiel: Zahlungsverkehr zwischen Finanzinstituten kann nicht abgewickelt werden mit massiven Folgeschäden für Endkunden (Privat- und Firmenkunden).
- Informationen sind nicht verfügbar (B2C)
  Beispiel: Kontostand nicht abrufbar, Überweisungen sind nicht möglich.
- Authentizität der Kommunikationen und Transaktionen ist nicht mehr gegeben (B2B und B2C)
  Beispiel: Ein unbekannter Dritter gibt sich erfolgreich als ein uns bekannter Kommunikationsteilnehmer aus und erlangt vertrauliche Informationen oder gar Zu-griff auf unsere IT-Systeme. Das öffnet die Büchse der Pandora.

In all diesen Fällen werden unsere Stakeholder Fragen an uns haben, die wir unbedingt beantworten sollten – und zwar kurzfristig. Soweit die schlechten Nachrichten. Es gibt aber auch eine gute: Die Fragen zielen fast immer in ein- und dieselbe Richtung.

3.3.3.3 W-Fragen der Krisenkommunikation

Fragen bei Ereigniseintritt
Folgende Fragen werden uns nahezu immer gestellt, sobald wir aufgrund eines unerfreulichen Ereignisses in den Fokus unserer Stakeholder geraten:

- Was ist passiert?
- Warum ist es passiert?
- Was sind die Konsequenzen?
- Was tun Sie, dass es nicht wieder vorkommt?

Nicht auf alles haben wir zu diesem Zeitpunkt bereits Antworten – schon gar nicht auf das Warum. Trotzdem müssen wir reagieren. Andernfalls verlieren wir gleich zu Beginn die Deutungshoheit. Diese (wieder-) zu erlangen ist schwierig, wenn nicht gar unmöglich. Deshalb sind wir gut beraten, ein Musterstatement (s. Abschn. 4.5 Vorbereitung der Krisenkommunikation) in der (digitalen) Schublade zu haben, das wir bei Bedarf nur geringfügig anpassen müssen und ohne umständliche Abstimmungs- und Freigabeschleifen nahezu in Echtzeit veröffentlichen können.

Antworten erforderlich!
Ausbleibende oder unplausible Antworten suggerieren:

- Ablenkungsmanöver
- Mangel an Empathie
- Drücken vor der Verantwortung
- Unfähigkeit

Alles keine positiven Assoziationen und kaum dazu geeignet, das uns entgegengebrachte Vertrauen aufrecht zu erhalten. Vielmehr werden unsere Stakeholder auf unserer Seite ein Kommunikationsvakuum wahrnehmen, das zu füllen irgendwelche anderen Akteure nur allzu schnell bereit sind. Das ist aus Kommunikationssicht tödlich.

3.3.3.3.1 Wer kommuniziert mit wem?

Initialisierung der Krisenstabsarbeit
Hier hilft es uns (mal wieder), wenn wir uns bei der Initialisierung der Krisenstabsarbeit diszipliniert gezeigt und die Stakeholder identifiziert haben, die in unserer konkreten Situation wichtig sind oder werden können. Falls wir bei der Initialisierung schludrig waren, sollten wir uns spätestens jetzt um die Identifizierung der Stakeholder kümmern, mit denen wir kommunizieren wollen (und müssen).

Organisation der Krisenkommunikation

„Wir" bedeutet entweder der Krisenstab, ein spezieller Kommunikationsstab oder ggfs. auch andere Gremien der Notfall- und Krisenorganisation – inklusive Vertretern der Regelorganisation, sofern wir die Kommunikationsarbeit dorthin delegieren wollen. Letzteres ist ganz nebenbei bemerkt durchaus sinnvoll, denn aus dem Alltag sind insbesondere im B2B-Umfeld viele unserer Stakeholder feste Ansprechpartner gewöhnt. Diese in einer Krise auszutauschen bringt selten Vorteile, im Gegenteil. Daher sollten wir nach Möglichkeit auf Kommunikatoren setzen, die dem jeweiligen Stakeholder bereits vertraut sind. Oft sieht die Aufteilung wie folgt aus:

- Pressesprecher → Medien
- Social-Media-Team → Mitglieder der Social-Media-Plattformen
- Vertrieb, Kundenmanager → Kunden
- Interne Kommunikation → Mitarbeiter
- Geschäftsleitung → Aufsichtsrat, Investoren
- Recht/Compliance → Aufsichts- und Ermittlungsbehörden
- Fachabteilungen oder Providermanagement → wesentliche Dienstleister

Dabei ist essenziell, dass unsere Botschaften an die unterschiedlichen Stakeholder konsistent sind, sprich, die Krisenkommunikation wie aus einem Guss ist.

Algorithmen, Trolle und Trollfarmen

Wir müssen, insbesondere bei der Social-Media-Kommunikation, damit rechnen, dass einige Kommunikationsteilnehmer nicht an einem ernsthaftem Dialog, sondern nur an Provokation interessiert sind. Dazu zählen insbesondere agents provocateurs, deren einzigen Mission darin besteht, Meinung zu machen und andere Kommunikationsteilnehmer aufzuhetzen. Derartige Personen werden als Trolle bezeichnet. Oftmals ist für uns nicht erkennbar, ob es sich bei dem Troll um einen echten Menschen oder einen schnöden Algorithmus (Social Bot) handelt – und schon gar nicht, wer hinter dem Profil steckt. Gerade bei großangelegten Kampagnen im politischen Umfeld werden Trolle über ganze Trollfarmen ins Rennen geschickt und beeinflussen so konzertiert die Deutungshoheit über Themen. Ganz nebenbei: Da unklar ist, wer hinter den Accounts steckt, sind Trolle und Trollfarmen das Paradebeispiel für die Frage nach dem Schutzziel der Authentizität der Kommunikationsverbindungen.

3.3.3.3.2 Was kommunizieren wir?

Ziel (I): Informationsbedarf der Stakeholder befriedigen

Der Informationsbedarf der Stakeholder ist einer der beiden zentralen Aspekte unserer Kommunikation. Der Bedarf kann ein rein subjektiver sein und bis zu einem formal-objektiven mitsamt Rechtsanspruch reichen.

Im Kern müssen wir unseren Stakeholdern meist die klassischen W-Fragen beantworten:

- Was ist passiert?
- Welche Konsequenzen hat das für mich?
- Was kann/muss ich selbst tun, um negative Konsequenzen zu vermeiden?
- Was tun wir als Organisation, um diese Konsequenzen zu verhindern?
- Wie geht es weiter?
- Wo bekomme ich weitere Informationen?

Der Empfänger bestimmt daher die Botschaft. Egal, was wir versuchen zu vermitteln – wir sind immer darauf angewiesen, dass der Adressat unserer Botschaft alles so versteht, wie wir es wollen. Da wir aber nur das beeinflussen können, was auf unserer Seite der Kommunikation passiert (Empathie empfinden, Botschaften formulieren), müssen wir genau dafür auch Verantwortung übernehmen. Das bedeute, wir müssen

- uns in die Lage des Empfängers versetzen und versuchen zu antizipieren, welche Informationen und Reaktionen er von uns erwartet (so gut es eben geht, siehe auch Abschn. 3.3.3.2 Ausgangspunkt: Bedürfnisse und Nöte der Stakeholder in Cyber-Krisen);
- unsere Botschaften so formulieren, dass sie möglichst wenig Spielraum zur Fehlinterpretation bieten. Flapsig und politisch inkorrekt ließe sich als Credo formulieren: „hausfrauen- und vorstandsgerecht". Das ist leichter gesagt als getan und die Zeichenbegrenzung mancher Kommunikationskanäle (Twitter etc.) erschwert uns die Arbeit zusätzlich.

Das ist die Pflicht.

Ziel (II): Positive Botschaften unter das Volk bringen
Die Kür besteht darin, dazu möglichst viele und überzeugende positive Botschaften abzusetzen, die unsere Organisation als professionell, fürsorglich, kompetent etc. darstellen und gleichzeitig sowohl einen engen Bezug zur akuten Krise als auch eine gewisse Relevanz für unsere Stakeholder besitzen. Das ist der zweite zentrale Aspekt unserer Krisenkommunikation. Das schaffen wir, indem wir positive Aspekte in den Vordergrund rücken und auf Signalwörter verzichten, die (potenziell) negativ besetzt sind (s. Abschn. 4.5 Vorbereitung der Krisenkommunikation. Auf diese und andere Begriffe zu verzichten ist zugegebenermaßen nicht ganz einfach und erfordert neben etwas Übung auch der Vorbereitung).

Auf Bedürfnisse und Nöte reagieren
Jedem Informationsbedarf sollten wir daher mit einer positiv formulierten Botschaft begegnen. Im Idealfall können wir mit konkreten Sachinformationen arbeiten. Wo dies

nicht möglich ist – weil wir schlichtweg keine haben – bietet es sich an, dem Stakeholder auf der Beziehungsebene zu antworten, und zwar so wertschätzend und empathisch wie möglich. Um unsere Kommunikationsoptionen zu systematisieren und gleichzeitig für den Krisenstab zu visualisieren, bietet sich ein Krisenkommunikationsplan an (s. Abschn. 4.5 Vorbereitung der Krisenkommunikation). Keine Sorge, für den Krisenstab muss (eher: darf) er nicht allzu detailliert ausfallen.

Aus der Praxis: Shitstorm
Gerade bei gestohlenen Nutzerdaten braucht das bestohlene Unternehmen mitunter selbst eine ganze Weile, bis klar ist, welche Nutzer betroffen sind und welche nicht. Das hindert potenziell betroffene Nutzer jedoch nicht, aus – berechtigter oder unberechtigter – Sorge heraus einen quasi prophylaktischen Shitstorm auszulösen oder zu verstärken. Twitter, Instagram, Facebook etc. machen eine öffentliche Reaktion (leider) nur allzu leicht, die dann (erneut leider) wiederum von Krawallmachern aller Art aufgegriffen und verstärkt werden kann.

3.3.3.3.3 Wie kommunizieren wir (hoffentlich)?

Das A und O
Um den evolutionär angelegten Verhaltensmustern (Angriff, Flucht, Totstellen, siehe Abschn. 2.2.2.2 Verhaltensmuster und wie sie sich äußern) etwas entgegenzusetzen, müssen wir angemessen reagieren – am besten schon gestern und vor allem in Wort und Tat. Schnell zu sein ist das A und O. Sobald der Fluchtreflex (oder noch schlimmer: der Angriffsreflex) einsetzt, wird es schwer, die Menschen auf die Sachebene zurückzuholen. Daher muss das Ziel sein, das Auftreten dieser Reflexe zu verhindern. Wenn sich der Shitstorm erst einmal ausbreitet, ist es meist zu spät und Emotionen siegen über (Sach-) Argumente.

Schnelligkeit allein reicht aber nicht – das, was wir tun und sagen, spielt eine fast genauso große Rolle. Dabei gilt es zu berücksichtigen, dass jeder Mensch anders tickt – das können wir nutzen. Manche erreichen wir über die Sachebene, andere wiederum eher emotional.

Sich nur auf die Sachebene zu verlassen bedeutet daher, einen wesentlichen Faktor zu ignorieren. Umgekehrt reicht es nicht aus, nur Emotionen zu bedienen – ohne Sachinformationen geht es auch nicht. Und da Krisen immer mit Emotionen verbunden sind, kann dieser Aspekt gar nicht genug betont werden.

Sachebene
Fakten sind das Mittel, um die Menschen auf der Sachebene zu halten. Sie bieten Antworten auf die drängendsten Fragen und sollen aufklären, was mitunter gar nicht so

einfach ist: Die Informationslage ist möglicherweise noch unklar. Daher ist es umso wichtiger, dass wir unsere Botschaften in einer möglichst einfach gehaltenen Sprache transportieren. Wir werden es nicht nur mit Akademikern zu tun haben, sondern auch mit Menschen vom anderen Ende des Bildungsspektrums. Auch die Frage nach der Muttersprache unserer Adressaten dürfen wir nicht außer Acht lassen. Faustregel: Wir sollten die Dinge so erklären, wie wir sie auch unserem zwölfjährigen Neffen erklären würden (wenn wir denn einen haben).

Gefühlsebene
Emotionen werden uns vor allem überall dort begegnen, wo wir es mit Privatpersonen zu tun haben. Deren Emotionen schlagen umso höher, je stärker sie sich von unserer Cyber-Krise betroffen fühlen. Daher das vielleicht Wichtigste gleich an dieser Stelle: Mitgefühl zu zeigen ist kein Schuldeingeständnis. Weder moralisch, noch juristisch. Mitgefühl zu zeigen erfordert, sich in die Betroffenen und ihre Angehörigen hineinzuversetzen. Stellen wir uns die einfache Frage: Was würden wir erwarten, wenn wir an Stelle der Betroffenen und Angehörigen wären? Dieser Perspektivwechsel gibt uns eine gute Orientierung, welche Botschaften und welche Maßnahmen angebracht sind.

Sach- oder Gefühlsebene: Faustregel
Welchen Stakeholder wir wo abholen müssen (auf der Sach- oder eher der Gefühlsebene), hängt ganz wesentlich davon ab, wie „privat" der Adressat ist. Den geringsten Bedarf an emotionaler Ansprache haben (wenig überraschend) Behörden und andere staatliche Organisationen, mittleren Bedarf gibt es auf B2B-Ebene und im B2C-Umfeld ist sie oft das Wichtigste überhaupt. Publikumsmedien hingegen erwarten oftmals, dass unsere Botschaften beide Ebenen bedienen.

Zuverlässigkeit
Egal, ob wir auf der Sach- oder Gefühlsebene kommunizieren: Unsere Stakeholder erwarten zurecht, dass wir unsere Versprechen zuverlässig einhalten. Und sei es nur die Ankündigung, wann es neue Informationen gibt oder dass ein Link auf weiterführende Informationen stimmt. Theoretisch alles Selbstverständlichkeiten. Unter dem Druck einer akuten Krise nur leider nicht immer ganz einfach zu bewerkstelligen.

Der Stakeholder bestimmt den Kanal
Bei alldem tun wir uns selbst einen großen Gefallen, wenn wir es unseren Stakeholdern nicht nur durch die Sprache einfach machen, sondern auch durch die Wahl des Kommunikationskanals. Wir sollten tunlichst nicht der Versuchung erliegen, uns auf einen einzigen Kanal sowie ein Informationspaket zu beschränken und dann versuchen, alle unsere Stakeholder über diesen einen Kanal, mit diesem einen Informationspaket abzuholen. Das wird nicht funktionieren.

Reputationsmanagement

Wir sollten alles daransetzen, eine Vielzahl eigener Inhalte und Meldungen ins Web zu bringen. Kanäle sind der eigene Blog, Social Media, Pressearbeit und Videoformate. Das verwässert den Wert der einzelnen (kritischen) Presseberichte und bietet neutralen Interessenten weitere Informationen.

Nettiquette

Vor allem bei der Kommunikation über die sozialen Medien werden wir mitunter erleben, dass von der berühmt-berüchtigten Netiquette nicht allzu viel übrig bleibt. Auch im analogen Umgang, bspw. in Interviews, kann dies vorkommen. Egal wann, egal wo, egal warum und egal, wie wir einen solchen Verstoß gegen höfliche Umgangsformen erleben: Wir selbst bleiben höflich. Bestimmt, aber höflich.

3.3.3.3.4 Wann kommunizieren wir?

Schnelligkeit

Die Betroffenen haben einen Anspruch darauf, nicht aus den Medien (sei es sozialen oder konventionellen) zu erfahren, dass etwas passiert, von dem sie negativ betroffen sind.

Wie schwierig das ist, zeigt ein Beispiel aus den 00er-Jahren. Am 15. Januar 2009 erlangte der US Airways Flug 1549 Berühmtheit, als der Pilot sich zu einer Notlandung auf dem Hudson River gezwungen sah. Während wir in den guten alten Zeiten, als es noch keine Social Media gab, solide 30 min gehabt hätten, um mit einer Pressemitteilung zu reagieren, hat Twitter diese Zeitspanne pulverisiert. Denn eben über diesen Kanal meldete sich ein Passagier zu Wort – noch auf der Tragfläche sitzend und bevor er von der notgelandeten Maschine evakuiert werden konnte.

Ohne eine angemesse schnelle Erstkommunikation verlieren wir den ohnehin schon schweren Kampf um die Deutungshoheit eines Ereignisses. Wenn sich die Stimmung erstmal gründlich gegen uns wendet, lässt sie sich nur schwer wieder drehen – und verengt vor allem unseren Handlungsspielraum. Die Toleranz gegenüber eventuellen (Folge-)Fehlern sinkt weiter oder verschwindet möglicherweise vollständig. Und das kann teuer werden. Selten war das Sprichwort „Zeit ist Geld" so zutreffend.

Regelmäßigkeit

Nach unserer ersten kommunikativen Reaktion müssen wir regelmäßig kommunizieren, denn dies ist die Grundlage für erfolgreiche Krisenkommunikation. Dabei hat es sich bewährt, Hinweise zu geben, wann wir uns wieder melden wollen. Diesen Zeitpunkt müssen wir allerdings auch unbedingt einhalten. Die Intervalle zwischen unseren Wortmeldungen dürfen natürlich bei länger laufenden Krisen selbst auch länger werden, wenn die Entwicklung dies hergibt. Es bleibt uns schließlich unbenommen, im Fall von wichtigen Entwicklungen auch zwischendurch ein Update zu geben.

3.3.3.4 Von Bloggern, YouTubern und Journalisten: Grenzen des Presserechts

Blogger und YouTuber sind (keine) Journalisten

Journalisten haben verschiedene Pflichten. Das bringt der Beruf so mit sich. Dazu gehört unter anderem, gründlich zu recherchieren, das heißt, Informationen mittels unterschiedlicher, voneinander unabhängiger Quellen zu überprüfen. Ebenso gehört dazu, in den Arbeitsergebnissen bei Sachverhaltsdarstellungen (Bericht, Reportage) auf persönliche Wertungen und Meinungsäußerungen (Glosse, Kommentar) zu verzichten. Der Pressekodex des Pressrats äußert sich dazu sehr klar. Blogger, YouTuber und (andere) Influencer können ihrerseits auch Journalisten sein, müssen es aber nicht notwendigerweise. Insbesondere wenn sie sich nicht als Journalisten sehen und sich nicht dem Pressekodex unterwerfen, sind sie in ihrer Meinungsäußerung frei und nicht an die grundlegenden Sorgfaltspflichten von Journalisten gebunden. Die Meinungsäußerung wiederum ist durch das Grundgesetz geschützt, sodass wir entsprechende Äußerungen schlichtweg aushalten müssen. Gegen Meinungsäußerungen vorzugehen ist rechtlich nicht gerade einfach und vielfach auch nicht sympathisch. Die Ansprache muss daher freundlich und verbindlich sein, auch wenn die Meldung sehr negativ ist. Eine Option ist der Beziehungsaufbau durch eine Einladung zum Gespräch. Dabei muss die Gesprächsatmosphäre offen sein. Der Publizist erhält alle gewünschten Informationen. Das Prinzip Druckkochtopf wird ausgehebelt, in dem wir nicht scheibchenweise Fakten rausgeben, sondern den Deckel komplett lüften, um eine Explosion zu vermeiden.

Streisand-Effekt

Gegen eine Veröffentlichung vorzugehen bedeutet unweigerlich, den Fokus der Öffentlichkeit noch stärker auf unseren Streit mit dem betreffenden Medium zu lenken. Eine Erfahrung, die auch die Schauspielering Barbara Streisand machte, als sie verhindern wollte, dass Bilder ihres Anwesens im Internet zu sehen sind. Ergebnis der Geschichte: Die Öffentlichkeit wurde noch neugieriger, sie selbst bekam Recht und die Bilder blieben trotzdem weiterhin auffindbar, wenn auch über andere Kanäle. Und ganz nebenbei wurde sie Namensgeberin des Streisand-Effekts.

Unterlassung

Eine Unterlassungserklärung können wir sowohl gegen Meinungsäußerungen als auch Tatsachenbehauptungen erwirken. Sollten wir vor Gericht Recht bekommen, muss sich das Medium verpflichten, zukünftig auf entsprechende Aussagen zu verzichten und bei Zuwiderhandlung eine Vertragsstrafe zahlen.

Einstweilige Verfügung

Auch mit dem Mittel der einstweiligen Verfügung können wir kurzfristig erreichen, dass bspw. bestimmte Behauptungen nicht wiederholt werden. Dies ist jedoch nur bedingt

Erfolg versprechend, denn schon durch das Hinterlegen einer sogenannten Schutzschrift kann das Medium unseren Antrag auf eine einstweilige Verfügung aushebeln. Dazu muss es die Schutzschrift lediglich elektronisch in einem zentralen, länderübergreifenden Register hinterlegen, dem sogenannten Schutzschriftenregister.

Berichtigungsanspruch
Falls ein Medium mit unzutreffenden Tatsachenbehauptungen arbeitet, haben wir Anspruch auf Berichtigung und ggfs. Schadensersatz. Wohlgemerkt, Tatsachbehauptungen. Damit fallen Äußerungen aus Kommentaren und Glossen schon von vornherein weg. Die Berichtigung kann entweder in einem Widerruf oder einer Berichtigung bestehen. Das Medium muss die Berichtigung an derselben Stelle und in vergleichbarer Aufmachung veröffentlichen wie der ursprüngliche Beitrag, um den es geht. Hierbei ist zu beachten, dass die Berichtigung sehr konkret, Zeile für Zeile, Videosequenz für Videosequenz erfolgen und begründet werden muss.

Gegendarstellung
Unser Rechtsanspruch auf eine Gegendarstellung ist in den Landespressegesetzen verankert. Eine Gegendarstellung ist unsere Version der Tatsachenbehauptung eines Mediums. Wir müssen die Gegendarstellung binnen 14 Tagen schriftlich verlangen, d. h. in engem zeitlichem Zusammenhang mit der von uns reklamierten Berichterstattung tätig werden. Das beinhaltet auch, die Gegendarstellung aufzusetzen und zu unterzeichnen. Sollten wir schließlich Recht bekommen, ist das Medium verpflichtet, die Gegendarstellung in der nächsten Ausgabe zu veröffentlichen – an derselben Stelle und in vergleichbarer Aufmachung wie der Beitrag, den wir beanstanden (genau wie eine Berichtigung). Nun kommen die Haken an der Sache. Zum einen sollten wir in der Gegendarstellung kurz schildern, wogegen sie sich richtet. Damit holen wir das Thema wieder hoch, obwohl es zwischenzeitlich vermutlich schon längst aus den Medien verschwunden war. Zum anderen ist das Medium berechtigt, eine eigene Stellungnahme anzuhängen. Diese wird als Redaktionsschwanz bezeichnet und lautet in der Regel sinngemäß „Das Landespressegesetz verpflichtet uns, diese Gegendarstellung unabhängig von ihrem Wahrheitsgehalt zu veröffentlichen. Nichtsdestotrotz bleiben wir bei unserer Darstellung." Wir sollten uns daher gut überlegen, ob uns eine Gegendarstellung tatsächlich weiterbringt. Im Zweifel gilt: Füße stillhalten, denn in die Zeitung von heute wird morgen der Fisch eingewickelt. Aber andererseits gilt genauso: Das Netz vergisst nichts.

3.3.4   Aus der Praxis: Strategien und Taktiken in akuten Cyber-Krisen

Grundlegende Fragen
Regelmäßig begegnen uns diese Fragen: Sollen wir

- alles zugeben?
- uns dazu äußern? Wenn ja, auf welchem Kanal, in welcher Sprache, durch wen?
- die Schuldigen öffentlichkeitswirksam entlassen oder zumindest freistellen?
- externe Ermittler oder Krisenprofis ins Haus holen?
- …

Die Antwort lautet wie üblich in komplexen Situationen: Es kommt ganz darauf an, wie die Rahmenbedingungen aussehen und welche Optionen wir haben.

Gibt es DIE erfolgversprechendste Strategie oder Taktik?
Die rechtlichen und vertraglichen Rahmenbedingungen analysiert und bewertet zu haben ist eine notwendige, aber nicht zwingend hinreichende Bedingung bei der Wahl einer geeigneten Taktik. Aber wie fast immer gibt es auch hier nicht die eine Vorgehensweise, die allen anderen pauschal überlegen ist. Klar ist nur, dass wir im Zweifel hinterher immer schlauer sind.

(Deshalb auch hier nochmals der Hinweis, Fakten und Vermutungen, auf denen unsere Entscheidungen basieren, im Krisenstabsprotokoll zu dokumentieren und entsprechend zu kennzeichnen.)

3.3.4.1 Victim Care über alles

Bedrohungen für Physis und Psyche
Ransomware-Angriffe auf Krankenhäuser und Industrieanlagen berühren Safety-Aspekte, d. h. sie bedrohen die Physis. Datenlecks hingegen können auf die Psyche unserer Stakeholder wirken. Digital entblößt zu werden, verursacht Ohnmachtsgefühle und mitunter Scham – negative Erlebnisse, mit denen wir unsere Stakeholder nicht allein lassen dürfen.

Mitgefühl und Hilfe sind KEIN Schuldeingeständnis
An alle Juristen unter den Lesern: Hilfe anzubieten und Mitgefühl für das erlittene Ungemach auszudrücken ist kein Schuldeingeständnis. Stattdessen zeigt es, dass wir auch die emotionale Seite der Krisenkommunikation berücksichtigen. Aber Obacht: Kaum etwas kann uns stärker auf die Füße fallen, als Hilfe zu versprechen und sie dann nicht zu erbringen. Im Zweifel gilt auch hier: underpromise and overdeliver.

Wenn (Cyber-)Security-Probleme zu Toten und Verletzten führen
Stellen wir uns vor, wir arbeiten für einen Anbieter von Personenbeförderungsverkehrsleistungen und müssen mit Erschrecken feststellen, dass bestimmte Komponenten der elektronisch gesteuerten Sicherheitssysteme eines bestimmten Busmodells sich nun schon mehrfach nicht so verhalten haben, wie sie es eigentlich sollten. Dabei ist es nun zu einem Unfall mit zahlreichen Verletzten, vielleicht sogar Toten gekommen. Woher die Fehlfunktionen kommen ist aktuell unklar.

Wie können Hilfsversprechen in einem solchen Fall aussehen?

Angehörige einbeziehen
Versetzen wir uns nun in die Lage derjenigen, die am stärksten Betroffenen sind: der Verletzten und deren Angehörigen. Die einen wollen zu den Verletzten ins Krankenhaus, die anderen wollen ihre Lieben bei sich haben. Hier können wir helfen, indem wir anbieten, Reise und Unterbringung der Angehörigen am Ort der Behandlung nicht nur zu organisieren, sondern auch die Kosten dafür zu tragen. Möglicherweise gibt es im Umfeld der Betroffenen durch deren Abwesenheit Folgeeffekte, bspw. bei der Kinderbetreuung oder Pflege von weiteren Angehörigen. Wenn wir uns auch hier sensibel und hilfswillig zeigen, schafft das den Betroffenen große Entlastung.

Erreichbarkeit sicherstellen
Grundvoraussetzung ist, dass wir für die Betroffenen erreichbar sind. Damit ist nicht eine Hotline oder eine info@…-Adresse gemeint, sondern persönliche Ansprechpartner. Anders ausgedrückt: Wir sind hier nicht mehr im 1st-Level-Support, sondern mindestens auf 2nd-, wenn nicht gar 3rd-Level-Niveau. Wenn wir es mit einer großen Zahl an Betroffenen zu tun haben, brauchen wir unser Kundenmanagement oder weniger von jetzt auf gleich beträchtliche Kapazitäten im 1st-Level. Die prinzipiellen Optionen dazu finden wir in Abschn. 4.5 Vorbereitung der Krisenkommunikation.

Besuche bei Verletzten und Angehörigen
Besuche bei Betroffenen sind prinzipiell eine schöne Geste. Ob diese tatsächlich gewünscht sind, sollten wir im Vorfeld eines etwaigen Besuchs klären, da wir schließlich weder aufdringlich noch übergriffig wirken wollen.

Einen positiven Nebeneffekt hat die Sondierung in jedem Fall: Wenn wir uns intensiv und anteilnehmend um die Betroffenen (Verletzte wie auch Angehörige) kümmern, arbeiten wir an dem Bild, das sie von uns haben. Wenn wir es schaffen, dass wir für die Betroffenen von einer gesichtslosen Organisation zu echten, anfassbaren Menschen werden, ist das ein gutes Zeichen. Denn über eine gesichtslose Organisation verliert man schneller böse Worte als über Menschen, die sich nicht vor unangenehmen Situationen gedrückt haben.

Komplementärlösungen anbieten
Wir müssen noch einmal kurz an den Ort des Unglücks zurückkehren. Preisfrage: Welches Verkehrsmittel bieten wir den Menschen für die Weiterreise an, die nicht oder nur leicht verletzt sind?

Eine Weiterreise im Bus könnte das Unglück im (Unter-)Bewusstsein der Menschen wiederaufleben lassen oder gar verstärken. Insofern sollten wir komplementäre Beförderungsmittel anbieten: Bahn, Flugzeug, Auto. Natürlich sind die Zielorte nicht immer mit Bahn oder Flugzeug (gut) zu erreichen und selbst wenn, wird nicht jeder unser Angebot annehmen. Aber das ist auch nicht der springende Punkt: Auf die Geste kommt es an.

Übrigens: Bitte immer mit Upgrade – sowohl was die Reise als auch die Unterbringung angeht.

Victim Care als dauerhafte Verpflichtung

Wenn wir glaubwürdig als „verantwortungsvolle Kümmerer" auftreten wollen, gehen wir damit eine Verpflichtung ein, die in ihrer Dauer die Laufzeit üblicher Geschäftsführungs- und Vorstandsverträge leicht überschreiten kann. Daher sollten wir diese Option – so sympathisch sie uns im besten Fall auch dastehen lässt – mit Bedacht wählen.

Victim Care ist kein Sprint, sondern ein Langstreckenlauf. Schwerer Verletzte benötigen neben kurz- und mittelfristiger ärztlicher oft auch mittel- bis langfristig therapeutische Unterstützung. Falls wir nach der akuten Anfangsphase später den Rückzug antreten, kann uns das in der öffentlichen Berichterstattung umso härter wieder einholen. Wer von uns hat noch nie einen Bericht gesehen, in dem Betroffene sinngemäß geäußert haben: „Am Anfang haben sie sich gekümmert. Aber später, als die Kameras weg waren, haben sie sich nicht mehr für uns interessiert". Sollten wir also in Zukunft wieder einmal in eine von Journalisten halbwegs verwertbare Situation geraten, wird uns unsere Vergangenheit einholen.

Der guten Ordnung halber (I)

Diejenigen unter uns, die sich bereits mit anderen Arten von Krisen als Cyber-Krisen und/oder dem Thema Victim Care befasst haben, stellen zu Recht fest: Victim Care in Cyber-Krisen unterscheidet sich nicht von dem in anderen Krisen. Lediglich der Auslöser ist ein spezieller.

Der guten Ordnung halber (II)

Auch wenn vermeintliche Krisenexperten sich ausführlich über das Überbringen von Todesnachrichten auslassen – dieser Kelch geht an uns vorüber. Sofern wir nicht in einigen wenigen ausgewählten Professionen und Organisationen tätig sind, werden wir nie als Vertreter unserer Organisation Todesnachrichten an die Angehörigen von Opfern überbringen. Das liegt in der Zuständigkeit von Polizei, Ärzten, Bundeswehr, Notfallseelsorgern etc.

3.3.4.2 Wir sind selbst auch Opfer!

Täter oder Opfer oder beides?

Grundsätzlich haben wir es in der Kommunikation immer leichter, wenn unsere Cyber-Krise durch Fremdeinwirkung entstanden ist – insbesondere, wenn es sich bei dieser Fremdeinwirkung um einen kriminellen Akt handelt. Dann haben wir die Möglichkeit, uns als Opfer darzustellen.

Anwendungsfälle

Diese Strategie können wir prinzipiell in Betracht ziehen bei:

- DDoS-Attacken
- Datenlecks bzw. Datendiebstählen
- Betrugsfällen (mit und ohne Cyber-Bezug)
- Angriffen durch Ransomware und anderen Cryptolockern
- Datenmanipulationen, die zur Fehlfunktion von Maschinen und Anlagen geführt haben
- …

Bedingung (I): Hausaufgaben sind gemacht

Aber Vorsicht, diese Kommunikationsstrategie hat ihre Tücken. Beispielsweise sollten wir zeigen können, dass wir unsere Hausaufgaben gemacht und schon längst Maßnahmen implementiert haben, die dem Stand der Technik entsprechen:

- effektive IT-Sicherheitsarchitektur nach Zero Trust Prinzipien (z. B. das Enterprise Access Modell mit Multifaktorauthentifizierung oder noch besser Conditional Access)
- Maßnahmen zum Management der Cybersecurity (zum Beispiel nach ISO 27032 oder dem NIST Cybersecurity Framework)
- Informationssicherheitsmanagementsystem (ISMS, zum Beispiel nach ISO 27001 und am besten zertifiziert)
- Business Continuity Managementsystem (BCMS, zum Beispiel nach ISO 22301 und am besten zertifiziert)
- Managementsystem für IT Service Continuity bzw. ICT readiness for business continuity (ITSCM bzw. IRBC, zum Beispiel nach ISO 27031)
- (Cybersecurity) Incident Response Teams (CSIRT, zum Beispiel nach ISO 27035 oder best practices von SANS)
- Training und Awareness-Programm zur systematischen Befähigung und Sensibilisierung der Belegschaft
- Audit- und Testing-Programm zur Überprüfung der Wirksamkeit der einzelnen Maßnahmen und ihres Zusammenspiels – inklusiver der daran beteiligten Lieferanten und Dienstleister

Unter anderem dieses Maßnahmenbündel schauen wir uns in Kap. 4 Cyber Crisis Preparation genauer an.

Bedingung (II): Belege

Entscheidend ist, dass wir in der Lage sind, einer breiten Öffentlichkeit glaubhaft zu machen, dass wir all diese Maßnahmen tatsächlich ergriffen haben (oder wenigstens eine Teilmenge davon). Hilfreich sind dabei Zertifizierungen (s. o.), aber auch Testate von Wirtschaftsprüfern (PS951, ISAE 3402). Letztere sind zwar in der Regel aus Sicht unserer Organisation vertrauliche Informationen, falls sie aber Aussagen enthalten, die uns in einer Krise entlasten können. Nun, in einem solchen Fall sind wir gut beraten, die Vertraulichkeitseinstufung kritisch zu hinterfragen und relevante Passagen zu zitieren. Aber Vorsicht: Wir müssen zuvor unbedingt klären, inwieweit dieses Vorgehen rechtlich in Ordnung ist – schließlich haben wir mit der Prüfungsgesellschaft einen Vertrag geschlossen, dessen Bedingungen hier zum Stolperstein werden könnten. (Ganz nebenbei: Dies ist übrigens ein Paradebeispiel, weshalb ein Jurist im Kernkrisenstab sein sollte). Sollte unsere Organisation eine börsennotierte AG sein, müssen wir ohnehin einen Jahresabschlussbericht vorlegen. Dieser enthält immer auch Aussagen zu (operationellen) Risiken, sodass wir eine gewisse Chance haben, auch Aussagen zur Sicherheit und diesbezüglicher Maßnahmen zu finden.

Kernbotschaften

Unsere Kernbotschaften können dann sinngemäß lauten:

- Wir sind selbst Opfer.
- Unsere Sicherheitsvorkehrungen entsprechen dem Stand der Technik.
- Unabhängige Prüfer haben unsere Sicherheitsvorkehrungen überprüft und zertifiziert.
- Wir haben in den letzten drei Jahren im Schnitt [Betrag] Euro in die Sicherheit unserer Kundendaten/IT-Systeme/… investiert.
- Unsere Investitionen in die Sicherheit unserer Kundendaten/IT-Systeme/… sind in den letzten drei Jahren um [Zahl] Prozent pro Jahr gestiegen.
- Unsere Investitionen in die Sicherheit unserer Kundendaten/IT-Systeme/… liegt seit Jahren um [Zahl] Prozent über dem, was Wettbewerber in Sicherheit investieren.
- Wir haben in den letzten drei Jahren [Anzahl] neue Stellen im Bereich [Informationssicherheit] geschaffen bzw. MitarbeiterInnen eingestellt.
- Wir haben unsere Dienstleister regelmäßig sowie anlassbezogen auf die Einhaltung von Sicherheitsvorgaben überprüft.
- …

Risiko: Insider!

Mit an Sicherheit grenzender Wahrscheinlichkeit werden Insider auftauchen, die es schon immer besser gewusst haben. Oftmals handelt es sich dabei um ehemalige Mitarbeiter, die im Streit gegangen sind und/oder das Gefühl haben, nicht ausreichend gehört worden zu sein. Infrage kommen auch Mitarbeiter von Dienstleistern.

Insider stellen sich als Interviewpartner und Experten zur Verfügung oder werden selbst via Social Media aktiv. Gefährlich wird es, wenn diese „Heckenschützen" Material haben, das ihre Behauptungen untermauert (Stichwort: Whistleblowing). Klar, wir können rechtlich gegen die Veröffentlichung vorgehen und den Insider zur Rechenschaft ziehen. Aber wie erfolgversprechend ist dieser Versuch? Und vor allem: Hilft uns das, die Deutungshoheit über die Ereignisse und das Vertrauen unserer Stakeholder zu bewahren? Oder lenkt ein solches Vorgehen den Fokus der Öffentlichkeit nicht eher noch weiter in unsere Richtung? Bei wem liegen die Sympathien – beim Whistleblower oder dem (vermeintlichen) Missstand und denjenigen, die dafür verantwortlich gemacht werden sollen?

3.3.4.3 Angriff ist die beste Verteidigung

Gegenangriffe in Wort und Tat
Im Fall einer Bedrohung selbst zum Angriff überzugehen ist ein evolutionär angelegtes Verhaltensmuster. Dieses können wir nicht nur bei unseren Stakeholdern erleben, sondern selbst gezielt einsetzen. Einerseits, indem wir auf kommunikativer Ebene konzertiert vorgehen und andererseits durch praktische Maßnahmen.

Argumentum ad rem
Falsche Darstellungen inhaltlich und von unabhängigen Dritten objektiv überprüfbar richtigzustellen, ist in sehr vielen Fällen unverzichtbar. Richtigstellungen bringen aber zwei nicht ganz unwesentliche Risiken mit sich, insbesondere, wenn es um formale Richtigstellungen (Gegendarstellungen) im Sinne des Presserechts geht. Zum einen ist fraglich, ob wir vor Gericht Recht bekommen. Recht haben und Recht bekommen sind bekanntlich zwei Paar Schuhe. Zum anderen bedeutet eine Richtigstellung (sei es durch Pressemitteilungen, Statements oder Twitter-Botschaften) immer automatisch, das Thema am Leben und in der Öffentlichkeit zu halten. Insbesondere dann, wenn das Medium, das wir zu einer Gegendarstellung gezwungen haben, diese aus seiner Sicht im Redaktionsschwanz kommentiert.

Argumentum ad hominem
Wenn wir von einzelnen Stakeholdern angegriffen werden, können wir versuchen, statt ihrer Argumente die Stakeholder selbst zu attackieren.

Wenn wir uns zu diesem Schritt entschließen, können wir folgende Angriffspunkte wählen:

- Äußerungen aus der Vergangenheit, die ggfs. in eine ganz andere Richtung deuten, recherchieren und die Person öffentlichkeitswirksam damit konfrontieren
- Kompetenz hinterfragen (Versagen in der Vergangenheit, formale Qualifikation etc.)
- Zuständigkeit hinterfragen
- Motivation hinterfragen
- aufgeflogene Lügen aufzeigen (auch aus anderen Zusammenhängen)
- persönliches Fehlverhalten, z. B. Steuerdelikte
- Flecken im Privatleben
- …

Das Ziel derartiger Attacken ist, die Glaubwürdigkeit des Stakeholders zu erschüttern und damit auch das Vertrauen, das ihm von anderer Seite entgegengebracht wird.

Dieses Vorgehen ist mit erheblicher Vorsicht zu genießen, da es uns oft wenig sympathisch aussehen lässt. Daher kann es eine Option sein, unseren Gegenangriff über einen an sich unverdächtigen Dritten zu lancieren. Aber auch hier ist Vorsicht geboten. Sobald unsere Verbindung zu dieser Person oder Organisation bekannt wird, fällt die Vorgehensweise umso stärker auf uns zurück.

Charmeoffensive

In praktischer Hinsicht kann unser Gegenangriff auch positiv ausgeprägt sein. Beispielsweise können wir eine Charmeoffensive starten und unseren Kunden Sonderkonditionen oder Upgrades anbieten, sprich, uns ganz besonders gut um sie kümmern. Seine Grenzen erreicht dieser Ansatz, wenn es um Fragen der Wirtschaftlichkeit und Durchhaltefähigkeit geht. Nicht auszuschließen ist, dass diese Großzügigkeit auch als Akt der Verzweiflung interpretiert werden kann.

Wenn man so will, ist die Charmeoffensive (nur) eine bestimmte Ausprägung des Victim-Care-Ansatzes.

Eigene Cyber-Attacken

Um es gleich und hoffentlich unmissverständlich zu sagen: Auf eine Cyber-Attacke mit einem digitalen Gegenschlag antworten zu wollen ist Humbug (s.a. Abschn. 3.3.1.5 Von der Feststellung zur Beurteilung: Ziel, Ziel und nochmals Ziel).

Vergegenwärtigen wir uns noch mal eines der Beispiele aus o. g. Kapitel. Ein Angreifer wird den Angriff nicht unmittelbar von seinem eigenen Rechner aus fahren, sondern mehrere andere zwischen sich und uns geschaltet haben. Rechner, die er still und heimlich übernommen hat und die in aller Herren Länder stehen können, d. h. in unterschiedlichsten Rechtsräumen. Um den Angreifer zu identifizieren, müssten wir die ganze Kette bis zu ihm zurückverfolgen, d. h. uns unsererseits selbst Zugang zu all diesen gekaperten Rechnern verschaffen (nur eben in umgekehrter Reihenfolge). Ganz abgesehen davon, dass das alles andere als einfach ist, stellt es auch und vor allem eine Straftat dar. Wir verstoßen damit gegen 202c StGB, den sogenannten Hackerparagraf. Abhängig von den betroffenen Rechnern ist auch ein Verstoß gegen das Gesetz zum Schutz von Geschäftsgeheimnissen (GeschGehG) im Bereich des Möglichen. Beides gilt auch für den digitalen Gegenschlag (wie immer er auch aussehen sollte). Kommen wir aber nun zum vielleicht entscheidenden Punkt. Unabhängig von rechtlichen und praktischen Hürden, was soll uns ein Gegenangriff überhaupt nützen? Wenn uns Daten entwendet wurden, werden wir sie dadurch nicht zurückbekommen. Wenn wir einen Cryptolocker in unseren Systemen haben, werden wir ihn dadurch nicht los. Wenn wir Lösegeld bezahlt haben, bekommen wir es dadurch nicht zurück. Wenn… Wir sehen: Mit eigenen Cyber-Attacken zu antworten ist keine Option.

3.3.4.4 Die Karten auf den Tisch legen vs. Kommunikationsverweigerung

Kommunikationsverweigerung als Kommunikationsstrategie
Falls wir darauf verzichten, angemessen schnell (oder überhaupt – auch das kann eine Strategie sein!) zu kommunizieren, muss uns eines klar sein: Das entstehende Spekulationsvakuum werden andere füllen – und nicht zwingend diejenigen, die uns wohlgesonnen sind, im Gegenteil. Freunde und Verbündete, die sich in Krisensituationen offen zu uns bekennen und Partei für uns ergreifen, werden rar gesät sein. Infolge vergeben wir uns die Möglichkeit, einer potenziell neutralen Öffentlichkeit unsere Perspektive auf die Ereignisse aufzuzeigen.

Dass ein Verzicht auf eine öffentliche Reaktion trotzdem eine gute Strategie sein kann, hat uns Nestlé 2009 bewiesen, als der Konzern inmitten eines Shitstorms seine Facebook-Seite einfach offline genommen hat. Zum Entsetzen aller „Kommunikationsprofis" und zur Freude der Anleger, denn entlang des Verlaufs des mehrwöchigen Shitstorms legte die Aktie im zweistelligen Prozentbereich zu.

Aber Vorsicht: Olympus hat es 2011 angesichts verschleierter Verluste, Whistleblowern und überhöhten Beraterhonoraren mit derselben Strategie versucht – und ist daran fast zugrunde gegangen.

Wir müssen nicht alles sagen
So oder so: Wir müssen (möglicherweise sogar dürfen) keinesfalls alles sagen, was wir wissen – aber alles, was wir sagen, muss den Tatsachen entsprechen. Das impliziert vor allem zweierlei:

- Keinesfalls lügen – irgendwann kommt die Wahrheit immer ans Tageslicht –und
- nichts versprechen, was wir in der Praxis nicht halten können.

Diese beiden Grundsätze zu ignorieren, ist ein sicherer Weg, das Vertrauen unserer Stakeholder in unsere Organisation nachhaltig zu beschädigen. Das kommt uns irgendwie bekannt vor? Richtig – hierbei handelt es sich um den allerersten Grundsatz der Krisenkommunikation.

Kleinster gemeinsamer Nenner
Um es ganz deutlich zu sagen: Immer nur so viel zuzugeben, wie uns zum jeweiligen Zeitpunkt definitiv nachgewiesen werden kann, kann aus juristischer Perspektive absolut zielführend sein. Gefährlich wird es jedoch, wenn immer weitere Details ans Tageslicht kommen, die zu unseren Ungunsten ausgelegt werden können. Daher aus Kommunikationssicht die klare Empfehlung:

Finger weg von der berüchtigten Salami-Taktik, also dem scheibchenweisen Preisgeben von Informationen. Das führt nur zu

- kontinuierlichen Nachrichteneinschüben, sodass das Thema gar keine Chance hat, aus dem Bewusstsein unserer Stakeholder zu verschwinden (der eine oder andere DAX-Konzern kann da ein Lied von singen);
- eklatantem und nahezu irreversiblem Verlust in die Glaubwürdigkeit unserer Organisation und der Personen, die sie leiten (erneut: der eine oder andere DAX-Konzern und seine Vorstände haben diesbezüglich gewisse Erfahrungen).

Aus der Praxis: Underpromise and overdeliver

Besser ist stattdessen, Versprechen und Prognosen eher vorsichtig zu formulieren. Im Zweifel sind wir ohnehin schon extrem in der Defensive, sodass wir durch optimistische (oder selbst realistische) Prognosen nicht viel gewinnen können. Aber wir können umso mehr verlieren, wenn wir nicht in dem Maße liefern, wie wir es versprochen haben. Keine Frage, in einer solchen Situation fällt uns als Krisenstabs- oder Unternehmensleitung extrem schwer, diesen Ratschlag zu befolgen. Der Druck, unter dem wir stehen, ist immens. Gerade deshalb sind wir in der Regel gut beraten, in einer Krisensituation eher weniger zu versprechen, als wir guten Gewissens glauben, leisten zu können. Hilfreich ist oftmals zu erklären, wovon das Eintreffen unserer Prognose so alles abhängt – insbesondere dann, wenn es sich dabei um externe Faktoren handelt, die wir selbst nicht beeinflussen können. Wichtig und gleichzeitig mit Vorsicht zu genießen sind überdies Besserungs- und Kompensationsversprechen. Unsere unmittelbar betroffenen Stakeholder und vor allem auch die berühmt-berüchtigten interessierten Dritten haben meist ein Elefantengedächtnis und handeln nach dem biblischen Grundsatz: „An ihren Taten wollen wir sie messen".

3.3.4.5 Den Kopf aus der Schlinge ziehen oder aus der Schusslinie verschwinden

Elegant gelöst

Mitunter gibt es elegante Lösungen, wie wir in akuten Krisen den Kopf aus der Schlinge ziehen, Schadensbegrenzung vornehmen bzw. uns selbst aus der Schusslinie nehmen können. Den Kopf aus der Schlinge ziehen wir mithilfe der Kronzeugenregelung, bei der Schadensbegrenzung kann eine Selbstanzeige helfen und Spin-doctoring ist ein probates Mittel, um klammheimlich aus der Schusslinie zu verschwinden.

Selbstanzeige und Kronzeugenregelung

Eine Kronzeugenregelung (§ 46 StGB) sichert Strafnachlass oder gar Straffreiheit zu (allerdings nur im rechtlichen, nicht im moralischen bzw. reputativen Sinne). Der dahinterliegende Gedanke ist der: Wenn in einem Strafprozess (entscheidende) Beweise nur aus dem Kreise der Verdächtigen kommen können, soll derjenige, der die Beweise liefert, davon profitieren.

Stellen wir uns folgenden, selbstverständlich rein fiktiven Fall vor: Eine beliebige Branche muss bei ihren Produkten bestimmte Werte einhalten. Vor der Zulassung des Produkts werden die Werte kontrolliert. Nun ist es so, dass während der normalen

Nutzung das Produkt weit davon entfernt ist, diese Werte zu erfüllen. Die Unternehmen der Branche kennen sich untereinander sehr gut, zumal sie regelmäßig Personal und Informationen austauschen. Wie wäre es nun, wenn eines der Unternehmen eine kleine Software entwickelte, mit der das Produkt Prüfungssituationen von der normalen Nutzung unterscheiden und die Werte temporär einhalten könnte? Und wie wäre es, wenn sukzessive alle Unternehmen der Branche solche Lösungen einsetzen würden – so lange, bis das Ganze aufflöge? Die Anklage freut sich immer über Insider, die weiteres, vielleicht sogar entscheidendes belastendes Material anbieten – insbesondere dann, wenn auf andere Weise der eine oder andere Verdächtige nicht dingfest gemacht werden kann. Und jetzt kommt die Kronzeugenregelung ins Spiel: Strafnachlass gegen Informationen.

Gefangenendilemma
Der guten Ordnung halber: Inwieweit das Anstreben bzw. Aushandeln einer Kronzeugenregelung möglich, sinnvoll oder gar notwendig ist, müssen wir in enger Abstimmung zwischen Organisationsleitung (Haftung!), Krisenstab und Rechtsabteilung eruieren. Die Frage ist ein prototypisches Beispiel für das aus der Spieltheorie bekannte Gefangenendilemma. Was, wenn wir es tun? Aber was, wenn wir es nicht tun, dafür aber jemand anderes? Was, wenn überhaupt niemand auspackt? Frei nach Augustus ist eines sicher: Das Volk liebt den Verrat, aber es hasst den Verräter.

Spin-doctoring und Nebelkerzen
Wenn sich die Öffentlichkeit auf uns und unsere mutmaßlichen Versäumnisse einschießt, dann kann es uns helfen, diese als systemimmanent, unausweichlich oder eventuell auch branchenüblich darzustellen.

Dazu können wir in mehreren Schritten vorgehen. Zunächst kann unsere Argumentation auf die Rahmenbedingungen zielen, innerhalb derer sich unsere Organisation bewegen muss. Dazu zählen beispielsweise

- nicht gewährte Unterstützungsmaßnahmen der öffentlichen Hand;
- regulatorische Vorgaben, die von unserem Branchenverband oder sonstigen „neutralen" Experten als Fehlsteuerung deklariert werden;
- Wettbewerbssituationen mit nicht-europäischen Organisationen, insbesondere solchen aus den USA, Russland und China;
- u. v. m.

Kurz: Wir können im Prinzip alles aufgreifen, was

- potenziell zur aktuellen Situation beigetragen haben kann (in welcher Weise und welchem Umfang auch immer);
- auch für andere, vergleichbare Organisationen oder Branchen gelten kann;

Klischees und klassische Feindbilder der Öffentlichkeit bedient.

Risiko: Unmut der Branche und Partner
Egal, ob Selbstanzeige, Spin-doctoring oder Kronzeugenregelung: Diese Strategien führen unweigerlich dazu, dass auch Dritte in den Fokus von Öffentlichkeit und/oder Ermittlungsbehörden geraten. Selten zu dessen Freude – schließlich fänden wir es auch nur bedingt gut, wenn wir in die Krise eines Partners (Lieferant, Kunde etc.) oder noch viel schlimmer, eines Wettbewerbers hineingezogen würden.

3.3.4.6 Einen Sündenbock gegen eine Identifikationsfigur tauschen

Allheilmittel Sündenbock
Gerade in Deutschland wird schnell der Ruf nach einem Sündenbock laut. Forderungen wie „Da müssen Köpfe rollen" oder „Jemand muss Verantwortung übernehmen" werden fast schneller laut als wir bis drei zählen können. Diese Erwartungshaltung und den daraus resultierenden Druck müssen wir als Organisation anerkennen. Aber wir müssen ihm nicht automatisch nachgeben. Keine Frage, es ist immer bequem, einen potenziell Verantwortlichen von seinen Tätigkeiten zu entbinden, einen großzügigen Aufhebungsvertrag zu schließen und den dann ehemaligen Mitarbeiter zum Stillschweigen zu verpflichten. Wir ahnen es, das berühmte Aber folgt. Diese Strategie darf nicht außer Acht lassen, dass nicht jeder zum Sündenbock taugt. Das kann einerseits an der individuellen Mentalität liegen und andererseits am Verantwortungsbereich, den die betreffende Person in unserer Organisation hat(te). Es gibt nicht umsonst den Spruch „Der Fisch stinkt vom Kopf her". Das bedeutet nichts anderes, als dass die Freistellung von Experten und Angehörigen des mittleren Managements als ziemlich durchsichtiges Manöver erscheint, wenn nicht gleichzeitig auch im Top Management personelle Konsequenzen gezogen werden – und sei es nur aufgrund der (politischen) Verantwortung. Andernfalls werden die Freigestellten unabhängig von ihrer tatsächlichen Schuld lediglich als Bauernopfer erscheinen.

Hoffnungsträger und Identifikationsfiguren aufbauen
In jeder Krise steckt eine Chance, und sei es für den persönlichen Aufstieg. Wenn aufgrund des öffentlichen Drucks – und im Idealfall auch aus Sachgründen – personelle Konsequenzen unausweichlich sind, entstehen immer Lücken in der Hierarchie, die geschlossen werden wollen. Auf diese Weise bieten Krisen die Möglichkeit, engagierte und im Idealfall unserer Organisation nachweislich treu verbundene Persönlichkeiten in Verantwortung zu bringen und zu fördern – unter der Voraussetzung, dass sie die Krise im Sinne der Organisation meistern. Ein wenig zynisch könnten wir hier von einem Führungskräfte-Assessment der besonderen Art sprechen.

Strukturelle Änderungen
Einen Kopf durch einen anderen zu ersetzen, wird in der Regel nicht genügen. Meist benötigen wir strukturelle Änderungen, um das Vertrauen der Stakeholder wiederzugewinnen bzw. zu bewahren. Sie einzuführen ist eine der Maßnahmen, die unser neuer

Hoffnungsträger im Lastenheft vorfindet. Die strukturellen Änderungen müssen darauf
abzielen, dass wir nicht noch einmal in eine solche Krise (oder eine andere) hinein-
geraten. An welcher Stelle wir ansetzen sollten, müssen wir im Rahmen der Krisennachbereitung untersuchen, s. Kap. 7 Post Crisis Care – Krisennachsorge und -nachbereitung.

So oder so: Strukturelle Änderungen sind kostspielig und wenig populär. Aber vor
allem in Kombination miteinander helfen sie, die Eintrittswahrscheinlichkeit und Auswirkungen von (Cyber-) Krisen signifikant zu senken. Und vielleicht gibt es ja (Ver-)
Änderungen, die wir zwar schon längst als sinnvoll erkannt hatten, aber aufgrund ihrer
Unpopularität nicht umsetzen konnten. Die Krise könnte unsere Chance sein.

3.3.4.7 Wenn wir erpresst werden

Forderungen
Erpressungen sind eine gängige Beimischung von Cyber-Krisen. Die Motive und Forderungen lassen sich dabei (grob) in drei Kategorien teilen:

- finanzielle Forderungen
  Beispiel: Die Angriffsserien mit Ransomware auf deutsche Stadtverwaltungen und
  Kliniken 2016 sowie insbesondere seit dem russischen Überfall auf die Ukraine
- Tun bestimmter Dinge
  Beispiel: Abzug von schweren Maschinen aus dem Hambacher Forst, siehe das
  DDoS-Beispiel von RWE aus dem Jahr 2018
- Unterlassen bestimmter Dinge (als Sonderform des Tuns bestimmter Dinge)
  Beispiel: Ausstrahlen eines Films, siehe das Cryptolocker- und Dataleak-Beispiel von
  SPE aus dem Jahr 2014

Dass die Forderungen kombiniert werden, ist zwar möglich, kommt in der Praxis aber
(bislang) recht selten vor.

Motive
Wir sollten unbedingt darauf achten, die Forderung an sich nicht mit dem Motiv des Er-
pressers zu verwechseln. Die Forderung ist nur eine von oft mehreren Formen, durch die
sich das eigentliche Motiv ausdrücken kann – oder durch die sich das Motiv tarnt.

Unsere Strategie sollte daher (ausdrücklich!) auch vom Motiv abhängen, das wir bei
unserem Erpresser vermuten:

- Ist er ideologisch motiviert, also ein Überzeugungstäter?
- Steht er aus irgendeinem Grund mit dem Rücken zur Wand und weiß sich nicht an-
  ders zu helfen?
- Erhebt er eine Forderung, ohne ernsthaft damit zu rechnen, dass wir sie erfüllen – nur
  um einen Anlass oder eine persönliche Rechtfertigung zu haben, letztendlich doch zur
  Tat zu schreiten?

- Will er sich oder uns etwas beweisen?
- Steht er in einer persönlichen Beziehung zu unserer Organisation und speist sich seine Motivation aus dieser Beziehung?
- …

Tätertypen

Motiv und Tätertypen hängen eng miteinander zusammen. Wenn wir eine Vermutung über das eine haben, haben wir zwangsläufig auch einen Favoriten beim anderen.

Grob gesagt können wir die Täter in folgende Kategorien unterscheiden:

- Amateur vs. Profi
- Einzeltäter vs. Team
- Privatwirtschaftlicher oder staatlicher Background
- Präzedenzfälle bekannt/nicht bekannt
- Trittbrettfahrer

Die Kombination entscheidet

Entscheidend für unsere Strategie muss letztlich ein Dreiklang sein:

- die tatsächlich erhobene Forderung und der Erpressungsgegenstand (= die erhobene Drohung, d. h. Fakten, die wir nicht beeinflussen können)
- unsere Annahmen über das Motiv, die Glaubwürdigkeit der Drohung und den Erpresser selbst (Vermutungen über Dinge, die wir nicht beeinflussen können)
- unsere Annahme, wie gut wir zurechtkommen, falls der Erpresser seine Drohung wahr macht (Fakt oder Vermutung, je nachdem, ob das Ereignis bereits eingetreten ist und wir schon Gegenmaßnahmen einleiten konnten oder nicht; d. h. jedenfalls Dinge, die wir selbst beeinflussen können)

Hilfen bei der Einschätzung

Orientierung bieten Präzedenzfälle, möglichst aktuelle versteht sich. Wenn gerade wie 2016 und seit 2020 eine Welle von Ransomware-Angriffen gegen vergleichbare Organisationen hinwegschwappt oder das BSI eine entsprechende Warnmeldung herausgibt, wird das unsere Einstellung (hoffentlich) unmittelbar beeinflussen.

Aus der Praxis: Hochmut kommt vor dem Fall

Erpressungsschreiben können uns über unterschiedliche Kanäle erreichen, wobei Social Media und E-Mail die gängigsten sind. Diese Schreiben sind oft in Englisch verfasst, allerdings nicht unbedingt in einem, das wir zu Schulzeiten als geschliffenes Oxford English kennengelernt haben. Vielmehr böten Grammatik, Rechtschreibung, Ausdruck etc. deutlichen Raum für Verbesserungen. Aber Vorsicht: Englisch- und IT-Kenntnisse der Erpresser korrelieren nicht notwendigerweise. Wir haben einen Fall erlebt, in dem ein Kunde ein Erpresserschreiben aufgrund des schlechten Englischs (!) als unglaubwürdig abgetan hat. Die Forderung lautete auf eine Bitcoin-Summe, die sich auf die GuV des Kunden noch nicht mal ausgewirkt hätte. Gedroht wurde mit einer DDoS-Attacke auf kritische Webportale im Jahresendgeschäft. Jetzt dürfen wir gemeinsam raten, wie die Geschichte weiterging. Die positive Seite: Der Kunde verzeichnete für sich eine Lernkurve.

3.3.4.8 Die juristische Keule schwingen

Typische Kunden-Lieferanten-Konstellation
Nehmen wir folgende Konstellation an: Ein Unternehmen ist als Lieferant für unterschiedliche Branchen tätig, hat eine Vielzahl an Kunden und auch eine Cyberversicherung – ein klassischer Mehrmandantenlieferant bzw. -dienstleister eben. Die Zusammenarbeit mit den Kunden läuft teilweise schon seit Jahrzehnten und etliche Abteilungen aufseiten ein und desselben Kunden arbeiten mit etlichen Abteilungen des Dienstleisters zusammen. Auch zwischen den Informationssicherheitsteams besteht ein vertrauensvoller, informeller Austausch. Technische Schnittstellen zum Datenaustausch existieren möglicherweise und Sicherheitsthemen inklusive Benachrichtigungspflichten sind in den Verträgen zwischen den Parteien grundsätzlich geregelt. Auch Auditrechte beim Dienstleister sind vereinbart.

Preisfrage: Was passiert, wenn Angreifer dem Dienstleister Daten stehlen?

Jackpot für die Angreifer
Für den Angreifer ist ein Lieferant, der als Mehrmandantendienstleister unterwegs ist, das perfekte Angriffsziel. Statt mühsam mehrere Ziele angreifen zu müssen, reicht ein einziges, um eine Vielzahl an Betriebsgeheimnissen zu erlangen. Obendrein bietet sich über eventuell vorhandene technologische Schnittstellen die Chance, den Angriff auf weitere Ziele auszuweiten. Selbst wenn dies nicht gelingt, dürften die gewonnenen Erkenntnisse (Namen, Zuständigkeiten, Vorgänge, Konditionen, etc.) immer noch genug Stoff für elaborierte Social-Engineering-Attacken gegen weitere Kunden des Dienstleisters zu starten. Es kommt noch besser: Allen Zertifizierungen zum Trotz ist das Sicherheitsniveau in der Mitte der Lieferkette oftmals nicht so hoch, wie beim Endabnehmer – der meist stärker in der Öffentlichkeit steht.

Probleme und Handlungsoptionen des Lieferanten
Falls in puncto Informationssicherheit vertragliche Bestimmungen verletzt wurden, drohen Haftungsansprüche. Nichterfüllung des Stands der Technik, unwirksame Kontrollen, strukturelle organisatorische Defizite, Verstöße gegen grundlegende Prinzipien (z. B. need-to-know, minimum-rights, clear-desk-clear-screen) – all das kann durch den Datendiebstahl evident werden. Dafür interessieren sich nicht nur der Kunden, deren Daten gestohlen wurden und die möglicherweise Schadenersatzansprüche geltend machen könnten. Auch die Cyberversicherung interessiert sich für derartige Informationen, da dies eine Möglichkeit darstellen kann, Kompensationsansprüche zu verweigern. Stichwort: Unzutreffende Selbstauskunft bei Abschluss der Police. In einer solchen Situation ist es

verlockend, dem juristischen Leitmotiv nachzugeben und strikt auf Haftungsbegrenzung abzuzielen. Das erfordert, die Weitergabe von Informationen möglichst vollständig zu kontrollieren, damit ja nichts preisgegeben wird, das Haftungsansprüche begründen könnte. In der Praxis ist der einfachste Weg, sämtliche Kommunikation über den Vorfall und alles, was damit zusammenhängt, vollständig zu untersagen und nur durch die Rechtsabteilung freigegebene Informationsinhalte (und -formate) an andere interne (!) und externe Stakeholder weiterzugeben.

Spannend wird es an der Stelle, an der dieser konsequente Selbstschutz auf die vertraglichen Informationspflichten in Richtung der Kunden zum Zweck des gemeinsamen Incident-Handlings sowie das Interesse der Kunden zur eigenen Schadensabwehr stößt. Denn eine solche blitzhafte Selbsttransformation von einer vertrauensvollen Kunden-Lieferanten-Beziehung in eine lieferantenseitige Black Box wird die gewachsenen, vertrauensvollen Beziehungen nachhaltig beeinflussen. Was bislang ein „Wir" war, wird schlagartig ein „Ich" – und das, obwohl der Datendiebstahl auch die Kunden bedroht. Juristische Erwägungen hin oder her: Das über die Jahre erworbene Vertrauen dürften wir mit unserer Mauer des Schweigens erstmal den Gully runterspülen.

Probleme und Handlungsoptionen des Kunden
Insbesondere bei historisch gewachsenen Kundenbeziehungen und solchen, bei denen Informationen über technische Schnittstellen ausgetauscht werden oder anderweitig technische Zugriffsrechte des Lieferanten auf Daten vorhanden sind, ist eine Cyber-Attacke auf einen Lieferanten ein ernstes Problem. Welche eigenen Daten wurden gestohlen? Was können die Angreifer damit erreichen? Wie sind unsere gemeinsamen technischen Schnittstellen bedroht? Welche der Accounts, mittels derer der Dienstleister auf unsere eigenen Systeme zugreifen kann, sind (eventuell) kompromittiert? Um diese Fragen beantwortet zu bekommen, brauchen wir eine gute Antwort auf eine andere Frage: Wie bekommen wir den Dienstleister dazu, seine Mauer des Schweigens abzubauen? So oder so müssen wir all unsere Maßnahmen dokumentieren und sollten uns auf eine Verzögerungstaktik einstellen.

Jenseits guter Worte haben wir kurzfristig zumindest ein paar Optionen. Wir können

- unsere Fragen so konkret wie möglich stellen, damit der Dienstleister das mit einer Beantwortung einhergehende Risiko besser abschätzen und sich leichter zu einer Antwort durchringen kann;
- unser Auditrecht (sofern vorhanden) ausüben, und zwar mittels eines interdisziplinären Prüferteams aus echten Informations- und IT-Sicherheitsprofis mit einem Blick für strategische und architekturelle Zusammenhänge;
- weitere Forderungen stellen
  - regelmäßige Lageupdates;
  - Einsicht in Incident-Response-Unterlagen.

Mittel- und langfristig eröffnen sich weitere Ansätze, wenn wir

- Vertragsinhalte rund um das Informationssicherheit und Incident Handling schärfen und diese in bestehende Verträge hineinverhandeln sowie als Grundbaustein in allen neuen Verträgen aufnehmen;
- regelmäßig prüfen, wie wirksam die Informationssicherheitsarchitektur unserer kritischsten Lieferanten ist;
- Einkaufsseitig einen Risikoscore einführen, der in Abhängigkeit des Informationssicherheitsniveaus des Lieferanten bzw. der Transparenz darüber
  - das für uns damit einhergehende Risiko in die Einkaufskonditionen einpreist
  - eine Geschäftsbeziehung unmöglich macht

Insbesondere der Risikoscore mit Auswirkungen auf die Einkaufsbedingungen ist ein mächtiges Instrument, da es den Lieferanten dort trifft, wo er am empfindlichsten ist: auf der Umsatzseite.

Aus der Praxis: Dilemma
Ob wir unsere Schadenersatzansprüche tatsächlich geltend machen oder dies zumindest androhen, sollten wir gründlich überlegen. Eine pauschale Antwort oder Empfehlung ist hier nicht möglich. Dabei müssen wir unter anderem die Interessen der Anteilseigener gegen die Auswirkungen der Anspruchsanmeldung auf die Geschäftsbeziehungen sowie den Alternativen dazu abwägen.

So oder so gilt: Um

- unser eigenes Haftungsrisiko zu begrenzen und
- selbst Schadenersatzansprüche geltend machen zu können,

müssen wir nachweisen können, dass wir

- sowohl vor
- als auch nach

der Attacke die nötigen Schritte unternommen haben, um das aus der Zusammenarbeit mit diesem (und anderen) Lieferanten resultierende Risiko angemessen zu managen.

3.4 Reaktion auf taktisch-operativer Ebene

3.4.1 Die Show muss weitergehen oder: Wiederanlauf von Prozessen und IT-Systemen

Continuity Management
Wenn Informationen – egal aus welchem Grund – nicht mehr verarbeitet werden können, müssen wir in zwei Richtungen handlungsfähig sein: Wir müssen mit

Geschäftsfortführungsplänen (der berühmte Plan B!) unsere kritischen Prozesse zeit-gerecht wieder zum Laufen bringen und parallel an der Wiederherstellung der Verfüg-barkeit der Informationen bzw. informationsverarbeitenden Systeme arbeiten. Die Fach-disziplinen dafür heißen Business Continuity Management (BCM) und IT Service Con-tinuity Management (ITSCM) beziehungsweise ICT readiness for business continuity (IRBC). Wir schauen sie uns im Detail in den jeweiligen Kapiteln an. Hier geht es erst-mal „nur" um die reaktive Facette dieser Disziplinen: den Wiederanlauf von Prozessen und IT-Systemen.

Notbetrieb ist nicht Normalbetrieb
IT-Systeme können auf verschiedene Weise vor einem Ausfall geschützt werden. Eine Möglichkeit besteht darin, sie (über mindestens zwei Rechenzentren) redundant aufzu-setzen. Das sind die berühmten Cluster-Lösungen. Im Normalbetrieb können sich bei einem sogenannten Aktiv/Aktiv-Cluster die beteiligten Komponenten die Arbeitslast teilen, während bei einem Aktiv/Passiv-Cluster eine Seite inaktiv bleibt und erst dann aktiviert wird, wenn die andere ausfällt. Notbetrieb aufseiten der IT bedeutet daher oft-mals den Verlust der Redundanz. Der berüchtigte Ausfall eines Rechenzentrums wird an dieser Stelle zwar oftmals bemüht, ist aber weder die einzige noch die wahrscheinlichste Form des Redundanzverlusts. Viel wahrscheinlicher ist, dass lediglich einzelne Systeme (Datenbanken, Netzwerksegmente, Steuerungssysteme etc.) ihre Redundanz verlieren. Unabhängig davon, wie der Verlust der Redundanz genau aussieht, die Konsequenz ist nicht nur ein erhöhtes Risiko, sondern mitunter auch kapazitative Einschränkungen. Schließlich müssen wir nun mit lediglich einem Teil der Ressourcen (Cluster, Instanzen etc.) die Produktion aufrechterhalten.

Im Normalbetrieb können unsere (Geschäfts-)Prozesse auf alle Ressourcen zugreifen, die sie benötigen. Dazu zählen insbesondere Anwendungen, Daten und Steuerungs-systeme. Ohne diese Ressourcen sind wir auf Workarounds angewiesen. Derartige Be-helfslösungen sind sowohl unverzichtbar als auch nur zeitlich begrenzt tauglich. Der Ausfall von IT-Systemen kann (wenn überhaupt) nur mit mehr Arbeitseinsatz kompen-siert werden und das auch keinesfalls dauerhaft. Arbeitsbelastung und Outputminderung sind die Stichworte.

In beiden Fällen – prozess- und IT-seitig – ist die Konsequenz ähnlich: Wir haben nur eingeschränkte (Produktions-)Kapazitäten zur Verfügung und damit geringeren Out-put als im Normalbetrieb. Damit sollte klar sein, dass wir durch den schnellen Übergang in den Notbetrieb unsere Stakeholder zwar temporär halbwegs bei Laune halten können – aber eben auch nur temporär. Der Notbetrieb ist ein Provisorium, das weder zur Dauer-lösung werden darf noch kann.

Formale Voraussetzung: Notfall
Die Geschäftsfortführungs- und Wiederanlaufpläne können wir allerdings nicht nach Lust und Laune aus der Tasche ziehen und umsetzen. Schließlich enthalten die Pläne oftmals Vorgaben, die Regelungen des normalen Geschäftsbetriebs gezielt außer Kraft

setzen. Daher muss eine entscheidende Voraussetzung erfüllt sein: Jemand (der →
Krisenstab, der → Notfallstab etc.) muss festgestellt haben, dass eine Situation vorliegt,
die durch die Regelorganisation nicht bewältigt werden kann – ein Notfall.

Verzahnung mit strategischer Ebene
Leider gibt es beim Krisenmanagement keine Stopp-Taste, mit der wir die Zeit anhalten und so die Situation von allen Seiten in Ruhe analysieren können. Aufgrund der
Parallelität von Ereignissen, Entscheidungen und Maßnahmen auf strategischer sowie
taktisch-operativer Ebene müssen wir daher sicherstellen, dass die Ebenen eng miteinander verzahnt sind. Vor allem müssen/sollten

- wir die unterschiedlichen Ebenen möglichst zeitgleich alarmieren bzw. informieren;
- sich die jeweiligen Steuerungsgremien (Krisenstab, Kommunikationsstab, Lagezentrum, Notfallstab, Notfallteams) kontinuierlich gegenseitig auf Stand halten;
- die Arbeitsweisen (siehe die Abschn. 3.3.1 Die Weichen stellen: Initialisierung der
  Krisenstabsarbeit sowie Abschn. 3.3.2 Cyber-Krisen strukturiert bewältigen: Krisenbewältigungsprozess) der Steuerungsgremien einheitlich sein;
- wir die Kommunikation mit unseren Stakeholdern (intern wie extern) ebenenübergreifend synchronisieren.

3.4.1.1 Wiederanlauf: kritische (Geschäfts-)Prozesse

Ziel der Geschäftsfortführung
Das Ziel der Geschäftsfortführung (Business Continuity) klingt zunächst banal: dafür zu
sorgen, dass im Fall einer Prozessunterbrechung (z. B. aufgrund der Nichtverfügbarkeit
von Daten oder IT-Systemen) der Prozess so schnell wieder ans Laufen gebracht wird,
dass unserer Organisation kein schwerwiegender Schaden entsteht. Wohlgemerkt, kein
schwerwiegender Schaden und nicht kein Schaden. Letzteres wäre mindestens ein un-
wirtschaftliches, wenn nicht gar unrealistisches Ziel.

Geschäftsfortführungspläne und Notfallteams
Dazu müssen wir so schnell wie möglich die Geschäftsfortführungspläne (GFP; vulgo:
Notfallpläne) unserer kritischen (Geschäfts-)Prozesse aktivieren. Und genau dafür müssen wir an zentraler Stelle den Notfall formal feststellen (s. o.). Ansonsten bekommen
wir Wildwuchs, weil je nach Lust und Laune einzelne Prozessverantwortliche in den
Notbetrieb wechseln könnten. Für die Ausführung der GFP ist das Notfallteam des jeweiligen Prozesses zuständig (siehe auch Abschn. 4.2.4 Notfallgremien der taktisch-operativen Ebene).

Die Notfallteams arbeiten die GFP ab und melden regelmäßig Zwischenstände an die
darin definierten Empfänger.

Aus der Praxis: Empfänger und Meldepunkte

Auf taktisch-operativer Ebene haben wir es neben den Notfallteams der Prozesse noch mit weiteren Notfallgremien zu tun, die letztlich die zentralen Ansprechpartner für unsere Notfallteams sind (siehe erneut Abschn. 4.2.4 Notfallgremien der taktisch-operativen Ebene). Diese Gremien müssen wir ins Bild setzen u. a. über:

- Unterbrechung des Prozesses inkl. Grund der Unterbrechung, d. h. die nicht zur Verfügung stehenden Anwendungen und Informationen/Daten (u. a. diesen Input braucht der Notfall- oder Krisenstab im Fall der Fälle, um den Not- oder Krisenfall festzustellen)
- Abschluss der Sofortmaßnahmen
- Signifikante Verzögerungen, die die zeitgerechte Aufnahme des Notbetriebs gefährden
- Aufnahme des Notbetriebs
- Hindernisse, die den erforderlichen Output des Notbetriebs gefährden
- Wiederverfügbarkeit der Informationen und Anwendungen, die die Prozessunterbrechung verursacht haben
- Rückkehr zum Normalbetrieb
- …

Wiederanlaufzeiten und Wiederanlaufreihenfolge

Manche Prozesse müssen schneller wiederanlaufen als andere. Manche Prozesse brauchen wir im Notfall vielleicht sogar überhaupt nicht. Ob ein Prozess notfallrelevant ist oder nicht, das können wir nicht erst während einer Krise oder eines Notfalls ermitteln. Das müssen wir zuvor tun, und zwar im Rahmen der → Business Impact Analyse. Im Ernstfall benötigen wir im Krisenstab und im Notfallstab eine Übersicht über alle unsere kritischen Prozesse inklusive einer Aussage, wie viel Zeit für ihren Wiederanlauf bleibt. Daraus ergibt sich unsere Wiederanlaufreihenfolge, die wiederum darüber entscheidet, wie wir unsere (meist knappen) Ressourcen einsetzen.

Aus der Praxis: Leitfragen zur Koordination der Geschäftsfortführung

Wenn wir die Aufnahme des Notbetriebs unserer kritischen Geschäftsprozesse koordinieren müssen, können wir uns an u. a. folgenden Fragen orientieren:

- Welche Informationen oder Anwendungen sind vom Zwischenfall betroffen und gleichzeitig für die gemäß → BIA kritischen Prozesse relevant?
- Welche Prozesse sind von dem Zwischenfall betroffen?
- Wie viel Zeit bleibt uns, bis sie zumindest wieder im Notbetrieb funktionieren müssen?
- Haben wir für diese Prozesse GFP und sind darin Workarounds für die vom Zwischenfall betroffenen Informationen und Anwendungen beschrieben?

- Können wir bei allen betroffenen Prozessen gleichzeitig die GFP aktivieren oder gibt es wechselseitige Abhängigkeiten, sodass wir eine bestimmte Reihenfolge einhalten müssen?
- Falls wir keine GFP oder Workarounds haben: Wie können wir improvisieren?
- …

Aus der Praxis: Melden macht frei

Entscheidend über Erfolg oder Misserfolg der Geschäftsfortführung ist, inwieweit die einzelnen Notfallgremien (Krisenstab, Kommunikationsstab, Lagezentrum, Notfall-stab, Notfallteams) wissen, wie der Stand bei den anderen Gremien ist. Ihre eigenen Entscheidungen und Handlungsoptionen hängen davon ab. Daher ist der wechselseitige Informationsaustausch das A und O. In der Praxis hat sich bewährt, zur Koordination des Informationsflusses feste Rollen in den einzelnen Gremien zu nutzen und die Zu-sammenarbeit der Gremien vorab zu üben. Das ist insbesondere für Fälle unverzichtbar, in denen die bestehenden GFP wirkungslos bleiben oder gar nicht erst vorhanden sind. Dann müssen wir improvisieren, wozu wir am besten all unsere Ressourcen bündeln. Dazu bedarf es eines ebenenübergreifenden gemeinsamen Lagebilds – womit wir wieder beim Punkt „Melden macht frei… und belastet die strategische Ebene" sind.

Und das war es schon?

Viel mehr steckt tatsächlich nicht hinter der Aktivierung der Notfallpläne der kritischen (Geschäfts-)Prozesse. Damit ist im Vergleich zum Krisenmanagement auf strategischer Ebene zumindest der reaktive Part des BCM bemerkenswert unterkomplex. Es gibt klare Szenarien (Ausfall IT etc.) und konkrete, zu kompensierende Ressourcen. Die Mit-tel zur Kompensation sind unsere prozessspezifischen GFP, die unsere Notfallteams in Friedenszeiten bereits getestet haben und jetzt nur noch umsetzen müssen. Die Sache hat nur einen kleinen Haken. Dieser reaktive Part ist beim → BCM aber nur die Spitze des Eisbergs, wie wir an anderer Stelle sehen werden.

Aus der Praxis: Nichts geht mehr

Ein weiterer Haken: Die Erfahrung zeigt, dass wir in sehr vielen Fällen schlichtweg keine praktikablen Workarounds finden werden, um den Ausfall von Anwendungen, Steuerungssystemen oder Daten zu kompensieren. Je höher der Grad der IT-Durch-dringung in einer Organisation, desto schwieriger wird es. Daher kommt dem Wieder-anlauf der IT-Systeme entscheidende Bedeutung zu.

3.4.1.2 Wiederanlauf: IT-Systeme und Daten

Ziel des Wiederanlaufs und Restores

(Geschäfts-)Prozesse sind auf Daten und auf unterschiedlichste IT-Systeme zwingend angewiesen. Sind Daten oder IT-Systeme (aus welchem Grund auch immer) nicht ver-fügbar, leidet der Prozess und wird ggfs. sogar unterbrochen. Ziel des Wiederanlaufs der

IT-Systeme und des Restores von Daten ist daher, den kritischen (Geschäfts-)Prozessen innerhalb eines vorab zu definierenden Zeitrahmens die Daten und Anwendungen wieder zur Verfügung zu stellen. Auf diese Weise leistet die IT ihren Beitrag zur betrieblichen Kontinuität (ISO 27031 spricht auch explizit von IRBC, der ICT readiness for business continuity).

Babylonisches Sprachwirrwarr: Wiederanlauf, Restore und Wiederherstellung
Rund um IRBC müssen wir zwischen drei Aspekten unterscheiden, die im IT-Notfallmanagement eine Rolle spielen:

- Wiederanlauf
  Der Wiederanlauf ist die schnellstmögliche Aktivierung der „überlebenden" Teile eines redundanten IT-Systems und ist Gegenstand der IT-seitigen Krisenbewältigung. Der Wiederanlauf ist der Übergang vom Normal- in den Notbetrieb. Wir sprechen hier von Stunden, im Idealfall nur von Minuten oder gar Sekunden.
- Restore
  Ein Restore ist die Wiederherstellung von Daten und kann von Datensicherungen auf unterschiedlichen Speichermedien erfolgen (Harddisk, SAN, Cloud, Bandsicherung etc.). Wir sprechen hier von Stunden, ggfs. aber auch Tagen.
- Wiederherstellung

Die Wiederherstellung von IT-Systemen ist Gegenstand der Krisennachbereitung (ausdrücklich nicht der Krisenbewältigung). Dabei wird ein „kaputtes" System von Grund auf wieder neu aufgesetzt. Dies ist meist zeitaufwendig und stellt die ursprüngliche Redundanz wieder her. Wir sprechen hier unter Umständen von Tagen oder gar Wochen.

Wiederanlaufzeiten
Beim Wiederanlauf unserer IT-Systeme und dem Restore von Daten arbeiten wir gegen die Zeitvorgaben unserer kritischen (Geschäfts-)Prozesse. Wenn ein Prozess maximal vier Stunden unterbrochen sein darf (MTA; maximal tolerierbare Ausfallzeit), muss er (mit einem kleinen Sicherheitspuffer) nach dreieinhalb Stunden die Geschäftsfortführungspläne aktiviert und den Notbetrieb aufgenommen haben (WAZ; Wiederanlaufzeit, auch als RTO – recovery time objective bezeichnet). Und wenn er dazu eine bestimmte Anwendung benötigt, dann haben wir damit auch deren Wiederanlaufziel. Die Summe der Zeitbedarfe der einzelnen, nacheinander erfolgenden und für den Wiederanlauf nötigen Maßnahmen darf diese Zeitvorgabe nicht überschreiten.

Wiederanlaufreihenfolge: Faustformel
Während wir bei den (Geschäfts-)Prozessen kaum in der Lage sind eine branchen- und unternehmensübergreifend gültige Wiederanlaufreihenfolge aufzuzeigen, sind wir beim IT-seitigen Wiederanlauf diesbezüglich ein wenig erfolgreicher.

Gedanklich können wir zumindest folgende Unterscheidungen vornehmen:

- Hardware vs. Software
- On premise vs. Cloud
- sequenzielle vs. parallele Schalthandlungen
- eigene Aktivitäten vs. Aktivitäten eines (externen) Dienstleisters

Diese helfen uns, die Systematik hinter der Wiederanlaufreihenfolge zu verstehen. Weitere Orientierung bietet uns das OSI-Modell, das für IT-Netzwerke mit seinen Schichten eine Art Schablone bietet. Die sieben Schichten des Modells beginnen ganz grundlegend bei der Bitübertragung (physical layer) und reichen bis zur Anwendungsschicht (application layer). Dazwischen liegen (von unten nach oben) die Sicherungsschicht (data link layer), die Vermittlungsschicht (network layer), die Transportschicht (transport layer), die Sitzungsschicht (session layer) sowie die Darstellungsschicht (presentation layer).

Aus der Praxis: Wiederanlaufreihenfolge
Da die IT-Systeme untereinander hochkomplexe Abhängigkeiten besitzen (n-to-n-Beziehungen) und Technologien, wie ein Enterprise Service Bus (ESB; hat nichts mit dem Transportmittel zur Personenbeförderung zu tun, sondern dient der Datenübertragung) oder dynamisch verteilten Docker-Container, althergebrachte Wiederanlaufweisheiten ins Wanken bringen (Stichwort: eindeutige Vererbungspfade), müssen wir erneut mit einer Faustformel arbeiten. Diese stellt sicher, dass die IT-Systeme vom Allgemeinen zum Speziellen teils nacheinander und teils parallel wiederanlaufen, d. h. jedes System beim eigenen Start die erforderlichen Um-Systeme erreicht. Demnach können wir uns je nach vorhandenen Technologien und unter der Annahme, dass Strom und Hardware intakt sind an folgender Wiederanlaufreihenfolge orientieren:

Schritt 1:
Einer der komplexesten Parts des Wiederanlaufs kommt gleich am Anfang: Wir müssen ggfs. die Netzkomponenten (wieder) aktivieren, also Switches, Load Balancer und Firewalls. Üblicherweise arbeiten wir uns dabei segmentweise vor und aktivieren den Core Switch, die zentrale Verbindungsstelle zwischen zwei Rechenzentren. Achtung: Der Wiederanlauf der Netzkomponenten und das Zusammenschalten der einzelnen Segmente nehmen je nach Komplexität des Netzes mehrere Stunden in Anspruch und bieten mit das größte Fehlerpotenzial des gesamten Wiederanlaufs. Keine Frage: Wie an unzähligen anderen Stellen auch kann eine Virtualisierungslösung hier Vorteile bieten.

Schritt 2:
Erst wenn das Netz steht, kann es weitergehen – und zwar mit dem SAN (Storage Area Network) einerseits und dem Hypervisor für unsere Private/Hybrid Cloud-Umgebung sowie den sogenannten Basisdiensten andererseits. Dahinter verbergen sich Protokolle

und andere Dienste (Active Directory, LDAP, DNS, DHCP etc.), die Voraussetzungen für alle weiteren Dienste und Anwendungen sind.

Schritt 3:
Wenn sich die Netzkomponenten, das SAN und die Basisdienste „eingeschwungen" haben, haben wir einen zentralen Punkt erreicht. Während wir den Wiederanlauf bislang sequenziell betreiben mussten, können wir nun dazu übergehen, unsere weiteren Schalthandlungen zu parallelisieren. Beispielsweise können wir zeitgleich

- physische Windows-Cluster,
- physische Linux-Cluster,
- andere on-prem-Systeme (z. B. komplexe SAP-Systeme, Exchange-Cluster, IBM-Mainframe, Appliances, Systeme ohne Redundanz etc.)
- Cloud-Services (private, hybrid)

wiederanlaufen lassen. Diese Plattformen und Systemgruppen sind oftmals unabhängig voneinander, sodass wir den Wiederanlauf parallelisieren können. Das spart Zeit, die wir in den letzten wichtigen Schritt investieren sollten.

Schritt 4:
Bevor wir die Systeme freigeben, sollten wir zumindest ihre Grundfunktionalitäten testen. Bis zu einem gewissen Grad geht das zwar IT-intern, aber eben nur bis zu einem gewissen Grad. Daher bietet es sich an, vor der offiziellen Systemabnahme und –freigabe Testnutzer aus den Fachbereichen einzubinden. Erst wenn wir deren „Go" haben, können wir den Wiederanlauf guten Gewissens als erfolgreich betrachten.

Anschließend müssen wir diese Schritte im ausgefallenen RZ ebenfalls durchführen, um den Rückschwenk in Angriff nehmen und die Redundanz wiederherstellen zu können.

Technologiegruppen
„Technologiegruppe" ist ein Kunstbegriff, hinter dem sich folgender Gedanke verbirgt: Die meisten (größeren) Unternehmen haben heute riesige IT-Landschaften, mitunter mit mehreren tausend Anwendungen. Jede Anwendung einzeln zu betrachten (abzusichern, mit Wiederanlaufplänen zu versehen, diese zu testen etc.) ist nahezu unmöglich. Daher kommt es darauf sinnvolle Gruppen zu bilden, die praktikablere Mengengerüste bei gleichzeitig hoher Aussagekraft bieten. Aus diesem Grund fassen wir (wo immer möglich) alle Systeme (Anwendungen, Server, Datenbanken etc.) auf ihrem kleinsten gemeinsamen Nenner zusammen. Dieser kleinste gemeinsame Nenner ist manchmal das Betriebssystem, manchmal eine spezifische Hardware, manchmal... eben eine Technologiegruppe. Wenn wir eine Technologiegruppe gesamthaft innerhalb einer bestimmten Zeit wiederanlaufen lassen können, muss das notwendigerweise auch für die einzelne Anwendung, die auf ihr basiert, gelten. Eine simple Deduktion. Schematisch zeigt dies Abb. 3.6.

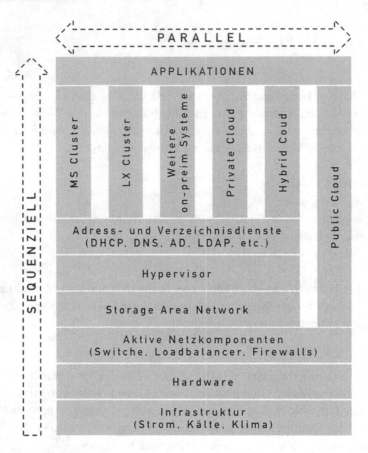

Abb. 3.6 Wiederanlaufreihenfolge der Technologiegruppen

Aus der Praxis (I): zentrale Steuerung des Wiederanlaufs

In der Praxis hat es sich bewährt, die einzelnen Schritte zum Wiederanlauf eines kompletten RZs auf Basis der Technologiegruppen in einen Ablaufplan zu gießen. Dabei werden die einzelnen Schalthandlungen durchnummeriert und von einer zentralen, koordinierenden Stelle (z. B. MvD, IRBC-Manager oder IT-Notfallteam) einzeln oder in Gruppen abgerufen. Die Grundregel lautet: Ohne die Freigabe durch die zentrale Stelle beginnt niemand mit einer Schalthandlung. Die Koordination kann durch Chats oder webbasierte Tools erfolgen. Wichtig ist, dass alle Beteiligten

- selbstständig darauf hinweisen, wenn sie Probleme oder Verzögerungen erkennen;
- an neuralgischen Punkten ihr Einverständnis geben, dass der Ablaufplan weiter abgearbeitet werden kann. Zu diesen neuralgischen Punkten zählen der Wiederanlauf der Netzkomponenten, der Basisdienste, der Technologiegruppen sowie die Systemabnahmen (s. o.).

Dabei hält die zentrale Stelle die Zeitpunkte fest, zu dem eine einzelne Schalthandlung abgerufen und als erledigt zurückgemeldet wurde. Dadurch bekommen wir einen guten Überblick über die Zeitbedarfe der einzelnen Schritte. Den Ablaufplan selbst können wir zunächst als Excel-Datei aufsetzen und mit zunehmendem Reifegrad auf elaboriertere Tools zurückgreifen.

Aus der Praxis (II): Cold Start Capability, kritischer Pfad und Crown Jewels
Die gesamte IT-Landschaft in kurzer Zeit wieder auf die Beine zu stellen ist gerade bei historisch gewachsenen Infrastrukturen kaum möglich, da die Komplexität beträchtlich und Automatisierungseffekte wie z. B. durch Infrastructure as Code kaum vorhanden sind. Daher ist es umso wichtiger, dort schnell zu sein, wo der größte Business Impact entsteht: bei den Crown Jewels. Ihre Wiederherstellung sollten wir unbedingt in den Mittelpunkt unserer Bemühungen stellen und den dazu erforderlichen kritischen Pfad im Vorfeld ermitteln, dokumentieren und testen. Ansonsten verheben wir uns zum Beispiel beim Versuch eines Cold Starts und verlieren wir den Kampf gegen die Uhr gnadenlos.

Scheitern wird der Cold Start ebenfalls, wenn wir nicht noch ein Ass im Ärmel haben, mit dem wir auch bei einer Ransomware-Attacke auf unseren Domain Controller kommen und den Neuaufbau initiieren können. Dieses Ass ist ein Notfall-User-Account bzw. Emergency Access Account als echter Break-Glass-Account. Dies ist ein Account, den wir nur in Notfällen (einmalig!) einsetzen – ein positiver Patient Null, wenn wir so wollen. Aber Achtung: Diesen Account müssen wir – wie auch unsere Backups – so aufbewahren sowie physisch und logisch schützen, dass er von Angreifern auf keinen Fall kompromittiert werden kann. Wer dazu Inspiration sucht, dem sei der Zero Trust Rapid Modernization Plan (RaMP) von Microsoft samt der dazugehörigen Checkliste ans Herz gelegt.

Wiederanlaufpläne und Restore-Konzepte
Den Wiederanlauf sollten wir soweit wie möglich automatisieren, d. h. manuelle Schalthandlungen in Scripte gießen, die möglichst einfach zu bedienen sind, sowie soweit als möglich Blueprints von gehärteten (Golden) Images und Infrastructure as Code nutzen. Das alles spart im Notfall Zeit, nimmt den Druck von den handelnden Personen und kann vor allem im Vorfeld sauber getestet werden.

Der Restore von Daten gelingt oft jedoch nicht ohne mehr oder weniger umfangreiche manuelle Eingriffe, sodass wir das Vorgehen nachvollziehbar dokumentieren und testen sollten.

Aus der Praxis: Gras wächst nicht schneller, wenn man daran zieht
Je nach Größe und Komplexität unserer IT-Landschaft kann allein der Wiederanlauf (ganz zu schweigen von der Wiederherstellung) der Netzkomponenten sowie der Basisdienste mehrere Stunden dauern und unsere Zeitvorgabe sprengen. Und dabei sprechen wir noch gar nicht über den Wiederanlauf der Betriebssysteme, geschweige denn der einzelnen Anwendungen oder Datenbanken oder den Restore der Produktivdaten. Diese

ganzen Zeitbedarfe müssen wir aufsummieren und gegen unsere Zeitvorgabe laufen lassen. Wir sehen, das kann eng werden (um es vorsichtig auszudrücken). Daher ist es nur menschlich, wenn wir dem Druck nachgeben und der Versuchung erliegen, den Wiederanlauf an Punkten zu parallelisieren oder zu beschleunigen, wo dies rein technologisch nicht möglich ist. Ein Klassiker ist der Verzicht auf das Abwarten des „Einschwingens" der Basisdienste. Gemein ist allen Versuchen, den Wiederanlauf zu beschleunigen, dass sie Fehlerbilder produzieren, bei denen die einzelnen Effekte nur schwer ihrer konkreten Ursache zugeordnet werden können.

Ein Lotteriespiel hingegen, das mal gut und mal schlecht ausgehen kann, ist der Verzicht auf (mitunter zeitintensive) Systemabnahmen und -tests. Ohne derartige Qualitätssicherungsmaßnahmen sollten wir die wiederangelaufenen Systeme nicht für unsere Endnutzer in den Fachbereichen bzw. Kunden freigeben. Wenn alles gut geht, haben wir Zeit gespart. Wenn nicht, nun, Reputationsschutz sieht anders aus.

Aus der Praxis: Zeitreserven nutzen
Vor diesem Hintergrund leuchtet unmittelbar ein, dass wir jede zeitliche Handlungsreserve, die wir finden können, auch nutzen sollten. Stellen wir uns den Fall vor, dass an einem späten Freitagabend in einem unserer Rechenzentren (RZ) die Rückkühlanlage ausfällt. Um sich vor Überhitzung zu schützen, werden sich die Systeme in diesem RZ in weniger als 45 min abschalten. Außer dem CSOC und den Kollegen aus der IT-Betriebsführung/Systemsteuerung ist niemand vor Ort.

Preisfrage: Wie können wir den Wiederanlauf in unserem Ausweich-Rechenzentrum organisieren, ohne dass wir die Hälfte des IT-Personals zur Hand haben? Die Antwort lautet: durch die Übergabe der Wiederanlauf-Skripte von den IT-Produktionseinheiten an die Betriebsführung. Wenn wir der Betriebsführung nun noch die Kompetenz einräumen, nach klaren Kriterien und/oder nach Freigabe durch den Manager vom Dienst (MvD) die Skripte zu starten, haben wir wertvolle Zeit gewonnen.

3.4.2 Cybersecurity Incident Response

Events und Incidents
(Nicht nur) in diesem Kapitel arbeiten wir mit den Begriffen Events und Incidents. Ein Event ist jedes Geschehnis, während ein Incident ein Geschehnis mit potenziell negativen Auswirkungen auf die Vertraulichkeit, Integrität, Verfügbarkeit und Authentizität von Daten und Prozessen ist. Mengentheoretisch ausgedrückt: Incidents sind eine Teilmenge der Events. Oder: Nicht alle Events sind Incidents, aber alle Incidents sind Events.

Cybersecurity Incident Response
Cybersecurity Incident Response (CSIR) ist der Prozess, mit welchem wir eine Cyber-Krise bereits im Keim ersticken und damit verhindern können. Selbst wenn nicht, bleibt

die CSIR ein wesentlicher Teil der technischen Seite der Krisenbewältigung. Dazu brauchen wir klar definierte Verantwortlichkeiten, Rollen und Aufgaben sowie bestmögliche Transparenz über unsere Systeme, Konfigurationen und Verfahren. Immer ganz nützlich: Hinweise, bei wem wir Hilfe kriegen können.

Typische Incidents

Zu den gängigsten Arten von Incidents gehören

- Scans
  (für Angreifer ein typisches Mittel zur Informationsgewinnung; kommt so oft vor, dass wir zumindest die Beweissicherung automatisieren sollten)
- Kompromittierungen
  (jeder unerlaubte Zugriff auf ein IT-System bzw. die von ihm verarbeiteten Informationen ist eine Kompromittierung; in der Praxis mitunter schwer zu erkennen)
- Schadcode
  (Würmer, Trojaner, Viren, Cryptolocker etc. werden direkt von (End-)Nutzern oder automatisiert durch z. B. eine EDR-Lösung gemeldet bzw. abgefangen)
- DoS-Attacken
  (Denial of Service-Angriffe fluten Systeme mit Anfragen und überfordern es auf diese Weise; Ergebnis: der Service ist nicht verfügbar; schwer zu verteidigen)

Aus der Praxis: CSIR mit Fokus auf Crown Jewels

Wenn uns der CSIR-Prozess in die Lage versetzen soll, schnell zu reagieren, müssen wir ihn auch angemessen triggern können. Dies steht und fällt mit der Detektionsfähigkeit von Incidents. Wenn wir blind sind oder zu viele Events durchforsten müssen, sehen wir den Wald vor lauter Bäumen nicht und verpassen womöglich kritische Incidents. Daher sollten wir insbesondere

- privilegierte Accounts
- kritische Netzsegmente
- kritische Server und Dienste

engmaschig und auf Basis einer klaren Baseline überwachen.

Dies sind aus einer Security-Perspektive organisationsunabhängig zentrale Assets mit erheblichen Wechselwirkungen auf eine Vielzahl anderer primären Ressourcen (Informationen, Prozesse).

Oftmals krankt es jedoch an mangelnder Visibilität für die Analysten, bedingt durch eine zu hohe Zahl privilegierter Accounts, fehlender Netzsegmentierung und schlechtem Management kritischer Assets.

3.4.2.1 Cybersecurity Incident Response

CSIR-Prozess
Der CSIR-Prozess hat den Zweck, den Schaden zu minimieren und kann bspw. in folgende Phasen aufgeteilt werden:

- Identifikation
- Eindämmung
- Beseitigung/Entfernung
- Recovery
- Lessons learned

OODA-Loop
Da CSIRTs selbst in Deutschland oft multinational besetzt sind oder mit anderen, internationalen Teams kooperieren, ist der OODA-Loop gut etabliert. Ihn können wir innerhalb der einzelnen Prozessphasen anwenden. Er ist eine vereinfachte Form dessen, was wir bereits durch den Führungs- bzw. Bewältigungsprozess auf strategischer Ebene kennengelernt haben. Das Akronym OODA steht für Observe (beobachte), Orientate (orientiere Dich), Decide (entscheide), Act (handle). Es stammt (mal wieder) aus dem Militär und findet seine Anwendung bei Luftkämpfen. Durch den schnellen und kontinuierlichen Durchlauf der einzelnen Schritte soll ein taktischer Vorteil gegenüber dem Gegner erreicht werden. Und hier kommen die CSIRTs ins Spiel. Auch sie haben Gegner – die Angreifer – und müssen in der Regel deutlich öfter die Schritte aus dem Krisenbewältigungsprozess (Lagefeststellung, Bewertung etc.) durchlaufen, da sich die Erkenntnislage schnell und kontinuierlich weiterentwickelt. Den OODA-Loop durchlaufen wir solange, bis der Incident geschlossen wurde.

Identifikation
Ziel dieses Prozessschrittes ist es, Incidents zu erkennen und in ihrer Tragweite zu erfassen. Parallel gilt es, die Personen zu informieren, die mit dieser spezifischen Form des Incidents angemessen umgehen können. Diese Personen können wir bspw. in einem → Cybersecurity Incident Response Team (CSIRT, s. Abschn. 4.2.4 Notfallgremien der taktisch-operativen Ebene) versammeln. Aber auch das CSIRT kommt nicht ohne technische Hilfsmittel wie bspw. ein Tool für das Security Information and Event Management (s. Abschn. 4.3.7 Tools zur Detektion von und Reaktion auf Angriffe) aus. Wenn wir uns einen (ersten) Überblick über die betroffenen Daten, Systeme, Accounts etc. gemacht haben, können wir zu einer Abschätzung der Auswirkungen (auch für den Geschäftsbetrieb!) übergehen und versuchen, Schwerpunkte für die Gegenmaßnahmen zu ermitteln. Das ist die sogenannte Triage.

Eindämmung

Zentral sollten zunächst Maßnahmen zur kurzfristigen Eindämmung des Schadens sein. Dazu zählt bspw. zu verhindern, dass (weitere) vertrauliche Informationen abfließen oder Schadcode sich ausbreitet. Die Idee dahinter leuchtet ein: Wenn wir verhindern, dass der Schaden sich ausbreitet, können wir den Incident unter der Schwelle halten, die das Ausrufen eines Not- oder gar eines Krisenfalls erfordern würde.

Ebenso sollten wir Backups der Images der betroffenen Systeme anfertigen, bevor wir sie im nächsten Prozessschritt säubern. Diese Images sind Gegenstand der forensischen Untersuchung, die wir ebenfalls im Rahmen des Incident Handlings vornehmen müssen.

Darüber hinaus sollten wir Maßnahmen ergreifen, mit denen wir die betroffenen Systeme so schnell wie möglich und zumindest solange in einem rudimentären Umfang bereitstellen können, bis wir sie im Fall der Fälle von Grund auf neu aufgebaut haben. Dies dient der IRBC, der Bereitstellung der IT-Systeme, ohne die unsere notfallrelevanten (Geschäfts-)Prozesse nicht funktionieren.

Beseitigung/Entfernung

In diesem Schritt kümmern wir uns um die Beseitigung von Schadcode, Malware, kompromittierter Systeme etc. Damit schaffen wir die Voraussetzungen, dass wir sie wieder sauber aufsetzen können.

Falls wir bereits zusätzliche Sicherheitsvorkehrungen implementieren können – umso besser. Ansonsten müssen wir dies in den letzten beiden Schritten nachholen.

Recovery

Ziel der Recovery-Phase ist es, die betroffenen Systeme in den Ursprungszustand zu versetzen und wieder in die Produktivumgebung zu integrieren. Dabei müssen wir insbesondere darauf achten, Schwachstellen mittels aktueller Patches zu beseitigen sowie eine gründliche Systemabnahme durchzuführen. Ebenso müssen wir das Aufspielen des Daten-Backups in Angriff nehmen, falls die Produktivdaten nicht mehr verfügbar oder ihre Integrität fraglich war.

Dabei müssen wir Antworten auf folgende Fragen finden:

- Wann nehmen wir die Systeme wieder produktiv? Untertags, abends, am Wochenende?
- Welches Backup nutzen wir und wie stellen wir sicher, dass es nicht auch kompromittiert ist?
- Wie testen und überprüfen wir, dass die Systeme nicht nur wieder funktional, sondern auch tatsächlich sauber sind?
- Wie lange unterziehen wir die Systeme einem engen Monitoring, um eventuell auffällige Verhaltensmuster zu identifizieren?
- Welche Tools setzen wir dazu ein?

Klar ist: Mindestens bei der ersten Frage kann das Cybersecurity Incident Response Team nicht allein entscheiden, sondern muss sich mit dem IT-Notfallteam und/oder den betroffenen Business-Funktionen abstimmen.

Ob die Recovery im Rahmen der Krisenbewältigung oder der Krisennachsorge erfolgt, hängt zu einem wesentlichen Teil davon ab, wie die Entwicklung der Krise aus der Perspektive des Krisenstabs darstellt. Wichtig ist, dass sie erfolgt.

Lessons learned

Die Lessons learned behandeln wir im Kap. 7 Post Crisis Care – Krisennachsorge und -nachbereitung.

3.4.2.2 Faustregeln bei der Cybersecurity Incident Response

Faustregeln

Da wir nicht jede (leidvolle) Erfahrung selbst machen müssen, können wir uns an vier Faustregeln orientieren. Diese sind:

- enge Überwachung der kritischen Systeme
- Systeme (NICHT) herunterfahren/ausschalten
- kommunizieren
- dokumentieren und sichern

Diese Grundsätze müssen sich in den → Playbooks wiederfinden beziehungsweise (falls es für die spezifische Situation kein Playbook gibt) dem Cybersecurity Incident Response Team in Fleisch und Blut übergegangen sein.

Enge Überwachung der kritischen Systeme

Den Einstieg in die Ermittlung der kritischen Systeme liefern zwei Instrumente: Die Schutzbedarfsfeststellung (SBF, siehe Abschn. 5.4 Unverzichtbar: Information und IT Security Management) sowie die Business Impact Analyse (BIA, siehe Abschn. 6.3.1 Ermittlung von Business Impact und Schutzbedarfen, oder: schon wieder Crown Jewels). Ganz wichtig: Auf dieser Basis müssen wir sämtlichen Komponenten identifizieren, die den reibungslosen Betrieb der kritischen Systeme unterstützen. Zu letzteren zählen beispielsweise Datenbanken, Firewalls, Switches, Routing, die Verbindungen zwischen Rechenzentren und so weiter. Hier kommt uns zugute, wenn unser Configuration Management möglichst aktuell und vollständig ist und die IT-Architektur (besser: die Unternehmensarchitektur, denn wir wollen ja auch die Gebäudeinfrastrukturen und Produktionsanlagen im Blick behalten) sauber dokumentiert ist.

Systeme (NICHT) ausschalten

Auch wenn es erst einmal widersinnig klingt, aber selbst bei Schadcode- bzw. Malware-getriebenen Incidents ist das Herunterfahren der Systeme zum Zweck der Eindämmung

(Containment) nicht immer die beste Idee. Beim Herunterfahren und/oder Ausschalten von Systemen gehen Information verloren, beispielsweise solche, die im Cache gespeichert sind. Genau diese Informationen können aber wertvoll sein, wenn wir den Angriff untersuchen und die Vorgehensweise des Angreifers besser verstehen wollen. Beides ist wichtig, damit wir potenzielle Schwachstellen identifizieren und schließen können. Daher ist es oftmals besser, einen Rechner vom Netz zu trennen bzw. ein Netzsegment zu isolieren. Auf diese Weise können wir gleichzeitig die Ausbreitung, z. B. von Schadcode oder Malware, verhindern und trotzdem die im Cache der infizierten Rechner gespeicherten Informationen für eine IT-forensische Analyse erhalten.

Falls wir keinen geordneten CSIR-Prozess etabliert und auch kein CSOC bzw. CSIRT haben, stellt die Kombination aus Herunterfahren/Ausschalten und Vom-(W)LAN-Trennen möglicherweise eine sinnvolle Option dar. Nicht nur bei einem sich ausbreitenden Cryptolocker ist Zeit ein kritischer Faktor, sodass im Zweifel die forensische Analyse hinter die Eindämmung des Schadens zurücktreten sollte. Dies gilt auch für den Fall, dass die Verschlüsselung von Daten auf einem spezifischen Endgerät unbedingt unterbunden werden soll.

Kommunikation, Kommunikation und nochmals Kommunikation
Kommunikation ist schon in Routinesituationen wichtig und nicht immer einfach. Im Ereignisfall – das müssen wir uns vor Augen halten – gilt dies umso mehr. Daher kommt es darauf an, dass wir eindeutig regeln, wer mit wem über was auf welchem Kanal zu welchen Anlässen kommuniziert. Auf diese Wiese stellen wir eine Verzahnung zwischen den Akteuren sicher, die bei Cybersecurity Incident Response auf technischer Ebene und dem Cyber Crisis Management auf strategischer Ebene beteiligt sind.

Dokumentation und Beweissicherung
Eine gründliche Dokumentation und Sicherung all dessen, was auf technischer Ebene passiert ist sowie was wir beobachtet und getan haben, ist (leider) unerlässlich. Einerseits benötigen wir sie für die (IT-) forensische Analyse und andererseits können wir im Nachgang prüfen, an welchen Stellen wir zweckmäßig und an welchen wir unzweckmäßig gehandelt haben; kurz: Wir können daraus lernen. Auch verschiedene Stakeholder werden im Fall der Fälle Interesse an einer sauberen Dokumentation haben: Versicherungen, Aufsichtsbehörden und Ermittlungsbehörden zählen dazu. Während beim Crisis Management eine eigene Rolle für die Dokumentation vorgesehen ist, wird dies bei der Incident Response unter Umständen nicht praktikabel sein, sodass jeder Beteiligte selbst seinen Beitrag leisten muss. Dies hängt ganz wesentlich davon ab, wie die Informations- und Kommunikationsprozesse ausgestaltet sind und vor allem gelebt werden.

Wichtig: Beweissicherung ist nichts, was wir ex-post tun können. Gerade auf technischer Ebene müssen wir Beweise kontinuierlich sammeln – d. h. entlang des gesamten Incident Response Prozesses. Zu den Beweisen zählen u. a.:

- Arbeitsplatzrechner, Server, sonstige Hardware
- Logs aus Sicherheitssystemen (SIEM, IDS, IPS, DLP, Anti-Viren-Software etc.)
- Logs von Netzwerkkomponenten
- Logs des physischen Zutrittssystems
- …

Cyber Crisis Preparation

4

si vis pacem para bellum

4.1 Executive Summary: Crown Jewels basierte Cyber Crisis Preparation

Notfall- und Krisenorganisation

Besondere Umstände erfordern besondere Maßnahmen – und eine besondere Aufbauorganisation (die besondere Ablauforganisation, vulgo: Prozesse, haben wir im vorangegangenen Abschnitt kennengelernt). Diese gesonderte Aufbauorganisation wird auch als Notfall- und Krisenorganisation bezeichnet.

Cyber-Attacken mit den Organisationsstrukturen zu bewältigen, die auf das Tagesgeschäft hin optimiert sind, ist zum Scheitern verurteilt. Daher brauchen wir (mindestens)

1. einen Krisenstab, der die großen Linien vorgibt und die Koordination aller Maßnahmen sicherstellt. Der Krisenstab unterteilt sich in Rollen, die unabhängig von einem konkreten Szenario immer an Bord sind (Kernkrisenstab) und solchen, die szenarioabhängig gebraucht werden (erweiterter Krisenstab);
2. Notfallteams, die den Notbetrieb für kritische Geschäftsprozesse (Crown Jewels!) sicherstellen;
3. ein IT-Notfallteam, das sich um die Wiederherstellung kritischer Daten und IT-Systeme (Crown Jewels!) kümmert;
4. ein Incident Response Team, das die Attacke auf technischer Ebene in den Griff bekommt.

© Springer Fachmedien Wiesbaden GmbH, ein Teil von Springer Nature 2024
H. Kaschner, *Cyber Crisis Management,* https://doi.org/10.1007/978-3-658-43465-6_4

Empfehlung: Wir sollten

a) sämtliche Gremien rollenbasiert aufsetzen;
b) Schnittstellen, Verantwortlichkeiten und Kompetenzen im Vorfeld definieren;
c) die Einbindung externer Partner (IT-Dienstleister, Cybersicherheitsexperten, Krisen-profis, ggfs. Behördenvertreter) vorsehen.

Infrastrukturen und Hilfsmittel
Alle beteiligten Gremien profitieren davon, wenn sie auf sie zugeschnittene Checklisten nutzen können, die ein wenig Struktur geben und sicherstellen, dass wir nichts Wesent-liches vergessen. Dringend empfohlen sind ferner:

- BC-Pläne für kritische Prozesse
- Restore-Pläne für kritische Daten
- ein Ablaufplan zur Wiederherstellung des kritischen Pfades der IT-Landschaft
- Wiederherstellungspläne für die IT-Systeme, die auf dem kritischen Pfad liegen
- Playbooks für die Incident Response (z. B. für einen Ransomware-Angriff)
- eine Containment-Strategie, die Eckpfeiler für den Umgang mit Angreifern vorab de-finiert
- Detektions- und Analysefähigkeiten von Angreifern (auf Endpoints, in unseren Net-zen und der Cloud)
- 24/7-Kontrakte mit externen Partnern, die uns bei Incident Response, Continuity- und Krisenmanagement ad hoc zur Seite stehen

Wichtig: Alles steht und fällt mit der Fähigkeit, zu kommunizieren: zwischen und inner-halb der einzelnen Gremien, aber auch mit Externen. Das fängt bei Kontaktlisten an und hört bei redundanten Kommunikationskanälen auf (d. h., ohne single points of failure). Eine Überlegung wert ist deshalb, für die Notfall- und Krisenorganisation eine redun-dante Kommunikationsinfrastruktur in der Hinterhand zu haben, falls die eigentliche IT-Infrastruktur ausfällt (z. B. auf einer separaten Cloud-Plattform).

Logistik
Bei komplexeren Krisen kann auch die Logistik wichtig werden. Dabei spielen bspw. eine Rolle:

- ein Catering (24/7)
- die Fähigkeit, Betreuung zu organisieren (z. B. für pflegebedürftige Angehörige oder Kinder von Mitarbeitenden, die Extraschichten schieben müssen; aber auch je nach Branche und Ereignis für betroffene Kunden/Anwohner)
- die Fähigkeit, weitere Partner, die bei der Krisenbewältigung helfen können, schnell zu kontrahieren und handlungsfähig zu machen

- Transportlogistik, z. B. für Personal oder je nach Branche und Ereignis für Betroffene
- skalierbare Kapazitäten zur In-/Outbound-Kommunikation (telefonisch, digital; s. Logistik)

Krisenkommunikation
Auch Krisenkommunikation können wir vorbereiten. Dabei sollten wir immer im Blick behalten, dass Kommunikation bedeutet, Informationen nicht nur zu senden, sondern auch zu empfangen. Das bedeutet, wir müssen unsere Sende- und Empfangsfähigkeit zielgruppengerecht sicherstellen. Dazu tragen bei:

- Stakeholdermatrizen (mit z. B. Prioritäten, stakeholderseitigen Ansprechpersonen, Kontaktdaten, primären Interessen/Erwartungshaltungen, bevorzugten Kommunikationskanälen sowie unserer internen Zuständigkeit)
- szenarioabhängige Kernbotschaften (inkl. vorbereiteten Belegen)
- ein generelles Holding-Statement/Sprachregelungen
- ein Netzwerk zu Multiplikatoren/Influencern
- skalierbare Kapazitäten zur In-/Outbound-Kommunikation (telefonisch, digital; s. Logistik)
- einen Plan B, falls unsere üblichen Kommunikationskanäle nicht zur Verfügung stehen (z. B. E-Mail, Website, VoIP-basierte Services wie MS-Teams)

Wichtig: Zugangsdaten zu Social-Media-Plattformen sollten wir so verfügbar haben, dass wir auch dann handlungsfähig sind, wenn wir nicht mehr auf die unternehmenseigenen IT-Systeme zugreifen können.

Trainings und Übungen
Abläufe und Aufgaben der Mitglieder der Notfall- und Krisenorganisation unterscheiden sich in der Regel von denen des Tagesgeschäfts (zumindest in Teilen). Damit die Notfall- und Krisenorganisation ihren vollen Mehrwert ausspielen kann, müssen wir für Handlungssicherheit bei den wesentlichen Beteiligten sorgen (Kernkrisenstab, IT-Notfallteam, Incident Responder).

Trainings vermitteln Grundlagen (an Individuen), während Übungen (z. B. in Form von Planspielen) das Zusammenspiel der Rolleninhaber:innen in einem Team bzw. das zwischen mehreren Teams in den Fokus nehmen.

Empfehlung: Um die Skills der Mitglieder der Notfall- und Krisenorganisation systematisch zu entwickeln (und um das Thema nicht zu verbrennen), sollten wir didaktische Grundlagen befolgen und uns vom Einfachen zum Schweren vorarbeiten.

Continuity Planning und Cold Start Capability
Cyber-Attacken können den Geschäftsbetrieb massiv stören. Daher sollten wir in Friedenszeiten – immer mit Fokus auf unsere Crown Jewels – Notfallpläne erstellen.

Continuity-Pläne beschreiben, 1) wie 2) durch wen 3) mit welchen Ressourcen 4) in welcher Zeit

- in kritischen Geschäftsprozessen der Ausfall von IT-Systemen durch Workarounds temporär kompensiert werden kann (BC-Pläne) (siehe Business Continuity Management)
- kritische Daten wiederhergestellt werden können (Restore-Konzepte) (siehe IT Service Continuity Management)
- kritische IT-Systeme wieder gestartet und, fast noch wichtiger, from scratch wiedergestellt werden können (Restart- bzw. Recovery Pläne) (siehe IT Service Continuity Management).

Der zeitgerechte Wiederaufbau from scratch inkl. der Datenwiederherstellung ist die sogenannte Cold Start Capability, auf die es bei Ransomware-Attacken ankommt.

Tests
Entscheidend ist, dass diese Notfallpläne in der Praxis auch wirklich funktionieren. Dies gilt für Business-bezogene Workarounds (BC-Pläne), Restart- und Recovery-Pläne für IT-Systeme und Restore-Konzepte kritischer Daten gleichermaßen. Ob die Pläne und Konzepte greifen, zeigen zwei Formate: zum einen die oftmals bittere Realität und zum anderen die in der Regel ungeliebten Tests. Bei Letzteren gibt es verschiedene Formate, die sich in Aussagekraft, Aufwand und Risiken deutlich unterscheiden.

Wichtig: Tests müssen zeigen, ob Annahmen über Abhängigkeiten, Zeit- und Ressourcenbedarfe stimmen – und ob die beteiligten Personen (besser: Rollen) in der Lage sind, die Pläne auszuführen.

Versicherung von Cyberrisiken
Als Teil der Krisen- und Notfallvorsorge haben auch Versicherungen gegen Cyberrisiken ihre Daseinsberechtigung. Betriebsunterbrechungen oder andere Folgen einer Cyber-Attacke zu versichern ist jedoch mittlerweile nicht immer günstig und zunehmend mit strengen Auflagen verbunden. Diese Auflagen beinhalten auch wichtige Aspekte, die im Bereich der Prävention anzusiedeln sind (bspw. ein Berechtigungsmanagement nach dem Stand der Technik bzw. good practices). Cyber-Policen knüpfen Kompensationsleistungen obendrein oft an die Inanspruchnahme spezieller Incident Response Dienstleister, die im Idealfall auch Erfahrung im Umgang mit Advanced Persistent Threats (APT) haben.

Tipp: Das BSI bietet auf seiner Website eine regelmäßig aktualisierte „Liste der qualifizierten APT-Response-Dienstleister".

4.2   Nichts für die Linie oder: Notfall- und Krisenorganisation

Ziel und Zweck der Krisenorganisation
Was haben folgende – auf den ersten Blick vollkommen unterschiedliche – Situationen miteinander gemeinsam?

- der Dieselskandal in der Automobilindustrie
- Angriffe mit Cryptolockern auf Krankenhäuser, beispielsweise in Neuss
- Unglücke in (Hoch-)Risikoumfeldern, beispielsweise in Chemieparks oder Kraftwerken

Mindestens dies: Um zweckmäßig mit Ihnen umgehen zu können, müssen wir einerseits auf operativer Ebene die richtigen Maßnahmen für das unmittelbare Problem ergreifen, andererseits müssen wir diese Maßnahmen auf strategischer Ebene nicht nur an den relevanten Zielgruppen ausrichten, sondern auch bei Ihnen sowie interessierten Dritten bekannt machen. Vor allem aber muss jemand den Überblick haben, um die Arbeit der einzelnen Ebenen und Rollen zu koordinieren, Entscheidungen zu treffen und letztlich die Verantwortung zu tragen. Ach ja, die wesentlichen Entscheidungen und Lageentwicklungen sollten wir nachvollziehbar dokumentieren.

Aufbauorganisation
All das innerhalb kürzester Zeit auf die Beine zu stellen, ist mit der Linienorganisation nicht zu schaffen. Daher brauchen wir für das Management von (Cyber-)Krisen eine Sonderorganisation, die nur situationsbezogen aktiviert wird: die Notfall- und Krisenorganisation. Diese besteht mindestens aus einem Krisenstab und kann um einen Kommunikationsstab, ein Lagezentrum, Notfallstäbe, Notfallteams und Incident Response Teams erweitert werden.

Rollen statt Köpfe
Wichtig ist, dass wir die Gremien unserer Notfall- und Krisenorganisation nach Rollen, Funktionen und Aufgaben besetzen und uns dabei vom Denken in konkreten Personen lösen. Wer kennt nicht den Impuls, angesichts eines spezifischen Problems gleich an eine bestimmte Person zu denken, die bei der Lösung ganz bestimmt helfen kann? Die Person hilft schnell, zuverlässig und kompetent, weiß, worauf es ankommt – und ist das Paradebeispiel für einen Single Point of Failure. Denn oftmals bauen diese Personen einen solchen Wissensschatz auf, dass sie zu Kopfmonopolen werden und andere ihnen nicht mehr das Wasser reichen können. Das wird dann zum Problem, wenn diese Person einmal nicht verfügbar ist – jeder ist mal krank oder im Urlaub. Der eine oder andere soll sich sogar erdreisten, in Rente zu gehen oder den Arbeitgeber zu wechseln.

Auf das Thema Krisenmanagement bezogen bedeutet das: Wir dürfen nicht der Versuchung erliegen, in Köpfen zu denken und die Personen einfach machen zu lassen. Stattdessen müssen wir in Rollen denken und jede Rolle mindestens doppelt besetzen (Vertretungsregelung).

Risiko Rollendopplung
In der Praxis beobachten wir regelmäßig, dass mehrere Rollen bei einer Person gebündelt sind. Das hat zwar den Vorteil, dass die Anzahl derer, die im Krisenfall mitreden (wollen oder müssen) kleiner wird (was erstmal gut ist), birgt aber gleichzeitig den Nachteil, dass die zu leistende Arbeit in der Krise das Leistungsvermögen einer einzelnen Person übersteigen könnte. Insofern sollten wir der Bündelung von mehreren Rollen bei einer Person mit gesundem Respekt begegnen.

4.2.1 Die Rettungsmannschaft oder: der Krisenstab

Kernaufgabe des Krisenstabs
Kernaufgabe des Krisenstabs ist es, das Wohl der Organisation insgesamt im Blick zu behalten. Seine Leitfragen lauten:

- Wie stellt sich die Situation dar?
- Wie wirkt sich die Situation auf die Beziehungen zu den wesentlichen Stakeholdern und auf die strategischen Ziele der Organisation aus?
- Was ist der Worst Case, der sich daraus ergibt?
- Was müssen wir insgesamt tun, um den Worst Case zu verhindern?
- Wer macht dazu was bis wann?
- Welche Unterstützung müssen wir als Krisenstab/Organisation denjenigen bieten, die die taktisch-operative Arbeit tun?

Ergo: Der Krisenstab muss die Krisenstabsarbeit initialisieren und den Krisenbewältigungsprozess solange durchlaufen, bis wir wieder in den Normalbetrieb übergehen können.

Vertretungs-, Bereitschafts- und Erreichbarkeitsregelung
Spätestens wenn wir uns mit der Frage beschäftigen, ob unsere Krisenorganisation auch außerhalb der üblichen Geschäftszeiten handlungsfähig ist, müssen wir uns mit einer Vertretungsregelung beschäftigen. Was nützt der tollste Krisenstab, wenn die Krise sich am Samstagmorgen abzeichnet, aber niemand alarmiert werden kann? Dann erhöht eine Vertretungsregelung die Chancen beträchtlich, insbesondere, wenn wir sie mit einer Erreichbarkeits- oder Bereitschaftsregelung kombinieren. Diese kann so konzipiert sein,

dass Krisenstabsmitglieder innerhalb einer bestimmten Zeit (zum Beispiel 45 min) im Krisenstabsraum bzw. online arbeitsfähig oder jederzeit erreichbar sein müssen.

Solche Regelungen sind allerdings mitbestimmungspflichtig und verursachen Kosten, da Bereitschaftsdienste und Erreichbarkeiten angemessen vergütet werden müssen. Aus diesem Grund schrecken viele Organisation davor zurück, was angesichts des individuellen Risikoprofils der Organisationen mal mehr, mal weniger nachvollziehbar ist. Mehr dazu in Abschn. 3.1.3 Erreichbarkeits- oder Bereitschaftsregelung.

Schnittstellen

Der Krisenstab besitzt Schnittstellen in die Organisation hinein, aber auch nach außen. Nach außen sind dies je nach Arbeitsteilung mit den anderen Gremien der Notfall- und Krisenorganisation die zahlreichen Stakeholder, die wir an anderer Stelle ausführlich behandeln. In unsere Organisation hinein sind seine Schnittstellen die Leitungsebenen der (Business-)Funktionen, in denen seine Entscheidungen umgesetzt und Maßnahmen zur Bewältigung der Krise getroffen werden. Weitere Schnittstellen sind auf der strategischen Ebene der Aufsichts- und der Betriebsrat sowie das Lagezentrum und der Kommunikationsstab. Auf der operativ-taktischen Ebene wiederum sind bei einer Cyber-Krise hauptsächlich

- Business Notfallteams,
- IT-Notfallteam und
- Fach- und Supportabteilungen aus der Linienorganisation

wesentliche Schnittstellen.

Tagungsform

Wenn der Krisenfall erst einmal festgestellt ist, stellt sich die Frage, ob der Krisenstab physisch zusammenkommen muss oder eine dezentrale Aufstellung gewählt werden kann.

Beide Varianten haben Vor- und Nachteile. Eine physische Zusammenkunft ist meist nicht ganz so schnell umsetzbar wie beispielsweise eine Telefon- oder Videokonferenz. Dafür ist sie robuster, die Face-to-Face-Kommunikation ist effizienter und alle haben Blick auf die Lagevisualisierung.

Die dezentrale Arbeitsweise hingegen ermöglicht den Krisenstabsmitgliedern, näher bei den operativen Einheiten (oder zuhause) zu bleiben und die Umsetzung der Entscheidungen des Krisenstabs somit wirkungsvoller zu steuern.

Aber es gibt noch einen weiteren Aspekt, der für die Frage nicht ganz unwesentlich ist, ob sich der Krisenstab persönlich treffen oder sich lediglich fernmündlich zusammenschließen soll: der Tagungsrhythmus.

Tagungsrhythmus

Grob gesagt, können wir drei Rhythmen unterscheiden:

- kontinuierlich
- anlassbezogen
- regelmäßig, aber punktuell

Ein kontinuierlicher Tagungsrhythmus bedeutet, dass der Krisenstab physisch, telefonisch oder per Videokonferenz zusammengeschaltet bleibt, bis die Krise beendet oder zumindest ein bestimmter Meilenstein erreicht ist. Das ist das eine Extrem. Das andere Extrem ist ein rein anlassbezogener Tagungsrhythmus. Hier kommt der Krisenstab nur zusammen, wenn es eine signifikante Lageänderung gibt. Dazwischen können wir den regelmäßigen, aber punktuellen Tagungsrhythmus ansiedeln. Bei diesem Ansatz kommt der Krisenstab zu festgelegten Zeitpunkten zusammen und arbeitet – beginnend beim Prozessschritt Kontrolle – alle Prozessschritte des Krisenbewältigungsprozesses einmal ab.

Keine Frage: Mischformen zwischen den beiden letztgenannten Varianten sind natürlich immer möglich.

Erfahrungswert

Mit zunehmender Krisendauer verschiebt sich der Tagungsrhythmus eines Krisenstabs meist von kontinuierlichen zu regelmäßigen bis hin zu rein anlassbezogenen Zusammenkünften. Der Kommunikationsstab schmilzt personell immer weiter ab, bis nur noch die Koordinierungsfunktion für die Krisenkommunikation übrig bleibt. Das Lagezentrum – sofern vorhanden – bleibt bis zum formal zu erklärenden Ende der Krise kontinuierlich besetzt.

4.2.1.1 Der organisatorische Rahmen des Krisenstabs

Grundlegende Anforderungen

Der Krisenstab ist auf strategischer Ebene DAS zentrale Gremium der Krisenbewältigung. Dazu muss er Schlagkraft besitzen. Das setzt voraus, dass er das ist, was man als „entscheidungskompetent und entscheidungsfähig" bezeichnen könnte. Entscheidungskompetent meint, dass der Krisenstab kurzfristig und ohne Rücksprache oder gar weitere Genehmigung durch die Organisations- oder Geschäftsleitung entscheiden darf. Entscheidungsfähig hingegen meint, dass einerseits geregelt sein muss, wie bei abweichenden Meinungen im Krisenstab selbst eine Entscheidung zustande kommt. Andererseits darf der Krisenstab aber auch nicht zu groß werden, da ansonsten Diskussionen überhandnehmen können und wertvolle Zeit vergeudet wird.

Budget

Damit der Krisenstab im Zweifelsfall auch Geld in die Hand nehmen kann, stellen Organisationen oftmals ein sogenanntes Krisenbudget bereit. Je nach Zusammensetzung des Krisenstabs (Geschäftsleitung!) hat es mitunter nicht einmal eine feste Obergrenze.

Das Budget selbst wird oft über zwei verschiedene Kostenstellen bereitgestellt. Die eine Kostenstelle umfasst die Mittel für die Finanzierung des laufenden Betriebs außerhalb von Krisenzeiten. Dazu zählen Personalkosten (manche Organisationen haben eine eigene Einheit Incident & Crisis Management bzw. Business Continuity & Crisis Management) sowie Sachkosten (Weiterbildungen, externe Unterstützung bei Trainings, Übungen und Awareness-Maßnahmen, Lizenzgebühren für ein Krisenmanagement-Tool, Beratung zur Weiterentwicklung der Krisenmanagement-Organisation, Reisekosten etc.). Die andere Kostenstelle hingegen umfasst Mittel, die ausschließlich zur Bewältigung einer Ad-hoc-Situation gedacht sind.

Aus der Praxis: Krisenbudgets
Gelebte Praxis ist mitunter, dass die mit Krisenprävention, Krisenpräparation, Krisenbewältigung und Krisennachsorge verbundenen Aufwände über mehrere Budgets laufen. Das Spektrum reicht vom Personalentwicklungsbudget für Trainings über Sachkostenbudgets für IT-Projekte oder Beratungsleistungen bis hin zu den Linienbudgets einzelner (Business-)Funktionen, insbesondere der Informationssicherheit. Manche Organisationen hingegen arbeiten mit einem speziellen, zentralen Budget für den Krisenstab. Dies hat (wie so Vieles) Vor- und Nachteile. Was ein Vor- und was ein Nachteil ist, hängt jeweils von der Perspektive ab. Daher wollen wir stattdessen lieber mit den Begriffen Eigenschaften oder Konsequenzen arbeiten. Eine Eigenschaft ist, dass wir auf diese Weise volle Transparenz über die Kosten erlangen. Eine andere ist, dass wir auf diese Weise die Zahl derer reduzieren, die bei der Budgetverwendung und damit Schwerpunktsetzung mitreden können.

Haftungsbegrenzung
Eine Sorge, die vor allem die Entscheider im Krisenstab oftmals beschäftigt, ist die der Haftung. Entscheidungen des Krisenstabs können weitreichend sein – schließlich handelt es sich um ein strategisches Gremium, das die gesamte Organisation und deren Wohl im Blick haben muss. Diese Sorge kann sich auf die Entscheidungsqualität auswirken. Es entsteht eine Tendenz zu defensiven Entscheidungen, d. h. zu solchen, die mit dem geringsten persönlichen Risiko für den Entscheider verbunden sind. Allerdings sind defensive Entscheidungen nicht notwendigerweise gleichzeitig im Sinne der Organisation (s. Abschn. 2.1 Entscheidungen oder die Essenz von Krisenbewältigung). Leitende Angestellte haben daher häufig Managerhaftpflichtversicherungen (D&O; eine spezielle Form der Berufshaftpflichtversicherung). Derartige Versicherungen können helfen, allerdings nur, solange bestimmte Klauseln nicht greifen. Und nicht jedes Krisenstabsmitglied (und schon gar nicht Mitglieder der operativ-taktischen Krisenorganisation) hat eine derartige Versicherung. In der Praxis greifen die meisten Organisationen daher zum Instrument der Haftungsbegrenzung für Krisenstabsmitglieder. Die Haftungsbegrenzung (oder auch Freistellung) bezieht sich auf Konsequenzen, die sich aus Entscheidungen und Maßnahmen der Krisenbewältigung ergeben. Dadurch reduziert sich der Druck, der auf den handelnden Personen lastet, was die Entscheidungsqualität in Summe verbessert.

4.2.1.2 Zusammensetzung des Krisenstabs

Faustregel

Bei der Zusammenstellung des Krisenstabs können wir uns an einer einfachen Faustregel orientieren: So klein wie möglich, so groß wie nötig.

Warum die Begrenzung durch das „so klein wie möglich"? Dafür gibt es verschiedene Gründe. Zum einen verderben viele Köche den Brei, d. h. die Arbeit des Krisenstabs wird nicht unbedingt besser, nur weil mehr Menschen mitreden. Zum anderen müssen wir die restliche Organisation am Laufen halten – und dazu müssen vor allem die Bereiche beitragen, die nicht unmittelbar in die Krisenbewältigung eingebunden sind.

Aus der Praxis: Kernkrisenstab und erweiterter Krisenstab

Deshalb bietet es sich an, den Krisenstab in einen Kernkrisenstab und einen erweiterten Krisenstab zu unterteilen. Im Kernkrisenstab sind die Rollen vertreten, die unabhängig von der Art der Krise immer ins Krisenmanagement eingebunden sind. Der erweiterte Krisenstab setzt sich aus Fach- und Führungskräften zusammen, deren Expertise szenariospezifisch Mehrwert bietet. Ein einfaches Beispiel dazu: Die Rolle der Krisenstabsleitung ist universell, während bei einem Hackerangriff die Expertise des Pandemiebeauftragten zunächst vermutlich verzichtbar ist.

Die Trennung in einen Kern- und einen erweiterten Krisenstab hat verschiedene Vorteile. Dazu zählt beispielsweise, dass wir im Rahmen von Krisentrainings und -übungen einen Schwerpunkt bilden können, indem wir insbesondere den Bedürfnissen der Mitglieder des Kernkrisenstabs Rechnung tragen. Dies wiederum hat zur Folge, dass unabhängig von der konkreten Krisensituation immer ein fester Kern von Personen in die Krisenbewältigung eingebunden ist, der den Initialisierungs- und den Krisenbewältigungsprozess beherrscht, entsprechend Routine mitbringt und Ruhe ausstrahlt. Mit Blick auf Stress und Führungsaspekte ist das ein zentraler Punkt: An den Mitgliedern des Kernkrisenstabs können sich die restlichen Kollegen orientieren, aus- und aufrichten.

Klar ist aber auch: Auf dem Kernkrisenstab und seinen Mitgliedern ruht viel Verantwortung, da er sich – im Gegensatz zu den Mitgliedern des erweiterten Krisenstabs – nie aus der Schusslinie nehmen kann. Deshalb ist es umso wichtiger, dass wir die Mitglieder des Kernkrisenstabs intensiv auf den Ernstfall vorbereiten, egal, wie dieser aussehen mag.

Rollen im Kernkrisenstab

Die Besetzung des Kernkrisenstabs ist weitgehend branchenunabhängig. Er besteht typischerweise aus folgenden Rollen:

- Leiter Krisenstab
- geschäftsführendes Mitglied des Krisenstab

- Kommunikation
- Recht
- Protokoll

Zur Entlastung des Krisenstabsleiters ist eine Rolle sinnvoll, die wir leider selten antreffen: die des geschäftsführenden Mitglieds des Krisenstabs (nicht: Mitglied der Geschäftsführung im Krisenstab). Diese Rolle koordiniert die Stabsarbeit mitsamt der zugrunde liegenden Prozesse und ermöglicht dem Krisenstabsleiter dadurch, sich aufs Wesentliche zu konzentrieren: den Überblick zu behalten und zweckmäßige Entscheidungen zu treffen. Für diejenigen mit Bundeswehrvergangenheit unter uns: Der Krisenstabsleiter ist das Äquivalent zum Kommandeur und das geschäftsführende Mitglied zum Chef des Stabes (J3, G3, S. 3), während die Leitung unserer Organisation (Vorstand, Präsident, Geschäftsführung etc.) die übergeordnete Führung darstellt.

Ein Visualisierer kann ebenfalls gute Dienste leisten. Er übersetzt das (meist komplexe) Lagebild kontinuierlich in eine Darstellung, die den Krisenstabsmitgliedern die wesentlichen Informationen auf einen Blick vermittelt. Dabei kann er sowohl mit Schrift-, als auch mit Bildsprache arbeiten. Bei der Bildsprache bietet sich an, mit Darstellungen zu arbeiten, die von allen Krisenstabsmitgliedern gleichermaßen verstanden werden – ein klarer Nachteil für die umfangreiche und durchdachte Bildsprache aus dem behördlichen Kontext. Die dort genutzten taktischen Zeichen sind zwar absolut durchdacht und sehr umfassend, aber für Menschen, die keinen Hintergrund aus Bundeswehr, Feuerwehr, Polizei etc. besitzen, leider nicht unmittelbar selbsterklärend.

Rollen im erweiterten Krisenstab
Der erweiterte Krisenstab hingegen besteht aus Vertretern der Bereiche und Themen, die nur bei bestimmten Szenarien benötigt werden. Dies können (in alphabetischer Reihenfolge) sein:

- Arbeitssicherheit und Gesundheitsschutz
- BCM-Verantwortlicher
- Business-Funktionen
- Compliance
- Datenschutz
- externe Berater
- Facility Management
- Finanzen
- Geldwäsche
- Informationssicherheit
- IT
- Pandemievorsorge
- Personal

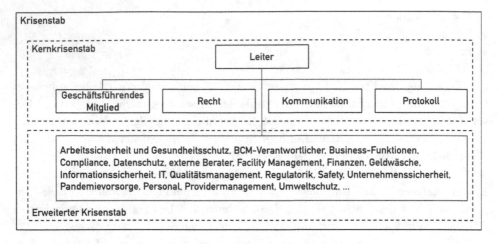

Abb. 4.1 Krisenstab

- Providermanagement
- Qualitätsmanagement
- Regulatorik
- Safety
- Umweltschutz
- Unternehmenssicherheit…

Diese Liste ist – siehe auch Abb. 4.1: Krisenstab – noch immer nicht vollständig. Das muss sie an dieser Stelle auch nicht sein, denn sie zeigt uns auch so, weshalb die Unterteilung in einen Kern- und einen erweiterten Krisenstab sinnvoll ist. Derart viele Rolleninhaber (Erst-, Zweit- und gegebenenfalls sogar Drittbesetzungen!) gleichermaßen intensiv auf ihre Aufgaben im Krisenfall vorzubereiten ist kaum praktikabel – und im Ernstfall alle diese Rollen unabhängig vom konkreten Szenario tagen zu lassen erst recht nicht.

Aufgaben aller Krisenstabsrollen

Mit Blick auf die Aufgaben der Krisenstabsmitglieder gibt es einen kleinsten gemeinsamen Nenner. Immer bezogen auf den eigenen Verantwortungsbereich

- Beratung des Krisenstabsleiters und
- „Übersetzung" der fachlichen Aspekte –
    - sprachlich für die restlichen Krisenstabsmitglieder und
    - organisatorisch, d. h. zwischen dem Krisenstab und der taktisch-operativen Ebene, den Linienfunktionen bzw. externen Stellen.

Die einzigen Rollen mit abweichenden Aufgaben sind die, die mit Koordinations- und Unterstützungsaufgaben statt mit fachlichen betraut sind. Dazu zählen der Protokollführer und – falls wir solche Rollen vorsehen – der Visualisierer und das geschäftsführende Mitglied des Krisenstabs.

Wichtige Rollen bei einer Cyber-Krise
Aber welche Rollen sollten wir denn nun in einer Cyber-Krise im Krisenstab versammeln? In der Praxis hat sich folgende Aufstellung bewährt:

- Kernkrisenstab
- Datenschutzbeauftragter
- IT
- Informationssicherheit
- Vertrieb/betroffene Business-Funktionen/Kundenmanager

  Sowie je nach Situation

- BCM-/Notfallbeauftragter (falls die Verfügbarkeit von Informationen eingeschränkt ist und dies Auswirkungen auf kritische Geschäftsprozesse hat)
- Regulatorik (je nach Branche)

Externe Experten (Krisenberater sowie – bei ausgelagerter IT – Vertreter des Auslagerungsnehmers)

Entscheidungskompetenz
Diese Besetzung stellt sicher, dass der Krisenstab die Perspektiven und damit die Erwartungen der wesentlichen Stakeholder immer im Auge behält und seine Maßnahmen danach ausrichtet. Denn das Ziel muss es sein, die Erwartungen der Stakeholder so gut wie möglich zu erfüllen, um ihr Vertrauen in unsere Organisation zu bewahren.

Doch genug von der Entscheidungskompetenz (denn die wollen wir durch eine angemessene Besetzung und Festschreibung der Befugnisse der einzelnen Rollen sowie des Gesamtgremiums ja gewährleisten). Schauen wir uns die Beschlussfähigkeit an.

Beschlussfähigkeit
Denn was nützt uns alle Entscheidungskompetenz, wenn am Ende die Beschlussfähigkeit nicht gegeben ist? Letztere können wir auf zweierlei Weise sicherstellen: Erstens, durch die Konzentration der Entscheidungsgewalt beim Krisenstabsleiter. Das ist das sogenannte Highlander-Prinzip („Es kann nur einen geben"), das unter anderem im Militär und in Blaulichtorganisationen zum Tragen kommt. Dort gilt der Grundsatz: Verantwortung ist unteilbar. Oder wie es der verstorbene ehemalige Bundesaußenminister Guido Westerwelle (FDP) im Zuge eines innerparteilichen Machtkampfs einmal ausgedrückt hat:

„Auf jedem Schiff, das dampft und segelt,
gibt's einen, der die Sache regelt."

Zweitens, durch ein demokratisches Votum aller stimmberechtigten Krisenstabsmit-
glieder, wobei die Stimme des Krisenstabsleiters im Zweifel doppelt zählt. Das ist das
Modell des US-Senats, in dem die Stimme des Vizepräsidenten der USA (gleichzeitig
Präsident des Senats) eine Pattsituation aufhebt.

Unabhängig davon, welches Verfahren wir etablieren, gelten drei Grundsätze:

1. Wir müssen das Verfahren bereits in Friedenszeiten festlegen, dokumentieren und die
   beteiligten Personen damit vertraut machen.
2. Das Verfahren sollte grundsätzlicher Art sein, d. h. auf den Rollen basieren und nicht
   von den möglichen Personen abhängen, die diese Rollen fallweise wahrnehmen.

Auch im Falle des Highlander-Prinzips sollte der Krisenstab immer ein kollegiales Gremium sein, in dem alle Beteiligten ihre Einschätzungen und Lösungsvorschläge offen
und angstfrei äußern sowie untereinander diskutieren können. Nur so können die Rolleninhaber ihrer Beratungsaufgabe gegenüber dem Krisenstabsleiter angemessen nach-
kommen.

4.2.1.3 Gretchenfrage: Wer (besser nicht) Mitglied des Krisentabs sein sollte

Gretchenfrage Nr. 1: Geschäftsleitung im Krisenstab?
Eine Frage, die uns regelmäßig in der Beratungspraxis begegnet, lautet: Soll die oberste
Geschäftsleitung Mitglied im Krisenstab sein oder nicht? Für beides gibt es gute Gründe.

Pro
Dafür spricht, dass so die Schnittstellen des Krisenstabs zumindest punktuell reduziert
werden. Wenn die Geschäftsleitung im Krisenstab selbst aktiv ist, muss sie nicht separat
informiert werden. Ebenso spricht dafür, dass wir auf diese Weise dem Eigenanspruch
Rechnung tragen, den Mitglieder der Geschäftsleitung überwiegend haben.

Contra
Dagegen spricht allerdings, dass die Geschäftsleitung in einer Krise anderweitig dringender gebraucht wird. Sie kann und muss ganz wesentlich dazu beitragen, das Vertrauen hochrangiger Stakeholder aufrechtzuerhalten. Je wichtiger der Stakeholder, desto
intensiver muss dessen Betreuung in Krisenzeiten sein. Ob Aufsichtsbehörden, Medien,
Lieferanten, Geschäftspartner und im B2B-Umfeld auch Kunden: Hier ist die Geschäftsleitung gefragt. Und zwar nicht nur einmalig und sporadisch, sondern in einer Weise,
die beim jeweiligen Gegenüber als vertrauensbildend wahrgenommen wird. Das kostet

Zeit – Zeit, die uns nicht bleibt, wenn wir uns als Geschäftsleitung aktiv in die unmittelbare Stabsarbeit einbringen. Selbst wenn die Geschäftsleitung die Kommunikation in Richtung ausgewählter Stakeholder an sich zieht, bleibt noch genug am Krisenstab hängen, wie der O-Ton eines Krisenstabsleiters aus dem behördlichen Umfeld als Resümee nach einer Cyber-Attacke zeigt:

> „Meine Leitungsebene hat versucht, den externen Druck ein Stück weit von uns weg zu halten. Trotzdem gingen beinahe 50 Prozent meiner Kapazitäten dafür drauf, Leuten um den Bart zu gehen, die glaubten, sie hätten Stakes in der Angelegenheit."

Gegen eine Mitgliedschaft der Geschäftsleitung im Krisenstab spricht weiterhin ein praktischer Aspekt, der unter Selbstschutz verbucht werden muss. Im Krisenstab werden Ideen und Ansätze diskutiert, Gerüchte auf ihre Glaubwürdigkeit hin bewertet und zu verifizieren versucht. Mögliche Versäumnisse werden ebenso Thema wie – das ist menschlich und kommt immer wieder vor – potenziell vorschnelle Schuldzuweisungen an Dritte. Jetzt kommen wir zum ersten Teil des entscheidenden Punkts. Wer viel mitkriegt, kann viel preisgeben. Aber: Wir müssen nicht alles preisgeben, aber alles, was wir preisgeben, muss den Tatsachen entsprechen. Vor diesem Hintergrund sollten wir möglichst wenig Interna aus dem Krisenstab nach außen tragen und uns vor allem nicht an Spekulationen beteiligen. Der zweite Teil des entscheidenden Punkts ist: Eine Krise ist eine Stresssituation und in einer solchen vor die Kamera zu treten, ist selbst für PR-Profis immer wieder aufs Neue eine Herausforderung. Erst recht ist das eine Herausforderung für Menschen, die dafür kein spezielles Training absolviert haben. Es ist menschlich, unter einem derartigen Druck mehr (oder andere Dinge) zu sagen, als wir uns im Vorfeld zurechtgelegt haben. Und je mehr Einblick wir durch die Mitgliedschaft im Krisenstab in das Klein-Klein der Krisenbewältigung bekommen haben, desto mehr können wir ausplaudern. Mit allen negativen persönlichen Konsequenzen.

Aber was ist mit der Kompetenz-, Budget- und Verantwortungsfrage?
Häufig kommt als Einwand, dass ohne Mitgliedschaft der Geschäftsleitung die Kompetenzen oder der Verfügungsrahmen nicht ausreichend seien. Die dahinterstehende Sorge („Der Krisenstab ist unter Umständen nicht handlungsfähig!") ist nachvollziehbar, kann aber ganz einfach aufgelöst werden, und zwar, indem wir den Krisenstab mit weitreichenden Kompetenzen und einem angemessenen Budget ausstatten. Eine Geschäftsordnung ist dazu ein probates Mittel.

Das leitet nahtlos auf die Verantwortungsfrage über. KonTraG, MaRisk, ITSiG und HGB (um ein paar der einschlägigen gesetzlichen Vorgaben zu nennen) fordern ganz allgemein gesprochen, dass die Geschäftsleitung organisatorische Maßnahmen ergreifen muss, um die Funktionsweise der Organisation sicher zu stellen (Organisationsverantwortung). Aber nirgendwo steht, dass die Geschäftsleitung selbst und persönlich die Krisenbewältigung leiten muss.

Gretchenfrage Nr. 2: Pressesprecher im Krisenstab?

Sollte der Pressesprecher Mitglied im Krisenstab sein? Schließlich muss er ja wissen, was er den Medien in Form von einfachen Statements, Pressekonferenzen oder Interviews erzählen soll.

Auch hier gilt: Wer viel weiß, kann viel erzählen. Wer zu viel weiß, kann zu viel erzählen. Daher sollte der Pressesprecher keinesfalls Mitglied im Krisenstab sein, sondern „lediglich" die vom Krisenstab freigegeben Kernaussagen und Statements verbreiten. Um diese zu kennen, muss er nicht Mitglied im Krisenstab sein, im Gegenteil. Dafür reicht ein ordentliches Briefing über die wesentlichen Erkenntnisse sowie zur Kommunikationsstrategie aus. Ähnlich wie die Geschäftsleitung hat auch der Pressesprecher während einer Krise deutlich Besseres zu tun, als sich in Stabsarbeit zu verlieren, nämlich sich zu zeigen und so zum Erhalt des Vertrauens in die Organisation beizutragen.

4.2.2 Lagezentrum

Ziel und Zweck des Lagezentrums

Ein Lagezentrum entlastet den Krisenstab, indem es als verlängerter Arm zur Außenwelt, aber vor allem in die Organisation hinein fungiert.

Aufgabe des Lagezentrums ist es,

- den Umsetzungsstand der Entscheidungen des Krisenstabs nachzuhalten und, falls wir keinen separaten Kommunikationsstab nutzen, auch
- eingehende Informationen entgegenzunehmen und aufzubereiten (inbound) sowie gegebenenfalls
- ausgehende Informationen (outbound) zu koordinieren.

Das Lagezentrum ist gegenüber dem Krisenstab weisungsgebunden und als dessen verlängerter Arm üblicherweise allen anderen Gremien der Notfall- und Krisenorganisation gegenüber in Kommunikationsthemen weisungsbefugt.

Besetzung und technische Ausstattung

Dazu können wir das Lagezentrum mit Blick auf die Themen analog zum Krisenstab aufstellen, d. h. einem Leiter Lagezentrum je Krisenstabsrolle einen Funktionsträger zur Seite zu stellen. Jenseits dieser Spiegelung sind andere Ansätze aber genauso denkbar. Dies kann vor allem dann Sinn ergeben, wenn wir die Outbound-Kommunikation über das Lagezentrum koordinieren wollen. In diesem Fall müssen wir dafür zusätzliche Kapazitäten einplanen. Die zielgruppengerechte und zeitlich synchrone Information aller relevanten internen und externen Stakeholder sicherzustellen, ist eine immens wichtige

Aufgabe, die sich nicht so nebenbei erledigen lässt. Auch wenn wir diese Aufgabe nicht beim Lagezentrum ansiedeln: Wir werden nicht darum herumkommen, dafür ein paar organisatorische Vorkehrungen zu treffen.

So oder so müssen wir nicht nur den Krisenstabsraum, sondern auch das Lagezentrum angemessen technisch ausstatten. Im Falle des Lagezentrums kommt es vor allem auf Kommunikations- und Visualisierungsmöglichkeiten an. Eine ausreichende Anzahl an Telefonen (mit technischen Redundanzen, von VoIP, Satellit, analog bis zu ISDN) inklusive Headsets, große Monitore, Beamer, Smart- oder Whiteboards und FlipCharts sind besonders wichtig.

Schnittstellen
Die wichtigsten Schnittstellen des Lagezentrum sind:

- Krisenstab
- Kommunikationsstab
- Notfallstab
- Notfallteams
- Externe Stakeholder (je nach Szenario und eigenem Betriebsmodell)

4.2.3   Kommunikationsstab

Ziel und Zweck des Kommunikationsstabs
Der Kommunikationsstab ist das Gremium, das unsere Krisenkommunikation so koordiniert, dass sie

- schnell,
- zielgruppengerecht,
- stakeholderübergreifend widerspruchsfrei,
- zuverlässig und
- nach intern und extern

erfolgt.

Er ist gegenüber dem Krisenstab weisungsgebunden und als dessen verlängerter Arm üblicherweise allen anderen Gremien der Notfall- und Krisenorganisation gegenüber in Kommunikationsthemen weisungsbefugt.

Aufgaben
Im Wesentlichen hat der Kommunikationsstab die Aufgabe, zur Entlastung des Krisenstabs auf Basis der von diesem vorgegebenen Zielen der Krisenstabsarbeit die Krisenkommunikationsstrategie

- zu entwerfen,
- umzusetzen bzw.
- umsetzen zu lassen und ihre Umsetzung zu überwachen.

Dazu benötigt der Kommunikationsstab Kapazitäten für:

- (Social-)Media Monitoring
- Inbound-Kommunikation
- Outbound-Kommunikation

Um Missverständnisse zu vermeiden: Die Personen, die diese Kapazitäten darstellen, müssen nicht zwangsläufig Mitglieder des Kommunikationsstabs sein. Es genügt, wenn sie ihm zuarbeiten. Auch und gerade in Krisensituationen freuen sich unsere Stakeholder, wenn sie es auf unserer Seite mit den ihnen bereits bekannten Ansprechpartnern zu tun haben. Vertrauen ist das Stichwort.

Besetzung des Kommunikationsstabs
Im Kommunikationsstab versammeln sollten wir jedoch Vertreter aller Linienfunktionen, die mit unseren Stakeholdern auch im Alltag kommunizieren müssen. Sie kennen deren Bedürfnisse am besten. Üblicherweise sind dies:

- Presse/Kommunikation (extern)
- Interne Kommunikation
- Vertrieb
- Regulatory Affairs
- …
- IT (als Dolmetscher für technische Themen)

Eine solche interdisziplinäre Zusammensetzung und gute Vorbereitung (s. Abschn. 4.5 Vorbereitung der Krisenkommunikation) kann der vielleicht entscheidende Faktor bei der Krisenbewältigung werden.

Schnittstellen
Die wichtigsten Schnittstellen des Kommunikationsstabs sind:

- Krisenstab
- Lagezentrum
- Notfallteams
- Externe Stakeholder
- Interne Stakeholder

4.2.4 Notfallgremien der taktisch-operativen Ebene

Notfallstab

Abhängig von der Größe, der Dislozierung, des Geschäftsmodells und des Risikoprofils unserer Organisation kann es sinnvoll sein, dass wir zusätzlich zum Krisenstab auch einen Notfallstab einrichten. Wenn wir ihn einrichten, ist er das zentrale Steuerungsgremium für Ereignisse, bei denen wir einen mehr oder minder komplexen Wiederanlauf von (Geschäfts-)Prozessen und/oder IT-Systemen koordinieren müssen.

Im Prinzip hat der Notfallstab ähnliche Aufgaben wie ein Krisenstab, jedoch mit einem nicht ganz unwesentlichen Unterschied: Der Notfallstab ist nicht nur für Krisen zuständig, sondern auch für Ereignisse, die wir als Notfall betrachten. Da der Notfall in der Regel vor der Krise kommt (quasi eine Vorstufe darstellt), können wir den Notfallstab auch als kleinen Bruder des Krisenstabs sehen. Dabei ist der große Bruder (Krisenstab) gegenüber dem kleinen Bruder weisungsbefugt.

Notfallteams

Den Willen von Krisenstab, Lagezentrum und Notfallstab Wirklichkeit werden zu lassen ist Aufgabe der Notfallteams. Notfallteams sollten wir einrichten für die

- (Geschäfts-)Prozesse, die wir als notfallrelevant identifiziert haben;
- IT- und Telekommunikationssysteme, die im Ernstfall unverzichtbar sind.

Die Notfallteams berichten an den Notfallstab oder das Lagezentrum (falls wir solche Gremien nutzen wollen), alternativ direkt an den Krisenstab (z. B. an den BCM-Verantwortlichen und den IT-Vertreter). Sie bestehen aus einem Leiter sowie Fachleuten für die konkreten inhaltlichen Aufgaben. Beispielsweise versammeln wir in einem IT-Notfallteam Fachleute für Datenbanken, Betriebssysteme, Netze, Cloud, Virtualisierung etc., während in einem Notfallteam für einen bankenspezifisches Thema, wie den Zahlungsverkehr, eher Spezialisten für Transaction Banking die entscheidende Rolle spielen.

Um längeren Belastungen vorzubeugen oder die Abwesenheit von einzelnen Personen zu kompensieren, sollten wir die Notfallteams genau wie die restlichen Gremien der Notfall- und Krisenorganisation rollenbasiert organisieren und jede Rolle mit mehreren Personen besetzen.

Die Notfallteams benötigen für ihre Arbeit einerseits Geschäftsfortführungspläne, Wiederanlaufpläne und Restore-Konzepte. Andererseits sollten wir auch ihnen infrastrukturelle Rahmenbedingungen bereitstellen, unter denen sie ihrer fordernden Arbeit gegebenenfalls über einen längeren Zeitraum nachgehen können.

Mehr dazu in den Abschn. 3.4 Reaktion auf taktisch-operativer Ebene sowie 4.7 Voraussetzungen für die Fortsetzung des Geschäftsbetriebs schaffen.

Aus der Praxis: Major Incident Management Organisation

Notfallstab und Notfallteams sind in vielen Organisation Teil einer Major Incident Management (MIM) Organisation. Diese wird bei schwerwiegenderen IT-Incidents aktiviert und ist IT-seitig oftmals die Organisationsform, mittels der „IT-Krisen" bearbeitet werden. Sollten wir bereits eine MIM-Organisation implementiert haben, bietet es sich an, diese unbedingt mit der BCM-Organisation zu verzahnen. Dies hilft, kontinuierlich die Business-Perspektive gespiegelt zu bekommen und so Prioritäten zu setzen.

CSIRT und CSOC

Die (Cyber-)(Security) Incident Response Teams (CSIRTs) sind auf technischer Ebene unterwegs (quasi in den Tiefen der IT). Sie sind bei einem Incident in der Regel die ersten, die auf Auffälligkeiten stoßen und damit auch die ersten, die reagieren können – durch operative Gegenmaßnahmen einerseits und das Auslösen der Alarmierung andererseits.

Um eine adäquate Reaktion auf technischer Ebene sicherstellen zu können, benötigen wir zunächst die Fähigkeit, Anomalien erkennen zu können – 24 h am Tag, 7 Tage die Woche, 365 Tage im Jahr. Diese Anomalien müssen wir bewerten und bei einer entsprechend kritischen Einordnung nachverfolgen. Dazu können wir ein CSOC einrichten, ein Cybersecurity Operations Center. Das CSOC ist im Schichtbetrieb von sogenannten 1st Level Analysten besetzt. Entdecken sie einen Vorfall und erhärtet eine initiale Recherche den Anfangsverdacht, stoßen sie die Alarmierung an und übergeben den Incident zur weiteren Eindämmung und Analyse an die 2nd Level Analysten.

Im Team der 1st und 2nd Level Analysten sollte nicht nur umfangreiches, sondern auch tiefgehendes IT- und IT-Security-Know-how versammelt sein. Dazu zählt zuallererst Wissen rund um die richtige Reaktion auf Incidents (Incident Response, Incident Handling), aber auch über den Aufbau und die Sicherheitsaspekte von Netzwerken und Protokollen, Betriebssystemen, mobilen Endgeräten, Datenbanken, Cloud- und Virtualisierungslösungen, Hosts etc.

Für einen 24/7-Schichtbetrieb brauchen wir allein im 1st Level mindestens sechs Vollzeitarbeitskräfte, wobei bei dieser Kopfzahl niemand ausfallen darf und ohne dass auch nur eine Schicht doppelt besetzt wäre (Stichworte: Peaks, Vier-Augen-Prinzip). Besser sind daher sieben, wenn nicht gar acht oder neun Personen. Dies ist ein nicht zu unterschätzender Kostenfaktor, zumal auch noch die 2nd Level Analysten dazukommen. On top kommen die Kosten für sogenannte SIEM-Tools, technische Lösungen für das Security Information and Event Management, ohne die das CSOC nicht arbeitsfähig ist. Daher verzichten viele Organisationen darauf, eigenes Personal für ein CSOC aufzubauen und greifen stattdessen auf entsprechende Service-Angebote von Spezialdienstleistern zurück.

Aus der Praxis: Zusammenarbeit mit externen IR-Dienstleistern

Incident-Response-Skills sind am Arbeitsmarkt ein knappes Gut, so dass sie entsprechend teuer sind. Für jede spezifische Problemstellung intern Know-How vorzuhalten ist außerdem unwirtschaftlich. Daher empfiehlt es sich, auf einen qualifizierten Dienstleister zurückzugreifen. So stellt das BSI auf seiner Homepage eine „Liste der qualifizierten APT-Response-Dienstleister" zur Verfügung. Diese bieten ihren Kunden in der Regel nicht nur 24/7-Unterstützung auf 3rd-Level-Niveau (oder sollten es zumindest), sondern ermöglichen auch den Einkauf von Retainern. Retainer sind vorab gekaufte Zeitkontingente, gegen die der Dienstleister anarbeitet. Dies spart uns im Ernstfall Zeit, da wir andernfalls erst noch unseren Beschaffungsprozess anstoßen und durchlaufen müssten – im Zweifel ohne Zugriff auf die nötigen IT-Tools. Bei solchen Retainern sollten wir darauf achten, dass alle Parteien ein gemeinsames Verständnis von Aktivierungs-/Beauftragungskompetenzen, Reaktionszeiten, Qualität der Erstreaktion, und Kollaborationsplattformen besitzt. Diese Punkte werden typischerweise per Vertrag/SLA und Onboarding geregelt.

4.3 Hilfsmittel

4.3.1 Krisenhandbuch

Ziel und Zweck eines Krisenhandbuchs
Das Krisenhandbuch ist das zentrale Hilfsmittel für den Krisenstab – unabhängig vom spezifischen Zuschnitt der jeweiligen Krise. Dazu fasst es die Informationen kurz, knapp und prägnant zusammen, die der Krisenstab in einer echten Krise tatsächlich braucht.

Typische Inhalte – Mustergliederung
Ein Krisenhandbuch sollte folgende Informationen bieten:

- Beschreibungen der Rollen, Aufgaben und Kompetenzen der Krisenstabsmitglieder;
- eine Beschreibung des Prozesses zur Initialisierung des Krisenmanagements (Alarmierung und erste Schritte des Krisenstabs);
- eine Beschreibung des Prozesses, mit dem jede Krise nach der Initialisierung bis zu ihrem formalen Ende gemanagt wird;
- optional spezifische Guidelines für ausgewählte Hochrisiko-Szenarien, u. a. für
  - Situationen mit Verletzten oder gar Toten,
  - Situationen, in denen VIPs betroffen sind,
  - Durchsuchungen von Ermittlungsbehörden
  - Ransomware-Attacken mit weitreichendem Lock-Out
  - ….
- Checklisten, z. B. für die
  - Prüfung, ob ein Krisenfall vorliegt,
  - Lagefeststellung
  - …

- Templates, z. B. für
  - die Visualisierung von Lagebildern,
  - das Krisenprotokoll/Logbuch,
  - die Entwicklung des Worst-Case-Szenarios
  - ...
- Universelle Kommunikationsbausteine, z. B. Holding-Statements, Q+A oder Listen mit negativen Buzz-Words
- Kontaktlisten:
  - Kernkrisenstab
  - erweiterter Krisenstab
  - weitere Gremien der Security-, Notfall- und Krisenorganisation
  - interne Stakeholder
  - externe Stakeholder
  - ...
- Glossar

Krisenhandbuch speziell für Cyber-Krisen?
Cyber-Krisen sind eines der typischen Hochrisiko-Szenarien, die wir mit konkreteren Handlungsleitfäden hinterlegen können. Ein separates, nur für Cyber-Krisen ausgelegtes Handbuch ist jedoch nicht wirklich zweckmäßig. Schließlich müssen wir die Krisenstabsmitglieder mit jedem krisenrelevanten Hilfsmittel so vertraut machen, dass sie es in einer akuten Krisensituation auch tatsächlich als Hilfsmittel empfinden.

Anforderungen an ein Krisenhandbuch
Wenn wir uns daran machen, das Krisenhandbuch zu erstellen, müssen wir folgende Anforderungen im Blick behalten:

- Verfügbarkeit
- Einfachheit und Wesentlichkeit
- Verständlichkeit
- Akzeptanz

Verfügbarkeit
Zunächst einmal müssen es alle, die damit arbeiten sollen, im unmittelbaren Zugriff haben – unabhängig von Zeit und Ort. Das heißt, bei Bedarf auch am Wochenende und zu Hause. Das klingt logisch, banal und mit den heutigen technischen Möglichkeiten geradezu trivial, hat in der Praxis aber seine Tücken. Beispielsweise erleben wir regelmäßig, dass Krisenhandbücher aufgrund ihres sensiblen Inhalts einer bestimmten Vertraulichkeitseinstufung unterliegen. Das ist nicht nur nachvollziehbar, sondern sogar unbedingt empfehlenswert. Schwierig wird es jedoch, wenn die Einstufung dazu führt, dass es in papierenen Form die Räumlichkeiten der Organisation nicht verlassen darf. Damit bleibt von zu Hause nur der Zugriff auf digitale Versionen des Handbuchs, was

bei Cyber-Szenarien nur bedingt überzeugt (sofern wir nicht von lokal auf einem Dienst-notebook gespeicherten Dateien ausgehen). Wer sagt, dass durch das konkrete Cyber-Szenario nicht auch der Zugriff auf das Krisenhandbuch eingeschränkt oder gar unter-bunden ist?

Einfachheit und Wesentlichkeit
Die Handhabung sollte möglichst einfach sein, damit in einer Krise nicht unnötig Zeit und Energie in das Auffinden der Informationen fließt, die uns tatsächlich weiterhelfen. Dabei hilft uns eine klare Gliederung und gegebenenfalls eine visuelle Benutzerführung, zum Beispiel mittels Farben oder Bildelementen.

Mindestens genauso wichtig ist aber, dass im Krisenhandbuch nur die Informationen hinterlegt sind, die für die unmittelbare Ereignisbewältigung relevant sind. In der Praxis finden wir darüber hinaus leider häufig umfangreiche Risikoanalysen oder Informationen zum Umgang mit Ereignissen auf Incident- oder Notfallebene. Dies bläst das Krisen-handbuch unnötig auf und macht die Suche nach krisenrelevanten Ausführungen mit-unter zu einer Suche nach der Nadel im Heuhaufen.

Verständlichkeit
Die im Handbuch verwendete Sprache sollte möglichst klar sein, damit wir auch in Stresssituationen sofort verstehen, was gemeint ist. Akademisch-theoretische Er-örterungen und abstrakte Formulierungen haben in einem Krisenhandbuch nichts zu suchen. Fachbegriffe, die unvermeidlich, aber möglicherweise nicht allen Nutzern des Handbuchs gleichermaßen bekannt sind, müssen in einem Glossar erklärt werden.

Akzeptanz
Das A und O ist aber, dass die Krisenstabsmitglieder (insbesondere der Kernkrisenstab) das Handbuch als Hilfsmittel akzeptieren. Erfahrungsgemäß sind die bereits genannten Kriterien notwendige Voraussetzungen dafür. Ob sie auch als hinreichende Voraus-setzungen durchgehen, hängt von den konkreten Vorstellungen und Anforderungen der Krisenstabsmitglieder ab. Deshalb bietet es sich unbedingt an, diesen Kreis bei der Ent-wicklung des Krisenhandbuchs miteinzubeziehen – spätestens bei der Validierung der Inhalte durch ein Walk-through oder einem Praxistraining, bei dem die Teilnehmer ein-fache, aber konkrete Fälle mithilfe des Handbuchs bearbeiten müssen.

Aus der Praxis: gut + gut ≠ sehr gut
Ein Beispiel aus der Praxis gefällig, wie an sich gute Inhalte trotzdem problematisch werden können? Nun denn, dann nehmen wir uns mal eine Situation vor, in der das Krisenhandbuch Einfachheit und Verständlichkeit vermissen ließ. Redundanzen und kon-kurrierende Methoden sind die Stichworte.

Im Rahmen eines Mandats ist uns folgende Situation begegnet: Ein Kunde (ein Be-treiber kritischer Infrastrukturen; die Branche und erst recht der Name spielen hier keine Rolle) ging aus der Aufspaltung eines Konzerns hervor. Aus dem Konzern hatte der Kunde große Teile der Konzernsicherheitsorganisation sowie eine umfangreiche Zusammenstellung von Checklisten geerbt, die der Krisenstab zur Krisenbewältigung nutzen sollte. Auf Basis eines (nicht eingeführten) Krisenmanagement-Tools war eine weitere Checkliste zur Steuerung des übergreifenden Krisenbewältigungsprozesses entstanden, die sich an den klassischen Führungsprozess anlehnte. Zusätzlich brachte eine neu ins Unternehmen gekommene Führungskraft noch FOR-DEC als Methode für den Krisenbewältigungsprozess mit. Daraus entstand eine weitere Checkliste.

Auf Basis des Entwurfs des Krisenhandbuchs wollte der Kunde seine Krisenstabsleiter erstmalig mit externer Unterstützung gezielt in der Aufnahme der Krisenstabsarbeit trainieren lassen. Da wir in der Vergangenheit einige Male die Krisenstabsmitglieder eines Wettbewerbers trainiert hatten, sprach der Kunde uns dazu an.

Im Rahmen der Vorbereitung verschafften wir uns zunächst einen Eindruck vom Entwurf des Krisenhandbuchs – schließlich sollten die Krisenstabsleiter nach dem Training in der Lage sein, das Krisenhandbuch zu effektiv wie möglich bei der Krisenstabsarbeit zu nutzen. Schnell wurde klar: Die einzelnen Checklisten waren

- alle im Anhang gebündelt und durchnummeriert (gut!);
- jede für sich durchdacht (gut!);
- teilweise redundant zueinander (schon weniger gut);
- nur teilweise miteinander verschränkt (schlecht);
- nur teilweise mit der Führungsprozess-Checkliste verschränkt (schlecht);
- nur bedingt mit FOR-DEC verschränkt (schlecht);
- teilweise widersprüchlich zueinander (ganz schlecht).

Insgesamt also ein ziemliches Durcheinander. Was also tun? Da wir uns selten einen Gefallen damit tun, unseren eigenen Vorgesetzten ex cathedra irgendetwas strikt vorzugeben, schlug ich vor, den Krisenstabsmitgliedern zwei unterschiedliche Kombinationsmöglichkeiten sowie den Ansatz zur Initialisierung der Krisenstabsarbeit aus diesem Buch vorzustellen und ihnen die Wahl zu überlassen, welchen Ansatz bzw. Ansätze sie anhand von Praxisübungen ausprobieren wollten. Ergebnis: Die Teilnehmer legten sich recht schnell auf eine Methode und einige wenige Checklisten fest, so dass das Unternehmen das Krisenhandbuch immer besser darauf anpassen konnte. Wer mitbestimmt, akzeptiert.

Grenzen eines Krisenhandbuchs
Bei allen nützlichen Eigenschaften eines Krisenhandbuchs: Es kann nur dabei helfen, die ersten Stunden einer Krise halbwegs konkret vorzudenken – für alles andere sind die Verläufe von Krisenfall zu Krisenfall zu verschieden und sprengen den Rahmen dessen, was sich mit einem angemessenen Ressourcenaufwand vorbereiten und aufschreiben lässt. Auch sind selbst szenariospezifische Guidelines immer nur als Anhalt zu verstehen, da die tatsächliche Situation in der Regel von der im Krisenhandbuch angenommenen immer ein wenig abweichen wird.

Das Krisenhandbuch kann und muss aber den Krisenbewältigungsprozess festhalten, mittels dessen jede Art von Krise bewältigt werden kann. Für die Lösungen, die im Rahmen des Prozesses entwickelt werden müssen, gilt: GMV – gesunder Menschenverstand. Der ist durch nichts zu ersetzen.

4.3.2 Krisenstabsraum

Ziel und Zweck eines Krisenstabsraums
Eine feste, für den Krisenstab vorbereitete Räumlichkeit hat mehrere Vorteile. Zuallererst verkürzen sich die Rüstzeiten, um den Krisenstab in einer Akutsituation rein infrastrukturell arbeitsfähig zu bekommen. Außerdem kann die Ausstattung speziell an die Bedürfnisse des Krisenstabs angepasst werden. Nicht zu unterschätzen ist auch die psychologische Komponente: Durch das Beziehen des Krisenstabsraum lassen die Krisenstabsmitglieder ihr Alltagsgeschäft auch räumlich hinter sich und können sich so viel besser auf das Wesentliche konzentrieren. Praktische Begleitwirkung: Ein vordefinierter Krisenstabsraum erspart uns in einem Ernstfall die Diskussion, wo der Krisenstab zusammenkommt. Aber Achtung: Um dem Risiko eines Ausfalls des Gebäudes oder der Basisinfrastruktur (Strom, Wasser, Heizung/Klima) vorzubeugen, sollten wir einen Ausweichraum festlegen, vergleichbar ausstatten und unter den Krisenstabsmitgliedern bekannt machen.

Bauliche Anforderungen
- Blick- und Abhörschutz
- Zugang zu einer nicht-öffentlichen Tiefgarage
- Sanitäre Einrichtungen in Reichweite
- Ausreichend Platz (mindestens 15 Personen)
- 24/7 Zutrittsmöglichkeit für Krisenstabsmitglieder
- benachbarte Räumlichkeiten, in denen Krisenstabsmitglieder ungestört telefonieren können
- benachbarte Räumlichkeiten für den Kommunikationsstab und das Lagezentrum
- Ruhe- und Rückzugsmöglichkeiten
- …

Warum diese Anforderungen?
Einige der Anforderungen sind selbsterklärend, andere erfahrungsgemäß nicht unbedingt. Zu letzteren gehören in der Regel die Aspekte „Blick- und Abhörschutz" sowie „nicht-öffentlicher Tiefgaragenzugang".

Je nach Schwere einer Krise bzw. Ausmaß des öffentlichen Interesses daran gibt es immer wieder Fälle, in denen von außen Informationen direkt aus dem Krisenstabsraum abgezogen werden. Wie das? Die Antwort ist simpel: Journalisten oder interessierte Dritte können sich in der Nähe auf die Lauer legen und – mittels eines guten Objektivs und ein wenig Glück hinsichtlich der Lichtverhältnisse – das Ablichten, was wir im Krisenstabsraum an die Leinwand projizieren. Doch damit nicht genug:

Wer ein wenig Geld in die Hand und eine gewisse Elastizität gegenüber rechtlichen Einschränkungen besitzt (Vorsicht, ein Euphemismus!), kann mittels Richt- und Lasermikrofonen Gespräche gezielt durchs offene (Richtmikrofon) und sogar geschlossene Fenster (Lasermikrofon) mithören. Diese Möglichkeiten sollten wir bei der Wahl und Ausstattung eines Krisenstabsraum im Hinterkopf haben.

Ein direkter Zugang zu einer nicht-öffentlichen Tiefgarage hat den Vorteil, dass die Krisenstabsmitglieder sich im Fall der Fälle nicht – wie bei einem Außenparkplatz –an wartenden Journalisten vorbeimogeln müssen. Dies schützt die Krisenstabsmitglieder vor Fragen und nimmt Journalisten die Möglichkeit, Bilder ohne reflektierende Autoscheiben zu schießen.

Ausstattung des Krisenstabsraums
Folgende Ausstattung sollte unser Krisenstabsraum haben:

- Beamer oder vergleichbare Visualisierungsmöglichkeit (z. B. Smartboard)
- TV
- Fax
- (Netzwerk-)Drucker
- PC/Notebook mit Netzzugang und vorbereitetem Protokolltemplate und ggfs. Zugang zum Krisenmanagement-Tool
- Telefon (Festnetz; im Idealfall mit analogem Anschluss)
- Satellitentelefon
- gepatchte Netzwerkdosen
- WLAN
- Ersatzakkus für Notebooks und Handys (je nach Modell)
- …

Jenseits der gerade genannten ITK-Komponenten brauchen wir ferner:

- FlipChart, Whiteboard inkl. Stifte und Papier
- Tischaufsteller mit Krisenstabsrollen (beidseitig bedruckt)
- Physische Exemplare des Krisenhandbuchs
- Verlängerungskabel, Mehrfachsteckdosen
- …

Alternativen zu einem Krisenstabsraum
Nicht immer werden wir die Chance (oder Notwendigkeit) haben, den Krisenstab physisch zu versammeln, gerade bei dezentral über mehrere Standorte aufgestellten Organisationen. Als Alternative sollten wir Möglichkeiten vorbereiten, die eine dezentrale Krisenstabssitzung ermöglichen, also virtuelle Konferenzräume für Telefon- oder

Videokonferenzen. Auch hier müssen wir sicherstellen, dass die Verfügbarkeit und Handhabbarkeit für alle Beteiligten jederzeit gegeben ist und gleichzeitig das Risiko des Abgehörtwerdens (absichtlich oder unabsichtlich) angemessen reduziert wird. Gleichzeitig müssen wir uns Gedanken über das Teilen von wesentlichen Informationen in Echtzeit machen. Hier können Standardtools wie Skype for Business, Microsoft Sharepoint oder auch spezielle Krisenmanagement-Tools helfen.

4.3.3 Templates, Poster und Vorlagen

Ziel und Zweck von Templates, Postern und Vorlagen
Ziel und Zweck von Templates, Postern und Vorlagen sind schnell erklärt: in der Krisenstabsarbeit regelmäßig wiederkehrende Aufgaben und Situationen effizienter abzuwickeln. Derartige Hilfsmittel ergänzen das Krisenhandbuch und die dort enthaltenen Checklisten.

Einsatzfelder
Typische Templates, Poster und Vorlagen unterstützen bei

- der Initialisierung der Krisenstabsarbeit, z. B. durch vorbereitete Kärtchen und Schablonen für
  - die Lagefeststellung mit den W-Fragen,
  - die gängigsten Stakeholder,
  - die grundsätzlichen (aber zu konkretisierenden) Ziele,
  - das Worst-Case-Szenario;
- der Visualisierung der Lageentwicklung;
- der Darstellung der High-Level-Kommunikationsstrategie und
- dem Führen des Krisenstabsprotokolls (siehe Abschn. 3.2.1 Die Weichen stellen: Initialisierung der Krisenstabsarbeit)
- …

Aus der Praxis: Trackinglisten
Jedes an der Krisenbewältigung beteiligte Gremium (besser noch: jede Rolle) sollte detailliert nachverfolgen, wie der Abarbeitungsstand sich entwickelt. Deadline, Verantwortlichkeiten, Klärungsbedarfe, Entscheidungen, Ergriffene/initiierte Maßnahmen etc. – all das, was auf strategischer Ebene im Krisenlog festgehalten wird, sollte auch in entsprechender Flughöhe in den anderen Gremien nachgehalten werden.
Ein paar Beispiele an Trackingbedarfen:

- CSIRT: gemeldete/analysierte Probleme; mutmaßlich betroffene/kompromittierte/gesäuberte Systeme; laufende/offene/abgeschlossene Maßnahmen
- Kommunikation: informierte/noch zu informierende Stakeholder; erstellte/noch zu erstellende Textbausteine bzw. Sprachregelungen; offene/beantwortete Anfragen

- IT-Notfallteam: offene/erledigte Schritte bei Wiederherstellung und Wiederanlauf
- u. v. m.

Was haben diese Bedarfe alle gemeinsam? Richtig, wir können sie anhand von Templates bereits mit einem so einfach zugänglichen Tool wie Excel so vorbereiten, dass auch quantitative Aussagen über Abarbeitungsstände, Mengengerüste etc. möglich sind. Und was hilft uns, wenn wir andere zu unserer aktuellen Lage briefen? Richtig – Zahlen, Daten, Fakten.

4.3.4 IT-gestützte Krisenmanagement-Tools

Ziel und Zweck von Krisenmanagement-Tools
IT-gestützte Krisenmanagement-Tools helfen, ein standort- und zeitzonenübergreifendes Krisenmanagement aufzusetzen und alle an der Krisenbewältigung Beteiligten zu orchestrieren. Auf diese Weise soll eine wirksamere Steuerung der einzelnen Maßnahmen und Verteilung relevanter Informationen erreicht werden.

In der Regel arbeiten die Krisenstabsmitglieder selbst weniger intensiv mit einem solchen Tool als die Kräfte im Lagezentrum bzw. in dezentralen Notfallteams.

Vorteile
Softwarebasierte Krisenmanagement-Tools bieten dazu in der Regel Funktionalitäten wie:

- Workflows, u. a. für Aufgaben-Management bzw. Maßnahmentracking entlang des Krisenbewältigungsprozesses
- Telefon- und Videokonferenzfunktionalitäten
- System zum Teilen von Informationen (Pressemitteilungen, Social-Media-Beiträge, Videos, Audiofiles etc.)
- Dokumentations-/Logbuchfunktion mit Zeitstempel
- Revisionssicherheit
- Schnittstellen zu Alarmierungstools und GRC-Suites*

Es gibt Online- und Offline-Lösungen, ganze Suiten oder schlanke Anwendungen, die vergleichsweise schnell und einfach installiert werden können. Das Hosting kann oftmals an den Anbieter ausgelagert werden, ebenso (zu gewissen Teilen) der Betrieb. Auf diese Weise erhöht sich die Ausfallsicherheit, jedoch steigen die Aufwände in puncto Steuerung und Kosten.

*GRC steht für Governance, Risk and Compliance und konzentriert sich im Kontext von Cyber Crisis Management auf die Themen BCM, ITSCM, Information Security Incident Management, ISM und Cyber Risk Management.

Nachteile

Ein Nachteil sind oftmals die Kosten – initial wie laufend. Die laufenden Kosten hängen u. a. von der Anzahl der Nutzer ab, die das Tool prinzipiell und vor allem gleichzeitig nutzen dürfen. Dazu kommen noch initiale Kosten für Anschaffung und unternehmensspezifische Konfiguration.

Dazu kommt ein weiterer, praktischer Nachteil: Eine Krise stellt für die Mitglieder des Krisenstabs eine Ausnahmesituation dar, die ganz automatisch einen erhöhten Stresspegel mit sich bringt. Wer möchte schon in einer solchen Situation mit zusätzlichen Tools hantieren, die er üblicherweise bestenfalls einmal jährlich im Rahmen einer Übung für ein, zwei Stunden nutzt? Wie realistisch ist es, dass ein solches Tool unter diesen Rahmenbedingungen seinen ganzen (herstellerseitig versprochenen) Nutzen entfalten und einen echten Mehrwert darstellen kann? Klar, durch eine möglichst selbsterklärende Benutzeroberfläche, gute Schulungen bei der Tool-Einführung und unterjährig regelmäßigen Trainings, in denen mit dem Tool gearbeitet werden muss, lässt sich dieser Nachteil ein Stück weit nivellieren. Allerdings schlagen dadurch weitere Aufwände (Zeit, Kosten) zu Buche.

Nicht von der Hand zu weisen ist ein weiterer kritischer Punkt: Was wir in einem solchen Tool festhalten, ist ein für alle Mal dokumentiert und kann von Prüfern, Ermittlungsbehörden, Versicherungen – sprich, allen, die im Nachgang Forderungen an die Organisation stellen oder sie zumindest überprüfen – unmittelbar nachvollzogen werden. Dabei kommt es regelmäßig auf Nuancen und Formulierungen an. Jetzt die spannende Frage: Hat jeder, der im Ernstfall unter Stress mit dem Tool arbeiten soll, das nötige Fingerspitzengefühl, wenn es darum geht, abzuwägen, wie eine bestimmte Information genau formuliert werden soll? Fraglos ist diese Überlegung rein formaljuristisch gegenstandslos, da wir immer davon ausgehen müssen, dass alles korrekt abläuft und alle Beteiligten nach bestem Wissen und Gewissen handeln. Begründet ist sie nichtsdestotrotz.

Grundsatz

Da wir in Cyber-Krisen immer damit rechnen müssen, dass auch genau die IT-Tools betroffen sind, die wir für unser Krisenmanagement brauchen, gilt gerade bei einem strategischen Gremium wie dem Krisenstab der alte Grundsatz: So viele technische Helferlein wie nötig, aber bitte so wenig wie möglich. Der Krisenstab muss in der Lage sein, ohne großartige technische Hilfsmittel seine Arbeit zu verrichten.

Vor diesem Hintergrund sollten insbesondere kleine und mittelständische Unternehmen (KMU) gründlich abwägen, ob der zu erwartende, theoretische Nutzen in einem gesunden Verhältnis zu den todsicher anfallenden Kosten steht.

Aus der Praxis (I): keep it simple

Es muss funktionieren. Darauf kommt es in erster Linie an. Eine funktionierende Variante, die sehr wenig zusätzliches Geld und organisatorischen Aufwand verursacht, ist eine Kombination aus den Kollaborationsplattformen unterschiedlicher Cloud-Provider.

Die allermeisten Organisationen in Deutschland (Behörden mal ausgenommen) nutzen Microsoft-Produkte wie Word, Excel, Teams und SharePoint. Damit können wir schon eine ganze Menge sinnvoller Dinge bewirken: Templates und Checklisten erstellen und gemeinsam bearbeiten, untereinander kommunizieren.

Die Versionierung in SharePoint bietet obendrein noch eine gewisse Revisionssicherheit – und das Ganze mit Software, die den Nutzenden bereits vertraut ist und keine zusätzliche Komplexität verursacht.

Bonus: Dadurch. dass sich Word- und Excel-Dateien auch offline bearbeiten lassen, haben wir obendrein eine Absicherung für den Fall, dass wir mit dem Ausfall der Internetverbindung konfrontiert sind.

Aus der Praxis (II): Make it secure
Ein Risiko bleibt: Wenn das Problem, das uns eine Cyber-Krise beschert, aus der Microsoft-Welt kommt, fehlt uns die Redundanz genau dazu. Zu diesen Problemen zählt vor allem die gleichzeitige Kompromittierung des Active Directory (AD; on prem) und des Azure Active Directory (AAD; Cloud). Wenn Angreifer es schaffen, diese Services zu übernehmen, können sie uns komplett von unseren IT-Systemen ausschließen, ohne einzelne Komponenten mühsam und zeitaufwendig verschlüsseln zu müssen.

Faustregel: Je schlechter unserer Berechtigungskonzept (und damit unsere grundlegende Cyberhygiene), desto größer ist das Risiko, das genau das passiert.

In einem solchen Szenario dürfen wir erstmal davon ausgehen, dass die Internetverbindung steht und wir auf andere SaaS-Lösungen zurückgreifen können. Und hier kommt beispielsweise Google ins Spiel. G-Suite und Google Workspace bieten sehr ähnliche Funktionalitäten in einem ähnlichen Look & Feel inklusive Handhabung. Dann ergänzen wir noch ein Tool wie zum Beispiel Slack, um die nicht zur Verfügung stehende Kommunikationsfunktionen von MS Teams zu kompensieren – und schon sind wir fertig.

Eine solches redundantes Plattform-Konstrukt hat den netten Nebeneffekt, dass wir obendrein einen guten Schutz davor haben, dass wir die Angreifer davon abhalten, unsere Gegenmaßnahmen in Echtzeit mitzuverfolgen.

Wenn wir sicher gehen wollen, dass die Angreifer

- unsere Redundanz nicht kompromittiert haben und
- uns nicht abhören können,
- uns nicht von der Redundanz aussperren können,

dann brauchen wir separate Accounts, die nicht mit dem AD oder AAD verbunden sind. Solche Accounts brauchen wir für Mitglieder

- des Incident Response Teams sowie
- der Notfall- und Krisenorganisation.

Abgelegt haben wir die Zugangsdaten zu diesen Accounts – selbstverständlich! – so, dass wir auch drankommen, wenn wir uns nicht mehr mittels AD/AAD anmelden können.

4.3.5 Alarmierungstools

Ziel und Zweck von Alarmierungstools
Alarmierungstools automatisieren die Alarmierung des Personenkreises, der zur Bewältigung eines bestimmten Ereignisses benötigt wird und beschleunigen so (hoffentlich) das gesamte Verfahren.

Vorteile
Eine automatisierte Alarmierung spart Zeit – und wie wichtig der Faktor Zeit im Krisenmanagement ist, haben wir bereits gesehen. Neben der Zeitersparnis gegenüber einer klassischen Alarmierung anhand eines Call Trees (Telefonkaskade) können gängige Tools auch je nach Szenario unterschiedliche Personengruppen alarmieren (schließlich gibt es nicht nur Cyber-Krisen). Dazu können vorgefertigte Sprachaufzeichnungen in Kombination mit Anrufen ebenso verwendet werden, wie textbasierte Alarmierung via SMS, E-Mail oder Messengern. All diese Varianten enthalten Anweisungen zum weiteren Vorgehen. Manche Alarmierungstools stellen auch gleich einen virtuellen Konferenzraum bereit.

Ein weiterer Vorteil gegenüber einem Call Tree ist die Robustheit. Wenn bei einem Call Tree eine entscheidende Person nicht erreichbar ist (zum Beispiel weil sie an einem idyllischen Samstagabend ohne Bereitschaftszeiten Freizeit auch tatsächlich als Freizeit interpretiert), kommt die ganze Telefonkaskade ins Stocken und eventuell entscheidende Personen können nicht kontaktiert werden. Ein Alarmierungstool hingegen überspringt diejenigen, die einen Alarm nicht quittieren und gehen zum nächsten Kontakt über. Und falls auch dieser nicht erreicht wird, zum nächsten. Und falls auch dieser... Das Prinzip dürfte klar geworden sein.

Besonderheit
Wichtig für alle Alarmierungstools ist das Vorhandensein einer Schnittstelle zu personalführenden Systemen (Kontaktdaten!) und Notfallplanungstools. Im Idealfall haben derartige Tools eine eigene Alarmierungsfunktion oder bieten ihrerseits eine Schnittstelle zu Alarmierungstools an. Letzteres ist besonders empfehlenswert, da es die Zahl der nötigen IT-Systeme und damit der wechselseitigen Schnittstellen genauso wie die Kosten für Anschaffung, Customizing, Implementierung und Betrieb (Lizenzkosten!) reduziert. Ganz zu schweigen vom Aufwand, den Datenbestand in unterschiedlichen Systemen aktuell und möglichst vollständig zu halten.

Nachteile

In der Praxis begegnen uns regelmäßig zwei Nachteile:

- Die Kosten für eine ausreichende Anzahl an Endnutzern können ganz schön ins Kontor schlagen – und das kontinuierlich.
- Ein Alarmierungstool ist nur so gut wie die Kontaktdaten, auf die es zugreifen kann und die Regelung, die uns zwingt, auch außerhalb der üblichen Arbeitszeit zu reagieren. Wenn die Mitglieder der Krisenorganisation beispielsweise aus Datenschutzerwägungen heraus keine privaten Erreichbarkeiten freigeben, Diensttelefone aber fehlen und eine Erreichbarkeits- oder Bereitschaftsregelung fehlt, hilft am Samstagabend auch das beste Tool nur bedingt weiter.

Grundsatz

Wie für ein Krisenmanagement-Tool gilt auch für ein Alarmierungstool:

1. Zunächst sollten wir uns die aufbau- und ablauforganisatorischen Grundlagen schaffen, bevor wir uns über technische Unterstützungsmöglichkeiten Gedanken machen oder gar Geld dafür ausgeben.
2. Sein Nutzen steht und fällt mit der Verfügbarkeit im Krisenfall und der Akzeptanz seiner Nutzer.

Da Alarmierungstools in der Regel aber einfacher zu bedienen sind und einen für alle Beteiligten unmittelbar nachvollziehbaren Mehrwert bieten, sollten sie bei Anschaffung und Implementierung Vorrang vor Krisenmanagement-Tools haben.

Über allem steht: Wenn ein Tool zum Einsatz kommen soll, dann bitte richtig. Inklusive technisch-organisatorischer Vorkehrungen, die sicherstellen, dass es auch im Fall einer Cyber-Krise tatsächlich funktioniert.

4.3.6 Governance-Suiten für BCM, IRBC und ISM

Informationen auf Knopfdruck

Governance-Suiten, die wir zur Steuerung der Managementsysteme für ISM, BCM und IRBC einsetzen, sind im Not- und Krisenfall zentrale Informationsquellen.

Sie liefern uns auf Knopfdruck Antworten auf u. a. folgende Fragen:

- Welche Informationsklassen/-arten/-kategorien werden über ein bestimmtes IT-System (von einem bestimmten Dienstleister) verarbeitet?
- Welche Konsequenzen drohen, wenn Vertraulichkeit, Integrität, Verfügbarkeit oder Authentizität einer bestimmten Informationsklasse/-art/-kategorie verletzt werden?
- In welcher Reihenfolge müssen wir Prozesse oder IT-Systeme wiederanlaufen lassen, damit es nicht zu einem Kollaps der gesamten Abläufe kommt?

- Wie viel Zeit bleibt uns, bis wir den Notbetrieb aufgenommen haben müssen?
- Wie viele Mitarbeiter müssen wir für den Notbetrieb aus dem Wochenende bzw. Feierabend holen?
- …

Keine Frage, die Qualität der Antworten hängt ganz wesentlich von der Qualität der Datenbasis ab. Der Slogan „Shit in, shit out" ist allzu wahr.

Übrigens: Manche Tools unterstützen obendrein durch Live-Steuerungsmöglichkeiten die Koordination des Wiederanlaufs von Prozessen und IT-Systemen.

Nutzen jenseits der Krisenbewältigung
Aber erst jenseits der Krisenbewältigung entfalten Governance-Suiten ihre Stärken so richtig. Beispielsweise unterstützen sie uns nicht nur bei der Erstellung, sondern auch und vor allem der Dokumentation von:

- Business Impact Analyse
- Schutzbedarfsfeststellung
- Risk Assessments und Risikobehandlungsmaßnahmen
- Geschäftsfortführungsplänen
- Wiederanlaufplänen
- Wiederherstellungsplänen
- Tests
- Asset-Relationen

Auf genau diese Dokumentation wiederum stützen wir uns bei der Krisenbewältigung – sie stellt die Datengrundlage vor, aufgrund der wir Entscheidungen treffen müssen.

4.3.7 Tools zur Detektion von und Reaktion auf Angriffe

IDS/IPS und EDR
Ein Intrusion Detection System (IDS) wertet automatisiert (Netzwerk-)Daten aus und kann potenziell schädliche Anomalien aufdecken. Die Entsprechung auf Endpoints (Clients, Server) läuft unter dem Label Endpoint Detection & Response (EDR).

Dabei können wir zwei Ansätze unterscheiden, die wissensbasierte und die verhaltensbasierte Erkennung. Vereinfacht ausgedrückt nutzt die wissensbasierte Erkennung Signaturen, die denen von Anti-Malware-Software ähneln. Verhaltensbasierte Erkennung hingegen arbeitet nicht mit Signaturen, sondern vergleicht tatsächlich Aktivitäten mit zuvor als normal bzw. zu erwartend definierten Verhaltensmustern. In beiden Fällen schlägt ein Alarm an, so dass entweder automatisiert (das wäre dann für Netze kein IDS, sondern ein sogenanntes IPS, ein Intrusion Prevention System) oder manuell durch ein

CSIRT Gegenmaßnahmen eingeleitet werden können. Die Kombination aus Netz- und Endpoint-Detection & Response firmiert unter dem Kürzel XDR.

Security Information and Event Management Tools
Security Information and Event Management Tools (SIEM-Tools) knüpfen an IDS/ IPS-Lösungen an. Sie aggregieren Daten aus den unterschiedlichsten Ecken unserer IT-Landschaft (IDS, IPS, Anti-Viren-Software, EDR, Logs von Host-Systemen und Fire-walls, aber auch anderen Netzwerkkomponenten und -aktivitäten etc.) und gleichen diese automatisiert gegen vorab zu definierenden Regeln ab. Bei potenziell gefährlichen Er-eignissen erzeugt das SIEM-Tool einen Alarm, den das CSIRT anhand von Playbooks nachverfolgen kann. Letztere sind ein wesentliches Handwerkzeug für unser CSIRT und haben das Ziel, den Schaden zu minimieren.

SOAR.
SOAR ist das Akronym für Security Orchestration, Automation and Response. Diese Klasse von Tools kombiniert Funktionen für Incident Response, Orchestrierung und Automatisierung von Gegenmaßnahmen sowie Threat Intelligence (TI)-Management auf einer einzigen Plattform. Sie können uns auch helfen, um Playbooks, Workflows und Prozesse zu dokumentieren sowie zu implementieren. SOAR-Tools unterstützen bei der Bewältigung von Sicherheitsvorfällen, indem sie SOC-Analysten Funktionalitäten auf Basis maschinellen Lernens (vulgo: künstliche Intelligenz; KI) an die Hand geben.

Aus der Praxis: Kalibrierung ist das A und O
Detektionstools sind im Werkszustand erstmal noch nicht allzu nützlich. Es ist an uns, sie mit den Informationen (Signaturen, Regeln) zu füttern, auf deren Basis die Tools ihre Arbeit verrichten. Bei der verhaltensbasierten Erkennung reagieren sie auf Ab-weichungen zu einem bei uns geltenden Normalzustand (Baseline). Diesen Normal-zustand müssen wir den Tools zunächst beibringen (Baselining). Dabei arbeiten sie mit Regeln, die wir selbst hinterlegen müssen. Wenn wir also beim Baselining und den Re-geln unsauber arbeiten, nützt uns auch das teuerste Tool nichts. Dabei sollten wir be-sonderes Augenmerk auf die Kalibrierung der Regeln legen, da ansonsten unser CSIRT entweder keine Alarme zur Nachverfolgung angezeigt bekommt, oder viel zu viele. Wir sprechen hier von false-negatives und false-positives. Beides ist gleichermaßen gefähr-lich. Wenn nichts entdeckt wird, kann das CSIRT nichts nachverfolgen. Wenn zu viele Alarme aufpoppen, geht der entscheidende womöglich in der breiten Masse unter. Daher kommt es darauf an, eine möglichst gute Rate von positive-positives zu erreichen.

Beispiel für Kalibrierungsbedarf
Machen wir es an einem Beispiel anschaulich. Stellen wir uns vor, wir befürchten eine Brute-Force-Attacke, anhand der ein Angreifer durch die automatisierte Eingabe un-zähliger Zeichenkombinationen ein Nutzerkonto knacken möchte.

Fall 1:

- sehr viele Fehlversuche
- innerhalb kürzester Zeit
- mitten in der Nacht
- auf einen Account mit hohen administrativen Privilegien
- von einem Ort am anderen Ende der Welt
- von einem unbekannten Endgerät aus

Fall 2:

- zwei oder drei Fehlversuche
- in normaler Tippgeschwindigkeit
- an einem Montagmorgen nach Ende der Urlaubszeit
- auf einen unprivilegierten Account
- vom regulären Arbeitsort
- von einem Endgerät aus, das laut CMDB eine Relation mit dem Nutzerkonto besitzt

Eine Regel könnte daher u. a. den Zeitpunkt, die Anzahl, den Ort, das Endgerät, den zeitlichen Abstand der Fehlversuche und vor allem den Account selbst berücksichtigen. Stichwort: Conditional Access.

4.4 Logistik sichert Durchhaltefähigkeit

Der Irrglaube vom schnellen Ende der Krise
Wenn wir in eine Krise hineinschlittern, sind wir in der Regel von der Situation vollständig in den Bann geschlagen und tun uns schwer damit – neben der Sorge um die Sache – uns auch um uns selbst und unsere Mitarbeiter zu kümmern. Und das ist gefährlich, da wir unter Druck und Müdigkeit nicht gerade die besten Entscheidungen treffen (s. dazu auch Kap. 2 Das Wichtigste zuerst: Der Faktor Mensch beim Management von (Cyber-)Krisen). Deshalb sollten wir bereits im Vorfeld einige Weichen so stellen, dass wir uns im Ernstfall darüber keine großen Gedanken machen müssen.

Essen und Trinken
Während der üblichen Arbeits- und Geschäftszeiten ist die Versorgung mit ausreichend Essen und vor allem Getränken kein Problem. Zumindest, wenn wir nur den Krisenstab berücksichtigen. Aber wie verhält es sich, wenn wir am Sonntag agieren müssen – und zwar nicht nur mit dem Krisenstab, sondern mit der gesamten Notfall- und Krisenorganisation, d. h. zusätzlich mit Kommunikationsstab, Lagezentrum, Notfallstab, Notfallteams und Incident Response Team?

In der Praxis wiederkehrende Lösungen sind:

- Vorratshaltung
- Vereinbarungen mit dem Betreiber des Betriebsrestaurants
- Vereinbarungen mit Betreibern von (Schnell-)Restaurants, Caterern und Imbissen

Egal, für welche Lösung wir uns entscheiden: Die Mitglieder der Notfall- und Krisenorganisation ausreichend mit Essen und Getränken zu versorgen, ist elementar.

Rückzugsmöglichkeiten und Pausen
Gerade bei der Krisenbewältigung ist es ungemein wichtig, dass wir uns ab und an
für ein paar Minuten zurückziehen und der Hektik den Rücken kehren können. Regelmäßige, selbst kurze Auszeiten können den Stresspegel spürbar reduzieren und so die
Qualität unserer Entscheidungen und Arbeitsleistung deutlich verbessern. Schon ein kurzes Telefonat mit Familie und Freunden kann Wunder wirken. Wichtig dabei ist, dass wir
dazu eine geschützte Atmosphäre haben, ohne Zuschauer und Zuhörer.

Was tun mit übermüdeten Kollegen?
Irgendwann wird jeder müde. Diesen Punkt können wir bis zu einem gewissen Grad ver-
schieben bzw. wenn er erreicht ist, temporär abmildern.
Temporär helfen:

- Sauerstoff
- Bewegung
- Koffein (sowie Teein, Taurin etc.)
- Capsaicin (der Wirkstoff, der Chili-Schoten so schön scharf macht)

Vorsicht sollten wir beim Einsatz von Getränken und Speisen mit besonders hohem
Zuckergehalt walten lassen. Kurzfristig kann uns der Zucker zwar ein Leistungshoch bescheren, aber wenn der Blutzuckerspiegel danach wieder abfällt, ist das Loch, in das wir
fallen, umso größer – keine verlockende Aussicht, wenn wir noch etliche Stunden auf
dem Posten bleiben müssen.
Dauerhaft hilft jedenfalls nur Schlaf. Daher sollten wir überlegen, ob wir den Mitgliedern der Notfall- und Krisenorganisation

- Zimmer in nahegelegen Hotels,
- Taxis oder
- einen Fahrdienst nach Hause

anbieten.
Tabu ist es jedenfalls, die Leute ins Auto steigen und längere Strecken fahren zu las-
sen. Sollte jemand verunglücken, haben wir eine Krise in der Krise – und das ist das
Letzte, was wir brauchen.

Schichtübergaben

Neben diesen fürsorgeorientierten Aspekten gibt es noch einen, der auf die inhaltliche Qualität der Krisenbewältigung abzielt. Wir sollten uns Gedanken machen, wie wir bei länger andauernden Krisen die Übergabe von einer Schicht an die nächste organisieren, zumindest in Krisenstab, Lagezentrum und Notfallstab. Eine rechtzeitige Schichtübergabe hilft, die Qualität unseres Krisenmanagements zu sichern. Denn auch bei der Krisenbewältigung gilt der alte Grundsatz: „Nach müd' kommt blöd." Bewährt hat sich dabei folgendes Vorgehen:

- kurzes, allgemeines Briefing des Leiters des jeweiligen Gremiums (Krisenstab, Lagezentrum, Notfallstab) der noch amtierenden Schicht zur aktuellen Situation an alle Mitglieder der neuen Schicht
- individuelle Übergabe zwischen den einzelnen Rolleninhabern
- abschließend: Lagefeststellung des Leiters des jeweiligen Gremiums (Krisenstab, Lagezentrum, Notfallstab) der nun neuen Schicht zur aktuellen Situation; das ist gleichzeitig der Einstieg der neuen Schicht in den Krisenbewältigungsprozess

Bei der Übergabe sollten wir anhand des Krisenstabsprotokolls sowie der Visualisierung der Krisenstabsarbeit vorgehen – und vor allem die Übergabe ordnungsgemäß im Protokoll vermerken.

Wichtig: Die „alte" Schicht bleibt solange in der Verantwortung, bis

- die Übergabe an die neue Schicht im Protokoll dokumentiert ist
- UND
- Leiter und Protokollführer der alten Schicht den für ihre Schicht geltenden Teil des Protokolls unterschrieben haben.

4.5   Vorbereitung der Krisenkommunikation

4.5.1   Rechtzeitig die Hausaufgaben machen

Optionsvielfalt

Zur Vorbereitung der Krisenkommunikation können wir an verschiedenen Stellen gleichzeitig arbeiten. Wir können

- Kommunikationshilfen für unsere Kommunikatoren bereitstellen;
- für unsere Kommunikationsfähigkeit im Ernstfall sorgen;
- unsere Kommunikatoren schulen*.

*siehe Abschn. 4.6 Es ist noch kein Meister vom Himmel gefallen: Trainings und Übungen.

Um Missverständnisse von vornherein zu vermeiden: Sämtliche hier vorgestellten Optionen schließen sich nicht gegenseitig aus, sondern ergänzen einander.

Testimonials können helfen – oder schaden
Fürsprecher in Krisenzeiten zu finden, ist alles andere als einfach. Insbesondere solche, die von unseren Stakeholdern als

- glaubwürdig,
- kompetent und am besten
- überparteilich bzw. unparteiisch

wahrgenommen werden.

Tatsächlich gibt es eine Reihe von Experten, die je nach Thema unweigerlich ihren Auftritt in den Medien haben (Professoren, Gutachter, Publizisten, Lobbyisten etc.). Etliche von ihnen tun dies (nicht nur) aus persönlichem Mitteilungsdrang oder weil sie von den Interviewenden dazu gezwungen werden, sondern weil sie persönliche, nicht allzu evidente Interessen unterschiedlicher Art haben – die in der Regel mit der betroffenen Organisation oder wenigstens der Branche zu tun haben. Diese zu kennen, kann uns in einer Akutkrise ein gutes Testimonial bescheren.

Aber Vorsicht: Böswillige Zeitgenossen haben für derartige Experten den hübschen Begriff der „Mietmäuler" aus der Taufe gehoben.

Kommunikationsfähigkeit sicherstellen
In den allermeisten Fällen werden unsere internen Kapazitäten an der Telefonhotline nicht ausreichen, um dem erhöhten Anrufaufkommen in einer echten Cyber-Krise gerecht zu werden. Nicht nur im B2B-Geschäft bietet sich daher an, bei einem externen Partner für den 1st Level Support kurzfristig Kapazitäten dazu zu buchen. Kapazitäten, die wir uns bereits in Friedenszeiten haben reservieren lassen und für die geklärt ist, wie das Onboarding funktioniert. Jenseits der damit einhergehenden Ausfallsicherheit bindet diese Lösung keine internen Mitarbeiter, so dass diese sich um Anfragen auf 2nd- oder 3rd-Level kümmern können.

Auch für die Kommunikation via Tastatureingaben können wir kurzfristig 1st-Level-Kapazitäten erhöhen. Wir müssen dazu

- Textbausteine erstellen (analog zu denen, die im Tagesgeschäft vom 1st Level Support an Telefon oder Tastatur eingesetzt werden);
- Mitarbeiter auswählen und schulen (nach Möglichkeit im Vorfeld!);
- Zugänge zu den Kommunikationskanälen bereitstellen, über die wir Anfragen aufnehmen und beantworten wollen.

Egal, ob interne oder externe Kapazitäten, wir müssen sicherstellen, dass sie trotz der Nutzung von VoIP erreichbar sind – auch und gerade in einer Cyber-Krise, wenn Kommunikation ein technisch-systemimmanentes Problem sein kann.

Zweckgebundene Erreichbarkeiten

Darüber hinaus können wir Eingangskanäle anbieten, die nur für diese eine Krise bereitgestellt werden. Die Spanne hierzu reicht von Microsites als spezielle Form des Webauftritts über Social-Media-Auftritte bis hin zu E-Mail-Adressen oder Telefonnummern.

4.5.2 Kommunikationshilfen

Kommunikationshilfen

Egal, wie genau wir unsere Krisenkommunikation organisieren: Wir werden angesichts der unterschiedlichen Stakeholder und ihren Informationsbedürfnissen nicht umhinkommen, die Aufgabe auf verschiedene Schultern zu verteilen. Kundenmanagement, Pressesprecher, Dienstleistersteuerung, interne Kommunikation, Regulatory Affairs etc. – alle diese Rollen werden im Ernstfall ihre Ansprechpartner bei Laune halten müssen. Und das sollten wir ihnen so einfach wie möglich machen.

Kernbotschaften

Die Grundausstattung ist eine Liste mit positiven Kernbotschaften – bestehend aus jeweils einem einzelnen Satz und belegbar mit einer von neutraler Seite überprüfbaren Tatsache. Mit ein wenig Übung schaffen wir es, die Botschaften so zu formulieren, dass wir sie für mehr als einen Stakeholder oder Informationsbedarf einsetzen können (s. u.).

Beispiel: Kernbotschaft

Kernbotschaft	Beleg
Die Sicherheit der Daten unserer Kunden liegt uns am Herzen	ISMS, zertifiziert nach ISO 27001, Zertifikatsnummer 234234
Wir lassen unsere Sicherheitsvorkehrungen regelmäßig von externen Gutachtern überprüfen	ISAE-Testat, Jahresabschluss-Testat, SOC2

Krisenkommunikationsplan

Diese Kernbotschaften sollten wir in einen Krisenkommunikationsplan überführen, an den sich alle an der Krisenbewältigung (konkret: Krisenkommunikation) Beteiligten halten sollten. Es bleibt uns überlassen, ob wir einen solchen Krisenkommunikationsplan vorbereiten oder erst im akuten Krisenfall erstellen. Beides hat gleichermaßen Vor- und Nachteile. Während wir in Friedenszeiten zwar genügend Zeit dafür haben, müssen wir aber auch unterschiedlichste Szenarien vordenken (Ransomware, DDoS-Attacke, RZ-/Plattform-Ausfall, Datendiebstahl etc.). Im Ernstfall ist es umgekehrt – das Szenario ist dann sehr konkret geworden, aber die Zeit ist knapp. Eine mögliche Umsetzung zeigt Tab. 4.1: Krisenkommunikationsplan bei einer DDoS-Attacke.

Tab. 4.1 Krisenkommunikationsplan bei einer DDoS-Attacke

Stakeholder	Infobedarf	Kernbotschaft	Beleg
Kunden	Wann wieder Zugriff möglich?	Wir sind kompetent und arbeiten an der Lösung	Ggfs. aus Individualkundenhistorie gem. CRM
Kunden	Sind meine Daten sicher?	1. Die Sicherheit der Daten unserer Kunden liegt uns am Herzen 2. Wir lassen unsere Sicherheitsvorkehrungen regelmäßig von externen Gutachtern überprüfen	1. ISMS, zertifiziert nach ISO 27001, Zertifikatsnummer 234.234 2. ISAE-Testat, Jahresabschluss-Testat
Datenschützer	Vorkehrungen zu lax?	1. Die Sicherheit der Daten unserer Kunden liegt uns am Herzen 2. Wir lassen unsere Sicherheitsvorkehrungen regelmäßig von externen Gutachtern überprüfen	1. ISMS, zertifiziert nach ISO 27001, Zertifikatsnummer 234.234 2. ISAE-Testat, Jahresabschluss-Testat
Datenschützer	Personenbezogene Daten betroffen?	Nach jetzigem Kenntnisstand ist die Vertraulichkeit der Daten unverändert sichergestellt	Aussage IT-Forensiker?
tbd	tbd	tbd	tbd

Liste mit negativen Signalwörtern

Wichtig ist, dass wir in unseren Aussagen potenziell negativ konnotierte Ausdrücke vermeiden. Dazu zählen u. a.:

- Ereignis
- Katastrophe
- Krise
- Panne
- Schwachstelle
- Unglück
- Versagen
- Versäumnis
- Vorfall
- Vorkommnis
- Zwischenfall
- …

Insbesondere wenn wir sie wiederholt gebrauchen, können solche negativen Signalwörter beim Adressaten bereits vorhandene negative Einstellungen verstärken bzw. eine neutrale Haltung verschlechtern.

Musterstatement bzw. Pressemitteilung
Hilfreich ist weiterhin, für unterschiedliche Fälle ein Musterstatement in der Tasche zu haben. Jeder Satz darin muss

- für sich allein stehen können, d. h. auch aus dem Zusammenhang gerissen nicht gegen uns verwendbar sein;
- eine mindestens neutrale, besser positive Aussage beinhalten;
- so kurz und plakativ sein, dass er von einem Laien ohne akademischen Hintergrund verstanden und sinngemäß wiedergegeben werden kann.

Dieses Statement können wir intern vorab freigeben lassen und bei Bedarf unverzüglich über die Homepage bzw. andere Kommunikationskanäle (Twitter!) verteilen. Obendrein können alldiejenigen, die mit der Presse kommunizieren müssen, das Statement bereits in Friedenszeiten in Ruhe einüben (Pressesprecher, Geschäftsleitung). Positiver Nebeneffekt: Wenn wir das Statement um eine Überschrift sowie Datum und Ortsmarke sowie ein Zitat eines hochrangigen Mitarbeiters ergänzen, haben wir gleichzeitig eine initiale Pressemitteilung (PM).

Ausdrücklich: Ein solches Musterstatement dient der ersten, schnellen Reaktion. Damit wollen wir lediglich zeigen, dass wir verstanden haben, dass irgendetwas nicht so läuft, wie es sollte. Wir müssen die einzelnen Aussagen des Statements entsprechend der Entwicklung der Lage kontinuierlich anpassen.

Beispiel: Musterstatement bei einer DDoS-Attacke, hier als PM mit Überschrift, Datum/Ortsmarke und Zitat
DDoS-Attacke auf MUSTERORGANISATION: Homepage eingeschränkt verfügbar

MUSTERSTADT, DATUM
Seit heute MORGEN/VORMITTAG/etc. greifen Unbekannte den Internetauftritt der MUSTERORGANISATION an. Aufgrund des Angriffs haben Kunden aktuell nur eingeschränkten Zugriff auf ihre Nutzerkonten. Mitarbeiter der MUSTERORGANISATION arbeiten zusammen mit externen Experten bereits intensiv an der Lösung.

„Wir verstehen, wie ärgerlich die Auswirkungen dieses Angriffs für unsere Kunden sind. Die Sicherheit ihrer Daten liegt uns am Herzen. Wir arbeiten mit Hochdruck daran, den Kunden den Zugriff auf ihre Konten so schnell wie möglich wieder zu ermöglichen", so MARTINA MUSTERFRAU, Pressesprecherin der MUSTERORGANISATION.

Zum gegenwärtigen Zeitpunkt liegen noch keine gesicherten Erkenntnisse über die zu erwartende Dauer des Angriffs beziehungsweise den Hintergrund und die Motivation der Angreifer vor. Um diese zu ermitteln, arbeitet die MUSTERORGANISATION eng mit den zuständigen Behörden und externe Experten zusammen.

Q&A

Des Weiteren können wir einige immer wiederkehrende Fragen bzw. unsere Antworten darauf vordenken. Dabei gelten die gleichen Überlegungen wie beim Musterstatement bzw. der Musterpressemitteilung. Wenn wir die Fragen und Antworten vordenken, können wir ihre Verwendung im Vorfeld autorisieren, sparen dadurch im Ernstfall kostbare Zeit und können sie vor allem auch einüben.

Q:
Warum haben Sie sich nicht auf einen Angriff vorbereitet?

A:
Die Sicherheit der Daten unserer Kunden liegt uns am Herzen. Unser Informationssicherheitsmanagementsystem ist formal zertifiziert und regelmäßig Gegenstand externer Prüfungen.

Q:
Kann es sein, dass auch Kundendaten gestohlen werden?

A:
Um Kundendaten zu entwenden, bräuchte ein Angreifer Zugriff auf unsere Systeme. Wir sind aktuell einer DDoS-Attacke ausgesetzt. DDoS-Attacken erfolgen von außen und benötigen keinen Zugriff auf unsere Systeme. Unabhängig davon nutzen wir ein Managementsystem für die Sicherheit vertraulicher Informationen. Unser Informationssicherheitsmanagementsystem ist formal zertifiziert und regelmäßig Gegenstand externer Prüfungen.

Q:
Stimmt das Gerücht, dass der Angriff Teil einer Erpressung ist, auf die Sie nicht eingegangen sind?

A:
Bitte haben Sie Verständnis, dass wir keine Gerüchte kommentieren. Bei allen unseren Entscheidungen haben wir die Interessen unserer Kunden und Anteilseigner im Blick.

Weitere (Muster-)Formulierungen

Neben der Presse gibt es aber noch weitere Stakeholder, die im Krisenfall Informationsbedarf haben. Dazu zählen insbesondere unsere Kunden und bei Cyber-Krisen auch Daten- und Verbraucherschützer. In der Kommunikation mit ihnen bieten unser Tool für das Customer Relationship Management (CRM) und hoffentlich vorhandene Textbausteine aus dem Routinebetrieb einen Fundus, aus dem wir uns bedienen können.

Darksites

Obendrein gibt es auch noch Darksites. Darksites sind Vorschaltseiten, die vorbereitet und im Bedarfsfall anstelle des normalen Web-Auftritts aktiviert werden können. Eine Darksite ist oft in etwas gedeckteren Farben als der normale Webauftritt gehalten und sollte immer eine Aussage treffen, wie wir als Organisation zu erreichen sind und wie der aktuelle Stand der Dinge ist.

Ein klassisches Anwendungsfeld im Cyber Crisis Management sind DDoS-Attacken, deren Angriffsziel in der Regel Webservices sind. Diesen Fall können wir vordenken und eine Darksite bereithalten, die wir jederzeit aus der Tasche ziehen können.

Nicht vergessen: Im Ereignisfall müssen wir nicht nur unsere Homepage, sondern auch unsere Social-Media-Profile anpassen. Nichts wirkt peinlicher als eine Heile-Welt-Repräsentation an der einen Stelle, wenn an der anderen an eben dieser Welt kräftig gerüttelt wird.

Weitere Helferlein

Neben all diesen Helferlein, die speziell bei der Krisenkommunikation zum Einsatz kommen, gibt es noch weitere Hilfsmittel, die uns im Ereignisfall gute Dienste leisten. Und zwar dann, wenn es um Erklärungen und Hintergrundwissen geht. Diese können wir Stakeholdern (insbesondere Journalisten, Bloggern, YouTubern etc.) zur Verfügung stellen. Das macht ihnen die eigene Recherche und das Erstellen von Beiträgen etwas leichter. Wir sollten daher vorhalten:

- Pressemappe (in digitaler Form)
- Erklärvideos (gern einfach gehalten, bspw. orientiert an „Willi will's wissen")
  - Leistungen, Produkte, Services
  - How to... Änderung des Passworts
  - ...
- Footage

Aus der Praxis: Freigabeprozess und Dashboard

Unsere Kommunikation bei Cyber-Krisen kann weitreichende Konsequenzen haben. Daher sollten wir alles, was wir kommunizieren, vor Veröffentlichung aus unterschiedlichen Perspektiven prüfen: technisch, fachlich, rechtlich. Dies kann aufgrund der Menge an zu leistender Kommunikationsarbeit arbeitsintensiv werden, so dass dies ein weiterer Grund ist, weshalb wir mit Textbausteinen arbeiten sollten. Diese Textbausteine können einzeln geprüft und freigegeben werden, um sie dann je nach Adressat kombinieren zu können. Selbst wenn wir diesen Ansatz wählen, empfiehlt es sich, präzise zu dokumentieren, welcher Stakeholder wann welche Information angefragt und erhalten hat. Eine Aggregation davon können wir in einem Dashboard zusammenfassen, das wir wiederum für interne Lagebesprechungen und Briefings nutzen können.

4.6 Es ist noch kein Meister vom Himmel gefallen: Trainings und Übungen

Was nutzen Trainings während einer Krise?

Mitarbeiter, die auf ihre Aufgaben im Rahmen des Krisenmanagements vorbereitet wurden, werden im Ernstfall sicherer, schneller und damit effektiver handeln. Umgekehrt kann es auch bedeuten: Wenn wir unsere Mitarbeiter nicht in die Lage versetzen, unter dem Druck einer Ausnahmensituation – denn nichts Anderes ist eine Krise – schnell und richtig zu handeln, fährt unser Krisenmanagement vor die Wand. Nicht nur das: Derartige Versäumnisse können im Fall der Fälle als Organisationsverschulden gewertet und strafrechtlich verfolgt werden.

4.6.1 Formate

Schulung, Training oder Übung?

Im Alltag geraten die Bezeichnungen häufig durcheinander und die gängigen Standards (ISO 223xx, BS 11200, BfV/BSI/ASW 2000-3, BSI 100-4 bzw. 200-4) bieten leider auch keine zufriedenstellenden Definitionen bzw. Abgrenzungen. In diesem Buch wollen wir daher mit folgenden Definitionen arbeiten:

- Eine Schulung ist ein Lehrformat, das Wissen ohne großartige praktische Anteile vermittelt.
- Ein Training ist ein Lehrformat, das Wissen und Kompetenzen mithilfe zahlreicher praktischer Anteile vermittelt. Durch die praktischen Anteile verbessern und üben die Teilnehmer sowohl ihre Individual- als auch Gruppenkompetenzen.

Eine Übung ist ein Lehrformat, das ausschließlich mit praktischen Anteilen arbeitet. Eine Übung richtet sich immer an ein oder mehrere Teams, deren Zusammenarbeit im Mittelpunkt steht. Durch die praktischen Anteile verbessern und üben die Teilnehmer ihre Individualkompetenzen und Gruppenkompetenzen.

Trainings

Trainings können wir für einzelnen Rollen oder ganze Teams – zum Beispiel den Kernkrisenstab – konzipieren. Sie eignen sich vor allem dazu, theoretisches Wissen zu vertiefen und es angeleitet (!) in Handlungsroutinen zu übertragen. In vertiefenden, rollenspezifischen Trainings können wir diese Routinen weiter verfestigen: Führen eines Krisenstabs und Leitung der Krisenbewältigung, revisionssichere Dokumentation im Krisenstabsprotokoll, Visualisieren von Lagebildern, das richtige Verhalten bei der Alarmierung, schnelle Initiierung der Krisenstabsarbeit, Auftritte vor Pressevertretern bzw. in Interviews oder Talk Shows etc. Entscheidend ist, dass wir nicht alle Krisenstabsrollen über einen Kamm scheren, da sich ihr jeweiliger Trainingsbedarf deutlich von dem anderer Rollen unterscheidet.

Übrigens: Für den Einsatz in Trainings eignen sich kleinere szenariobasierte Planspiele ganz hervorragend. Planspiele brauchen ein Drehbuch, das die Lage fortentwickelt, anhand der die Teilnehmer trainieren.

Standardisierte vs. Inhouse-Formate

Je nachdem, was unsere Zielgruppe und Zielsetzung sind sowie welches Budget wir zur Verfügung haben, gibt es rund um das Thema (Cyber) Crisis Management – genau wie zu vielen anderen Themen auch – einerseits standardisierte Schulungs- und Trainingsformate von externen Anbietern und andererseits die Möglichkeit, die Inhalte unternehmensspezifisch (inhouse) vermitteln zu lassen. Überraschenderweise ist letzteres oftmals deutlich kosteneffizienter, da wir bei einer Inhouse-Schulung nicht für jeden Teilnehmer extra bezahlen müssen (auch nicht die allseits beliebten Reisekosten und ggfs. Überstunden bei Tätigkeiten an einem anderen Einsatzort!). Obendrein kann der Trainer die Inhalte bei einer Inhouse-Schulung wesentlich präziser am Schulungsbedarf der Teilnehmer ausrichten.

Übungen

Übungen basieren immer auf einem spezifischen Szenario (analog einem Planspiel) und richten sich an Teams (Kernkrisenstab, erweiterten Krisenstab, Notfallteams, gesamte Notfallorganisation etc.). Sie können auf einer Führungsebene (meist dem Krisenstab) bleiben oder weitere Teile der Organisation miteinbeziehen. Handelt es sich um eine Übung, bei der lediglich der Krisenstab beübt wird und die restlichen Teile der Organisation außen vor bleiben, spricht man meist von einer (Krisen-)Stabsübung.

Gerade KRITIS-Betreiber sollten darüber nachdenken, (Krisenstabs-)Übungen nicht für sich allein durchzuführen, sondern verbundene Unternehmen (Dienstleister, Kunden, Kooperationspartner) und Behörden an der Übung zu beteiligen.

Wie alle anderen Formate muss auch eine Übung immer einem oder mehreren konkreten Zielen dienen – und diese dürfen wir sowohl bei der Anlage der Übung als auch bei der Beobachtung des Übungsverlaufs und der abschließenden Auswertung nie aus den Augen verlieren.

Interne vs. externe Trainer und Übungsleiter

Diese unterschiedlichen Formate können sowohl von internen als auch externen Experten vermittelt werden. In jedem Fall müssen wir darauf achten, dass der Trainer bzw. Übungsleiter folgende Anforderungen erfüllt:

- Er braucht didaktische und methodische Fähigkeiten.
- Schließlich sollen ja konkrete Inhalte an spezifische Zielgruppen in geeigneter Weise vermittelt werden.

- Er muss ausreichende fachliche Tiefe besitzen.
- Hier gilt das schöne Bild: Wer einen Vortrag halten muss, dessen Inhalt die Größe einer Briefmarke hat, muss Wissen in der Größe eines Blattes Papier haben.
- Die Zielgruppe muss uns mit Blick auf das Thema als Experten akzeptieren.
- Diese Anforderung ist häufig ein Problem für interne Experten, denn der Prophet gilt leider nicht viel im eigenen Land. Vor allem muss der Prophet in der Position sein, im Bedarfsfall JEDEN Teilnehmer wieder „einzufangen". Insbesondere bei Mitgliedern der Geschäftsleitung oder der ersten Führungsebene – die klassischen Mitglieder eines Krisenstabs – ist dies mitunter nicht ganz trivial.
- Er sollte die Organisation und/oder die Branche hinreichend gut kennen. Je nach Thema und Zielgruppe kann dies ein nachrangiger Punkt sein. Eine Grundlagen-schulung Crisis Management & Communication ist nun mal dazu da, allgemein-gültige Grundlagen zu vermitteln. Bei rollenspezifischen Trainings oder Übungen sollten wir auf diesen Punkt allerdings Wert legen.

4.6.2   Trainingsprogramm

Trainingsprogramm

Wenn wir unsere Notfall- und Krisenorganisation auf das nächste Level bringen wollen, bietet sich ein systematisches Trainingsprogramm an. Dabei machen wir uns Gedanken über

- die Ziele, die wir damit erreichen wollen;
- die Zielgruppen, die wir auf ihre Aufgaben im Notfall- und Krisenmanagement vor-bereiten müssen.

Grundsatz 1: Didaktik bestimmt Methodik

Der Aufbau des Trainingsprogramms muss genauso wie der Aufbau jeder einzelnen Maßnahme einem einfachen Grundsatz folgen: Die Didaktik bestimmt die Methodik und hat Vorrang vor ihr. Das bedeutet, dass die Zielsetzung bestimmt, welche Formate, In-halte und Methoden wir anwenden. Auf diese Weise reduzieren wir das Risiko, dass wir unsere kostbaren Ressourcen (Zeit, Geld, Lust/Interesse der Teilnehmer etc.) für einzelne Maßnahmen vergeuden, die dem Bedarf der Teilnehmer und unserer Organisation am Ende nicht wirklich gerecht werden.

Grundsatz 2: vom Allgemeinen zum Speziellen

In der Praxis begegnet uns bei Neukunden ein Phänomen immer wieder: der Wunsch, eine Krisenstabsübung durchzuführen (oft anhand eines schon feststehenden Szenarios). In den allermeisten Fällen hatten die vorgesehenen Teilnehmer jedoch noch gar nicht die Chance, sich mit grundsätzlichen, szenariounabhängigen Methoden des Krisen-managements vertraut zu machen. Um Missverständnisse zu vermeiden: Direkt mit einer

Übung einzusteigen, kann funktionieren, wenn der Schwierigkeitsgrad gut getroffen wird sowie die Erwartungshaltung mit Blick auf die Lernkurve und deren Übertragbarkeit auf andere Szenarien nicht allzu hoch ist. Besser ist daher, zunächst mit geeigneten Formaten, bspw. einer Grundlagenschulung und einem (Kleingruppen-)Training für den Kernkrisenstab, die allgemeinen Abläufe einzuüben, bevor wir den Krisenstab in Gänze zusammenholen und auf ein konkretes Szenario loslassen. Und wenn es doch gleich eine Übung sein soll, bitte moderiert.

Grundsatz 3: vom Einfachen zum Schweren
Wenn unser Krisenstab noch nicht allzu oft gemeinsam geübt hat, geschweige denn, in einem Ernstfall zusammenarbeiten musste, bietet sich nicht unbedingt gleich eine Krisenstabsübung an, die eine multiple Schutzzielverletzung zum Gegenstand hat (d. h. ein Ransomware-Angriff, bei dem obendrein sensible Daten veröffentlicht werden und sich die IT-Probleme auf Steuerungssysteme von Maschinen auswirken, so dass daran arbeitende Mitarbeiter verletzt oder gar getötet werden). Ein solches Szenario kann die Teilnehmer nur überfordern, so dass der Lerneffekt überschaubar, die Frustration aber umso größer ist. Beides ist nicht gut, wenn wir das Thema Notfall- und Krisenmanagement intern pushen wollen.

Grundsatz 4: Zusammen sind wir stärker
Cyber-Krisen erstrecken sich nie nur auf die betroffene Organisation, sondern auch auf deren Partner. Mal sind es Kunden, die in Mitleidenschaft gezogen werden, mal sind es Dienstleister, die für den IT-Betrieb unverzichtbar sind. Oft sind es auf Incident & Crisis Management spezialisierte Teams, die als eine Art Digitalfeuerwehr zu Hilfe eilen. Für alle gilt: Je reibungsloser die Zusammenarbeit mit ihnen, desto besser für unseren Geschäftsbetrieb und damit unsere Reputation bei den wichtigsten Stakeholdern. Daher sind wir gut beraten, auch Kunden, Lieferanten, Dienstleister, ja sogar Behördenvertreter in unsere Übungen zu integrieren. Krisenmanagement erfordert Vertrauen. Und was könnte besser geeignet sein, Vertrauen aufzubauen, als gemeinsame Erlebnisse, die uns zwar gefordert haben, aber die wir am Ende doch gemeinsam bewältigen konnten?

Aus der Praxis: Beispiel für den Aufbau eines Trainingsprogramms
Wie kann ein didaktisch fundiertes Schulungs-, Trainings- und Übungsprogramm aussehen? Das zeigt Tab. 4.2: Trainingsprogramm (Auszug), die wir um ein Abkürzungsverzeichnis ergänzt haben.

Disclaimer, Teil 1: Die Tabelle zeigt nur einen Auszug eines Programms – es fehlt unter anderem die Zeitachse, auf der wir die einzelnen Maßnahmen umsetzen wollen. Ebenso unterschlägt es die initiale Bestandsaufnahme, mit der wir den tatsächlichen Schulungs- und Trainingsbedarf ermitteln, sowie gesonderte Maßnahmen zur Evaluierung des Lernfortschrittes.

Disclaimer, Teil 2: Dieser Aufbau ist selbstverständlich nicht in Stein gemeißelt, sondern muss organisationsspezifisch angepasst werden.

Tab. 4.2 Trainingsprogramm (Auszug)

Level	Format	ZG	Ziel: TN…	Maßnahme
0	S	3, 4, 5	Kennen die Grundlagen des NuK	Grundlagenschulung
1	T	1	Können ihre Aufgaben im NuK wahrnehmen	Rollenspezifische Trainings
2	T	2, 3, 4	Üben die Initialisierung + Bewältigung von Krisen	Kleingruppentraining
3	SÜ (C)	3, 4, 5, 6	Üben die Zusammenarbeit • im Gremium	Stabsübung für ein einzelnes Gremium mit einfachem Szenario unter Einsatz von Coaching-Elementen
4	SÜ	3, 4, 5, 6	• ggfs. unter Anleitung	Stabsübung für ein einzelnes Gremium mit einfachem Szenario
5	Ü (C)	3, 4, 5, 6	• ggfs. mit anderen Gremien	Übung für mehrere Gremien mit einfachem Szenario unter Einsatz von Coaching-Elementen
6	Ü	3, 4, 5, 6		Übung für mehrere Gremien mit einfachem Szenario
7	Ü	3, 4, 5, 6		Übung für mehrere Gremien mit komplexem Szenario
8	IÜ	3, 4, 5, 6		Integrierte Übung für mehrere Gremien mit einfachem Szenario und Einbindung externer Stakeholder
9	IÜ	3, 4, 5, 6		Integrierte Übung für mehrere Gremien mit komplexem Szenario und Einbindung externer Stakeholder

Formate:
C: Coaching-Elemente
IÜ: integrierte Übung
KSÜ: Krisenstabsübung
S: Schulung

SÜ: Stabsübung
T: Training
Ü: Übung

NuK: Notfall- und Krisenmanagement
TN: Teilnehmende

Zielgruppe (ZN):
1 einzelne Rollen
2 Kernkrisenstab
3 Krisenstab
4 CSIRT
5 andere Gremien
6 externe Partner

Aus der Praxis: besonders empfehlenswerte Maßnahmen

Die besten Quick Wins für Notfall- und Krisenorganisationen ergeben sich, wenn wir einzelne Rollen besonders fördern. Diese können auf zweierlei Weise zu Multiplikatoren werden: einerseits, indem sie im Ernstfall souverän agieren und so zum Vorbild für andere Mitglieder der Notfall- und Krisenorganisation werden und andererseits, indem sie in unserer Organisation von ihren (hoffentlich positiven!) Erfahrungen mit Schulungen und Trainings berichten. Hierbei bieten sich vor allem die Rollen an, die wir im Kernkrisenstab versammelt haben.

Obendrein bewährt es sich immer wieder, Betroffene zu Beteiligten zu machen. Das heißt hier nichts anderes, als den Krisenstabsmitgliedern (erneut: vor allem dem Kernkrisenstab) nicht einfach eine bestimmte Methode oder ein bestimmtes Hilfsmittel als gesetzt vorzugeben, sondern als Vorschlag mit der Option zur (Mit-)Entwicklung zu präsentieren. Ein versierter Trainer wird einen solchen Ansatz gern in ein rollenspezifisches bzw. ein Kleingruppentraining einbauen.

Mit dieser Vorgehensweise beherzigen wir übrigens alle drei Grundsätze dieses Kapitels, indem wir zunächst die Zielgruppe in den Fokus nehmen, die bei allen Krisenarten im Mittelpunkt stehen wird: den Kernkrisenstab. Diesem vermitteln wir die Methoden, auf denen die Krisenbewältigung insgesamt fußt: Initialisierung der Krisenstabsarbeit und Durchlaufen des Krisenbewältigungsprozesses. Wenn wir hier Handlungssicherheit besitzen, können wir guten Gewissens komplexere Übungsformate in Angriff nehmen – vom Allgemeinen zum Speziellen, vom Einfachen zum Schweren.

4.7 Voraussetzungen für die Fortsetzung des Geschäftsbetriebs schaffen

Fokus: Verfügbarkeit der Prozesse und Daten sowie der Systeme, die sie verarbeiten

Auch in einem Not- oder Krisenfall erwarten unsere Stakeholder, dass wir zumindest in einem gewissen Umfang handlungsfähig sind und zentrale Säulen unseres Geschäftsbetriebs aufrechterhalten. Diese Säulen müssen wir identifizieren und robuste Vorkehrungen treffen, damit sie auch im Ernstfall stabil bleiben. Das bedeutet, wir müssen

- unsere kritischen (Geschäfts-)Prozesse identifizieren, priorisieren und die Ressourcen ermitteln, ohne die die Prozesse nicht funktionieren;
- für die kritischsten Prozesse Workarounds beschreiben, die unsere betriebliche Kontinuität zumindest übergangsweise sicherstellen, selbst wenn uns Daten oder IT-Systeme nicht zur Verfügung stehen;
- IT-seitig die Verfügbarkeitsanforderungen der (Geschäfts-)Prozesse in eine zweckmäßige IT-Architektur übersetzen;
- die Vorgehensweisen für den Wiederanlauf der IT-Systeme und den Restore von Daten mindestens dokumentieren und so weit wie möglich automatisieren.

Was sind wichtige Elemente von BCM?

Business Continuity Management (BCM) beschäftigt sich mit der Frage, wie wir auch bei Ausfall zentraler Ressourcen (Supporting Assets nach ISO 27005) die zeitkritischen Prozesse und Aktivitäten inkl. der nötigen Informationen (Primary Assets nach ISO 27005) soweit verfügbar halten können, dass unserer Organisation kein schwerwiegender Schaden entsteht. Der gängige Standard für BCM ist ISO 22301.

Das BCM steuern wir am besten anhand eines zyklischen Prozesses, der in ein Business Continuity Management System (BCMS) eingebettet ist. Dessen wesentliche Schritte sind:

- Business Impact Analyse (BIA) (s. Abschn. 6.3.1 Ermittlung von Business Impact und Schutzbedarfen, oder: immer wieder Crown Jewels)
- BC Risk Assessment (BC RA) (s. Abschn. 5.5 Cyber Risk Management)
- BC-Strategien für typische Ausfallszenarien
- Erstellen/Aktualisieren der Geschäftsfortführungspläne (GFP)
- Tests, vor allem der GFP

Was sind wichtige Elemente von IRBC?

Die ICT readiness for business continuity (IRBC) stellt sicher, dass unsere kritischen (Geschäfts-)Prozesse im erforderlichen Umfang auf IT- und Telekommunikations-lösungen zurückgreifen können. Unser Ziel lautet daher an dieser Stelle, die IT (unter-stützende Ressource!) soweit verfügbar zu halten, dass der Organisation durch ihren Ausfall niemals ein schwerwiegender Schaden entsteht.

Genau wie BCM steuern wir auch IRBC am besten anhand eines zyklischen Prozes-ses. Dessen wesentliche Schritte sind:

- IRBC-Gap-Analyse
- IRBC-Strategieoptionen
- Erstellen/Aktualisieren der Wiederanlaufpläne (WAP) und Restore-Konzepte
- Test der WAP und Restore-Konzepte

Statt IRBC sind werden oftmals auch die Begriffe

- IT Service Continuity Management (ITSCM)
- Disaster Recovery Planning (DR Planning)

synonym verwandt.

4.7.1 Notbetrieb der (Geschäfts-)Prozesse vorbereiten: Geschäftsfortführungspläne

Zweck von GFP

Geschäftsfortführungspläne (GFP) beschreiben für notfallrelevante Prozesse temporäre Workarounds für den Ausfall der Ressourcen, die wir im Rahmen der BIA als erforderlich identifiziert haben. Unabhängig von der Branche unserer Organisation sowie der Art der Krise sollten wir für unsere notfallrelevanten (Geschäfts-)Prozesse GFP für folgende Szenarien vorhalten:

- Ausfall von Gebäuden/Standorten
- Ausfall von Maschinen/Anlagen
- Ausfall von Personal
- Ausfall von IT
- Ausfall von Anwendungen und IT-Systemen

Im Kontext von Cyber-Krisen liegt der Fokus dabei auf IT-Systemen, IoT-angebundene Maschinen und Anlagen sowie Dienstleister.

GFP sind das zentrale Werkzeug für die Business-Notfallteams, die im Ernstfall den (Geschäfts-)Betrieb irgendwie aufrechterhalten müssen.

Inhalt und Mustergliederung eines prozessbezogenen Notfallplans (Auszug)
1. Notfallteam (Rollen!)
2. Kontakte (intern, extern)
3. GFP: Ausfall von Anwendungen und IT-Systeme
   3.1 Anwendung 1 (z. B. Internet-Telefonie/MS Teams)
        3.1.1   Sofortmaßnahmen zur Aufnahme des Notbetriebs
        3.1.2   Workarounds zur Aufrechterhaltung des Notbetriebs
        3.1.3   Maßnahmen zur Rückkehr in den Normalbetrieb
   3.2 Anwendung 2 (z. B. Buchhaltungssystem)
        3.2.1   Sofortmaßnahmen zur Aufnahme des Notbetriebs
        3.2.2   Workarounds zur Aufrechterhaltung des Notbetriebs
        3.2.3   Maßnahmen zur Rückkehr in den Normalbetrieb
   3.3 Anwendung 3 (z. B. CRM-Tool)
   3.4 Anwendung n
4. GFP: Ausfall von Maschinen und Anlagen
   4.1 Maschine/Anlage 1 (z. B. Herd- und Kochinfrastruktur der Betriebskantine)
        4.1.1   Sofortmaßnahmen zur Aufnahme des Notbetriebs
        4.1.2   Workarounds zur Aufrechterhaltung des Notbetriebs
        4.1.3   Maßnahmen zur Rückkehr in den Normalbetrieb

4.2   Maschine/Anlage 2 (z. B. Druckstraße)
    4.2.1   Sofortmaßnahmen zur Aufnahme des Notbetriebs
    4.2.2.   Workarounds zur Aufrechterhaltung des Notbetriebs
    4.2.3   Maßnahmen zur Rückkehr in den Normalbetrieb
4.3   Maschine/Anlage n
5. GFP: Ausfall von Dienstleistern
  5.1   Dienstleister 1 (z. B. Zulieferer)
    5.1.1   Sofortmaßnahmen zur Aufnahme des Notbetriebs
    5.1.2   Workarounds zur Aufrechterhaltung des Notbetriebs
    5.1.3   Maßnahmen zur Rückkehr in den Normalbetrieb
  5.2   Dienstleister 2 (z. B. IT-Dienstleister)
    5.2.1   Sofortmaßnahmen zur Aufnahme des Notbetriebs
    5.2.2   Workarounds zur Aufrechterhaltung des Notbetriebs
    5.2.3   Maßnahmen zur Rückkehr in den Normalbetrieb
  5.3   Dienstleister n
6. GFP: Ausfall von Gebäuden/Standorten (für Cyber-Krisen meist sekundär)
7. GFP: Ausfall von Personal (für Cyber-Krisen meist sekundär)

Wem dieser Gliederungsvorschlag nicht zusagt, der findet möglicherweise online Passenderes. Unter anderem das BSI hat rund um den Standard 200–4 diverse Hilfsmittel zur Verfügung gestellt.

Aus der Praxis: Anforderungen an GFP

Ein GFP muss einige grundlegende Anforderungen erfüllen. Die erste (und oft schon nicht ganz triviale) Anforderung lautet: Er muss für alldiejenigen verfügbar sein, die damit arbeiten müssen. Auch und gerade im Ernstfall, d. h. beim Ausfall zentraler IT-Komponenten. Deshalb sollten wir uns nicht nur über Online- sondern auch über Offline-Lösungen Gedanken machen und/oder unsere Notfallteammitglieder dazu verdonnern, einen Ausdruck in der Schublade (und zu Hause auf dem Nachttisch) zu haben. Inhaltlich sollte er so knapp wie möglich, aber so ausführlich wie nötig sein. Leidvolle Erfahrungen zeigen immer wieder: Ein zu komplexer bzw. umfangreicher Plan ist im Ernstfall unübersichtlich und stiftet im Zweifel mehr Verwirrung als Nutzen. Sprich, er ist kaum handhabbar; schon gar nicht für jemanden, der den Plan bzw. die Workarounds nicht selbst definiert hat. Kurz, der GFP muss im Ernstfall funktionieren, auch wenn ein sachkundiger Dritter damit arbeiten soll. Das bringt uns zur letzten (und vielleicht wichtigsten) Anforderung: Wir müssen ihn testen (siehe Abschn. 4 „Was funktioniert und was nicht: Tests").

Ganz nebenbei: Falls wir damit liebäugeln, ein BCMS zu implementieren und nach ISO 22301 zertifizieren zu lassen, müssen wir nachweisen, dass wir (neben vielen anderen auch) diese Anforderungen erfüllen.

4.7.2   Wiederanlauf der IT-Systeme ermöglichen

4.7.2.1 Technische Lösungen

Technologien

In den IT-Landschaften begegnen uns verschiedene Technologien, die mit Blick auf den Wiederanlauf (und natürlich die Ausfallsicherheit) alle ihre Vor- und Nachteile haben.

Public/Hybrid Cloud: kein Internet, kein gar nix

Wenn wir uns allein auf die Fragen nach der Ausfallsicherheit und der Schnelligkeit beim Wiederanlauf fokussieren, gibt es unter all diesen Technologien einen klaren Favoriten: Ab in die Cloud! Damit liegt der Wiederanlauf nicht in unserer Zuständigkeit, sondern der des Lösungsanbieters. Über entsprechende Verträge können wir als Organisation mit verschiedenen Dienstleistern bzw. für ausgewählte Services Rundum-Sorglos-Pakete kontrahieren. Die Sache hat nur zwei nicht ganz unwesentliche Haken:

1. Sobald unsere Verfügbarkeitsprobleme nicht hausgemacht sind, sondern mit der Internetverbindung zusammenhängen, haben wir keine Chance mehr, irgendetwas zu tun, um die Services wiederanlaufen zu lassen. Ach stopp, wir können doch was tun: warten, beten und die Geschäftsfortführungspläne aktivieren.
2. Auch wenn wir die Bereitstellung des Service und damit die Zuständigkeit für dessen Wiederanlauf an einen Dienstleister ausgelagert haben, bleibt die Verantwortung für alles, was unsere Stakeholder von diesem Service erwarten, doch bei uns. Um es noch einmal zu betonen: Wir können die Verantwortung nicht auslagern, weder in moralischer, noch in rechtlicher Hinsicht.

Virtualisierung: Continuity-Traum

Virtualisierungslösungen, bei denen die Virtualisierungsschicht über mehr als ein Rechenzentrum gespannt ist, sind aus ITSCM- bzw. IRBC-Sicht die bevorzugte Lösung. Eine solche Konstruktion kann den Wiederanlauf bzw. die Wiederherstellung der virtualisierten Systeme nahezu komplett automatisieren – wenn es denn überhaupt dazu einem Ausfall kommt. In diesem Fall starten die virtualisierten Systeme so schnell an, dass der Nutzer in der Regel davon nichts mitbekommt. Im Wiederherstellungsfall sind Infrastructure as Code und (hoffentlich gehärtete) Standard-Images, die wir automatisiert ausrollen können, echte Wunderwaffen.

Cluster: robuster IT-Betrieb

Cluster dürfen wir uns als Verbundlösungen vorstellen, bei denen mindestens zwei Instanzen (sogenannte Nodes) gemeinsam einen Service bereitstellen. Die Nodes sollten dabei gleichmäßig auf unsere Rechenzentren verteilt sein, d. h. in einem vier Nodes umfassenden Cluster sollten zwei Nodes in dem einen und zwei Nodes in dem anderen Rechenzentrum laufen.

Cluster gibt es in unterschiedlichen Varianten:

- physisch vs. virtualisiert
- aktiv-aktiv vs. aktiv-passiv

Physisch meint, dass wir (und unabhängig vom darauf betriebenen Betriebssystem) Hardwarekomponenten zu einem gemeinsamen Zweck zusammenschließen, auch über zwei Rechenzentren hinweg. Alternativ können wir die Cluster auch virtualisieren und so von den oben beschriebenen Vorteilen der Virtualisierungslösungen profitieren.

Bei einem aktiv-aktiv-Cluster sind alle Nodes gleichzeitig aktiv und teilen sich die Arbeit. Sollte einer der Nodes ausfallen, übernehmen die restlichen die Arbeit. Daher müssen die einzelnen Nodes immer freie Kapazitäten haben, um das eigene „Arbeitsvolumen" jederzeit erhöhen zu können. Ein aktiv-passiv-Cluster hat ebenfalls zwei oder mehr Nodes, von denen aber nur die eine Hälfte aktiv ist. während die andere darauf wartet, übernehmen zu müssen.

Clusterlösungen sind dafür gedacht, einen robusten IT-Betrieb zu bieten. Sollten ein oder mehr Nodes ausfallen und so ein Wiederanlauf nötig werden, bedarf es meist zumindest punktueller manueller Eingriffe, die wir in Wiederanlaufplänen dokumentieren sollten.

Redundant aufgesetzte Systeme

Bei redundant aufgesetzten Systemen existiert das System zweimal, im Idealfall an unterschiedlichen Standorten je einmal. Fällt uns das eine aus, kann das andere übernehmen. Ähnlich wie bei den Clustern geschieht das meist nicht automatisch, sondern muss manuell initiiert werden. Mehr dazu in Abschn. 4.7.2.2 Organisatorische Vorbereitungen: Wiederanlaufpläne und Restore-Konzepte.

4.7.2.2   Organisatorische Vorbereitungen: Playbooks, Wiederanlaufpläne und Restore-Konzepte

Playbooks

Playbooks sind fallspezifische Handlungsanweisungen für das SOC/CSIRT. Klassische Fälle sind Datendiebstahl, Ransomware-Attacken, DDoS-Attacken oder auch der Verlust von hochprivilegierten Nutzerkonten. Meist finden wir diese in Form von Flow Charts, die eine Abfolge von Maßnahmen orchestrieren, wobei die Durchführung der Einzelmaßnahmen unterschiedlichen Akteuren zugewiesen ist. Dies können interne Stellen sein, aber auch externe Partner.

SOP und Atomic Actions

Die Maßnahmen, die wir in einem Playbook definieren, können wir modular designen und in Standard Operation Procedures (SOP) fassen. Innerhalb der SOP können wir die Schritte nochmals runterbrechen. Diese Atomic Actions – werden sich wiederum in mehr als einer SOP und damit mehr als einem Playbook wiederfinden. Aufgrund der mehrfachen Nutzbarkeit lohnt es sich, wenn wir SOP und Atomic Actions genauer beschreiben, damit sie auch personenunabhängig effektiv durchgeführt werden können. Typische Beispiele sind die Vorgehensweisen zur Durchführung eines AD oder Passwort-Resets, der Isolierung eine WAN-Segments oder der eines Endpoints.

Kritischer Pfad

Der Dokumentation und Verprobung des kritischen Pfads sollten wir höchste Priorität einräumen. Der kritische Pfad ist der kürzeste Weg, den wir beim kompletten Neuaufbau unserer IT-Landschaft gehen müssen – von der Hardware bis zu den Applikationen und Produktivdaten, die für unsere kritischen Geschäftsprozesse essenziell sind. Schematisch können wir uns dabei an Abb. 3.6: Wiederanlaufreihenfolge der Technologiegruppen orientieren. Wichtig ist, dass wir nicht nur die Reihenfolge der Technologiegruppen definieren – das tut bereits die Abbildung im Wesentlichen – sondern all das, was zur Wiederherstellung einer jeden sequenziell und unter Umständen parallel passieren muss. Gerne direkt mit Verantwortlichkeiten, Zeitbedarfen und sonstigen Voraussetzungen.

Wiederanlaufpläne

Sofern ein bestimmtes System von einem notfallrelevanten (Geschäfts-)Prozess benötigt wird, sollten wir alle seine Komponenten (Anwendungsseite, Datenbanken, Middleware, Basisdienste, Betriebssystem) für den Wiederanlauf rüsten. Das Mittel der Wahl sind Wiedcranlaufplänc (WAP). Im Gegensatz zu den GFP haben WAP einen entscheidenden Vorteil: Wir können sie zu großen Teilen in Skripte gießen, d. h. automatisieren. Auf diese Weise bedarf es oftmals nur eines manuellen Anstoßes und der Rest passiert (bis auf die den Wiederanlauf abschließende Systemabnahme) von ganz allein. Und vor allem schneller, als wenn wir versuchen, händisch einzugreifen. Obendrein sind derartige WAP robuster, d. h. unabhängig von menschlichen Unzulänglichkeiten – natürlich nur unter der Prämisse, dass die Skripte fehlerfrei sind (was wir aber durch Tests herausfinden können und müssen).

Wiederanlauf von Stand-Alone-Systemen

Wiederanlaufpläne können wir jedoch nur nutzen, wenn unsere Systeme redundant aufgesetzt (oder noch besser virtualisiert) sind. Leider gibt es oftmals noch Systeme, die aus unterschiedlichsten Gründen solitär bzw. stand-alone sind. Das bedeutet, sie verfügen über keine Redundanz, so dass es deutlich zeitaufwendiger ist, den Ausfall zu kompensieren. Prinzipiell gibt es zwei Möglichkeiten: Wir können

- versuchen, das System an Ort und Stelle wiederherzustellen;
- in der hoffentlich vorhandenen Testumgebung die Testmaschine zur produktiven umzuwandeln.

Für die Wiederherstellung müssen wir das System ggfs. von Grund auf neu aufbauen. Dazu sind sogenannte Wiederherstellungspläne (WHP) eine sinnvolle Sache. Mit ein

wenig Glück bleibt uns erspart, diese WHP separat erstellen zu müssen. In der Betriebs-
dokumentation (z. B. dem Betriebshandbuch) haben wir einen Joker, der ggfs. die nötigen Schritte bereits beschreibt.

Bei der Umwandlung der Test- in die Produktionsumgebung müssen wir in der Regel
größere Mengen an Daten migrieren, da Produktivdaten in der Testumgebung nichts verloren haben. Meist müssen wir auch die Anbindungen an Um-Systeme neu konfigurie-
ren.

Beide Varianten kosten Zeit und sind störanfällig, so dass sie aus IRBC-Sicht für zeit-
kritische Systeme indiskutabel sind.

Backup- und Restore-Konzepte
Wir können drei Arten von Backups unterscheiden:

- Vollständige Backups
- (wie der Name schon sagt – eine vollständige Datensicherung)
- Differenzielle Backups
- (Differenzielle Backups sichern die Unterschiede im Datenbestand seit dem letzten
  vollständigen Backup.)
- Inkrementelle Backups
- (Inkrementelle Backups sichern die Unterschiede im Datenbestand seit dem letzten Backup – unabhängig davon, ob es sich bei diesem letzten Backup um ein vollständiges oder inkrementelles Backup gehandelt hat.)

Das Einspielen der Backups (der sogenannte Restore) ist kein Selbstläufer. Vor allem ist
er mitunter zeitaufwendig und je nach gewählter Backup-Strategie auch unterschiedlich
anspruchsvoll. Ein volles Backup wiederherzustellen ist tendenziell einfacher, aber zeitaufwendiger als mit inkrementellen Backups zu arbeiten.

Worst Case: fehlende oder kompromittierte Backups
Backups sind unser Reservefallschirm. Wenn der im Fall der Fälle nicht aufgeht, haben
wir ein ernstes Problem. Das zeigt sich beispielsweise bei Ransomware-Attacken. Wenn
wir in der Lage sind, unsere als Crown Jewels deklarierten Daten und IT-Systeme innerhalb kurzer Zeit wiederherzustellen, ist die Attacke zwar ärgerlich, aber nicht existenzgefährdend. Wenn wir jedoch keine Backups erstellt haben oder die Angreifer auch die
Backups kompromittieren konnten, dann ist unser Reservefallschirm nicht aufgegangen.
Ergo ist das Erstellen und der Schutz von Backups auf einer technischen Ebene das alles
entscheidende Instrument.

Backups können wir lokal (on-prem, Private Cloud, Hybrid Cloud) halten, aber auch
in einer Public Cloud. Egal, für was wir uns entscheiden: Es gilt die Faustregel, dass je
sicherer wir uns aufstellen wollen, desto mehr Ressourcen müssen wir aufwenden. Denn
Kombinationen aus lokaler Datenhaltung und einer in einer Public Cloud zu designen,
betreiben und testen, das bindet Zeit, Wissen, und Geld.

Gut beraten sind wir jedenfalls, wenn wir kritische Backups

- in separaten Netzsegmenten ablegen;
- auf besonders gehärteten Servern ablegen;
- nur für personalisierte, privilegierte Nutzerkonten erreichbar machen, die ihrerseits in ein Berechtigungskonzept eingebettet sind, wie es das Enterprise Access Model (EAM) empfiehlt;
- vor dem Einspielen einem Integritätscheck unterziehen;
- regelmäßig testen (den Restore).

Aus der Praxis: Backup-Strategien kombinieren
Da sich die einzelnen Verfahren erheblich bzgl. des Speicherbedarfs und auch des Zeitaufwands unterscheiden, den wir für die Erstellung und vor allem das Einspielen der Backups (der berühmte Restore) einplanen müssen, werden die Verfahren oftmals kombiniert. Bewährt hat sich ein vollständiges Backup pro Woche und an den dazwischen liegenden Tagen inkrementelle Backups. Angenommen, wir erstellen das vollständige Backup immer samstags und werden (aus welchen Gründen auch immer) an einem Freitag zum Restore gezwungen. In diesem Fall müssen wir das vollständige Backup und die inkrementellen Backups von Sonntag, Montag, Dienstag, Mittwoch und Donnerstag einspielen. Das sind in Summe sechs Backups, was beim Restore einen gewissen Zeitaufwand bzw. Komplexität bedeutet. Alternativ können wir zwischen den vollständigen Backups auch mit differenziellen Backups arbeiten. Das erhöht zwar den Speicherbedarf und Zeitaufwand bei der Erstellung, reduziert aber Komplexität und Zeitaufwand beim Restore – schließlich müssen wir statt bis zu sechs separaten Backups maximal zwei einspielen, nämlich jeweils das letzte vollständige und differenzielle Backup.

Synchrone Datenspiegel
Auf mehrere Lokationen verteilte, synchrone Datenspiegel sind aus IRBC-Gesichtspunkten die wünschenswerteste Option – allerdings auch die teuerste. Dabei werden Kopien der Änderungen im Datenbestand in Echtzeit von der Datenbank, auf der die Änderung vorgenommen wird, auf eine Datenbank an einem anderen Standort gespiegelt (in der Regel einem zweiten Rechenzentrum). Die Entfernung der Lokationen zueinander kann hierbei allerdings zum Stolperstein werden, da Glasfaserleitungen die Latenzzeiten zwar deutlich reduzieren, aber eben nicht verschwinden lassen.

Datensafe
Ein Datensafe an einem dritten Standort (zusätzlich zu den Lokationen unserer Rechenzentren) kann eine Überlegung wert sein, um einen vollständigen Datenverlust zu verhindern – sofern er physisch und logisch gehärtet ist. Wozu ein solcher Datensafe in aller Regel aber nicht taugt, ist einen zeitgerechten Restore sicherzustellen. Falls unsere Restore-Konzepte so etwas vorsehen, sollten wir unbedingt praktisch und am lebenden

Objekt überprüfen, wie viel Zeit das Verfahren in Anspruch nimmt – und ob sich die Backups technisch herstellen lassen.

4.7.3 Rahmenbedingungen für Cybersecurity Incident Response schaffen

Ausführlich an bereits anderer Stelle: CSIR(T), SIEM und mehr
Damit wir im Ernstfall handlungsfähig sind, sollten wir ein Team aufstellen, das auf technischer Ebene schnell reagieren kann. Das ist das sogenannte Cybersecurity Incident Response Team (CSIRT, s. Abschn. 4.2.4 „Notfallgremien der taktisch-operativen Ebene"). Dem CSIRT müssen wir technische Lösungen an die Hand geben, die es in die Lage versetzen, potenziell gefährliche Ereignisse in den tiefen unserer IT-Landschaft zu entdecken (s. Abschn. 4.3.7 „Tools zur Detektivin von und Reaktion auf Angriffe").

Für die eigentliche Incident-Bewältigung sollten wir im CSIRT Ablaufbeschreibungen entwickeln, anhand derer gängige Incidents standardisiert (und damit schnell) nachverfolgt werden können. Dies sind die sogenannten Playbooks. Obendrein sollten wir die IT-Systeme identifizieren, die besonders kritisch und/oder besonderen Risiken ausgesetzt sind und daher im Betrieb eng überwacht werden sollten. Ausgangspunkt sind die Anforderungen der (Geschäfts-)Prozesse (s. Abschn. 4.7.1 „Notbetrieb der (Geschäfts-)Prozesse vorbereiten" sowie 5.5 „Cyber Risk Management").

Containment-Strategie
Wann wir Systeme ausschalten bzw. Netzsegmente separieren und dem Angreifer auf diese Weise signalisieren, dass er aufgeflogen ist, sollten wir im Idealfall in Grundzügen schon in Friedenszeiten vordenken und in einer sogenannten Containment-Strategie festschreiben. In der Hitze des Gefechts getroffene Entscheidungen sind nicht immer die besten und enthalten womöglich nicht alle nötigen Perspektiven (Business, Recht, Security).

Die Containment-Strategie nimmt Entscheidungsdruck von den handelnden Personen, indem sie verschiedene Situationen vor denkt und je nach Situation auf Basis eines übergeordneten Ziels bzw. einer Abwägung mehrerer Ziele der Notfallorganisation (CSIRT, SOC, Notfallteams, Krisenstab – allen, die involviert sind) Prioritäten als Leitstern an die Hand gibt.

4.8 Was funktioniert und was nicht: Tests

Ziel und Zweck von Tests
Tests dienen einem einzigen Zweck: Sie überprüfen, ob unsere Maßnahmen (Verfahren, Technologien und Tools) tatsächlich in dem Umfang funktionieren, wie wir es für unser Cyber Crisis Management benötigen – beginnend bei der Prävention, über die Vorbereitung bis hin zur unmittelbaren Krisenbewältigung.

Und was ist mit Audits?

Um Missverständnisse zu vermeiden: Natürlich sind Tests nicht die einzige Möglichkeit, um uns von der Wirksamkeit unserer Gegenmaßnahmen für Cyber-Krisen zu überzeugen. Neben Tests gibt es (leider immer mal wieder) auch Ernstfälle – und Audits, wie wir in einem eigenen Kapitel sehen werden (Abschn. 5.6 „Unsere Cyber Resilience und wie es um sie bestellt ist: Audits").

Testprogramm

„Maßnahmen" ist dabei ein weitgefasster Begriff, den wir ab sofort durch den des „Testobjekts" ersetzen. Zu diesen Testobjekten zählen beispielsweise:

- technische Komponenten und Funktionalitäten
- organisatorische Vorkehrungen (Verfahren, Pläne, Templates etc.)
- Annahmen (Zeitbedarfe, Ressourcenbedarfe etc.)
- …

Dann müssen wir uns überlegen, welches Testobjekt

- mit welchem *konkreten* Ziel,
- wie (theoretisch oder praktisch),
- wie oft (Zyklus) und
- durch wen (interne oder externe Tester)

überprüft werden soll.

Wenn wir diese Punkte in einer Mehrjahresplanung abbilden und mit Verantwortlichkeiten sowie Reportingmechanismen in Richtung des Topmanagements versehen, machen wir Vieles richtig. Der guten Ordnung halber: Ein solches Testprogramm kennen wir vermutlich von der Auditplanung unserer internen Revision.

Aus der Praxis: Risikoorientierung dringend empfohlen

Angesichts der Mengengerüste an Testobjekten und Überprüfungsbedarfen werden wir erneut um eine risikoorientierte Vorgehensweise nicht herumkommen. Wichtige Hinweise über die Risiken, die wir mit unserem Testprogramm im Blick behalten müssen, bekommen wir aus dem Cyber Risk Management, der Schutzbedarfsfeststellung, der Business Impact Analyse, dem BC Risk Assessment und natürlich den Audits.

Und: Die intensive Behandlung eines Testobjekts durch enge Testzyklen inkl. verstärkt praktischer Überprüfungsformen kann durchaus eine Maßnahme im Rahmen des Cyber Risk Managements sein.

Tests

Während Audits meist einen etwas breiteren Blickwinkel haben, sind Tests in der Regel auf ein einzelnes, konkretes Testobjekt gerichtet. Das kann beispielsweise ein spezifisches Verfahren sein, eine bestimmte technische Funktionalität etc. Welches Testformat wir im Einzelfall wählen, hängt auch (aber nicht nur) vom Testobjekt ab. Grundlegend können wir zwischen rein theoriebasierten und praktischen Testformaten unterscheiden. Zu den theoriebasierten Testformaten zählen vor allem die berühmt-berüchtigten Schreibtischtests, während bei den praktischen Testformaten ein bunter Strauß an Bezeichnungen und Systematisierungen Usus ist.

Disclaimer: Leider hilft auch ein Rückgriff auf gängige Standards nicht wirklich, wenn wir dieses babylonische Sprachwirrwarr auflösen wollen: ISO 22398 und die BSI-Glossars zu Grundschutz und Notfallmanagement tragen dazu eher noch bei.

Theoretische vs. praktische Testformate
Es gilt erneut der Grundsatz: vom Leichten zum Schweren. Das bedeutet, wenn wir uns dem Thema Tests nähern wollen, sind wir gut beraten, zunächst mit Schreibtischtests zu starten, da diese

- einfacher zu organisieren und
- weniger risikobehaftet

als praktische Tests sind.

Aber gegenüber praktischen Tests haben sie auch beträchtliche Nachteile. Sie

- sind weniger aussagekräftig und
- werden von Prüfern zunehmend als unzureichend angesehen.

Unser Testprogramm sollte daher zunächst mit Schreibtischtests für die einzelnen Testobjekte starten, um diese dann sukzessive durch praktische Testformen zu ersetzen. Nicht nur deshalb ist eine Mehrjahresplanung eine sinnvolle Sache.

Werfen wir nun einen Blick auf die beim Thema Cyber Crisis Management wichtigsten Tests. Ohne diese Tests kommen wir bei

- Prävention,
- Vorbereitung,
- Bewältigung und
- (Nachsorge)

von Cyber-Krisen nicht aus.

Penetrationtests, Schwachstellenscans und Red Team Exercises
Pentests auf unterstützende Ressourcen ermitteln eventuelle Lücken in unseren Sicherheitsvorkehrungen und zeigen uns somit Risiken auf, die potenzielle Krisenauslöser sein können. Wir können Pentests nicht nur für alle Arten von IT-Komponenten (Web-Anwendungen, Datenbanken, Betriebssysteme, Hosts, Netzwerkkomponenten, Identity Provider etc.) sowie IoT-Komponenten, Mobile Devices, Maschinen und Anlagen

durchführen (lassen), sondern sollten auch physische Perimeter und vor allem den Faktor Mensch nicht außer Acht lassen. Wenn wir von IT-Komponenten sprechen, sind u. a. Schwachstellenscans eine gängige Methode, während beim Faktor Mensch Social Engineering das Mittel der Wahl ist. Bei letzterem können wir uns natürlich erneut technologischer Unterstützung bedienen (z. B. mittels Phishing-Mails), aber auch des guten, alten Gesprächs (persönlich oder telefonisch). Red Team Exercises wiederum sind ein Instrument, bei dem wir jemanden beauftragen, ein bestimmtes Ziel zu erreichen (zum Beispiel, ohne Vorwissen von außen den Zugriff auf einen bestimmten Datenbestand zu erlangen) und ihm dabei die Wahl der Mittel überlassen.

Test der Zutritte und Technik

Der beste Krisenstabsraum (auch am Ausweichstandort oder virtuell) mit dem besten Equipment bringt nichts, wenn unsere Krisenstabsmitglieder im Zweifel nicht auf das Gelände, in das Gebäude oder in den Raum selbst kommen. Schließlich müssen wir damit rechnen, dass wir den Raum und das Equipment auch außerhalb der Geschäftszeiten in Betrieb nehmen müssen – also dann, wenn niemand vom Facility Management oder anderen unverzichtbaren Supportfunktionen zur Stelle ist. Ebenso ärgerlich ist es, wenn die PCs oder Notebooks im Krisenstabsraum für die erste Stunde damit beschäftigt sind, sich die ausstehenden Updates der letzten neun Monate zu ziehen. Auch die Verbindung zu den Multifunktionsgeräten, die Funktionsfähigkeit der LAN-Anschlüsse usw. sollten wir regelmäßig überprüfen.

Dies gilt natürlich nicht nur für den Krisenstabsraum und die Krisenstabsmitglieder, sondern eins zu eins für alle anderen Räumlichkeiten und Gremien unserer Notfall- und Krisenorganisation (Kommunikationsstab, Lagezentrum, Notfallteams etc.).

Test des Alarmierungsverfahrens und -tools

Unverzichtbar sind regelmäßige Tests von allem, was mit unserer Fähigkeit zur Alarmierung zu tun hat. Die Tests müssen Aufschluss geben zu folgenden Fragen:

- Trauen sich alle an der Alarmierung beteiligten Instanzen, einen potenziellen Krisenfall tatsächlich zu eskalieren und die nächste Instanz zu alarmieren?
- Sind die Kontaktdaten noch aktuell?
- Greift unsere Bereitschafts- bzw. Erreichbarkeitsregelung?
- Funktioniert unser Alarmierungstool und können die darin hinterlegten Mitglieder der Krisenorganisation damit umgehen?
- Greift unser Call Tree in angemessener Zeit?
- Ist der virtuelle Konferenzraum tatsächlich 24/7 bereit?
- Hat derjenige, der als Moderator mit einer PIN eine Telefonkonferenz freischalten muss, die PIN im Bedarfsfall auch zur Hand?
- Funktioniert die Verzahnung zwischen IT-Notfallmanagement, Cybersecurity Incident Response, BCM und Krisenmanagement?
- …

Test der Geschäftsfortführungspläne

Wenn entscheidende IT-Systeme ausfallen, müssen die Notfallteams der kritischen Geschäfts- und Unterstützungsprozesse auf die Workarounds zurückgreifen, die sie (hoffentlich) in den Geschäftsfortführungsplänen dokumentiert haben. Soweit die Theorie.

Im Rahmen von Tests müssen wir herausfinden, ob

- das Notfallteam sinnvoll zusammengesetzt ist (Rollen, Anzahl der Personen);
- diejenigen, die auf alternative IT-Systeme ausweichen müssen, auch die erforderlichen Berechtigungen haben (Stichwort: IAM, Notfalluser);
- die für die einzelnen Phasen (Aufnahme des Notbetriebs, Notbetrieb, Rückkehr zum Normalbetrieb) dokumentierten Ablaufbeschreibungen für einen sachkundigen Dritten verständlich sind;
- die Zeitvorgaben zur maximal tolerierbaren Ausfallzeit und zur geforderten Wiederanlaufzeit realistisch und durchhaltefähig sind;
- ...

Kurz: Wir müssen die organisatorischen Vorkehrungen insbesondere der Crown Jewels auf den Prüfstand stellen.

Test des Wiederanlaufs und Inselbetriebs von IT-Systemen sowie der Wiederherstellung von Daten

Was für die organisatorischen Maßnahmen gilt, gilt in gleichem Maße für die Technik, die uns gegen Notfälle robuster machen soll. Das bedeutet, wir müssen auch testen, ob wir den Wiederanlauf der IT-Systeme (auf Ebene von einzelnen Systemen und Komponenten bis hin zu RZ-Schwenks und Black Building Tests) in dem Zeitrahmen bewerkstelligen, den wir als Anforderung aus den kritischen Prozessen vorgegeben bekommen. Die Systeme wiederanlaufen zu lassen ist nur die halbe Miete. Auch die Wiederherstellung verlorener Daten müssen wir beherrschen.

IRBC-Tests müssen daher überprüfen, ob unsere

- Dokumentation des kritischen Wiederherstellungspfads unserer IT-Landschaft vollständig, aktuell und ausführbar ist;
- Wiederanlaufpläne (gescripted und manuell) funktionieren;
- technischen Lösungen (Redundanzen, Cluster-, Virtualisierungs- und Cloudlösungen) für die Einhaltung der Verfügbarkeitsanforderungen geeignet sind;
- IT-Systeme die Produktion aufrechterhalten können, selbst wenn nur ein RZ „überlebt" (Inselbetriebsfähigkeit);
- unsere Restore-Verfahren greifen;
- ...

IRBC-Testszenario „Ausfall eines RZ"

Nehmen wir einmal an, wir hätten zwei Rechenzentren. In den RZ haben wir unter anderem redundante Cluster (teils aktiv/aktiv, teils aktiv/passiv), virtualisierte Komponenten, Stand-Alone-Systeme und natürlich eine physische Infrastruktur. Ein gängiges Testszenario ist die Annahme, eines der RZ fällt aus (z. B. der berühmte, unwahrscheinliche Meteorit, der einschlägt, bei älteren RZ eine CO_2-Flutung, der Ausfall der Rückkühlanlage etc.), so dass wir im „überlebenden" RZ den Wiederanlauf der Systeme bewerkstelligen müssen, die einerseits notfallrelevant, andererseits aber nicht vollautomatisiert sind.

Aus der Praxis: Testergebnisse und der Umgang mit ihnen

In einer idealen Welt sammeln wir sämtliche Testergebnisse, die im Kontext von Cybersecurity bzw. Resilience stehen bei einer zentralen Stelle, die ausreichend Kapazitäten zum Tracking der offenen Punkte besitzt. Technisch lässt sich das gut über gängige Tools lösen, die beispielsweise in der IT bei der Nachverfolgung sogenannter „Problems" genutzt werden (der dazugehörige ITIL-Prozess heißt passenderweise Problem Management). In der Realität hingegen werden die Tests in den Silos der Linienorganisation (ISM, ITSCM, BCM, Information Security Incident Management etc.) vorbereitet, durchgeführt und nachverfolgt.

4.9 Versicherung von Cyberrisiken

Ziel und Zweck von Cyberpolicen

Wie bei einer jeden Versicherung zielt auch eine Cyberversicherung darauf ab, (Rest-) Risiken zu mitigieren; konkret, auf einen Dritten zu übertragen. Damit gehört sie (genau wie die anderen hier im Kap. 5 „Cyber Crisis Prevention" beschriebenen Maßnahmen) zu unseren Risikominderungsmaßnahmen und ist ein nützlicher Zwischenschritt, bevor ein Risk Owner sich dazu durchringt, sein Restrisiko zu akzeptieren.

Versicherungsfall

Damit die Versicherung greift (das Kleingedruckte!), muss meist mindestens eine Bedrohung, wenn nicht gar eine Verletzung unserer Schutzziele vorliegen (Vertraulichkeit, Integrität, Verfügbarkeit, Authentizität). Oft muss aber noch eine weitere Bedingung erfüllt sein, damit wir in den Genuss der Versicherungsleistung kommen. Die Ursache der Schutzzielverletzung muss ein Sicherheitsvorfall sein.

Typische Beispiele für Sicherheitsvorfälle sind:

- Verbreitung von Malware in oder mittels unserer ITK-Systemen (Trojaner)
- elektronische Zugangsblockade von oder mittels (!) unserer ITK-Systeme (Cryptolocker, Ransomware)

- Zugang zu unseren ITK-Systemen
- unrechtmäßige Zweckentfremdung unserer ITK-Systeme (Pharming, Bot-Netz-Integration)
- ...

Mögliche Inhalte einer Cyberpolice

Eine Cyberpolice kann die verschiedensten Aspekte abdecken – wie immer ist das eine Frage des Geldes. Das gilt insbesondere für die Höhe des Schadens bzw. der Kosten, die der Versicherer übernimmt. Dabei wird in der Regel unterschieden zwischen der Kompensation von Schäden,

- die uns selbst entstehen (Eigenschäden) und solchen,
- die unseren Kunden, Partnern etc. aufgrund des Sicherheitsvorfalls (Drittschäden) entstehen.

Zu den versicherbaren Eigenschäden gehören unter anderem:

- Betriebsunterbrechungen
- Wiederherstellung von IT-Systemen inkl. Daten
- Folgen aus Phishing und Pharming
- Sachschäden an unseren IT- und Telekommunikationssystemen
- IT-Forensik
- Kosten für externe Beratung bei Krisenmanagement und Krisenkommunikation
- ...

Als Drittschäden können wir unter anderem versichern:

- vertragliche Schadensersatzansprüche (z. B. nach PCI-DSS, wegen verzögerter Leistungserbringung etc.)
- Verletzung von Persönlichkeitsrechten
- Verletzung von geistigen Eigentumsrechten (Namens-, Marken- und Urheberrechte)
- Freistellungs- und Abwehransprüche
- Kosten gemäß gesetzlicher Haftungsregelungen
- ...

Inwieweit diese Leistungen bereits im Basisangebot enthalten sind (und bis zu welcher Schadenshöhe), variiert von Versicherer zu Versicherer.

Das Kleingedruckte

Von Versicherer zu Versicherer (beziehungsweise Leistungsumfang zu Leistungsumfang) variieren auch die Voraussetzungen, die wir selbst in unserer Organisation schaffen müssen, um in den Genuss einer Police zu kommen. Hier reicht das Spektrum vom bloßen

Ausfüllen eines mitunter ziemlich übersichtlichen Fragebogens über den Nachweis, dass unsere Managementsysteme für Informationssicherheit und Business Continuity Management ordnungsgemäß implementiert und zertifiziert sind (ISM nach ISO 27001; BCM nach ISO 22301) bis zum Ergreifen spezifischer technisch-organisatorischer Maßnahmen wie der Implementierung eines Berechtigungskonzepts analog des Enterprise Access Models. Verschiedene Versicherer behalten sich auch vor, eigene Auditoren zu schicken, um die Vorkehrungen und unsere Angaben dazu zu überprüfen.

Musterbedingungen des GDV

Der Gesamtverband der Deutschen Versicherungswirtschaft e. V. (GDV) stellt auf seiner Website Musterbedingungen für eine Cyberversicherung bereit. Damit haben wir eine erste, ganz brauchbare Orientierung, falls wir dem Angebot eines Versicherers (oder unseres Versicherungsmaklers) nicht blind vertrauen wollen.

Cyber Crisis Prevention 5

5.1 Executive Summary: Crown Jewels basierte Cyber Crisis Prevention

Informations- und IT- Sicherheitsarchitektur

Wirksame und ressourcenschonende Präventionsmaßnahmen gegen Cyber-Attacken müssen aus der Angreiferperspektive heraus gedacht werden. Ausgangspunkt sollte daher zwei Fragen sein: 1) Worauf haben es Angreifer typischerweise abgesehen und 2) wie können wir unsere Crown Jewels dagegen schützen?

Die Antwort auf Frage 1 lautet: auf Nutzerkonten mit hohen Privilegien wie z. B. Domain-Admin-Accounts, Global-Admin-Accounts und Accounts, die auf unsere Backups zugreifen können. Solche Accounts stellen ein Art Generalschlüssel zu allen anderen Systemen dar.

Die Antwort auf Frage 2 findet sich in der Schnittmenge der Antworten auf die ersten beiden Fragen. (Hoch-)Privilegierte Nutzerkonten, insbesondere mit Zugriff auf Crown Jewels, dürfen keinesfalls kompromittiert werden. Dies erreichen wir, wenn wir unsere IT-Sicherheitsarchitektur an Zero-Trust-Prinzipien ausrichten und damit beim Berechtigungskonzept anfangen (nicht nur auf Papier!). Ausgehend vom Berechtigungskonzept können wir uns dann um die Sicherheit der Netze kümmern sowie Fähigkeiten aufbauen zur Detektion von Informationssicherheitsvorfällen in Netzen, aber auch auf Endgeräten samt einer dem eigenen Sicherheitsbedürfnis angemessen Analyse- und Alarmierungsfähigkeit. Die Endgeräte wiederum müssen wir härten und sie immer auf einem aktuellen Versionsstand halten, um sie vor Schwachstellen zu schützen. Dies erschwert Angreifern, überhaupt in unseren Systemen Fuß zu fassen. Und für den Fall, dass sie trotz all dieser Maßnahmen Zugriff auf unsere Daten erlangen: Verschlüsseln lautet das Zauberwort.

© Springer Fachmedien Wiesbaden GmbH, ein Teil von Springer Nature 2024
H. Kaschner, *Cyber Crisis Management,* https://doi.org/10.1007/978-3-658-43465-6_5

(Früh-)Warnsystem

Wenn wir in der Lage sind, gefährliche Entwicklungen bereits im Keim zu ersticken, dann ist das die beste Form des Krisenmanagements. Dies erreichen wir, indem wir kontinuierlich sowohl unsere Stakeholder und deren Interessen (Issues) im Blick behalten, als auch (geo-)politische Entwicklungen (Wirtschaftspolitik, Sicherheitspolitik). Politische Entscheidungen staatlicher Akteure haben Einfluss auf das Verhalten von Angreifern und damit die Bedrohungslage für Unternehmen. Threat Intelligence (strategisch, taktisch, operativ) liefern Informationen, die auf bestimmte Angriffsmuster hindeuten. Durch Anwendung derselben, inklusive einer Korrelation von Logs von Endpoints mit Netztraffic, kann ein Security Operations Center mittels technischer Lösungen auf Angriffe reagieren. Die Buzzwords lauten hier: SIEM, IDS/IPS, EDR, XDR, SOAR.

Information und IT-Security Management

Alle unsere Maßnahmen zur Sicherstellung eines angemessenen Informationssicherheitsniveaus mögen zwar heute zweckmäßig sein, was aber nur eine Momentaufnahme ist. Was heute Stand der Technik und good practice ist, kann demnächst schon veraltet sein. Marktumfeld, technologische Entwicklungen, politische Ereignisse, Regulatorik – es gibt viele Faktoren, die eine kontinuierliche Anpassung der Informationssicherheitsmaßnahmen erfordern. Diese unter oftmals engen budgetären Aspekten aus der Informationssicherheitsstrategie abzuleiten und kontinuierlich weiterzuentwickeln, ist Gegenstand des Informationssicherheitsmanagements. Im Cyberkontext kommt dem Management der speziell der IT-Sicherheit als einer der Teildisziplinen besondere Bedeutung zu.

Cyber Risk Management

Um Risiken entsprechend unseres Risikoappetits managen zu können, müssen wir sie erst einmal kennen. Transparenz über die Risiken zu haben ist die Grundlage für eine zweckmäßige Allokation von Budget und Arbeitszeit. Dies ist umso wichtiger, da wir einerseits nicht jedes Risiko mitigieren können und andererseits unbekannte Risiken zu einem echten Showstopper werden können. Die entscheidende Frage lautet in diesem Kontext: Welche IT-Systeme, OT-Komponenten und Dienstleister, die für unsere kritischen Geschäftsbereiche unverzichtbar sind, können wie kompromittiert werden? Wie schätzen wir die Eintrittswahrscheinlichkeit und Schadenshöhe ein?

Assurance: Audits und Assessments

Ohne Realitätscheck bleiben alle unsere Maßnahmen nur Schall und Rauch. Diesen Realitätscheck können bzw. müssen wir je nach Branche aus einer Compliance-Perspektive durchführen, da KRITIS-Betreiber ohne ISO 27001-Compliance die Anforderungen des IT-Sicherheitsgesetzes nicht erfüllen. Branchenunabhängig sollten wir Assessments ins Auge fassen, mit denen wir aus einer Angreiferperspektive gezielt schauen, wie unsere Maßnahmen ausgehebelt werden können.

5.2   Bevor wir losfahren: IT-Sicherheitsarchitektur und drei Prinzipien

...und das hilft uns beim Crisis Management, weil...?
Gute Präparation hin, starke reaktive Fähigkeiten her – sich gar nicht um die Prävention von Cyber-Krisen und insbesondere die Abwehr von Cyber-Attacken zu kümmern, ist keine Option. In einer Risikobetrachtung bedeutete dies, die Eintrittswahrscheinlichkeit ins Unendliche zu treiben – im Vertrauen darauf, den Schaden unter allen Umständen gering zu halten. Kurz gesagt, Harakiri.

Zero-Trust-Prinzipien
Um es klar zu sagen: Zero Trust bedeutet nicht, unseren Kolleginnen und Kollegen zu misstrauen, sondern ihren digitalen Accounts. Denn die Perimeter, an denen wir Angreifer abwehren, haben sich im Laufe der Zeit merklich verändert. Was früher die Burgmauer war, war bis vor einigen Jahren das Unternehmensnetz. Eindringlinge an ihren Grenzen abzuwehren war das Ziel. Seit dem Aufkommen von Cloud-Services ist der Netzwerkperimeter jedoch nicht mehr der entscheidende. Was wir mittlerweile vorrangig schützen müssen, sind unsere (digitalen) Identitäten. Auf deren Schutz zielen die sogenannten Zero-Trust-Prinzipien. Der Name ist Programm.

- Prinzip 1 sagt, dass wir davon ausgehen müssen, dass unsere Netze (und ggfs. verschiedene Accounts) bereits kompromittiert sind (assume compromise).
- Prinzip 2 besagt, dass wir zur Begrenzung des daraus resultierenden Risikos Berechtigungen sowohl in sachlicher als auch in zeitlicher Hinsicht so stark begrenzen sollten, wie es nur geht (least privilege).
- Prinzip 3 fordert, dass wir immer eine explizite Authentifikation erzwingen müssen, da wir uns nicht sicher sein können, dass es sich beim Zugriff suchenden Nutzer einer Identität auch wirklich um die Person handelt, von der wir ausgehen, dass sie es ist (z. B. bei Zugriffen auf Crown Jewels) (always verify).

Fähigkeiten, Anforderungen und IT-Sicherheitsarchitektur
Umsetzung finden die Zero-Trust-Prinzipien nicht durch ein allheilbringendes Security-Tool, sondern durch das Zusammenspiel organisatorischer Maßnahmen und unterstützenden Tools. Kurz, durch eine Architektur.

Da Hersteller ihre Tools kontinuierlich weiterentwickeln, müssen wir an dieser Stelle ohne konkrete Produktempfehlungen auskommen. Erfreulich robust sind hingegen die organisatorischen Pfeiler einer guten Sicherheitsarchitektur.

Diese Fähigkeiten/Disziplinen bilden die tragenden Säulen einer robusten IT-Sicherheitsarchitektur:

- Schutz (privilegierter) Nutzerkonten
- Netzwerksicherheit
- Logging, Monitoring, Alerting
- Patch- und Vulnerabillity Management
- Systemhärtung
- Verschlüsselung
- (Technologiestack)

5.2.1 (Privileged) Access Management

Privileged Access Management
Das lohnendste Ziel für Angreifer sind die die sogenannten Domain- und Global Admin Accounts – die Crown Jewels aus einer IT-Perspektive schlechthin. Diese zu verlieren ist der Alptraum eines jeden IT-Sicherheitsbeauftragten. Wenn es Angreifern gelingt, diese hoch privilegierten Nutzerkonten zu übernehmen, können sie uns nach Belieben aus unseren Systemen aussperren und haben vollen Zugriff auf unsere Daten. Daher bildet der Schutz von Domain- und Global Admin-Konten den Grundpfeiler einer jeden IT-Sicherheitsarchitektur (Privileged Access Management; PAM). Eine PAM-Lösung kann in technischer Hinsicht ein sinnvolles Addendum sein, aber Vorsicht: Ein Tool ist kein Ersatz für ein sinnvolles Konzept. Wie immer gilt: Zuerst das Konzept, dann die passende Technologie.

PAM: Faustformeln
Folgende Grundsätze für privilegierte Nutzerkonten sollten wir unbedingt beherzigen:

- Maximal zwei (!) Domain- und Global Admin Accounts, davon einer als Break-Glass-Account
- Nutzung der Accounts ausschließlich
  - von gesonderten (virtuellen) Maschinen aus, die besonders gehärtet und überwacht sind (Privileged Access Workstations; PAW)
  - für ihren eigentlichen Zweck, d. h. nicht für das Tagesgeschäft
- Multifaktorauthentifizierung und Conditional Access implementieren
- Zugangsdaten ebenfalls mit MFA schützen
- Keine geteilten Accounts
- Privilegierte Accounts besonders engmaschig loggen, überwachen und alarmieren
- Incident-Response-Dokumentation für den Fall einer (eventuellen) Kompromittierung vorbereiten und testen

Aus der Praxis (I): Microsoft-Empfehlungen zum Schutz privilegierter Konten
Bei vielen der in der Presse aufgegriffenen Ransomware-Angriffe haben die Opfer genau das erlebt: den Zugriff auf ihre IT-Landschaft verloren, weil sie privilegierten

Nutzerkonten nicht richtig geschützt haben. Das haben auch Cyber-Versicherungen mittlerweile verstanden und fordern ein professionelles Identity & Access Management (IAM) in ihren Vertragsbedingungen. Wie man IAM bzw. PAM nach Zero-Trust-Prinzipien aufsetzen kann, hat Microsoft in frei zugänglichen Dokumentationen hervorragend beschrieben. Grundprinzip: Aufteilung der Berechtigungen in unterschiedliche Kritikalitätsklassen (Ebenen), wobei Accounts mit einer niedrigen Kritikalität nie Zugriff auf eine höhere Klasse (Ebene) haben dürfen. Die online verfügbare Dokumentation dazu bietet u. a. ein komplettes Modell zur Organisation von Berechtigungen aller Art (Enterprise Architecture Model; EAM), eines zum Umgang mit privilegierten Nutzerkonten (Privileged Access Strategy), aber auch eine Schritt-für-Schritt-Anleitung zu seiner Implementierung (Rapid Action Modernization Plan; RaMP).

Aus der Praxis (II)
Nach einer Ransomware-Attacke hat die Sicher-/Wiederherstellung der Integrität der privilegierten Nutzerkonten höchste Priorität. Sollten wir bislang kein Berechtigungskonzept gehabt haben, das den oben beschriebenen Grundsätzen folgt und den Angriff begünstigt hat, dann haben wir jetzt die Chance, es richtig zu machen.

5.2.2   Weitere Pfeiler der IT-Sicherheitsarchitektur

Netzwerksicherheit
Wenn wir unsere Netze flach konzipieren, kann sich ein Angreifer frei bewegen. Daher sollten wir unsere Netze in verschiedene Bereiche – sogenannte Segmente – aufteilen. Diese Segmente können wir z. B. durch Firewalls schützen, sodass sie für Nutzer nur unter bestimmten Voraussetzungen erreichbar sind. Faustregel: je kritischer die Daten (Crown Jewels!), desto besser geschützt und kleiner sollte das Segment sein. Dieser Ansatz wird auch als Mikrosegmentierung bezeichnet.

Logging, Monitoring, Alerting
Mikrosegmentierung hilft auch bei der Detektion von Cyber-Attacken. Daher müssen wir alle Zugriffe auf ein sensibles Netzsegment protokollieren (loggen), diese Zugriffe in Echtzeit überwachen und bei verdächtigen Aktivitäten ggfs. 24/7 alarmieren. Da wir uns an den Zero-Trust-Prinzipien orientieren, fehlt uns jedoch noch die entscheidende Größe. (Hoch-)kritische Nutzerkonten können unserer Organisation in den falschen Händen immensen Schaden zufügen. Daher müssen wir vor allem sie engmaschig überwachen. Ohne zielgerichtetes Logging, Monitoring und Alerting werden wir es schwer haben, auf technischer Ebene eine Cyber-Attacke so früh genug zu detektieren, um sie bereits im Keim zu ersticken, d. h. zu verhindern, dass ein Notfall oder gar eine Krise daraus wird. Das Thema Detektion greifen wir in Kap. 5.3 (Früh-)Warnsystem: Gefahr erkannt, Gefahr gebannt noch einmal separat auf.

Patch- und Vulnerability Management

Die meisten Angriffe machen sich Schwachstellen zunutze, die längst bekannt sind. Schwachstellen haben eine sogenannte Common Vulnerabilities and Exposures-Nummer (CVE-Nr.) und sind in der National Vulnerability Database erfasst. Diese können und müssen wir zeitnah beseitigen. Hersteller bieten dafür Softwareupdates, sogenannte Patches. Einen Überblick über die Schwachstellen der eingesetzten IT-Systeme und die Kritikalität der Schwachstellen ist aber nur der erste Schritt, den wir gehen müssen. Der zweite besteht in Verfahren und Verantwortlichkeiten, um erkannte Schwachstellen auch tatsächlich zeitnah patchen zu können. Fehlen diese, kann es uns wie Maersk gehen, als Angreifer 2017 eine bereits seit Monaten bekannte Schwachstelle (SMBv1; CVE-2017–0144) mittels eines Exploits namens EternalBlue ausnutzten. NotPetya lässt grüßen.

Aus der Praxis

Nach der Sicher-/Wiederherstellung der Integrität der privilegierten Nutzerkonten hat das Einspielen der neuesten Sicherheitspatches die zweithöchste Priorität. Solange eine Schwachstelle besteht, können Angreifer sie ausnutzen. Und es wäre doch schade, wenn all unsere Maßnahmen, die wir zur Behebung eines Angriffs bereits ergriffen haben, ins Leere laufen, weil wir derart billige Punkte verschenken.

Härtungsmaßnahmen

Infrastrukturen und IT-Systeme zu härten ist nichts anderes als grundlegende Cyber-Hygiene. Nehmen wir als Illustrationsbeispiel einfach mal die Ports, über die ein IT-System kommuniziert. Davon gibt es 65.536. Je nach Anwendungsfall und Kommunikationsverbindung sind in der Regel nur ganz wenige erforderlich, um einen ordnungsgemäßen Betrieb zu ermöglichen. Was ist also mit den anderen? Nun, wenn wir diese nicht benötigen, können wir diese schließen. Ports, die wir weder brauchen, noch schließen (und auch nicht überwachen), stellen ein Einfallstor für Angreifer dar. Das Schließen nicht benötigter und Überwachen im Einsatz befindlicher Ports sind Beispiele für (Konfigurations-)Maßnahmen, die wir als Systemhärtung bezeichnen. Gerade für virtualisierte Maschinen – von denen die meisten Organisationen in der Regel eine erhebliche Anzahl im Einsatz haben – bietet es sich an, mit gehärteten Blueprints zu arbeiten, die eine einheitliche Konfiguration mit ordentlichem Sicherheitsniveau sicherstellen. Dies reduziert nicht nur die Komplexität in der Systemlandschaft, sondern erhöht dank Automatisierungstools die Geschwindigkeit, mit der wir ein solches Standard-Image ausrollen können.

Dies ist nicht nur aus einer Präventionssicht wertvoll, sondern insbesondere bei der Reaktion auf Cyber-Attacken, wenn wir Systeme wiederherstellen müssen. Praxiserprobte Empfehlungen zur Härtung unterschiedlichster Systemklassen bieten beispielsweise die CIS-Controls.

Verschlüsselung

Da wir nie vollständig ausschließen können, dass unsere Daten in die falschen Hände geraten, kommt nun auch die Verschlüsselung ins Spiel. Beim Handling von Daten unterscheiden wir drei Stadien: at rest, in transit, in process. Verschlüsseln können wir Daten in allen drei Stadien, wobei dies mitunter auch Schattenseiten hat (Stichwort: Rechenleistung und Verarbeitungsgeschwindigkeit bei Daten, mit denen wir gerade aktiv arbeiten). Je Klassifikation der Daten können wir sie unterschiedlich stark verschlüsseln. Gängige Klassifikationsschemata sind das Traffic Light Protocol (TLP; white/green/amber/red) oder eine Unterscheidung in offen/intern/vertraulich/geheim (und ggfs. streng geheim).

Technologiestack
Ohne bestimmte Fähigkeiten geht's nicht. Und damit auch nicht ohne technische Lösungen. Zum Beispiel müssen wir im Kontext Cyber Crisis Management in der Lage sein,

- privilegierte Nutzerkonten sicher zu betreiben;
- (kritische) Daten sicher zu handhaben (at rest, in use, in transit);
- Schwachstellen zu erkennen und zu schließen;
- Netzwerkzonen schnell zu separieren;
- Ereignisse in Netzen und auf Endpoints zu detektieren und schnell darauf zu reagieren;
- Backups durchzuführen und wiederherzustellen;
- Standardimages schnell auszurollen;
- Personen zu alarmieren;
- zuverlässig und vertraulich zu kommunizieren.

Für jeden dieser Punkte gibt es zahlreiche Produkte, die ihren Job mal besser, mal schlechter machen sowie mal besser, mal schlechter miteinander integriert sind. Daraus ergibt sich die Frage nach der Produktstrategie. Streben wir eine möglichst reibungslose wechselseitig Integration an, um die Komplexität und Betriebsaufwände niedrig zu halten (best integration)? Oder wollen wir lieber in jedem Fähigkeitscluster das leistungsstärkste Produkt einsetzen (best of breed)?

Sollten wir keine klare Produktstrategie verfolgen, sollten wir uns im Rahmen des Beschaffungsprozesses u. a. folgende Fragen stellen:

- Wie groß ist der Zusatznutzen, der aus dem Einsatz eines bestimmten Produkts resultiert (statt keines oder ein anderes, grundsätzlich vergleichbares einzusetzen)?
- Können wir diesen Zusatznutzen überhaupt verwerten?
- Um wieviel komplexer wird dadurch unsere Systemlandschaft und ihr Betrieb?
- Ist unsere Betriebsmannschaft in der Lage, die mit dem gestiegenen Maß an Komplexität so umzugehen, dass wir guten Gewissens von einem sicheren IT-Betrieb sprechen können?
- Welche Risiken entstehen dadurch für uns bzw. welche neuen Chancen bieten sich für Angreifer?

So oder so gilt mit Blick auf die organisatorischen Pfeiler einer IT-Sicherheitsarchi-tektur: A fool with a tool is still a fool.

5.3   (Früh-)Warnsystem: Gefahr erkannt, Gefahr gebannt

…und das hilft uns beim Crisis Management, weil…?
Eine gute Früherkennung trägt dazu bei, dass wir potenzielle Krisen schon so früh er-kennen, dass letztere bereits in ihrer Entstehungsphase eingedämmt werden können.

Im Idealfall bekommen wir schon so früh Wind von potenziell gefährlichen Ent-wicklungen, dass wir noch rechtzeitig und unter dem Radar der öffentlichen Wahr-nehmung Maßnahmen ergreifen können, um die Eintrittswahrscheinlichkeit oder Aus-wirkungen negativer Entwicklungen für uns selbst und unsere Stakeholder zu verhindern. Genau das ist das Ziel von Risikokommunikation und Issuemanagement. Awareness hin-gegen ist der Beitrag aller Mitarbeitenden zur Krisenprävention und somit das indivi-duelle Pendant zu einem strukturierten Frühwarnsystem in Form eines Stakeholder- und Isssuemanagements. Die Entsprechungen auf eher technischer Ebene sind Threat Intelli-gence sowie Logging, Alerting und Monitoring. Auch hier ist das Ziel klar: Die Glut zer-streuen, bevor ein Feuer daraus wird.

5.3.1   Issue Management

Beispiele für Issue Management
Stellen wir uns der Einfachheit halber folgende Situationen vor:

- Unsere Kunden werden immer sensibler, was den Schutz und die Nutzung ihrer Daten angeht. Ihre Erwartungshaltungen an uns als Organisation, die ihre Daten verarbeitet, wachsen.
- Wettbewerber preschen vor und setzen neue Standards, zum Beispiel hinsichtlich In-vestitionen und Maßnahmen Cybersecurity.
- Auf politischer Ebene zeichnen sich Tendenzen ab, die unsere Ermessensräume bei Cyber-Krisen einschränken oder Meldepflichten verschärfen.
- Richterliche Entscheide schaffen Präzedenzfälle bei Datenschutzverletzungen.
- Dienstleister unserer Branche (oder gar von uns) haben Probleme mit Datenschutz-themen, der IT-Sicherheit, ihren eigenen Dienstleistern oder stehen im Fokus von externen Prüfern bzw. Aufsichtsbehörden, müssen auf die Kostenbremse treten, was wiederum Auswirkungen auf die Investitionen in Cybersecurity zur Folge hat.
- …

Auch wenn dieses Buch Cyber-Krisen zum Gegenstand hat – Krisen können uns aus den verschiedensten Richtungen ereilen und Cyberrisiken sind nur eine davon. Daher sollte sich unser Stakeholder- und Issuemanagement nicht nur auf Cyberrisiken beschränken (siehe auch Kap. 6.4 Integration von Stakeholdern, oder: Macht denn hier jeder, was er will?).

Und wie soll das funktionieren?
Dazu müssen wir:

- ein klares Bild unserer Stakeholder haben;
- ein klares Bild der Themen (Issues) haben, die unsere Stakeholder umtreiben;
- ein klares Bild der Themen (Issues) haben, die für unsere Geschäftsmodell echte pain points sind;
- diese einzelnen Bilder zusammenführen und für unsere Interessen relevante Ansatzpunkte nutzen;
- diese Ansatzpunkte in der Risikokommunikation aufgreifen, die wir nach Möglichkeit kontinuierlich gegenüber unseren Stakeholdern betreiben.

Die Vorgehensweise erinnert ein wenig an den prototypischen Risikomanagementprozess.

Aus der Praxis: Krisenbewältigung mit Risikokommunikation, Stakeholder- und Issuemanagement verschränken
Bei der Krisenbewältigung haben wir uns bereits an mindestens zwei Stellen Gedanken über relevante Zielgruppen gemacht: bei der → Initialisierung der Krisenstabsarbeit und der → Krisenkommunikation. Während wir dort aus der Perspektive der spezifischen Krisensituation auf die Stakeholder geschaut haben, müssen wir nun eine grundsätzliche, szenariounabhängige Perspektive einnehmen. Das bedeutet: Wenn wir schon einmal eine Krise anhand der Vorschläge aus dem Kapitel Crisis Response bewältigt haben, können wir auf die damals gewonnenen Erkenntnisse zu Stakeholdern zurückgreifen. Falls wir jedoch noch keine derartigen Erfahrungswerte haben, können wir uns vielleicht auf Erkenntnisse unterschiedlicher Bereiche stützen, beispielsweise Vertrieb, Recht, Kommunikation/PR, Marketing, Datenschutz, Regulierung, Compliance, und Public Affairs. Wenn uns irgendwann einmal tatsächlich eine Krise trifft, profitiert unser Krisenstab beträchtlich von diesen Vorarbeiten.

5.3.2   Awareness

Ziel von Awareness: Sich abzeichnende Gefahren erkennen
Krisen kommen nicht immer plötzlich, sondern oftmals schleichend. Das ist gefährlich, weil wir uns schwer damit tun, bei allmählichen Entwicklungen potenziell negative Konsequenzen richtig einzuordnen. Das ist zwar grundsätzlich sinnvoll, denn andernfalls befänden wir uns alle in einem Stadium permanenter Alarmbereitschaft – das wäre alles,

aber nicht gesund. Es führt auch dazu, dass wir manchmal den Punkt zum Handeln verpassen. Daher kommt es ganz wesentlich darauf an, überhaupt erst einmal zu erkennen, dass wir es mit einem potenziellen Krisenauslöser zu tun haben. Und auch zu wissen, was in einem solchen Fall zu tun ist. Ansonsten baut sich der Schaden sukzessive auf, bis es eventuell zu spät ist.

Antizipation von Schäden

Mit Schäden aller Art ist es wiederum eine ganz eigene Sache. Schäden entwickeln sich in aller Regel nicht linear, sondern immer schneller. Und damit haben wir das zweite Problem identifiziert. Wir Menschen sind schlecht darin, mit nicht-linearen Entwicklungen umzugehen – wir tendieren dazu, sie massiv zu unterschätzen. Das bedeutet: Wir müssen alles daransetzen, potenzielle Krisenherde so früh wie möglich zu erkennen, damit wir Gegenmaßnahmen noch rechtzeitig einleiten können.

Der Frosch im Kochtopf

Wie wichtig Awareness ist, illustriert folgendes Beispiel (allen Tierfreunden sei gesagt, es handelt sich um ein ausschließliches Gedankenexperiment): Stellen wir uns zwei Dinge vor, nämlich einen auf einem Herd stehenden Topf mit Wasser sowie einen Frosch. Im ersten Fall startet die Handlung mit brodelndem Wasser im Topf und dem Frosch irgendwo außerhalb des Topfes. Wenn der Frosch (warum auch immer) im Wasser landet, wird er sofort versuchen, wieder heraus zu hüpfen. Plötzliche Hitze erkennt er als Bedrohung. Im zweiten Fall startet die Handlung unter anderen Vorzeichen. Nun hat das Wasser im Topf (für einen Frosch) angenehme 15°C und er paddelt darin fröhlich vor sich hin. Wenn wir nun die Wassertemperatur ganz allmählich erhöhen, kann sich der Frosch bis zu einer bestimmten Temperatur akklimatisieren. Aber eben nur bis zu einer bestimmten Temperatur und nicht über diese hinaus. Der Zeitpunkt, ab dem eine weitere Akklimatisierung nicht mehr möglich ist, ist der Zeitpunkt, ab dem der Frosch Schaden nimmt. Die entscheidende Frage ist: Erkennt der Frosch die Temperatur, ab der es für ihn gefährlich wird?

Awarenessprogramm

Wenn wir verhindern wollen, dass es uns wie dem Forsch im sich kontinuierlich erwärmendem Wasser ergeht, müssen wir unseren Mitarbeitern zu einem angemessenen Maß an Sensibilität verhelfen. Dazu können wir Anleihen bei den Ausführungen aus dem Abschnitt über Trainings nehmen. Wir müssen uns über Ziele, Zielgruppen, Didaktik und Maßnahmen Gedanken machen. Sogar zwei der weiter vorn beschrieben Grundsätze können wir beherzigen: „Didaktik bestimmt Methodik" und „Vom Allgemeinen zum Speziellen".

Unterschiede zu Trainings

Es gibt jedoch zwei wesentliche Unterschiede, die wir bedenken sollten: Zielgruppe und Inhalte weichen zwischen Trainings- und Awareness-Maßnahmen deutlich voneinander ab.

Bei Trainings können wir uns auf die Mitglieder der Notfall- und Krisenorganisation sowie die Aufgaben beschränken, die sie darin wahrnehmen müssen. Bei Awareness-Maßnahmen ist der Scope breiter, sowohl was Zielgruppen als auch Themen angeht. In puncto Awareness müssen wir alle Personen einschließen, die für unsere Organisation tätig sind, gegebenenfalls sogar Dienstleister. Denn jeder kann in die Situation kommen, etwas zu beobachten oder zu erleben, aus dem eine Krise entstehen kann. Das Spektrum reicht hier von Themen aus dem Kontext der Informationssicherheit (die berühmte Phishing-Mail) bis hin zum erhöhten Beschwerdeaufkommen an der kundenseitigen Beschwerdehotline.

5.3.3 Threat Intelligence

Ziel von Threat Intelligence
Threat Intelligence (TI) liefert Informationen über Bedrohungen, die im Cyberspace auf uns lauern. Die möglichen Bedrohungen hängen von verschiedenen Faktoren ab. Dazu zählen unter anderem:

- Geschäftsmodell/Branche
- Geographische Aufstellung
- Öffentliche Haltung der Organisation oder ihrer Repräsentanten
- IT-Landschaft (Infrastrukturen, Applikationen)
- Lieferanten, Kunden, Partner

Gute TI-Informationen erkennen wir daran, dass wir aus ihnen Ableitungen und Handlungsimpulse generieren können. Je konkreter, desto besser.

Illustrationsbeispiel
Eine bestimmte Angreifergruppe attackiert mutmaßlich im Auftrag Nordkoreas Rüstungsunternehmen und ihre Dienstleister (IT, Non-IT), vorwiegend in den USA. Die Angriffe haben als oberstes Ziel Informationsbeschaffung über neue Waffensysteme. Bei ihren Angriffen nutzen die Angreifer eine bestimmte Schwachstelle von Linux-Servern eines bestimmten Derivats, konkret, einen Konfigurationsfehler. Bei der Informationsbeschaffung gehen sie sehr behutsam vor und versuchen, ihre eigenen Aktivitäten in den Aktivitäten anderer zu verstecken. Dies tun sie, indem sie nur innerhalb der üblichen Arbeitszeiten agieren. Eingeschränkt sind sie dadurch, dass sie die Endgeräte, über die Datenzugriffe erfolgen, nicht immer sauber emulieren. Wenn sie Zugang zu Informationen haben, sammeln sie diese auf einem einzigen Server in den Netzen des Opfers und übermitteln sie von dort zentral an eine bestimmte IP-Adresse. In den Fällen, in denen sie bemerkt haben, dass sie entdeckt wurden, aktivierten sie einen zuvor installierten Wiper, um zusätzlichen Schaden zu verursachen und ihre Spuren zu verwischen.

Daraus ergibt sich eine ganze Palette an Fragen. Kleine Auswahl gefällig?

- Wie sind wir mit der Rüstungsbranche verbandelt? Haben wir Dienstleister (oder Kunden), die für die Rüstungsindustrie tätig sind? Welche unserer Daten haben die Dienstleister/Kunden und gibt es technische Schnittstellen zwischen uns und ihnen, durch die der Angriff in unsere Richtung perpetuiert werden könnte?
- Nutzen wir besagtes Linux-Derivat? Falls ja, haben auch wir die fehlerhafte Konfiguration vorgenommen?
- Wie können wir die Angreiferhandlungen erkennen, also die Zugriffe von einem falschen Endgerät, das Sammeln der Informationen auf einem Server und das Ausleiten an eine bestimmte IP-Adresse?
- Wie sind wir gegen eine Wiper-Attacke geschützt? Vor allem: Sind unsere Backups sicher und wie ist es um unsere Cold Start Capability bestellt?
- Wie würden wir reagieren, wenn wir ein zutreffendes Angriffsmuster erkennen – und weiß das SOC/CSIRT, was es zu tun hätte?
- Wissen diese Dienstleister um die Bedrohungsinformation? Haben sie entsprechende Schritte eingeleitet?

Operationalisierung
Bei der Operationalisierung hilft uns, wenn wir unsere Hausaufgaben an anderer Stelle gemacht haben. Dazu zählen beispielsweise

- Kenntnis des Geschäftsmodells und der geographischen Aufstellung, um strategische TI- Informationen einordnen zu können
- ein Asset-Inventar bzw. eine CMDB
- eine Übersicht über unsere Kunden, Lieferanten
- und Dienstleister
- Systeme zur Angriffserkennung auf Endpoints und
- in Netzen, in die IoCs eingespielt werden können
- Monitoring- und Analyse-Fähigkeiten
- Patch & Vulnerability Management

Entscheidend ist aber zumeist etwas anderes. Um TI-Informationen aber überhaupt nutzbar machen zu können, müssen wir zunächst aus der Menge an Infos, die auf uns einprasseln, die wirklich relevanten herausfiltern. Relevant meint, dass sie einerseits für unsere Organisation inhaltlich Ansatzpunkte bieten, dass wir etwas tun können, sollen oder gar müssen, das unser Informationssicherheitsniveau erhöht. Hier kommen die oben genannten sechs Dimensionen ins Spiel. Zur Relevanz gehört aber auch ihre Aktualität. Wenig ist unproduktiver, als auf Basis veralteter Informationen potenziell teure Maßnahmen zu initiieren.

Woher nehmen, wenn nicht stehlen?

Möglichkeiten, an TI-Informationen zu gelangen, gibt es viele. Manche nutzen wir schon bewusst, andere haben wir vielleicht noch nicht, wieder andere haben wir vielleicht schon, nutzen sie aber nicht so effizient, wie es sein könnte. Zunächst einmal können wir uns unserer Stakeholder bedienen. Insbesondere Behörden sind hier zu nennen, aber auch Kunden oder Lieferanten, die ihrerseits Wert auf TI legen. Mit ihnen einen engen Austausch zu pflegen ist ein erster, wichtiger Schritt. Austausch ist das Stichwort. Insbesondere bei TI geht es um ein wechselseitiges Geben und Nehmen. Sharing is caring. Das ist auch das Grundprinzip von Austauschforen, Arbeitsgruppen, Fachgremien und Communitys. Neben der in Deutschland etablierten Allianz für Cybersicherheit gibt es eine ganze Reihe weiterer Communitys, die teilweise sogar expliziten TI-Fokus haben.

Ergänzend zur unmittelbaren Interaktion mit anderen Menschen – was gerüchteweise nicht jedermanns Sache sein soll – ist auch das Monitoring einschlägiger Online-Formate (Presseerzeugnisse, Blogs, aber auch Social Media) ein einfach zu gehender, kostengünstiger Weg. OSINT-Plattformen (Open Source Intelligence) sind die nächsthöhere Professionalitätsstufe, während der Rückgriff auf professionelle TI-Services gleichsam die Champions League darstellt. Über derartige Services können wir auf unsere eigenen Bedürfnisse zugeschnitten strategische und operative TI-Informationen (IoC) zukaufen, die wir im Idealfall über eine Schnittstelle direkt in unsere Detektionssysteme einbinden können.

Aus der Praxis: Die Nadel im Heuhaufen

Aus gestohlenen Daten entstehen neue Bedrohungen. Dabei muss es sich noch nicht mal um geistiges Eigentum, Forschungs- und Entwicklungsdaten etc. handeln. So können Diebe gestohlene E-Mails zur Entwicklung elaborierter Ansätze für weiteres Social Engineering nutzen. Dies wird dann zum Problem, wenn es sich um die Kommunikation zwischen einem Kunden und einem Lieferanten handelt.

Nehmen wir einfach mal einen prototypischen Fall. Angreifer haben einem Lieferanten – tätig für eine Vielzahl an Kunden – Daten gestohlen, die nachgewiesenermaßen auf geistiges Eigentum von und E- Mailwechsel mit seinen Kunden enthielten. Eine Lösegeldzahlung, die die Veröffentlichung verhindern soll, kommt für den Lieferanten nicht infrage.

Daraus ergeben sich einige Probleme für die Kunden: Welche Daten sind konkret betroffen, für wen könnten diese interessant sein und welche Bedrohungen erwachsen daraus? Wie erfahren wir, dass die Daten veröffentlicht sind (sofern die Angreifer es nicht verkünden)? Hier kann eine spezielle Form von TI- Informationen helfen, nämlich ein Leakage Monitoring. Leakage Monitoring durchsucht Internet, Deep Web und Darknet gezielt nach Informationen, die dort nicht hingehören. Dies passiert oftmals auf Basis von Suchbegriffen. Ein zu lösendes Problem ist daher die schiere Treffermenge, aus denen die relevanten herausgefiltert werden müssen. Nun beginnt sich bei den TI- und Leakage Monitoring Services die Spreu vom Weizen zu trennen. Wirklich gute Services kippen nicht nur Treffer ab, sondern kuratieren dieses.

In (nicht nur) einem konkreten Fall haben wir den Unterschied praktisch mitverfolgen dürfen. Wie in oben skizziertem Beispiel wurde ein Lieferant angegriffen. Während der Lieferant einen unkuratierten Service im Einsatz hatte, hatten zwei der Kunden einen kuratierten Service beauftragt. Der kuratierte Service machte seine Abnehmer auf einen Server im Darknet aufmerksam, über den die bei dem Angriff gestohlenen Informationen zum Download bereitstanden. Über den unkuratierten Service hingegen kam ein solcher Hinweis nicht, und die internen Kapazitäten des Lieferanten waren ihrerseits nicht in der Lage, diese Nadel im Heuhaufen zu identifizieren, sodass der vermeintliche Mehrwert des teuer gekauften Services verpuffte. Eine klassische Fehlinvestition, damit Fehlallokation, von Security-Budget, das womöglich an anderer Stelle fehlt.

5.3.4 Logging, Monitoring, Alerting

Ziel von Logging, Monitoring, Alerting.
Wenn wir Angriffe auf technischer Ebene erkennen wollen, müssen wir die Spuren von Angreifern so früh und präzise wie möglich erfassen. Dazu brauchen wir Protokollierungsdateien – Logs – von Systemen und ein solides Verständnis des Normalzustands (Baseline) von Endpoints und allem, was in unseren Netzen passiert. Abweichungen von diesem Normalzustand sind verdächtig und sollten einen Alarm auslösen, den wir genauer untersuchen können. Je schneller wir Gegenmaßnahmen einleiten können, desto größer die Chance, einen Angriff so früh zu unterbinden, dass er öffentliche Sichtbarkeit erzeugt.

Logging
Je umfangreicher die Logs, desto besser können wir im Zweifel einen Angriff rekonstruieren. Je weniger Logs wir haben, desto schneller geht es jedoch, sie zu analysieren. Umgekehrt gilt wiederum: Mehr Logs benötigten mehr Speicherplatz und verursachen damit mehr Kosten, während weniger Logs ein erhöhtes Risiko mit sich bringen, Angriffe nicht zu detektieren. Beim Logging müssen wir daher diverse Interessenkonflikte ausbalancieren. Als CISO möchten wir im Zweifel möglichst viele Logs, damit die Analysefähigkeit bestmöglich gegeben ist, während wir als Datenschutzbeauftragte mit dem Grundsatz der Datensparsamkeit argumentieren und als Betriebsrat ggfs. eine mögliche Überwachung des Arbeitsverhaltens darin erkennen wollen. Als CFO und CIO haben wir die Kosten im Blick. Und all das wirkt sich auf die Frage aus, was wir in welchem Umfang loggen und monitoren.

Alerting
Beim Alerting kommt es darauf an, Abweichungen von der Baseline zu erkennen und automatisiert zu alarmieren. Die Baseline kann diverse Aspekte erfassen. Dazu zählen unter anderem:

- Zugriffe: Ort, User, Endgerät, Uhrzeit
- Netztraffic: Volumen, Schwankungen, Kommunikationsverbindungen (inbound/outbound)
- Physik: Stromverbrauch, Wärmeentwicklung

Eine einzelne kleinere Abweichung ist eventuell noch nicht spannend, aber das kann sich ändern, wenn mehrere kleinere nach einem bestimmten Muster auftreten. Derartige Korrelationen zu entdecken ist das Salz in der Suppe, insbesondere, wenn Angreifer nicht durch gängige Virensignaturen erfasst werden und daher eine verhaltensbasierte Detektion nötig wird. An dieser Stelle kommen auch die IoCs ins Spiel, die wir im Idealfall von einem TI-Provider zur Verfügung gestellt bekommen bzw. die wir selbst in unsere Analysetools einspeisen.

Monitoring
Logs hin, Korrelationen her – eine Frage bleibt offen: Für was erzeugen unsere technologischen Helferlein (siehe Kap. 4.3.7 Tools zur Detektion von und Reaktion auf Angriffe) denn nun Alarme, um die wir uns kümmern sollten? Eine gute Kalibrierung bezüglich der Baseline ist hier entscheidend, da ansonsten zu viele Fehlalarme produziert werden (false positives). Dies kann dazu führen, dass in der Flut der Alarme tatsächlich relevante (true positives) untergehen. Genauso gefährlich sind kritische Ereignisse, die gar nicht alarmiert werden (false negatives). So oder so: Mit den eingehenden Alarmen müssen wir, genauer, unser Security Operations Center (SOC), umgehen. Je nach Kritikalität, Mengen und Risikoappetit reicht uns hier eine Abdeckung während der üblichen Geschäftszeiten. Prozessionsfähigkeit ist hier das Stichwort.

Aus der Praxis: SOC – Build or Buy?
Ein auf die üblichen Geschäftszeiten beschränktes Monitoring reicht in vielen Fällen (z. B. bei KRITIS-Betreibern) nicht aus. Eigene SOC-Kapazitäten aufzubauen und vorzuhalten ist jedoch gleichermaßen personal- wie kostenintensiv, sodass für das reine Monitoring und die 1st-Level-Analyse oftmals ein Managed SOC Provider eine zweckmäßige Alternative darstellt. Ein solcher Provider sichert typischerweise 24/7-Überwachung inklusive qualifizierter, initialer Analyse und bei Bedarf die Einleitung eines weitergehenden Eskalationsprozesses zu. Die Eskalation erfolgt in der Regel an internes Personal, das einerseits für die 2nd-Level-Analyse und die fachliche Steuerung des SOC-Dienstleisters zuständig ist.

Bei Bedarf lässt sich ein solcher Service mit TI- und Incident-Response-Kontrakten (für die 3rd-Level-Analyse) ergänzen, sodass Detektion und technische Reaktion aus einer Hand bezogen werden können. Dies reduziert den Steuerungsaufwand, den externe Dienstleister notgedrungen verursachen.

Aus der Praxis: Logging, Alerting und Monitoring mit Fokus auf Crown Jewels.

Um von Anfang an die Mengengerüste von Logs und insbesondere Alarmen in den Griff zu bekommen, können wir auch hier die Crown Jewels in den Fokus nehmen. Dies sind in diesem Kontext vor allem

- Privilegierte Accounts (insbesondere die sogenannten Tier-0-Äquivaltente)
- kritische Netzsegmente
- kritische Server und Dienste

Wenn wir diese mit dem Enterprise Access Model inklusive Conditional-Access-Regeln, durchdachten Policies und Härtungsmaßnahmen kombinieren sowie aktuelle IoCs nutzen, haben wir die Voraussetzung für eine gute Reaktionsfähigkeit geschaffen.

5.4   Unverzichtbar: Information und IT Security Management

...und das hilft uns beim Crisis Management, weil...?

Information Security Management (ISM) ist zusammen mit einer guten IT-Sicherheitsarchitektur die vermutlich wichtigste Präventionsmaßnahme, wenn wir von Cybersecurity und Cyber Crisis Management sprechen. Nicht zu unterschätzen ist seine Symbolwirkung auf unsere Stakeholder: Krisenkommunikatoren freuen sich, wenn sie im Fall der Fälle auf ein zertifiziertes ISMS verweisen können.

Grundgedanke von ISM

Der Grundgedanke von ISM ist folgender: Wenn wir Sicherheit für unsere geschäftskritischen Informationen schaffen wollen, müssen wir dieses vergleichsweise abstrakte Ziel konkretisieren und anschließend zweckmäßige Maßnahmen ergreifen. Dazu gehen wir in mehreren Schritten vor. Wir müssen

1. uns für die Konkretisierung auf Schutz- bzw. Sicherheitsziele verständigen, die wir für jede Informationsart/-kategorie definieren müssen;
2. auf Basis der Schutz- bzw. Sicherheitsziele das zu erreichende Schutzniveau definieren sowie anhand konkreter Vorgaben und Architekturblaupausen für die Sicherheitskonfiguration unserer unterstützenden Ressourcen systematisch umsetzen;
3. bestehende Maßnahmen systematisch an unser Geschäftsmodell, das Umfeld sowie die Bedrohungssituation anpassen und kontinuierlich weiterentwickeln.

Auf diese Weise können wir für unsere (primären wie unterstützenden) Ressourcen risikoorientiert ein angemessenes Sicherheitsniveau sicherstellen.

ISO 270xx vs. BSI Grundschutz vs. NIST CSF

Während im internationalen Raum nahezu ausschließlich ISO-Standards sowie das US-amerikanische NIST Cybersecurity Framework im Kontext von Cybersecurity eine Rolle spielen, versucht sich Deutschland in altbewährter Manier an einem nationalen Sonderweg, dem BSI-Grundschutz. In seiner letzten Novellierung nähert er sich immer stärker dem Management-System-Ansatz der ISO-Standards an und ermöglicht eine Zertifizierung „ISO 27001 auf Basis von BSI-Grundschutz".

Handlungsfelder
Wenn wir ein ISMS nach ISO 27001 betreiben wollen, müssen wir Maßnahmen in vier Handlungsfeldern implementieren:

- Organisation,
- Mensch,
- alles Anfassbare (Physik),
- Technologie und Technik.

Darunter fallen in Summe mehr als 90 verschiedene Themenbereiche, die wir angehen müssen. Sie hier vollständig aufzulisten oder gar zu vertiefen, würde uns zu weit ab vom Thema des Buchs führen. Aber keine Sorge: Diejenigen, die auch beim Management von Cyber-Krisen eine wesentliche Rolle spielen, finden sich in diesem Buch wieder.

Aus der Praxis: Risiken durch schlechtes Scoping
Unabhängig von allen Problemen, die sich aus Annahme ergeben, dass eine ISO 27001-Zertifizierung ein Ausweis für echte Sicherheit ist, erleben wir regelmäßig eine weitere Form der Blindheit gegenüber Wirkmechanismen in puncto Informationssicherheit. Dies ist die Wahl des Scopes. Zu viele KRITIS-Betreiber wollen einfach nur die Gesetzesanforderung mit einem Minimalaufwand erfüllen und ignorieren dabei, dass Angreifer sich nicht im Geringsten dafür interessieren, ob sie ihren Angriffsvektor über einen KRITIS- oder einen Nicht-KRITIS-Bereich vorantreiben. Solange aber die im KRITIS-Scope liegenden IT-Systeme, Maschinen, Anlagen, Gebäude, Menschen und Dienstleister nicht hermetisch vom Rest abgeschottet sind, lassen wir die Tür für Angreifer mit einem zu engen Scope weit offen.

5.5   Cyber Risk Management

...und das hilft uns beim Crisis Management, weil...?
Cyber Risk Management hilft uns vor allem bei der Koordination der verschiedenen Präventionsmaßnahmen, indem es gleichsam eine Klammer um alle technischen und organisatorischen Maßnahmen bildet, mit denen wir die Eintrittswahrscheinlichkeit oder Auswirkungen einer Cyber-Krise reduzieren wollen. Ein strukturiertes Cyber-Risk-Management-Programm macht uns die Risiken transparent, sodass wir entscheiden können, an welcher Stelle wir kostbare Ressourcen einsetzen wollen, um die bestmögliche

Risikoreduktion zu erreichen. Anders ausgedrückt: Cyber Risk Management ermöglicht effiziente Ressourcenallokation dank Transparenz über Risiken.

Prozessschritte
Wie bei den meisten Arten von Risikomanagement durchlaufen wir auch beim Cyber Risk Management immer wieder drei Schritte in regelmäßigen Abständen:

- Risk Assessment
- Risikobehandlung
- Akzeptanz von (Rest-)Risiken

Grundgedanke

Der Grundgedanke ist, eine Rundumsicht zu möglichen Bedrohungen für unsere Primärressourcen zu bekommen, indem wir die unterstützenden Ressourcen systematisch darauf abklopfen, inwiefern diese Bedrohungen eventuelle Schwachstellen ausnutzen können. Sobald wir eine Kombination aus Schwachstelle und Bedrohung haben, müssen wir uns Gedanken darüber machen, wie wir mit diesem Risiko umgehen wollen (was dann Gegenstand der Risikobehandlung ist).

Einschlägige Standards
Die einschlägigen Standards sind ISO 31000, ISO 27005, ISO 27001 und ISO 27032. Das klingt umfangreich, ist aber halb so wild – die darin beschriebenen Vorgehensweisen sind nahezu deckungsgleich. Wir orientieren uns hier an ihnen.

5.5.1 Vorarbeiten

Asset Management und Schutzbedarfsfeststellung
Bevor wir uns ans Cyber Risk Management machen können, müssen wir zwei Dinge aufsetzen: ein Asset Management und die Schutzbedarfsfeststellung aus dem Information Security Management. Ohne geht es leider nicht, weil wir für das Risk Assessment schließlich nicht nur potenzielle Bedrohungen, sondern auch und vor allem deren Andockstellen in unserer Organisation kennen müssen – und das sind nun mal die Assets. Und da es komplett unwirtschaftlich wäre, alle unterstützenden Ressourcen im Cyber Risk Management gleichermaßen detailliert zu behandeln, kommen wir um einen Filter nicht herum, der uns bei einem risikoorientierten Ansatz hilft – das wiederum ist die Schutzbedarfsfeststellung.

Aus der Praxis: Schnittstellen nutzen
Beim Aufbau unserer Cyber Risk Managements sollten wir aber tunlichst nicht versuchen, das Rad organisationsintern komplett neu zu erfinden. Schließlich haben wir mit Sicherheit an der einen oder anderen Stelle bereits Maßnahmen ergriffen, die uns wunderbar helfen

können und die wir (auch aus Respekt für die besagten Abteilungen) unbedingt berücksichtigen sollten. Typischerweise begegnen uns folgende Punkte, mal einzeln, mal in unterschiedlicher Form kombiniert, aber selten komplett und aufeinander synchronisiert:

- IT-Risikomanagement
- BC Risk Assessment (in grauer Vorzeit auch RIA genannt)
- Risk Assessments aufgrund von ISO 27001
- Operationelles Risikomanagement

5.5.2   Risk Assessment

Bestandteile des Risk Assessments
Bereits das Risk Assessment (oft als Risikobeurteilung übersetzt) besteht aus mehreren Bestandteilen:

- Risikoidentifikation
- Risikoanalyse
- Risikobewertung

Zugegeben, die einzelnen Punkte klingen im ersten Moment wie Synonyme. Bei genauerer Betrachtung werden wir aber sehen, welche Unterschiede es gibt und wie der eine Schritt auf dem anderen aufbaut.

5.5.2.1   Risikoidentifikation

Identifikation der Ressourcen
Eine vollständige und aktuelle (Informations)-Architektur liegt in der Praxis leider nur selten vor. Aber es gibt Möglichkeiten, halbwegs belastbare Näherungswerte zu finden. Dabei hilft uns zunächst einmal eine Prozesslandkarte, in der alle Prozesse unserer Organisation inklusive ihrer wechselseitigen Schnittstellen und im Idealfall Rollen und IT-Anwendungen dokumentiert sind. Wenn wir diese Prozesslandkarte um Aussagen ergänzen, welcher Prozess welche Informationen verarbeitet und wie dringend wir diese hinsichtlich

- Vertraulichkeit,
- Integrität,
- Verfügbarkeit und
- Authentizität

schützen müssen, dann sind wir ein ganzes Stück weiter. Denn nun können wir uns bei allem weiteren auf die wirklich kritischen Prozesse und Informationen (und die sie verarbeitenden unterstützenden Ressourcen) konzentrieren.

Diese Fokussierung (im Sinne einer Priorisierung) ist wichtig, da wir ansonsten alle unsere unterstützenden Ressourcen so stark absichern müssten, wie es die schärfste Anforderung an eine beliebige, einzelne Ressource verlangt. Das wäre ein Garant für explodierende Aufwände – in puncto Zeit, Personaleinsatz und Kosten.

Scope des Cyber Risk Management
Stattdessen sollten wir uns auf die unterstützenden Ressourcen konzentrieren, die in unserer Organisation eine Rolle bei der Verarbeitung der kritischen Prozesse und Informationen spielen, und zwar aus allen Arten unterstützender Ressourcen:

- IT (Hard- und Software)
- Personen (Rollen)
- Dienstleister und Lieferanten
- Standorte, Gebäude
- Maschinen, Anlagen
- …

Bedrohungen und Gefahren
Zunächst stellt sich die Frage, welche Bedrohungen oder Gefahren wir in Betracht ziehen müssen. Diese unterscheiden sich von Kategorie zu Kategorie durchaus. Während eine DDoS-Attacke fraglos für einige IT-Assets eine relevante Bedrohung darstellt, spielt sie für Personen oder eine Gebäudeinfrastruktur keine Rolle. Dafür bedroht ein Feuer sehr wohl ein Gebäude, nicht aber eine Anwendung – dafür aber wieder die Hardware, über die sie bereitgestellt wird. Wenn wir einen Teil unserer Informationsverarbeitung an einen Dienstleister ausgelagert haben oder dabei auf die Zulieferung eines Lieferanten angewiesen sind, wirkt sich dessen Ausfall auch auf unsere Organisation aus. Umgekehrt gilt aber auch: Eine Gefahr ohne Exposition bringt auch kein Risiko mit sich. In unserer Verkehrssicherheitsanalogie ausgedrückt: Eine bestimmte Straße kann so glatt sein wie sie will – wenn wir dort nicht entlangfahren, spielt die Glätte keine Rolle.

Aus der Praxis: Gefährdungskataloge des BSI
Damit wir bei der initialen Zusammenstellung potenzieller Gefahren nicht bei null anfangen müssen, hat beispielsweise das BSI – zumindest für IT-Assets – gute Vorarbeit geleistet. Für die anderen Kategorien gibt das BSI leider weniger Hilfestellungen. Hier müssen wir selbst ein wenig Hirnschmalz investieren (oder bei einem versierten Dienstleister nachfragen, wenn wir statt Zeit auch Geld investieren können).

Wo stehen wir bei welcher Kombination aus Ressource und Bedrohung?
Da wir unsere Organisation schwerlich vom Reißbrett neu planen und aufbauen können, setzen wir immer auf einem Status quo auf. Das bedeutet, dass wir in der Regel

bereits zu einer beträchtlichen Anzahl an Kombinationen aus Ressource und Bedrohung wie auch immer geartete Gegenmaßnahmen implementiert haben. Diese dürfen wir nicht außer Acht lassen, im Gegenteil.

Identifikation von Schwachstellen

Derart gerüstet können wir uns nun den Schwachstellen widmen, die übrig geblieben sind. Von welcher Ressource wissen wir um ihre individuellen Schwachstellen? Sind unsere Mitarbeiter chronisch auskunftsfreudig am Telefon und dementsprechend anfällig für Social Engineering? Arbeiten sie oftmals in der Bahn am Laptop, aber ohne ausreichenden Sichtschutz? Setzen wir auf Software, die zwar langjährig bewährt ist, aber vom Hersteller nicht mehr mit Sicherheitspatches versorgt wird?

Und die Folgen?

Als letzten Schritt versuchen wir die grundsätzlich denkbaren Folgen zu identifizieren, die jeweils eintreten können. Was wäre der Effekt auf einer rein technologischen Ebene? Und wie würde sich ein solches Ereignis auf die Informationen und Prozesse selbst, d. h. in letzter Konsequenz auf die Reputation, die Ertragslage oder geltende Gesetze und Verträge auswirken?

Ergebnis der Risikoidentifikation

Das Ergebnis der Risikoidentifikation ist die Zuordnung

- der Bedrohungen/Gefahren,
- Gegenmaßnahmen,
- Schwachstellen und
- Folgen

zu den einzelnen unterstützenden Ressourcen. Damit haben wir die einzelnen Risiken identifiziert. Wohlgemerkt, identifiziert – nicht analysiert und nicht bewertet.

5.5.2.2 Risikoanalyse

Gegenstand der Risikoanalyse

Bei der Risikoanalyse geht es um drei Dinge:

- die genauere Taxierung der Folgen, die jedes Risiko mit sich bringt (vulgo: Schadenshöhe)
- die Abschätzung der Eintrittswahrscheinlichkeit, dass das Risiko schlagend wird
- die Ermittlung des Risikos, das sich aus der Kombination von Schadenshöhe und Eintrittswahrscheinlichkeit ergibt

Aus der Praxis: Scheingenauigkeiten vermeiden
Risikoanalysen verleiten zu beliebig komplexen Modellen und Berechnungen. Da wir aber in der Regel mangels valider und reliabler statistischer Werte mit Experten-schätzungen arbeiten müssen, produzieren auch die komplexesten Modelle nur Schein-genauigkeiten. Wir können also viel Zeit in die schönste Monte-Carlo-Simulation ste-cken, kommen der Wahrheit damit aber nur bedingt näher. Ergo muss ein einfaches, dafür aber robustes Modell nicht unbedingt schlechter sein.

Abschätzung der Folgen und Eintrittswahrscheinlichkeit
Bei der Abschätzung der Folgen müssen wir nicht-lineare Schadensverläufe bedenken, und zwar für alle Schadensarten, die infrage kommen. In der Regel sind dies unsere üb-lichen Verdächtigen: finanzielle Auswirkungen, Reputationsschaden und Folgen aus Gesetzesverstößen oder Vertragsverletzungen.

Wenn wir die Eintrittswahrscheinlichkeiten abschätzen, können wir einen Blick in den Rückspiegel werfen und uns an Häufigkeiten orientieren, z. B. mindestens jährlich, alle zwei Jahre, alle fünf Jahre und alle zehn Jahre oder seltener. Aber Vorsicht: Aus der Vergangenheit auf die Zukunft zu schließen, hat seine Tücken. Zum Beispiel ist die Zahl von Cyber-Attacken auf westliche Unternehmen, Behörden und NGOs seit Anfang 2022 sprunghaft angestiegen. Ein politisches Ereignis – Russlands Einmarsch in die Ukraine und deren Unterstützung durch den Westen – wurde durch häufigkeitsbasierte Wahr-scheinlichkeitstabellen nicht (sinnvoll) reflektiert.

Ermittlung des Risikos
Das Risiko wird meist aus dem Produkt aus Auswirkungen (Schadenshöhe; S) und Ein-trittswahrscheinlichkeit (W) ermittelt und in einer Matrix (Risk Map) abgetragen. Eine Risk Map zeigt an x- und y-Achse die jeweilige Skala von Eintrittswahrscheinlichkeit und Schadenshöhe.

Abb. 5.1: Risk Map arbeitet mit einer vierstufigen Skala und weist die Risikowerte der einzelnen Kombinationen aus Auswirkungen und Schadenshöhe aus.

Aus der Praxis: Einheitliche Skalen
In der Praxis existieren oftmals mehrere Risikoskalen nebeneinander. Eine aus dem BCM, eine aus dem IT-Risk Assessment, eine aus dem Risikomanagement, eine aus… Das Problem dürfte klar sein: Viele Köche verderben den Brei, was dazu führt, dass die Skalen und Ergebnisse oft nicht recht übereinander passen. Wir brauchen also eine Stelle innerhalb der Organisation, die den Takt vorgibt und eine Art Richtlinienkompetenz oder Methodenhoheit besitzt. Es bewährt sich in der Regel, wenn diese Stelle im Risiko-management angesiedelt ist. Im Idealfall übernimmt dies die Stelle, die sich um das Ma-nagement der sogenannten operationellen Risiken kümmert.

Ergebnis der Risikoanalyse
Das Ergebnis der Risikoanalyse ist ein Risikowert, der aus jeder Kombination aus unter-stützender Ressource, Schwachstelle, Gegenmaßnahme und Folgen resultiert.

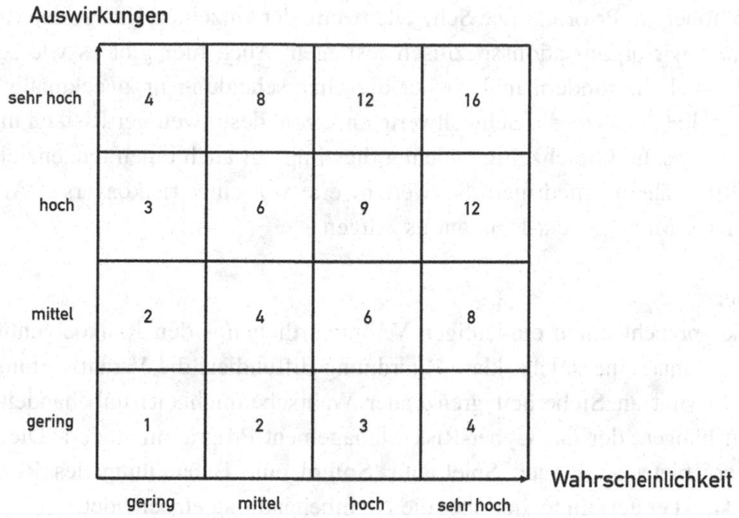

Auswirkungen

	gering	mittel	hoch	sehr hoch
sehr hoch	4	8	12	16
hoch	3	6	9	12
mittel	2	4	6	8
gering	1	2	3	4

Wahrscheinlichkeit

Abb. 5.1   Risk Map

Damit haben wir die einzelnen Risiken nun identifiziert und analysiert, aber noch nicht bewertet.

5.5.2.3 Risikobewertung

Prioritäten setzen

Nachdem wir bislang unsere Risiken identifiziert und abgeschätzt haben, müssen wir uns nun um ihre Bewertung kümmern. Welche der Risiken

- müssen,
- sollen,
- können

wir einer weitergehenden Risikobehandlung unterziehen?

Um diese Frage zu beantworten, müssen wir

- eine Rangreihenfolge der Risiken bilden (oder allgemeiner formuliert, Prioritäten setzen) und
- festlegen, nach welchen Kriterien eine weitergehende Risikobehandlung zwingend erforderlich, empfehlenswert oder einfach nur grundsätzlich möglich ist.

Priorisierung und Schwellenwerte

Die Priorisierung ist nicht sonderlich kompliziert. Da jedes Risiko einen Risikowert hat, können wir die Risiken entsprechend ihres Risikowerts sortieren. Je höher der Risikowert, desto höher die Priorität. Die Schwellenwerte der einzelnen Kategorien (muss, soll, kann) können wir organisationsspezifisch festlegen. Auch hier gibt es wie so oft kein Richtig oder Falsch, sondern mal wieder die Unterscheidung in zweckmäßig oder unzweckmäßig. Je höher wir die Schwellwerte ansetzen, desto weniger Risiken müssen wir zwingend behandeln. Gleichzeitig bedeutet dies implizit auch einen tendenziell höheren Risikoappetit, während niedrigere Schwellenwerte von einer risikoaversen Ausrichtung des Cyber-Risk-Management-Programms zeugen.

Risk Owner

Jedes Risiko braucht einen eindeutigen Verantwortlichen – den Risikoeigentümer oder Risk Owner. Ohne eine solche klare Zuordnung diffundiert die Verantwortung und das Risiko bleibt (mit an Sicherheit grenzender Wahrscheinlichkeit) unbehandelt oder bei demjenigen hängen, der das Cyber-Risk-Management-Programm steuert. Die Rolle des Risk Owners bietet aber auch Spielraum. Sofern eine Behandlung des Risikos nicht zwingend ist, ist er derjenige, der über die Nichtbehandlung entscheidet.

Ergebnis der Risikobewertung

Als Ergebnis der Risikobewertung verfügen wir nun über eine priorisierte Aufstellung aller Ressourcen, sortiert nach ihrem Risikowert. Bei einigen davon muss der Risk Owner eine Risikobehandlung einleiten, bei anderen sollte bzw. kann er das tun.

Abschluss des Risk Assessments

Ganz nebenbei haben wir mit der Risikobewertung auch den Part abgeschlossen, den die ISO-Standards als Risk Assessment bezeichnen.

5.5.3 Risikobehandlung

Behandlungsstrategien

Bei der Behandlung von Risiken gibt es einige prototypische Strategien, die wir entweder einzeln oder in Kombination einsetzen können. Die wesentlichen Strategien sind:

- Vermeidung
- Minderung
- Transfer
- Akzeptanz

Risikovermeidung

Die gründlichste Form, ein Risiko zu behandeln, besteht darin, es schlichtweg zu vermeiden. Im Straßenverkehr besteht das Risiko, dass ich zu spät reagiere, wenn mir ein Betrunkener vor das Auto stolpert. Dieses Risiko kann ich ausschließen, indem ich nicht das Auto zur Fortbewegung nutze, sondern beispielsweise selbst zu Fuß gehe oder auf den ÖPNV umsteige – für viele von uns keine besonders attraktiven Alternativen. Ähnlich steht es um Cyberrisiken. Risikovermeidung hat ihren Preis.

Aus der Praxis: Risikovermeidung
Stellen wir uns vor, dass wir auf Reisen gehen müssen. Sagen wir, nach China oder in die USA. In beiden Fällen müssen wir damit rechnen, bei der Einreise aus Gründen des jeweiligen nationalen Interesses (wie auch immer das im Konkreten aussehen mag) gründlich durchgecheckt zu werden. Bei diesem Check ist unser Laptop, unser Smartphone und/oder unser Tablet mittendrin statt nur dabei – und damit Daten, die wir durchaus begründet als vertraulich ansehen. Das gilt nicht nur für die lokal gespeicherten Daten, sondern auch für solche, die zwar irgendwo remote oder in der Cloud liegen, aber auf die wir mittels unserer Mobilgeräte zugreifen (sozusagen in zweiter Ordnung). Dieses Risiko für die Vertraulichkeit von Informationen können wir vermeiden, indem wir entweder nicht mehr auf Reisen gehen, oder für die Reise auf jungfräuliche Mobilgeräte umsteigen, die unsere Organisation speziell für solche Zwecke bereitstellt – mit allen Komforteinbußen, die damit verbunden sind. Erneut sehen wir: There is no free lunch.

Risikominderung
Wenn wir ein Risiko mindern wollen, haben wir zwei Ansatzpunkte: seine Eintrittswahrscheinlichkeit und seine Auswirkungen. Wenn wir entweder das eine oder das andere auf null bringen können, haben wir das Risiko vollständig gemindert, das heißt gewissermaßen vermieden. Die Maßnahmen, mit denen wir die Eintrittswahrscheinlichkeit einer Cyber-Krise reduzieren wollen, können wir großteils unter dem Aspekt Information Security Management subsumieren, flankiert von Tests, Audits, Trainings- und Awareness-Maßnahmen. Die Auswirkungen bekämpfen wir durch Cyber (Security) Incident Response und Krisenbewältigung. Es gibt aber auch Mischformen, das heißt Ansätze, die sowohl an der Eintrittswahrscheinlichkeit als auch an den Auswirkungen ansetzen. Dies sind Stakeholder- und Issuemanagement, Business Continuity Management und IT Service Continuity Management. Näheres beschreibt das jeweilige Kapitel.

Risikotransfer
Eine theoretisch bequeme, in der Praxis aber selten gut funktionierende Risikobehandlungsstrategie ist der Risikotransfer. Dahinter verbirgt sich der Gedanke, das Risiko und damit seine Kosten jemand anderem zu übertragen.

Aus der Praxis: Risikotransfer
Für Organisationen ist es verlockend, eine bestimmte Aufgabe an einen Dienstleister auszulagern. Das kann durchaus Kostengründe haben. Oftmals steht dahinter auch der Wunsch, für die mit der Aufgabe verbundenen Risiken nicht länger verantwortlich zu sein. Zumindest letzteres klappt aber nicht, da die Letztverantwortung im Falle einer Auslagerung immer bei der auslagernden Organisation bleibt. Aufsichtsbehörden haben dazu klare Vorstellungen, wie unter anderem die MaRisk und BAIT der BaFin zeigen.

Anhand einer RACI-Matrix ausgedrückt: Das R ist durchaus beim Auslagerungsnehmer, das A bleibt aber bei der auslagernden Organisation. Damit scheitert der Risikotransfer.

Eine andere Spielart, die grundsätzlich besser funktioniert, ist der Transfer eines Teils des Risikos auf Versicherungsunternehmen. Derartige Cybersecurity-Policen schauen wir uns in Kap. 4.8 Versicherung von Cyberrisiken an.

5.5.4   Akzeptanz von (Rest-)Risiken

Risikoakzeptanz
Love it, change it or leave it. Risiken, die wir nicht mindern oder vermeiden können, müssen wir akzeptieren. Irgendwann kommen wir im Rahmen der Risikobehandlung zu dem Punkt, dass trotz aller Minderungsmaßnahmen für ein beliebiges Risiko weder sein Eintritt noch ein wie auch immer gearteter Schaden ausgeschlossen werden kann. Jede weitere Risikobehandlung würde sehr viel Geld kosten, das Risiko aber kaum noch weiter senken (etwas sperrig könnten wir auch von einem infinitesimalen Grenznutzen sprechen). Anders ausgedrückt: Aus einem Bruttorisiko haben wir ein Nettorisiko gemacht. Das ist zwar deutlich geringer als das ursprüngliche Risiko, aber eben nicht null – das berühmte Restrisiko, mit dem wir leben müssen.

Aus der Praxis: Risikoakzeptanz
Das Risiko einer DDoS-Attacke auf unsere Onlinedienste ließe sich vermeiden, indem wir auf eine Website für unsere Organisation verzichten. Das ist aber aus Marketinggründen wenig zielführend. Stellt sich die Frage, wie wir das Risiko mindern, dass die Website durch eine DDoS-Attacke lahmgelegt wird. Über die Eintrittswahrscheinlichkeit? Kaum, da die Website per definitionem öffentlich sein soll, gleichzeitig aber die Motivation eines Angreifers sehr verschieden sein kann. Dann vielleicht über die Begrenzung der Auswirkungen? Zu diesem Zweck können wir versuchen, im Angriffsfall die IP-Adressen zu identifizieren und alle Anfragen, die über diese IP-Adressen kommen, ins Leere laufen zu lassen (Blackholing, Sinkholing). Ebenso bieten verschiedene Dienstleister an, einer angegriffenen Organisation kurzfristig mehr Bandbreite bereit zu stellen. Durch die zusätzlichen Kapazitäten bleibt die Website für die Dauer des Angriffs trotz allem (zumindest) eingeschränkt verfügbar. Das Problem dabei sind die Kosten. Während Angreifer sich DDoS-Kapazitäten anhand von Bot-Netzen im Darknet für kleines Geld mieten können, sind die Kosten für eine kurzfristige, temporäre Bandbreitenerhöhung für den Angegriffenen unvergleichbar höher. Das führt in der Praxis regelmäßig dazu, dass eventuelle Schäden aus einer DDoS-Attacke akzeptiert werden.

Akzeptanzkriterien
Wir müssen die Kriterien organisationsspezifisch festlegen, auf deren Basis ein Risk Owner ein (Rest-)Risiko akzeptieren darf. Dazu können wir die Ergebnisse der Risikoanalyse und der Risikobewertung nutzen, sprich: uns auf den ermittelten Risikowert

stützen. Dabei geht es immer auch im Wirtschaftlichkeitsaspekte. Bei der Risikobehandlung können wir beliebig viel Geld versenken, ohne dass wir das Risiko komplett
werden ausschließen können.

Restrisiken werden wirkungsseitig gemanagt
Die Restrisiken, die wir letztlich akzeptieren und im Idealfall sogar mit Eigenkapital unter-
legen, sind eine wichtige Stellgröße für das Cyber Crisis Management. Da wir damit rechnen müssen, dass das Risiko irgendwann einmal schlagend wird, müssen wir zu gegebener
Zeit mit den Folgen umgehen. Je nachdem, um welche Art von Risiko es sich handelt und
wie früh wir mitbekommen, dass es schlagend wurde, können wir über eine schnelle Erstreaktion (Cyber Security Incident Response) und/oder zielstrebiges Stakeholder- und Issuemanagement vermeiden, dass sich das Ganze zu einer echten Krise ausweitet.

Wenn wir dies aber nicht vermeiden können, brauchen wir unsere

- Notfall- und Krisenorganisation,
- Geschäftsfortführungspläne (BCM) und
- Wiederanlaufpläne (ITSCM/IRBC).

5.6   Unsere Cyber Resilience und wie es um sie bestellt ist: Audits und Assessments

...und das hilft uns beim Crisis Management, weil...?
Das grundsätzliche Ziel von Audits besteht darin, die Konformität zu einem bestimmten
Standard oder einer anderen Sollvorgabe zu überprüfen. Das Schlagwort lautet Compliance. Leider wird Compliance oft mit Sicherheit verwechselt. Aber ob unsere Maßnahmen unser Sicherheitsniveau wirklich erhöhen, d. h. tatsächlich gegen Angreifer
wirken, eine gute Vorbereitung auf eine Cyber-Krise darstellen oder im Ernstfall greifen würden, geht aus Audits allerdings nur bedingt hervor. Dafür sind Assessments das
bessere Mittel, insbesondere, wenn sie mit der Perspektive eines Angreifers durchgeführt
werden. Durch sie bekommen wir unter anderem eine Vorstellung von den Schwachstellen, den damit verbundenen Risiken (den Ausgangspunkten von Krisen!) und vor
allem den Maßnahmen, die wir ergreifen müssen, um die Risiken zu mindern. Und: Die
Ergebnisse von Audits, Assessments und Tests sind sehr oft ein Argument, mit dem wir
die Geschäftsleitung von der einen oder anderen Investition überzeugen können.

Zusatznutzen (I)
Obendrein können wir in einem Krisenfall positive Testate von externen Prüfern hervorragend als Beleg nutzen, dass wir unsere Hausaufgaben

- grundsätzlich (falls wir regelmäßige Überprüfungen durchführen lassen) und
- gut (falls die Testate uns ein gutes Zeugnis ausstellen)

gemacht haben. Wenn wir als Geschäftsleitung also im Rahmen der Krisen-kommunikation betonen wollen, dass wir unserer Organisationsverantwortung an-gemessen nachgekommen sind, sind Testate das Mittel der Wahl. Und natürlich auch, falls Stakeholder im Nachgang einer Krise wegen vermeintlicher (grober) Fahrlässigkeit Ansprüche an uns geltend machen wollen oder der Anbieter einer Cyber-Versicherung sich vor Vertragsabschluss unserer Präventionsmaßnahmen vergewissern möchte.

Zusatznutzen (II)
Wenn wir unsere Krisenprävention entlang der in diesem Buch vorgestellten Diszipli-nen organisieren und uns dabei an die jeweiligen ISO-Standards halten, betreiben wir unweigerlich ein Managementsystem, wenn nicht gar mehrere. Die ISO-Standards mit der Endnummer 01 (z. B. 22.301, 27.001 etc.) fordern dies zumindest. Ein zentraler As-pekt eines jeden ISO-basierten Managementsystems ist die regelmäßige Überprüfung der Wirksamkeit der Maßnahmen – durch Audits und Tests. Das heißt, wenn wir Audits durchführen, bewegen wir uns innerhalb der Managementsysteme.

Audits
Über Audits können wir in jeder der Teildisziplinen, die zum Cyber Crisis Management beitragen, den Finger in offene Wunden legen:

- Crisis Management (ISO 22361, BfV/BSI/ASW 2000–3)
- Business Continuity Management (ISO 22301)
- IT Service Continuity Management (ISO 27031)
- Cybersecurity Incident Response (ISO 27035)
- Cybersecurity Management (ISO 27032, NIST-Framework)
- Asset Management (z. B. ISO 27005)
- Informations- und IT-Sicherheit (ISO 270xx, BSI 200-x)
- Cyber Risk Management (ISO 27005, ISO 31000)
- Stakeholder- und Issuemanagement
- Training & Awareness

Wenn wir alle diese Teildisziplinen systematisch und wiederholt Audits unterziehen und deren Ergebnisse wechselseitig in Kontext setzen, bekommen wir ein Gefühl dafür, wie es um unsere Cyber Resilience bestellt ist. Dabei können wir die Audits gleichermaßen gegen interne wie externe Vorgaben durchführen, d. h. gegen unterschiedliche SOLL-Vorgaben messen. Zu den externen Vorgaben zählen neben den nun schon oft genannten Standards nicht zuletzt auch regulatorische Anforderungen.

Assessments
Mit der Brille eines Angreifers Assessments können wir konkret schauen,

- wie Angreifer unsere Präventionsmaßnahmen aushebeln können
- was unsere Präparationsmaßnahmen doch noch zum Scheitern bringen kann
- welche Grundlagen uns zu einem Cyber Crisis Management fehlen, das uns ruhig schlafen lässt

Wichtig: Auch wenn solche Assessments Best Practices und Reifegrade, Benchmarks (sehr beliebt!) berücksichtigen sollten, kommt es vor allem auf die Praxiserfahrung der Durchführenden und deren Fähigkeit, sich in einen Angreifer hineinzudenken, an.

Assuranceprogramm
Ähnlich wie bei den Tests, Trainings oder dem Thema Awareness bietet es sich an, unsere Bemühungen um Transparenz systematisch aufzugleisen. Welche Teildisziplin müssen wir wie oft einem Audit oder Assessment unterziehen? Setzen wir dabei interne oder externe Prüfer ein? Die Antworten auf diese Fragen sollten wir in einer Mehrjahresplanung abbilden. Aber Achtung: Unser Assuranceprogramm muss elastisch genug sein, dass wir auch Wiederholungsaudits und Nachschauprüfungen einplanen können.

Aus der Praxis: Abarbeiten der Feststellungen
Ein Audit oder Assessment führt (ähnlich wie ein ernstzunehmender Test) zu Feststellungen – immer und unweigerlich. Das bedeutet einen kontinuierlichen Bedarf an Nacharbeiten. Derartige Nacharbeiten überfordern die Linienorganisation mitunter, da das Tagesgeschäft ja nicht stillsteht und sich die wenigsten Organisationen Überkapazitäten in der IT und den (vermeintlich unproduktiven) Governance-Funktionen leisten (wo wiederum das Gros der Nacharbeiten anfällt). Dadurch bleibt oftmals nur der Ausweg, ein formales Projekt mit separatem Budget zu beantragen – was meist erst dann bewilligt wird, wenn der Druck groß genug ist. Stichwort: Kosten-Nutzen-Abwägung unter Risikogesichtspunkten.

Aus der Praxis: hohe Anforderungen an Prüfende
Da die Cyber-Disziplinen alle über separate Standards geregelt und in den meisten Organisationen auch über unterschiedliche Funktionsbereiche verteilt sind, sollten die Prüfungshandlungen insbesondere die Verzahnung der Themen in den Blick nehmen. Wenn es irgendwo bricht, dann an den Schnittstellen (vulgo: Silo-Grenzen). Das erhöht gleichzeitig die Anforderungen an das Prüfungsteam, denn die Beteiligten müssen in mehreren Disziplinen (und dort jeweils mehreren Standards und Practices) gleichermaßen sattelfest sein. Gerade bei Assessment ist zum Abschluss der Prüfungshandlungen eine wesentliche Transferleistung gefragt: Welche beobachteten Stärken und Schwächen wirken sich wechselseitig (!) wie auf das Gesamtsicherheitsniveau aus? Hier hilft ein strategischer, ganzheitlicher, erfahrungsbasierter Blick auf die Themen Informationssicherheit und Cyber Crisis Management.

Cyber Crisis (& Security) Grundlagen

6

6.1 Executive Summary: Crown Jewels

Informationssicherheitsstrategie

Die Informationsstrategie sagt uns, wie wir mit Blick auf die Geschäfts- und IT-Strategie, die wir verfolgen, unsere Organisation sicher machen wollen. Das wird in der Regel ein klares Bekenntnis zu einem risikoorientierten Ansatz sein – also zu den Crown Jewels. Welche Fähigkeiten müssen wir dazu besonders ausprägen? Eher präventive, präparative, oder doch reaktive? Welchen technologischen Ansatz fahren wir dabei? Inwieweit wollen (oder müssen) wir auf externe Partner und andere Stakeholder angewiesen sein? Gibt es besondere Schwerpunkte und Auflagen, die wir berücksichtigen müssen?

Die groben Leitplanken für die Antworten auf diese (und weitere) Fragen vorzugeben, ist Gegenstand der Informationssicherheitsstrategie. Die Antworten wiederum führen zu den Dingen, die wir für Cyber Crisis Management brauchen: Menschen, Know-how, Planungsparameter, Ressourcen.

Kritikalitäten und Abhängigkeiten

Wir haben viel über Crown Jewels gesprochen, also kritische und besonders schützenswerte Leistungsfelder, Produkte, Informationen, Prozesse, IT-Systeme, OT-Komponenten, Dienstleister, Standorte und natürlich die Menschen, die das Ganze am Laufen halten.

Sich auf diese zu konzentrieren erfordert,

- sie zu identifizieren (oh Wunder...); Stichworte: Business-Impact-Analyse und Schutzbedarfsfeststellung;
- die Abhängigkeiten untereinander zu verstehen (Stichwort: Strukturanalyse);

© Springer Fachmedien Wiesbaden GmbH, ein Teil von Springer Nature 2024
H. Kaschner, *Cyber Crisis Management,* https://doi.org/10.1007/978-3-658-43465-6_6

- die Abhängigkeiten insbesondere bei technologisch-organisatorischen nachzuhalten (Stichworte: Governance, Asset Management und CMDB);
- die Informationen darüber verfügbar zu halten (Stichwort: Single Point of Failure).

Dann können wir verbindliche Mindestanforderungen definieren, die den in der Informationssicherheitsstrategie definierten Leitplanken (Fähigkeiten, Technologien, Partner etc.) entsprechen. Diese Mindestanforderungen leisten uns gleichermaßen bei der Bewältigung, Präparation und Prävention von Cyber-Krisen wertvolle Dienste.

Integration von Stakeholdern
Da wir schon wieder von Bewältigung, Präparation und Prävention von Cyber-Krisen sprechen: Das ist keine One-Man-Show, sondern erfordert, dass viele interne und externe Akteure (auch Stakeholder genannt) mitmachen oder zumindest nicht sabotieren. Egal, ob es sich um interne oder externe Stakeholder handelt. Das Mindeste, das wir an Mitwirkung erwirken müssen, ist, dass sie ihre Erwartungshaltungen klar kommunizieren. Wenn wir die Erwartungshaltungen kennen, können wir uns darauf einstellen. Das gilt auch für uns selbst: Wir müssen unseren Dienstleistern klar und verbindlich kommunizieren, was wir von ihnen in puncto Informationssicherheit und Mitwirkung am Cyber Crisis Managment erwarten. Ergo, wir brauchen vertragliche Regelungen.

Vertragliche Regelungen sind insbesondere deshalb wichtig, weil wir je nach technologischem Setup und Art der Kunden-Lieferanten-Beziehung die Schwächen unserer Dienstleister (oder Kunden) eins zu eins erben. Preisfrage: Wie gut kennen wir diese? Was haben wir unternommen, um darauf einzuwirken? Supply Chain Security ist ein Stichwort, Assurance/Dienstleisteraudit ein anderes, gemeinsame Tests und Übungen sind weitere.

6.2   Geht auch ohne, aber dann wird's halt…: Informationssicherheitsstrategie

…und das hilft uns beim Crisis Management, weil…?
Bei der Bewältigung von Cyber-Krisen benötigen wir die unterschiedlichsten Fähigkeiten und Ressourcen. Diese können wir nicht ad-hoc entwickeln, sondern müssen dazu im Vorfeld die Weichen stellen. Bei diesen Weichenstellungen kommt die Informationssicherheitsstrategie ins Spiel, weil sie den Rahmen zum Aufbau dieser Fähigkeiten und Ressourcen bildet.

Von der Unternehmens- zur Informationssicherheitsstrategie
Wenn wir ein für unsere Organisation angemessenes Informationssicherheitsniveau sicherstellen wollen, müssen wir dieses zunächst definieren, z. B. anhand eines zu erreichenden Reifegrads. Die großen Linien zur Erreichung dieses Ziels beschreibt die

Informationssicherheitsstrategie. Sie leitet sich aus der übergeordneten Unternehmens-strategie und muss mit anderen Strategien (z. B. Risikostrategie, IT-Strategie, Einkaufs-/ Lieferanten-/Auslagerungsstrategie) verzahnt sein.

Inhalte und Aussagen einer guten Informationssicherheitsstrategie
Die Informationssicherheitsstrategie adressiert u. a.:

- Schwerpunktsetzungen auf bestimmte
  - Geschäftsfelder, Produkte, Services (Crown Jewels)
  - Fähigkeiten und Sicherheitsdomänen (oftmals orientiert am NIST Cybersecurity Framework, das eine wunderbar logische Unterteilung in Identify, Protect, Detect, Respond und Recover bietet);
- architekturelle Grundsätze bzw. Prinzipien (Zero Trust als Zielvorgabe);
- technologische Aspekte (best-of-breed vs. best-integrated; cloud vs. on-prem);
- Eigenleistungsanspruch vs. Auslagerung/Zukauf von Leitungen (make or buy);
- geographisch-sicherheitspolitische Risiken (z. B. für Standorte in oder Nutzung von Technologien und Partnern aus Staaten, die sich auf der Staatenliste im Sinne von § 13 Abs. 1 Nr. 17 SÜG finden);
- für die Organisation als relevant erachtete Kategorien von Threat Actors (Cyber-kriminelle, staatliche Akteure, Hacktivists, etc.).

6.3   Ordnung im Chaos: Kritikalitäten und Abhängigkeiten

…und das hilft uns beim Crisis Management, weil…?

Auch wenn sich das jetzt möglicherweise mindestens spirituell, wenn nicht gar eso-terisch anhört, gilt auch für Informationen, IT-Systeme etc. sowie ihre Schutzziele und -bedarfe: Alles hängt mit allem zusammen. Egal, ob wir

- in der Reaktion einer Krise – ausgelöst zum Beispiel durch eine Ransomware-Atta-cke – unsere IT entlang des kritischen Pfades wiederherstellen oder kritische Prozesse wieder geordnet anlaufen lassen,
- im Rahmen der Prävention ein besonders hohes Sicherheitsniveau zum Schutz be-stimmter Daten herstellen oder im Rahmen der
- Präparation auf Cyber-Krisen für kritische Geschäftsprozesse Workarounds definieren

wollen: Ohne Transparenz über Kritikalitäten und wechselseitigen Abhängigkeiten von Daten, Prozessen, IT-Systemen und Providern werden wir scheitern. Ohne Kennt-nis der Zusammenhänge können wir keine wirksamen Sicherheitsmaßnahmen ergreifen. Und ohne Sicherheitsmaßnahmen wiederum können wir aus unserer Krisenorganisation gleich eine Regelorganisation machen.

6.3.1   Ermittlung von Business Impact und Schutzbedarfen, oder: schon wieder Crown Jewels

Business-Impact-Analyse

Mit einer Business-Impact-Analyse (BIA) ermitteln wir, welche Prozesse notfallrelevant sind und welche nicht. Ausschlaggebend hierfür ist die Zeit, die maximal verstreichen kann, bevor aus der Unterbrechung eines Prozesses ein schwerwiegender Schaden für unsere Organisation entsteht. Dies ist die maximal tolerierbare Ausfallzeit (MTA). Aus dieser müssen wir eine Zeitvorgabe für die Aufnahme des Notbetriebs ableiten (RTO; recovery time objective). Diese sollte kürzer sein als die MTA, weil wir einen Puffer für Reaktionszeiten, Fehler und Probleme bei der Aufnahme des Notbetriebs etc. einplanen müssen.

Eine derartige Priorisierung entlang der MTA/RTO ist aus (mindestens) zwei Gründen unverzichtbar:

1. Die MTA/RTO ist die Grundlage für die Wiederanlaufreihenfolge sowie die zentrale Anforderung an die Supporting Assets, insbesondere die IT (s. Abschn. 6.3.2 Asset Management und Strukturanalyse, oder: Welche Fleißarbeit müssen wir leisten?).
2. Eine Priorisierung erlaubt uns, Schwerpunkte bei der Absicherung unserer betrieblichen Kontinuität zu setzen. Die gesamte Organisation unterschiedslos abzusichern, wäre schlicht und einfach komplett unwirtschaftlich.

Ermittlung der notfallrelevanten Prozesse

Wenn wir eine BIA durchführen wollen, müssen wir zunächst einige Festlegungen treffen:

- Was sind unsere wichtigsten Produkte und Services (Crown Jewels)?
  Diese vergleichsweise hohe Abstraktionsebene wird mitunter auch als strategische BIA bezeichnet und bietet eine erste Orientierung. Eine derartige Orientierung ist wichtig, weil wir dadurch im weiteren Verlauf nicht alle Prozesse untersuchen müssen.
- Welche Prozesse zahlen auf diese Produkte und Services ein bzw. welche Prozesse wollen wir in den Scope nehmen?
  Risikoorientierung sorgt für Aufwandsbegrenzung.
- Welche Bewertungsperioden nutzen wir?
  Die Bewertungsperioden sollten mit eventuell in der Organisation vorhandenen Verfügbarkeits- oder Wiederanlaufklassen, z. B. aus dem Continuity Management oder dem Informationssicherheitsmanagement synchron sein. Branchenübergreifend haben sich folgende Bewertungsperioden bewährt: ≤ 4 h, ≤ 8 h, ≤ 2 Tage, ≤ 5 Tage und ≤ 10 Tage. Ein Prozess, dessen Unterbrechung binnen 10 Tagen keinen schwerwiegenden Schaden verursacht, ist nicht notfallrelevant.
- Welche Schadensarten sollen den Ausschlag über eine eventuelle Notfallrelevanz geben?

Typischerweise sollten wir finanzielle Verluste, Reputationsschäden sowie Vertrags-
und Gesetzesverstöße betrachten.

- Mit welchen Schwellwerten und Schadenshöhen wollen wir arbeiten?
  Um den zwangsläufig einsetzenden Trend zur Mitte zu vermeiden, sollten wir mit
  einer geradstufigen Skala arbeiten, bspw. einer mit vier Stufen (gering, mittel, hoch,
  sehr hoch). Die einzelnen Stufen müssen wir für jede Schadensart definieren, d. h. bei
  drei Schadensarten und vier Schadenshöhen brauchen wir zwölf Definitionen.

- Was genau entscheidet über die Notfallrelevanz eines Prozesses und seine MTA/RTO?
  Hier bietet sich ein simples und daher jedermann einleuchtendes Verfahren an: Sobald innerhalb einer bestimmten Zeit (z. B. 10 Tage) in einer beliebigen Schadensart
  ein Schaden der Stufe hoch (oder gar sehr hoch) erreicht wird, ist der Prozess notfallrelevant. Seine MTA/RTO leitet sich dabei ganz automatisch aus der Bewertungs-
  periode ab, in der dieser Schaden erreicht wird – schließlich wollen wir ja einen
  hohen Schaden für unsere Organisation vermeiden.

- Können/wollen wir den Mindestoutput definieren, den ein Prozess auch im Notbetrieb
  erreichen muss?
  Diese sogenannte Minimum Business Continuity Objective (MBCO) sollten wir unter
  anderem dann Beachtung schenken, wenn wir den Output quantifizieren können, beispielsweise in Form von Stückzahlen, Durchläufen oder Euro. Und natürlich, wenn
  die zu erwartenden Schäden eindeutig an eine bestimmte Outputschwelle gekoppelt
  sind.

- Welche (Supporting) Assets wollen wir betrachten, da sie voraussichtlich für die Absicherung des Geschäftsbetriebs eine Rolle spielen?

- Soll die BIA mit der Schutzbedarfsfeststellung (SBF) aus dem ISM verknüpft sein,
  d. h. müssen wir neben den Prozessen auch die Informationen und Daten als weiteres
  Primary Asset in die Erhebung integrieren (s. Abschn. 5.4 „Unverzichtbar: Information und IT Security Management" sowie ein weiteres mal Abschn. 6.3.2 „Asset Management und Strukturanalyse, oder: Welche Fleißarbeit müssen wir leisten?")?

Die Antworten auf diese Fragen müssen wir überwiegend von den Prozessverantwort-
lichen einholen (oder, falls wir nicht nach Prozessen, sondern entlang der Aufbauorganisation bzw. Produkten und Services aufgestellt sind, den Führungskräften bzw.
Produkt- und Service Ownern).

Wiederanlaufreihenfolge und Ressourcenbedarf im Notbetrieb
Wenn wir alle Prozesse in unserem Scope – der (mindestens) unsere Crown Jewels
umfassen sollte – analysiert haben, haben wir unser BIA-Ergebnis. Unter der Voraussetzung, dass wir die Wiederanlaufzeiten und Kritikalitäten der einzelnen Prozesse entlang der gesamten Prozesskette richtig vererbt haben, liefern uns die Wiederanlaufzeiten
der einzelnen Prozesse mehr oder weniger automatisch die Wiederanlaufreihenfolge.

Aber nicht nur das. Nun können wir die BIA-Ergebnisse der einzelnen Prozesse
(oder Produkte, Abteilungen etc., je nachdem, wie wir die BIA ausgerichtet haben)

wechselseitig in Bezug zueinander setzen und aggregieren. Auf diese Weise bekommen wir den organisationsweiten Ressourcenbedarf für den Notbetrieb – inklusive der Verfügbarkeitsanforderungen an die relevanten Primary und Supporting Assets (IT!).

Aus der Praxis: Komplexitätsvoodoo bei BIA vermeiden
Im Beratungsalltag erleben wir leider immer wieder, dass unseren Kunden unnötig komplizierte Methoden zur Festlegung der notfallrelevanten Prozesse aufgeschwatzt wurden. Ein paar negative Highlights:

- Die Kritikalität wird automatisch durch ein (meist sündhaft teures) BCM-Tool festgelegt, ohne dass den Nutzern bekannt ist, auf welcher Grundlage die Entscheidung getroffen wird.
- Die Schadensarten werden unterschiedlich gewichtet.
- Zusätzlich zu bzw. unabhängig von der MTA/RTO wird mit Kritikalitätsklassen gearbeitet, bei denen der irgendwann im Betrachtungszeitraum auftretende höchste denkbare Schaden eine Rolle spielt.
  - Folge 1: Dann können wir ewig diskutieren, welcher Prozess im Notfall relevanter ist:
  hoher Schaden nach vier Stunden oder
  sehr hoher Schaden nach zwei Tagen
  - Folge 2: Was bestimmt denn nun die Wiederanlaufreihenfolge: MTA/RTO oder Kritikalitätsklasse?
- Die Anzahl der Bewertungsperioden ist unnötig hoch, d. h. mehr als fünf.
- Die Anzahl der Schadensarten beträgt mehr als vier (finanzieller Schaden, Reputationsschaden, Gesetzesverstöße sowie ggfs. Produktionsrückstände).

Hand aufs Herz: Bieten diese Manöver einen substanziellen Mehrwert, der unsere Organisation sicherer macht oder bei gleichbleibendem Sicherheitsniveau Kosten einspart? Ganz im Gegenteil, all das ist absoluter Humbug, da es keinerlei nützliche Effekte hat: Es produziert Scheingenauigkeiten, macht die BIA unnötig kompliziert sowie ihre Ergebnisse intransparent und glorifiziert diejenigen, die die Methodik entwickelt haben. Denn egal, wie das Verfahren aussieht, letztlich beruht das Ergebnis doch „nur" auf Expertenschätzungen und dient dem Zweck, im Notfall die kritischen Prozesse rechtzeitig in den Notbetrieb zu befördern. Daher plädieren wir dringend dafür, die BIA (wie alles andere im Krisenmanagement-Kontext) so einfach und robust wie möglich zu konzipieren.

Konkretisierung: Schutz- und Sicherheitsziele
Je nachdem, ob wir nach einer Systematik aus dem angloamerikanischen oder deutschsprachigen Raum vorgehen, haben wir die Wahl zwischen einem Ansatz mit drei und einem mit vier Schutzzielen. Beide Ansätze arbeiten mit

- Confidentiality (Vertraulichkeit),
- Integrity (Integrität) und
- Availability (Verfügbarkeit).

Daraus ergibt sich das Akronym CIA.
Im deutschsprachigen Raum kommt häufig noch das Schutzziel

- Authentizität

hinzu, das sich nicht nur auf den Inhalt, sondern auch auf Sender und Empfänger einer Information bezieht. Wenn wir die Anfangsbuchstaben der deutschen Begriffe aufgreifen, können wir mit dem Akronym VIVA arbeiten. Es wird uns noch das eine oder andere Mal in diesem Buch begegnen.

Schutzbedarfsfeststellung

Nun müssen wir die Frage beantworten, wie schlimm eine Verletzung dieser Schutzziele im Fall einer jeden einzelnen Informationsart/-kategorie (personenbezogene Daten, besondere Arten personenbezogener Daten, Finanzdaten, Marketingunterlagen, Produktionsgeheimnisse, Daten mit Securityrelevanz etc.) wäre. Das Verfahren dazu ist die Schutzbedarfsfeststellung bzw. Schutzbedarfsanalyse (SBF/SBA).

Bei den potenziellen Schäden bietet es sich an, Gesetzes- und Vertragsverstöße, aber auch Reputationsschäden und finanzielle Verluste auf einer mehrstufigen Skala zu betrachten (z. B. gering, mittel, hoch, sehr hoch).

Wenn wir in einer Branche tätig sind, in der aus Informationssicherheitsverletzungen auch Safety-Probleme werden können, sollten wir unbedingt auch die Gefahren für Leib und Leben betrachten. Zu diesen Branchen zählen nicht nur nahezu alle KRITIS-Betreiber (insbesondere aus den Sektoren Gesundheit, Logistik und Energie), sondern auch alle anderen Nutzer von IoT-Maschinen und -Anlagen wie bspw. Automobilhersteller und -zulieferer, fertigende bzw. chemische Industrie etc.

Aus der Praxis: Verzahnung und Integration von SBF und BIA

Dabei bietet es sich an, dieselben Parameter, Schadensarten und -höhen sowie für die Verfügbarkeit auch Bewertungsperioden anzulegen wie in der Business-Impact-Analyse. Im Idealfall verzahnen wir die Erhebungen sogar und halbieren dadurch den Aufwand für alle Beteiligten.

Zwischenergebnis: Schutzbedarf

Bislang haben wir folgendes Zwischenergebnis: Je Informationsart/-kategorie und Schutzziel (VIVA) kennen wir die Höhe des Schadens (Gefahr für Leib und Leben, Gesetzesverstöße etc.), die wir zu erwarten haben. Das ist der sogenannte Schutzbedarf. Über die Strukturanalyse wissen wir auch, welche unterstützenden Ressourcen diese Informationsarten/-kategorien verarbeiten.

Von der SBF über das Schutzniveaus zu Vorgaben und Blaupausen.

Nun können wir uns daran machen, den Schutzbedarf in ein Schutzniveau zu übersetzen. Das bedeutet nichts anderes, als für jede Kombination aus

- Schutzziel/Schutzbedarf und
- unterstützender Ressource

technisch-organisatorische Mindestanforderungen zu definieren. Dazu bieten sich Kataloge mit Einzelvorgaben sowie Blaupausen für die Absicherung von (ITK-)Systemen an.

Auf diese Weise

- müssen wir nicht für jede einzelne Informationsart/-kategorie oder unterstützender Ressource das Rad neu erfinden;
- schaffen wir Vergleichbarkeit bzgl. des erreichten und angestrebten Schutzniveaus;

erleichtern wir allen Beteiligten das Tracking des Umsetzungsstands (Risk Owner, Prüfer etc.).

Nach der Analyse ist vor der Analyse

BIA und SBF sind (hoffentlich!) in zyklische Management-Prozesse integriert, üblicherweise angelegt auf einen Durchlauf pro Jahr. Insofern kommen wir um eine Wiederholung (besser: Aktualisierung) der Analysen nicht herum – aber mit dem Unterschied, dass die Wiederholungen deutlich weniger Aufwand bedeuten als die initiale Durchführung. Insbesondere dann, wenn wir die Ergebnisse inklusive Herleitung und Begründung nachvollziehbar dokumentiert haben.

6.3.2   Asset Management und Strukturanalyse, oder: Welche Fleißarbeit müssen wir leisten?

Primärressourcen und unterstützende Ressourcen

Beim Asset Management können wir der Untergliederung aus ISO 27005 folgen (was wir unbedingt tun sollten). Asset ist ein Sammelbegriff für das, was wir auch als materielle und immaterielle Güter bezeichnen können. Also Dinge von Wert, die wir in die Hand nehmen können – oder auch nicht.

Wenn wir von Primärressourcen (Primary Assets) sprechen, meinen wir solche, die wir nicht in die Hand nehmen können. Sie sind es, die den Takt vorgeben. Davon gibt es im Cyber-Kontext genau zwei Arten: Prozesse und Informationen. Diese zeichnen sich dadurch aus, dass wir sie nicht unmittelbar angreifen, aber eben auch nicht schützen können.

Angreifen und schützen können wir jedoch die sogenannten unterstützenden Ressourcen (Supporting Assets), mittels derer die Primärressourcen verarbeitet werden, sprich, Leben eingehaucht bekommen. Von diesen unterstützenden Ressourcen gibt es eine ganze Reihe. IT-Systeme fallen uns natürlich zuallererst ein. Aber auch Gebäude, Menschen (Rollen!), Maschinen und Anlagen, papierhafte Dokumente, Dienstleister usw. zählen dazu. Ohne unterstützende Ressourcen geht es nicht – sie sind das Skelett, um das herum eine jede Organisation gebaut ist.

Asset-Relationen und Unternehmensarchitektur
„Gebaut" bedeutet, dass wir im Idealfall zwei Dinge haben bzw. kennen:

- eine Liste aller Komponenten, die wir zu irgendeinem Zweck an irgendeiner Stelle irgendwann einmal verbaut haben und
- den dazugehörigen Bauplan.

Ein Asset Management ist nichts anderes. Es gibt uns Auskunft darüber, welche (unterstützenden) Ressourcen wir in welchem Versionsstand wo zu welchem Zweck im Einsatz haben. Und wer für die Ressourcen verantwortlich ist.

Strukturanalyse und Informationsverbund
Grundlage ist die oftmals im Zusammenhang mit der  Schutzbedarfsfeststellung bzw. der Business-Impact-Analyse durchgeführte Strukturanalyse, mittels der die wechselseitigen Abhängigkeiten im Informationsverbund, d. h. zwischen

- Primärressourcen und Primärressourcen (i.e. Informationen und Prozessen),
- Primärressourcen und unterstützenden Ressourcen und
- unterstützenden Ressourcen untereinander

ermittelt werden. Diese Abhängigkeiten werden mitunter auch Relationen genannt. Das erinnert stark an die klassische Unternehmensarchitektur – der Informationsverbund ist nur eine spezielle Blickrichtung darauf. Und genau diesen sollten wir so genau wie möglich kennen, wenn wir Cyber-Krisen verhindern oder bewältigen wollen.

Aus der Praxis: Anschauungsbeispiel „Vertriebsprozess"
Nehmen wir als Beispiel einmal unseren Vertriebsprozess (Primärressource). Der Vertriebsprozess benötigt verschiedene Informationsarten (ebenfalls Primärressourcen). Dazu zählen Informationen über den Kunden selbst (seine Käuferhistorie, potenzielle Bedarfe etc.), aber auch Informationen über unsere Produkte und Leistungen (Features, Marketingunterlagen, Preislisten etc.). Der Vertriebler (Rolle, d. h. eine unterstützende Ressource) bereitet im Büro (unterstützende Ressource) das Verkaufsgespräch vor, indem er sich auf seinem Tablet (unterstützende Ressource) im CRM-System

(unterstützende Ressource) noch einmal einen letzten Überblick über die Informationen verschafft und steigt anschließend ins Auto (unterstützende Ressource), um zum Kunden (Stakeholder) zu fahren. Das CRM-System mit all seinen Komponenten (Datenbank, Middleware) wird durch einen externen Dienstleister (unterstützende Ressource) auf dessen eigener Hardware (unterstützende Ressource) gehostet und betrieben. Die Hardware wiederum steht in Rechenzentren (RZ, unterstützende Ressource) eines spezialisierten RZ-Betreibers (unterstützende Ressource), bei dem der IT-Dienstleister seinerseits Flächen (unterstützende Ressource) angemietet hat.

Solche Abhängigkeiten werden unweigerlich komplex. Unser Unternehmen hat mehr als nur den Vertriebsprozess mit seinen wenigen unterstützenden Ressourcen. Spannend wird es immer dann, wenn eine Ressource Abhängigkeiten in mehrere Richtungen aufweist. Ganz banales Beispiel ist das Auto unseres Vertrieblers. Dabei könnte es sich beispielsweise um ein firmeneigenes Pool-Fahrzeug handeln, auf das auch andere Rollen (zum Beispiel Monteure, andere Vertriebler etc.) zugreifen können. In dem Fall haben wir ganz sicher irgendwo in unserer Organisation eine Abteilung, die sich um die Fuhrparksteuerung kümmert – von der Anschaffung über das Vertrags- bis hin zum Werkstattmanagement. Auch diese Kollegen haben mit der unterstützenden Ressource „Auto" zu tun, verarbeiten aber ganz andere Informationsarten wie unser Vertriebler, nutzen dazu natürlich auch andere IT-Systeme als das CRM und sitzen in anderen Büros, ja vielleicht sogar an einem anderen Standort. Das Auto wiederum steht (wenn es nicht gerade gefahren wird) vermutlich auf einer firmeneigenen Fläche (Parkplatz, Garage), die von wiederum anderen Kollegen (Facility Management) oder gegebenenfalls einem externen Dienstleister in Schuss gehalten wird.

Aus der Praxis: Tool-Suiten für Asset Management und Governance
Und jetzt übertragen wir das Beispiel des Autos einfach mal gedanklich auf das CRM-System, das wiederum unterschiedliche Datenbanken und Server (physisch, virtualisiert), Netzwerkkomponenten, eine (WAN-)Anbindung vom RZ zu unserem Standort etc. benötigt. All diese Komponenten müssen regelmäßig gepatcht und gewartet werden. Jede dieser Komponenten dient in der Regel mehr als einem Zweck, sodass die Relationen bei den IT-Systemen nur schwer beherrschbar sind.

Daher kommen wir heutzutage um eine über bloße Excel-Sheets hinausgehende IT-gestützte Lösung zum Asset Management nicht mehr herum. Zumal wir bislang die aus Cyber-Sicht entscheidenden Aspekte vollständig ausgeklammert haben: die Fragen nach der Vertraulichkeit, Integrität, Verfügbarkeit und Authentizität der Informationen (Schutzbedarfe!), die wir mit unseren unterstützenden Ressourcen verarbeiten.

Ein gutes Tool zeichnet sich vor allem durch sein zugrunde liegendes Datenmodell aus. Das Datenmodell MUSS in der Lage sein, für Primärressourcen und unterstützende Ressourcen mit mehrdimensionalen Relationen, Schutzbedarfen, Kritikalitäten sowie deren Vererbungen umzugehen. Kurz: Es muss in der Lage sein, ISM, BCM und ITSCM konsistent zu verknüpfen, denn all diese Disziplinen basieren auf einem (hoffentlich gemeinsamen) Asset Management (mehr dazu in den folgenden Kapiteln).

Aus der Praxis: ITIL®, CMDB und Asset Management
Wer mit ITIL® zu tun hat, dem ist aus dem Prozess Configuration Management die Configuration Management Database (CMDB) geläufig. Darin finden wir (hoffentlich) viele der Informationen, die wir für ein sauberes Asset Management brauchen, zumindest für die unterstützende Ressource IT. Die Erfahrung zeigt jedoch leider, dass eine verlässlich gepflegte der CMDB eher die Ausnahme als die Regel ist (und das ist ein gewaltiger Euphemismus).

6.4 Integration von Stakeholdern, oder: Macht denn hier jeder, was er will?

...und das hilft uns beim Crisis Management, weil...?
Stakeholder haben Erwartungen an uns – und wir an sie. Das gilt für interne wie externe Stakeholder, für Alltag und Krisensituationen. All diese Erwartungen so unter einen Hut zu bekommen, dass unsere Organisation im Krisenfall handlungsfähig bleibt und die ganzen Stakeholder möglichst mit uns gemeinsam am selben Strang (in die gleiche Richtung!) ziehen, erfordert Vorbereitung. Andernfalls steigt das Risiko, im Ernstfall kostbare Zeit oder gar das Vertrauen der Stakeholder zu verlieren, Die Schlagworte dazu sind, Stakeholder- und Issue-Management, Risikokommunikation, Provider- bzw. 3rd Party Riskmanagement und natürlich Governance.

6.4.1 Stakeholder und ihre Issues

Identifikation der Stakeholder und Issues
Zunächst müssen wir unsere Stakeholder identifizieren – identifizieren, wohlgemerkt, und noch nicht in irgendeiner Hinsicht einordnen oder bewerten. Dabei kann uns die grobe Sortierung helfen, die wir in Abschn. 3.2.1 Die Weichen stellen: Initialisierung der Krisenstabsarbeit kennengelernt haben. Eine typische Darstellung wäre eine MindMap, aber auch Tabellen (Excel ist der Dauerbrenner) und datenbankbasierte CRM-Tools erfüllen ihren Zweck. Diese Sortierung sollten wir so weit verfeinern, bis wir im Idealfall konkrete einzelne Personen darin finden. Denn mit diesen Personen müssen wir umgehen.

Bewertung und Analyse der Stakeholder
Sobald wir unsere Stakeholder identifiziert haben, können wir uns daran machen, uns ihre

- Weltsicht;
- Einstellung zu unserer Organisation, Branche oder Geschäftsmodell;
- Haltung gegenüber Cyber- und Datenschutzthemen;
- roten Linien und
- Machtmittel

zu untersuchen – und damit die Risiken, die wir eingehen, wenn wir es uns mit dem jeweiligen Stakeholder verscherzen.

Diese Überlegungen müssen wir in konkrete Fragen kleiden. Wer steht uns, unserem Geschäftsmodell oder unserer Branche kritisch gegenüber? Wer wohlwollend, wer neutral? Wer ist wie einflussreich?

Wie lernen wir die Meinungen und Erwartungen der Stakeholder kennen?

Um mehr über die Meinungen und Haltungen unserer Stakeholder zu erfahren, können wir uns zahlreicher Quellen bedienen:

- Big Data und künstlicher Intelligenz (KI)
- (klassischer) quantitativer Daten (Entwicklung von Kundenzahlen, finanzielle Kennzahlen, Unternehmenswert etc.)
- qualitativer Daten, die wir über verschiedene Formate erheben können:
  - übliche Methoden der Kundenbefragung
  - Round Tables und Kundenveranstaltungen, ggfs. mit Präsenz der Geschäftsleitung
  - (anonyme) Fragebogen
  - von neutralen (externen) Dritten geführte Interviews (aber bitte nicht durch Wirtschaftsprüfer oder Anwaltskanzleien – das erzeugt beim Interviewten unweigerlich Vorbehalte, eine Abwehrhaltung bzw. Tendenz, nur das Allernötigste zu sagen. Wirtschaftsprüfer und Kanzleien haben leider oft eine Aura, die an die heilige römische Inquisition erinnert)
  - …

Aus der Praxis: Visualisierung des Ergebnisses

Das Ergebnis können wir in einem Koordinatensystem visualisieren, sodass wir unserem Management schnell einen High-Level-Eindruck vermitteln können. Auf der einen Achse bilden wir die Haltung der Stakeholder zu unserer Organisation ab, auf der anderen seinen Einfluss. Orientiert an Abb. 6.1: Stakeholderlandkarte kann eine zusätzliche Farbcodierung zeigen, welche Issues den jeweiligen Stakeholder umtreiben.

Management der Stakeholder und Issues

Wenn wir diese Fragen beantwortet haben, müssen wir Ansatzpunkte finden, um mit den Stakeholdern und Issues arbeiten zu können. Erste Ansatzpunkte finden wir durch folgende Fragen: Warum sind unsere Kritiker kritisch, unsere Freunde freundlich und die Neutralen neutral? Wie können wir die Neutralen auf unsere Seite ziehen und den Einfluss der Kritiker eindämmen, damit wir in einem Krisenfall nicht ganz allein einer Übermacht an Kritikern gegenüberstehen (Credo: Make friends before you need them)? Wer kümmert sich um welche Stakeholder und Issues?

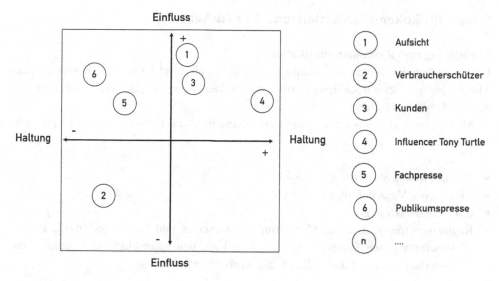

Abb. 6.1 Stakeholderlandkarte

Stakeholder-Issue-Matrix
Das Ergebnis ist eine Stakeholder-Issue-Matrix, aus der heraus wir sowohl die Stake-holder als auch die Issues priorisieren können. Eine Priorisierung sollten wir vornehmen, da schnell eine beträchtliche Zahl an Personen und Issues zusammenkommt – und uns um alle zu kümmern ist schlichtweg illusorisch. Den Issues und Personen, die wir mit einer entsprechenden Priorität versehen haben, können wir nun Verantwortliche zu-weisen, die sich um die Betreuung des Stakeholders oder die Wirkung des Issues auf die Stakeholder kümmern müssen.

Aus der Praxis: Vertraulichkeit von Stakeholderbewertungen und Stakeholder-Is-sue-Matrizen
In dem Moment, in dem wir einer natürlichen Person Angaben über ihre Haltung zu einem bestimmten Thema oder ganz allgemein ihrer Weltsicht zuordnen, haben wir es mit personenbezogenen Daten zu tun, die gemäß der Vorgaben der EU-DSGVO bzw. des BDSG zu behandeln sind. Das verpflichtet uns, den Kreis derer, die auf die Stakeholder-bewertung bzw. die Stakeholder-Issue-Matrix Zugriff haben, zu begrenzen. Jenseits der formal-juristischen Verpflichtung haben wir aber auch ein Eigeninteresse daran, dass unsere Bewertung keine größeren Kreise zieht. Schließlich erleben wir von Zeit zu Zeit einen medialen Aufschrei, wenn mal wieder ein Fall publik wird, in dem eine Organisa-tion bestimmte Kunden (oder gar Journalisten, Gott bewahre!) für den internen Gebrauch klassifiziert hat.

6.4.2 Risikokommunikation (und ihre Tücken)

Monitoring und Risikokommunikation

Die Grundlage des Kümmerns beinhaltet in jedem Fall mindestens zwei Komponenten: Monitoring des jeweiligen Issues bzw. Stakeholders sowie Risikokommunikation mit dem Stakeholder über den Issue.

Monitoring meint, einen Stakeholder oder Issue im Blick zu behalten. Das können wir auf vielfältige Weise tun:

- (Social) Media Monitoring
- Besuch von Veranstaltungen
- direkte Kontaktpflege
- Rechtsmonitoring, d. h. das Monitoring von Gesetzen und Verordnungen, die Bezug zu unseren eigenen Issues haben und aktuell auf den unterschiedlichen politischen Ebenen (Kommunen, Länder, Bund, EU) vorbereit werden
- …

Risikokommunikation heißt nichts anderes, als zu den Themen, die uns selbst wichtig sind, aber von wichtigen Stakeholdern nicht positiv gesehen werden, mit eben diesen Stakeholdern ins Gespräch zu kommen. Ziel dieser Übung ist es,

- Wissen zu vermitteln (viele der Stakeholder sind auf dem jeweiligen Gebiet Laien und haben keine rationalen Gründe für ihre skeptische Haltung);
- selbst als Menschen (und nicht nur als Organisation) sichtbar zu werden;
- Vertrauen auf- und Ängste abzubauen.

Keine Frage, auch dieser Ansatz hat Grenzen – insbesondere gegenüber Aktivisten und ideologisierten Stakeholdern.

Gut gemeint ist das Gegenteil von gut gemacht

So gut wir es auch meinen: Wir müssen damit rechnen, dass die Menschen das, was wir in bester Absicht tun, missverstehen – oder dass unsere Maßnahmen ungewollte Nebenwirkungen haben. Die Wissenschaft (konkret: Otway/Wynne) spricht hier von „Paradoxien".

Prototypisch lassen sich immer wieder sieben solcher Paradoxien beobachten, die wir kennen und bedenken sollten:

- Beruhigungs-/Beunruhigungsparadoxon
- Informationszielparadoxon
- Informationskulturparadoxon
- Informationsnachfrageparadoxon
- Körpersprachenparadoxon

- Gleichgültigkeitsparadoxon
- Authentizitätsparadoxon

Nr. 1: Beruhigungs-/Beunruhigungsparadoxon
Wir wollen unsere Stakeholder beruhigen – und erreichen das Gegenteil. Ein Paradebeispiel für diese Problematik stammt zwar nicht aus dem Cyber-Umfeld, hielt sich aber über geraume Zeit hartnäckig in den Medien. Der damalige Bundesinnenminister Thomas de Maizière geriet in den Fokus der Öffentlichkeit, als im November 2015 ein Fußballländerspiel zwischen Deutschland und den Niederlanden in Hannover aus Angst vor Anschlägen abgesagt wurde. Angesichts weiterer nur wenige Tage zuvor in Paris verübten Anschläge waren die Menschen in ganz Europa ohnehin besorgt, sodass das Ziel der Bundesregierung klar war: Die Bevölkerung sollte nicht über Gebühr beunruhigt werden. Als Pressevertreter nach Details zur Bedrohungslage fragten, hielt sich Bundesinnenminister Thomas de Maizière verständlicherweise bedeckt und antwortete punktuell ausweichend– nur um dann zu erklären: „Ein Teil dieser Antworten könnte die Bevölkerung verunsichern". Tatsächlich schossen die Spekulationen über mutmaßliche Gefährdungen hoch und die Süddeutsche Zeitung konstatierte: „Ein Innenminister tut genau das, was er vorgibt, verhindern zu wollen: Er verunsichert."

Nr. 2: Informationszielparadoxon
Das Informationszielparadoxon beschreibt das Problem, dass eine Information beim Adressaten exakt das Gegenteil von dem auslöst, was wir eigentlich bezwecken wollen – quasi eine allgemeinere Variante unseres gerade genutzten Beispiels.

Nr. 3: Informationskulturparadoxon
Das Informationskulturparadoxon greift den Umstand auf, dass jede Organisation ihre eigenen Gewohnheiten im Umgang mit Informationen hat. Das erkennen wir an der

- Wahl der (An-)Sprache bestimmter Stakeholder, der entsprechenden Terminologie und der genutzten Kanäle;
- Antwort auf die grundsätzliche Frage, ob unsere Organisation überhaupt kommuniziert oder ihre Kommunikation sonst eher als ein notwendiges Übel betrachtet und auf ein Mindestmaß beschränkt.

Anders ausgedrückt: Wir machen uns verdächtig, wenn wir unsere Stakeholder nie über irgendetwas informieren, plötzlich aber via Facebook, Twitter, Anrufe etc. Kommunikationshektik entfalten.

Nr. 4: Informationsnachfrageparadoxon
Das Informationsnachfrageparadoxon beschreibt das Risiko, unsere Stakeholder mit Informationen zu überfrachten. Dadurch können die Empfänger der Informationen in der Menge der Informationen die tatsächlich relevanten nicht mehr herausfiltern. Die Folgen:

Sie verlieren entweder das Interesse an der Krise (was gut wäre) oder sind davon schlichtweg genervt (was schlecht wäre). Es kommt also auf die Quantität der Kommunikation an. Etwas übertrieben formuliert: Da wir auf unsere Stakeholder schließlich keine DDoS-Attacke fahren wollen, sollten wir einen *information overload* bei unseren Stakeholdern sicherheitshalber vermeiden. Daher: kein digitaler Sprechdurchfall, bitte!

Nr. 5: Körpersprachenparadoxon

Das Körpersprachenparadoxon sagt aus, dass sich die unbewussten (nonverbal) von den bewusst gesendeten Informationen (verbal und nonverbal) deutlich unterscheiden können. Im Journalismus gibt es für dieses Phänomen den Begriff der Text-Bild-Schere.

Da wir nur in den seltensten Fällen im Fernsehen landen, aber zur Krisenkommunikation ziemlich sicher unsere Social-Media-Kanäle nutzen werden, sollten wir diesen Punkt im Auge behalten. Wer vor die Kamera tritt, ist oftmals ganz auf seine Botschaften konzentriert und weniger auf seine Körpersprache, Mimik, Gestik, Kleidung, Frisur, Artikulation etc. Daher bietet es sich an, dass bei der Aufzeichnung einer Videobotschaft eine weitere Person (quasi als Coach) dabei ist und darauf achtet, dass die Aufnahme nicht zum Bumerang werden kann.

Vor dem Hintergrund des Körpersprachenparadoxon bietet es sich übrigens an, den Blickwinkel von reiner Körpersprache hin zu unserer Gesamtreaktion zu erweitern. Der Gesamtansatz der Kommunikation lässt Rückschlüsse darauf zu, wie sehr unsere Cyber-Krise – unabhängig von den in Worte gekleideten Botschaften – unsere Organisation tatsächlich getroffen hat. Womit wir uns wieder in Richtung des Informationszielparadoxon bewegen.

Nr. 6: Gleichgültigkeitsparadoxon

Das Gleichgültigkeitsparadoxon verweist darauf, dass das Vertrauen in die Menschen, die ein Risiko kontrollieren, die Einstellung zum Risiko selbst soweit in den Hintergrund drängt, dass unsere Stakeholder ihm gegenüber gleichgültig werden. Das Vertrauen in uns überlagert alles.

Umgekehrt heißt das aber auch: Wenn wir einem Dienstleister zu sehr vertrauen, unterschätzen wir womöglich systematisch das Risiko, das in seiner Betriebsorganisation steckt. Ein klares Argument für eine Governance, die auch die Steuerung von Dienstleistern beinhaltet – insbesondere unter Security- und Continuity-Gesichtspunkten.

Nr. 7: Authentizitätsparadoxon

Auch beim Authentizitätsparadoxon geht es um das Vertrauen. Oftmals besitzt die objektive Wahrheit einer Botschaft einen geringeren Stellenwert als das Vertrauen in den Sender. Das heißt aber umgekehrt auch: Wenn unsere Vertrauensbasis erschüttert ist, dringen unsere Botschaften nicht mehr zu unseren Zielgruppen durch – egal, wie wahr sie sind. Dann kommt es umso mehr darauf an, dass wir unsere Botschaften mit einfach und schnell überprüfbaren Fakten untermauern.

Zum Weiterlesen

Wer mehr über die Risikokommunikation mit, nun sagen wir mal, komplizierten, Stakeholdern erfahren möchte, dem sei „Die Kunst der Risikokommunikation" von Otto-Peter Obermeier empfohlen. Das Buch ist nicht nur lehrreich, sondern über weite Strecken auch vergnüglich zu lesen. Darin nutzt Obermeier folgende Stakeholdertypologie, die auch wir als Orientierung nutzen können:

- Nopes („not on planet earth"): Fundamentalisten
- Nimtos („not in my term of office"): Bürokraten
- Nimbys („not in my backyard"): Aktivisten
- Nimbles („not in my bottom line"): Unternehmen

Gerade bei Cyber- und Datenschutzthemen begegnen uns Vertreter der einzelnen Typen immer wieder.

6.4.3 3rd Party Risk & Provider Management

Grundproblem: Vererbungslehre

Das Netz ist nur so stark wie der schwächste Knoten. Richtig, Netz und Knoten – nicht Kette und Glied. Strukturell gesehen gleichen Kunden-, Lieferanten- und Partnerbeziehungen oftmals eher einem Netz, zum Beispiel indem wir uns als Kunde auf denselben IT-Dienstleister oder Anbieter von Cloud-Applikationen verlassen, wie es auch unsere Lieferanten tun. Damit schlagen Defizite in deren Informationssicherheit direkt auf uns durch. Und daher sollten wir gemeinsam ein paar Hausaufgaben machen, um Cyber-Krisen zu verhindern oder wenigstens konzertiert damit umgehen zu können.

Täglich grüßt das Murmeltier: Fokus auf Crown Jewels

Wenn wir uns an einer Übersicht unserer Lieferanten und Partnern versuchen, kann schnell eine hübsche Zahl an Unternehmen zusammenkommen. Die zentrale Frage ist daher: Wie kritisch sind die einzelnen Organisationen für uns? Wer zahlt auf unsere Crown Jewels direkt ein, wer indirekt? Wer hat Zugriff auf welche Informationen? Diese Fragen sollten wir beantworten können, da sich daraus der Mehrwert (negativ: das Risiko) ableitet, den der Lieferant bzw. Partner für uns darstellt.

Kurz, wir brauchen einen risikoorientierten Ansatz. Im Kern läuft es darauf hinaus, Drittparteien, die (un-)mittelbare Relevanz für unsere wichtige Wertschöpfungsbereiche besitzen, in unsere Governance zu integrieren, um das aus ihnen resultierende Drittparteienrisiko angemessen zu steuern (3rd Party Risk Management). Teil dieses Ansatzes muss auch die Informationssicherheitsperspektive sein, da sie für Cyber Crisis Management unverzichtbar ist.

Was wir tun sollten

Grundlage ist, für Drittparteien mit Relevanz für Crown Jewels wechselseitig die Erwartungen klar zu kommunizieren und verbindlich festzuhalten. Die Stichworte sind hier: (Dienstleistungs-)Verträge, SLA, Leistungsscheine. Unsere Erwartungen sollten alle vier Stränge des Cyber Crisis Management gleichermaßen adressieren:

- Prävention
- Präparation
- Reaktion
- Nachsorge

Dies erreichen wir, indem wir zumindest

- Verfügbarkeitsanforderungen
- technisch-organisatorische Mindestanforderungen an die Informationssicherheit
- technisch-organisatorische Mindestanforderungen an das Continuity Management
- die wechselseitige (!) Pflicht zur Kooperation und Unterstützung bei Cyber-Attacken sowie zur Ausgestaltung genauerer Spielregeln dafür
- unser Recht, die Einhaltung der Vertragsbedingungen überprüfen zu dürfen

definieren.

Klassische 99,9 %-Verfügbarkeitsfalle in SLA und UP

Service Level Agreements (SLA) bzw. Underpinning Contract (UP) regeln, welche Verfügbarkeit wir von einem (IT-)Service erwarten dürfen. Oft finden wir die Zusicherung, dass der Dienstleister den Service zu 99,9 % verfügbar halten muss – bemessen auf ein (Kalender-)Jahr. Wie weit wir damit von dem entfernt sind, was unsere notfallrelevanten (Geschäfts-)Prozesse hinsichtlich Wiederanlauf-/Wiederherstellzeit tatsächlich benötigen, zeigt Tab. 6.1.

Aus der Praxis (I): Vertrauen ist gut, Kontrolle ist besser

Zeit für eine bittere Wahrheit. Zertifizierungen nach z. B. ISO 27001, TISAX® oder auch BSI C5 sind oftmals nur der Lack auf rostigem Blech. Sie suggerieren zwar, die

Tab. 6.1 Verfügbarkeitsregelungen in SLA

Verfügbarkeit (%)	Ausfall (%)	Ausfall (h)	Ausfall (min)
100	0	0	0
99,999	0,001	0,09	5
99,99	0,01	0,9	53
99,9	0,1	8,8	526

zertifizierte Organisation hätte ein vernünftiges Informationssicherheitsniveau und wir bilden uns ein, wer eine Zertifizierung hat, eignet sich als Lieferant, dem wir guten Gewissens unsere Informationen anvertrauen können. Aber nichts könnte falscher sein. Und wenig gefährlicher. Derartige Testate weisen fraglos Compliance mit Anforderungen aus Standards nach, nicht aber deren sinnvolle Umsetzung. Aber auf die muss es uns ankommen. Zahlreiche Cyber-Attacken verliefen aus Angreifer erfolgreich, obwohl die Opfer zertifiziert sind. Deshalb sollten wir in Betracht ziehen, zumindest die für unsere Crown Jewels kritischsten Partner selbst einem Assessment zu unterziehen. Wichtig: Die Personen, die wir dazu einsetzen, sollten zweierlei mitbringen: vertieftes Fachwissen in jeder einzelnen Informationssicherheitsdomäne und obendrein die Fähigkeit, die Perspektive des Angreifers einzunehmen.

Aus der Praxis II: gewachsene Beziehungen (I)
Wenn wir nicht erst seit gestern mit einem Zulieferer zusammenarbeiten, ergibt es sich zwangsläufig, dass mehr als eine Person, vermutlich sogar Einheit oder gar Tochtergesellschaft, in die Zusammenarbeit eingebunden ist. Dabei entwickelt sich etwas, das wir getrost als Informationsentropie bezeichnen können. Es wird daher zu einer echten Herausforderung, im Bedarfsfall ad hoc nachzuvollziehen, welche Informationen wir dem Zulieferer im Laufe der Zeit zugänglich gemacht haben. Und jetzt stellen wir uns einfach mal vor, dass nicht wir Opfer einer Cyber-Attacke werden, sondern unser Zulieferer. Preisfrage: Wer hat ein Informationsregister geführt, mittels dessen wir schnell und belastbar nachvollziehen können, welche Geschäftsgeheimnisse, Intellectual Property oder sicherheitsrelevanten Informationen dem Angreifer in die Hände gefallen sein könnten? Denn dieses Wissen ist zentral, wenn wir für uns selbst eine Folgenabschätzung vornehmen wollen.

Aus der Praxis III: gewachsene Beziehungen (II)
Gewachsene Kunden-Lieferanten-Beziehungen äußern sich noch in anderer Hinsicht: durch wechselseitig gefestigte Beziehungen auf persönlicher Ebene inklusive der dazugehörigen Meinungen übereinander. Das kann gut sein, muss es aber nicht. Zahlreiche IT-Dienstleister sind Ausgründungen ihrer heutigen Kunden. Aus internen Lieferanten wurden externe, aus Kollegen, mit denen man nach Feierabend noch auf ein Bier gegangen ist, Ex-Kollegen – mit denen man immer noch auf ein Bier geht.

Diese Ausgründungen sind meist nicht nur für die Organisation tätig, aus der sie ausgegründet wurden, sondern auch für neue Kunden. Diese Neukunden werden sicher keine Scheu haben, Anforderungen und Unzufriedenheiten zu artikulieren. Aber wie ist es, wenn wir mit unseren Ex-Kollegen, die heute wie damals privat doch so sympathisch und unterhaltsam sind, vielleicht sogar als wirkliche Freunde durchgehen, wie sagen wir so jemandem: Das, was Du in Sachen Informationssicherheit machst, ist einfach nicht State-of-the-Art? Sind alle Beteiligten in der Lage, in so einer Konstellation die persönliche von der Sachebene zu trennen? Nur allzu oft erleben wir, dass Auftraggeber in derartigen Kunden-Lieferanten-Beziehungen vor offenem, klarem Feedback zurückschrecken, um persönliche Konflikte zu vermeiden. Und erweisen damit allen Beteiligten langfristig einen Bärendienst.

Aus der Praxis (I): Unwissenheit oder Ignoranz?
Was für externe Lieferanten gibt, gilt auch für interne (sowie für Tochter-/Schwester-/Muttergesellschaften). Wir müssen sicherstellen, dass auch bei ihnen für unsere Crown Jewels und ihre organisationsinternen technisch-organisatorischen Abhängigkeiten grundlegende Informationssicherheitsmaßnahmen (Prävention) umgesetzt und in Abhängigkeit des Business-Impact auch Continuity-Maßnahmen implementiert (Präparation) sowie Eskalationsketten und Aufgabenteilungen für den Ernstfall ausgearbeitet (Reaktion) sind.

Häufig erleben wir jedoch, dass gerade Unternehmen aus KRITIS-Sektoren sich ausschließlich auf ihre kritischen Dienstleistungen konzentrieren und die wechselseitigen Abhängigkeiten von anderen Ecken der Organisation komplett ignorieren. Das mag im Einklang mit den wörtlichen Vorgaben des IT-Sicherheitsgesetzes sein, hilft nur nicht wirklich gegen Cyber-Attacken. Solange technisch-organisatorische Abhängigkeiten bestehen, die sie ausnützen können, ist es Angreifern leider herzlich egal, wo und wie sie initial in unsere Netze und Systeme eindringen, um sich von dort aus in Richtung der Crown Jewels vorzuarbeiten.

6.4.4   Governance

Governancedisziplinen
Management von (Cyber-)Krisen funktioniert nicht ohne Governance, wie sie in vielen Branchen bereits regulatorisch gefordert oder mindestens gelebte Praxis ist. Ausdruck findet Governance mittels unterschiedlicher Managementsysteme. In unserem Kontext sind dies vor allem:

- Informationssicherheitsmanagement
- Business- und IT Service Continuity Management
- Information Security Incident Management
- 3rd Party Risk Management bzw. Providermanagement
- Cyber Risk Management
- Stakeholder- und Issuemanagement
- Asset Management

Selbstverständlich gehört zu den Governance- bzw. Management-Systemen ein Grundset an Dokumentationen – insbesondere ein Scope-Dokument, eine Policy zur Beschreibung des Kontextes und der Absicht des Managements sowie Rollen- und Prozessbeschreibungen etc. – kurz, Dokumente, die das System etablieren und in der schriftlich fixierten Ordnung (sfO) einer jeden Organisation verankern. Und genauso selbstverständlich bietet es sich an, die Management-Systeme wechselseitig zu integrieren.

Aus der Praxis: Integration von unterschiedlichen Konzerngesellschaften, Tochterfirmen und Unternehmensbereichen
Wenn Konzerngesellschaften, Tochterfirmen und Unternehmensbereiche technisch-organisatorische Schnittstellen aufweisen, aber ihre Governance nicht miteinander verschränkt ist, steigt unserer Beobachtung nach das Risiko, in Cyber-Krisen ineffizient oder gar ineffektiv zu agieren. Unsere dringende Empfehlung: Wir sollten unbedingt eine von allen Beteiligten geteilte Definition.

der Verantwortungsbereiche sowie zu entwickelnder/vorzuhaltender Mindestfähigkeiten sowie der im Ernstfall zu nutzenden Schnittstellen und Kommunikationskanäle zwischeneinander definieren – und regelmäßig testen.

Disclaimer
Wir betrachten in diesem Buch die für das Management von Cyber-Krisen wesentlichen Komponenten dieser Managementsysteme, sodass wir uns eine Meinung bilden können, inwieweit wir in unserer Organisation vergleichbare Maßnahmen ergreifen wollen. Zusätzlich decken wir zwei Werkzeuge ab, die zwar selbst keine Systeme sind, aber in jedem eine große Rolle spielen: Awareness und Audits.

Wir behandeln jedoch keines der Managementsysteme erschöpfend (nicht einmal annähernd), da eine Detailbetrachtung den Rahmen eines Buchs über das Management von (Cyber-)Krisen bei weitem sprengen würde. Jedes dieser Systeme bietet genug Stoff für ein eigenes Buch und zu manchen gibt es ohnehin bereits mehr Literatur, als selbst der fleißigste Leser bewältigen könnte (und wollte).

Zertifizierung von Managementsystemen
Manche Managementsysteme sind zertifizierungsfähig. Dazu zählen in unserem Kontext vor allem ein BCMS nach ISO 22301 sowie ein ISMS nach ISO 27001 (auch ergänzt um die BSI-Grundschutz-Perspektive).

Eine Zertifizierung hat zahlreiche Vorteile. Sie

- schafft Vertrauen bei den wesentlichen Stakeholdern und reduziert so deren und unseren Aufwand bei 3rd- und 2nd -Party-Audits;
- erfordert eine professionelle Umsetzung des jeweiligen Themas;
- ist ein Pfund, mit dem man bei der Krisenkommunikation wuchern kann;
- kann im Ernstfall die Aufmerksamkeit und Wut der Öffentlichkeit ein Stück weit auf die Zertifizierungsstelle verlagern;
- schafft die Voraussetzung für eine Cyberrisikopolice bzw. kann deren Prämien reduzieren.

Die Nachteile halten sich scheinbar in Grenzen, da die Zusatzkosten gegenüber einer normalen Ausgestaltung der Informationssicherheit (auf halbwegs professionellem Niveau) überschaubar sind. Aber eben nur scheinbar, denn ein großes Caveat bleibt. Egal ob ISO 27001 oder TISAX® – Zertifizierungen belegen nur die Compliance mit einem bestimmten Standard, sagen aber leider rein gar nichts über die Qualität der Maßnahmen, ergo das tatsächliche Sicherheitsniveau aus. Dieser Umstand wird von Entscheidern leider regelmäßig ignoriert und befördert einen false sense of security. Und das ist brandgefährlich.

Post Crisis Care – Krisennachsorge und -nachbereitung

7

7.1 Executive Summary: Crown Jewels basierte Post Crisis Care

Reparieren der Beziehungen zu Key Stakeholdern

After Action Review, Post Mortem, Lessons Learned – egal, wie wir unsere Rückschau bezeichnen, wir sollten erneut unsere Crown Jewels in den Fokus rücken. Beim Blick nach außen sind dies die Stakeholder unserer Organisation Dabei sollten wir uns mit ein paar potenziell unangenehmen Fragen auseinandersetzen:

- Hatten wir ein klares Bild, welche Stakeholder prioritär sind?
- Wie eng haben wir unsere Maßnahmen darauf ausgerichtet?
- Bei welchen Stakeholdern konnten wir Maßnahmen schnell und wirksam umsetzen? Wo nicht?
- Welche Stakeholderbeziehungen haben am meisten gelitten?
- Wie können wir sie reparieren?

Lernen und verstehen

Beim Blick nach innen können wir u. a. folgende Fragen stellen:

- Wie ging es unseren Mitarbeitenden dabei – sowohl den aktiv beteiligten als auch allen anderen? Wie gut waren sie in der Lage, die ihnen zugedachten Aufgaben zu erfüllen?
- Wie gut waren Maßnahmen geeignet, negative Auswirkungen auf unsere wichtigsten Wertschöpfungsketten, Informationen und Prozesse zu verhindern, zu detektieren, zu bewältigen?
- Wie gut waren unsere Vorbereitungsmaßnahmen?

© Springer Fachmedien Wiesbaden GmbH, ein Teil von Springer Nature 2024
H. Kaschner, *Cyber Crisis Management,* https://doi.org/10.1007/978-3-658-43465-6_7

- Welche IT-Tools und organisatorischen Hilfsmittel hätten wir gerne gehabt (technologisch, Checklisten, Ablaufbeschreibungen etc.)
- Hat unsere Informationssicherheitsstrategie die richtige Balance zwischen Prävention und Reaktion?
- Wie war es um die Transparenz über die Abhängigkeiten unserer Assets bestellt?
- Wie gut waren wir in der Lage, externe Partner in unser Krisenmanagement zu integrieren?

7.2   Der Blick nach außen: Reparieren der Stakeholderbeziehungen

Bestandsaufnahme

Es gibt ein paar Fragen, die wir für jeden Stakeholder beantworten sollten, der während der Krise in unserem Orbit aufgetaucht ist. Wo stehen wir in unserer Beziehung zu ihm? Und wie soll es mit ihm weitergehen? Was haben wir in seine Richtung gut und was haben wir schlecht gemacht? Hatten wir seine Interessen und Bedürfnisse wirklich verstanden? Haben wir unsere Maßnahmen daran ausgerichtet?

Und vor allem, falls wir in dem einen oder anderen Punkt nicht erfolgreich waren: Woran lag es? Wie können wir es beim nächsten Mal besser machen? Was können bzw. müssen wir tun, um wenigsten jetzt die Bedürfnisse des Stakeholders zu erfüllen? Kundenbindungsprogramme aufsetzen? Investitionen in IT-Sicherheit erhöhen? Unabhängige Gutachter einschalten? Eine Whistleblower-Hotline einrichten?

Was brauchen unsere Stakeholder weiterhin?

Nachdem wir im Rahmen der Krisenbewältigung sozusagen das erste, schnelle Pflaster auf die Wunde des jeweiligen Stakeholders geklebt haben, müssen wir uns nun mit der Frage der Wundheilung beschäftigen. Das bedeutet nichts anderes, als die Verantwortung für direkte und indirekte Folgen zu übernehmen, auch über die Dauer der eigentlichen Krise hinaus. Um Missverständnissen vorzubeugen: Verantwortung zu übernehmen bedeutet auch, rechtliche Konsequenzen inklusive Haftungsansprüchen zu akzeptieren. Das mag kurzfristig weder für unsere Geschäftsleitung noch für unsere Anteilseigner reizvoll sein. Aber genau das ist der springende Punkt: Kurzfristiges, an Quartalszahlen orientiertes Denken führt unweigerlich dazu, dass wir weiter nur Pflaster auf die Wunden kleben – oder am Ende sogar noch Salz hinein streuen. Keinesfalls führt es zu einer dauerhaften Erholung unserer Beziehungen zu unseren Stakeholdern und der Rückgewinnung verlorenen Vertrauens.

Victim-Care-Strategie

Das gilt insbesondere für den Fall, dass wir die Victim-Care-Strategie verfolgt haben. Hier wollen wir noch einmal an den zentralen Gedanken erinnern: Vertrauen ist die Summe der gehaltenen Versprechen. Und wie soll das Vertrauen der Stakeholder zurückkehren, wenn wir unseren Worten nur kurzfristig haben Taten folgen lassen? Sich beim Krisenmanagement auf die Abwehr von Haftungsansprüchen zu konzentrieren ist der sicherste Weg, den letzten Rest an Vertrauen zu verspielen und sich den Ruf vollends zu ruinieren.

Management von Dienstleistern und Lieferanten
Auch die Beziehungen zu unseren Dienstleistern und Lieferanten werden von einer Cyber-Krise betroffen sein. Möglicherweise ist unsere Krise sogar dem Umstand geschuldet gewesen, dass einer unserer kritischen Dienstleister einen Cybersicherheitsvorfall hatte und diesen nicht ohne Kollateralschäden bewältigen konnte.

Wir müssen uns daher fragen:

- Welche Informationen hat(te) der Dienstleister und wie lange haben wir gebraucht, das zu recherchieren?
- Welche technischen Schnittstellen bestehen zwischen uns und anderen Organisationen?
- Wie gut haben wir zusammengearbeitet, als es hart auf hart kam?
- Waren unsere vertraglichen Vereinbarungen ausreichend, um unsere Interessen durchzusetzen?
- Welche rechtlichen Hürden sind uns begegnet, die wir ausräumen mussten bzw. noch ausräumen müssen?
- Wie ist die Fehlerkultur der Dienstleister und wie gehen sie mit Cybersicherheitsvorfällen um?
- Welche Möglichkeiten haben wir, unsere Sicherheitsinteressen gegenüber Dienstleistern durchzusetzen?
- Wieviel wissen wir über die Sicherheitsaufstellung der kritischen Dienstleister?
- Haben wir die Möglichkeit, im Zweifel den Lieferanten zu wechseln?
- Was müssen wir tun, um mit Dienstleister besser bei Prävention, Präparation und Reaktion zusammenzuarbeiten?
- …

7.3   Der Blick nach innen: Menschen, Abläufe und Technik

Der Blicks nach innen
Beim Blick nach innen besteht unser Ziel darin, Ansatzpunkte zu finden, über die wir die Eintrittswahrscheinlichkeiten und Auswirkungen zukünftiger Krisen reduzieren können. Es geht um die systematische Bestandsaufnahme was gut gelaufen ist und was schlecht. Kurz: Die berühmten Lessons Learned stehen im Mittelpunkt, mittels derer wir Strukturen, Abläufe, Teams und Hilfsmittel systematisch auf Schwachstellen und Weiterentwicklungspotenzial abklopfen.

Risikoinventar und Maßnahmentracking

Schwachstellen sollten wir unbedingt systematisch bewerten. Dazu bietet sich, sie in unser Cyber Risk Management zu überführen, wo wir (hoffentlich) entsprechende Prozesse aufgesetzt haben. Auf diese Weise können wir sie einer systematischen Risikobehandlung unterziehen.

Lessons Learned

Zur Durchführung der Lessons Learned bieten sich themenspezifische Workshops an, die wir je nach Thema mit unterschiedlichen Teilnehmerkreisen bestreiten können. An Themen bieten sich an:

- Faktor Mensch
- Alarmierung und Eskalation
- Zusammenspiel der Ebenen der Notfall- und Krisenorganisation (strategisch, taktisch, operativ)
- Krisenbewältigung auf strategischer Ebene (Krisenstab, Lagezentrum, Kommunikationsstab)
- Krisenbewältigung auf taktischer Ebene (Notfallstab und Notfallteams)
- Krisenbewältigung auf operativer Ebene (CSIRT)
- Krisenkommunikation
- Infrastruktur, Technik, Tools, IT-Lösungen

Es spricht nichts dagegen, einige der Themen in einem Workshop zusammenzufassen. So oder so sollten wir damit nicht allzu lange warten – ca. zwei Wochen nach Ende der Krise ist eine gute Frist, bis zu der wir unsere Lessons Learned durchgeführt haben sollten.

Positiver Nebeneffekt der Lessons Learned: Sie können uns als Blaupause dienen, falls wir noch einmal in eine ähnliche Situation kommen sollten.

7.3.1   Faktor Mensch

Ängste und Sorgen

Ängste und Sorgen sind speziell auf Kundenseite, aber auch bei unseren eigenen Mitarbeiten, nahezu allgegenwärtige Emotionen. Wer Angst hat, verhält sich anders als jemand, der keine Angst hat. Er ist Sachargumenten oftmals verschlossen und neigt zu impulsiven Entscheidungen und Handlungen.

- Haben wir Ängste und Sorgen unserer Stakeholder hinreichend ernst genommen?
- Haben wir den Stakeholdern gezeigt, dass wir ihre Ängste und Sorgen auch wirklich ernst nehmen?

- Zeigen wir unseren Stakeholdern aktuell, dass wir ihre Ängste und Sorgen immer noch ernst nehmen?
- Welche internen oder externen Stakeholder haben Ängste und Sorgen erkennen lassen?
- Wie sind wir damit umgegangen?
- …

Trauer und Wut

Ähnlich starke Emotionen sind Trauer und Wut. Der Umgang mit Stakeholdern, die traurig oder wütend sind, ist oftmals alles andere als einfach.

- Haben wir auf Trauer und Wut die richtigen Antworten (verbal und nonverbal) gefunden?
- Welche internen oder externen Stakeholder haben Zeichen von Trauer und Wut gezeigt?
- Wie sind wir damit umgegangen?

…

Überforderung

Für die Teams, Personen, Situationen etc., bei denen wir eine Überforderung feststellen, müssen wir weiter ins Detail gehen. Insbesondere interessieren uns:

- Wo haben wir Überforderung erlebt?
- Was hätte aufgrund der Überforderung passieren können?
- Wodurch ist die Überforderung entstanden?
- Wie können wir verhindern, dass die Situation erneut eintritt?
- …

Reaktionen bei Überforderung

Wie Menschen auf Überforderung reagieren, ist von Mensch zu Mensch verschieden und lässt sich trotzdem schematisch einordnen (siehe Kap. 2 Das Wichtigste zuerst: Der Faktor Mensch beim Management von (Cyber-)Krisen). Wir können und müssen fragen:

- Wie sind Menschen damit umgegangen?
- Haben sie die Überforderung in der Situation selbst als solche bewusst wahrgenommen?
- Haben sie ihre Überforderung gegenüber einer beliebigen Instanz/Rolle artikuliert?
  - Falls ja: An welche und was hat diese Instanz/Rolle unternommen, um für Entlastung zu sorgen?
  - Falls nein: Weshalb nicht?

- Was können wir tun, damit im Falle einer erneuten Überforderung betroffene Personen schneller und besser entlastet werden?
- ...

7.3.2 Crown Jewels

Fokus
Crown Jewels zu managen bedeutet, auf allen Ebenen zu priorisieren: auf der strategischen, der operativen und auf der taktischen Ebene.
Prüffragen:

- Waren wir fokussiert genug auf unsere wichtigsten Geschäftsbereiche, Services, Informationen, Prozesse und IT-Systeme bei(m)
  - Definition und Ausgabe von Zielen durch den Krisenstab?
  - Aufnahme des Notbetriebs in kritischen Geschäftsprozessen?
  - Wiederherstellung kritischer Daten?
  - Wiederanlauf und Wiederherstellung kritischer Systeme?
  - Incident Response?
- Was hat uns geholfen, den Fokus zu halten? Was hat uns daran gehindert?
- Welche Vorbereitungen müssen wir treffen, um zukünftig fokussierter agieren zu können?

Transparenz
Die Priorisierung auf Crown Jewels umzusetzen, erfordert Transparenz über Abhängigkeiten von Wertschöpfungsbeiträgen, primären Ressourcen und unterstützenden Ressourcen.
Prüffragen:

- Wie schnell konnten wir die Abhängigkeitskette (besser: das Geflecht) der betroffenen IT-Systemen, Provider und Daten bis zu den Wertschöpfungsbeiträgen rekonstruieren?
- Wie schnell wussten wir, ob bzw. welche kritischen Daten betroffen waren?
- Welche Informationen standen uns für die Rekonstruktion zur Verfügung?
- Wie gestaltete sich der Zugriff darauf?
- Welche Vorbereitungen müssen wir treffen, um zukünftig mehr Transparenz über die wechselseitigen Abhängigkeiten zu haben?

7.3.3 Alarmierung und Eskalation

Kernkriterium: Robustheit
Alarmierung und Eskalation bilden den Einstieg in die Krisenbewältigung. Hier gewinnen oder verlieren wir kostbare Zeit. Aus diesen beiden Gründen müssen wir besonderes

Augenmerk auf die Analyse unserer Performance bei der Alarmierung und Eskalation legen.

Das können wir tun, indem wir fragen:

- Waren wir auf allen Ebenen schnell genug (Krisenstab, Notfallteams, CSIRT etc.)?
- Sind unsere Alarmierungs- und Eskalationsprozesse robust?
- Waren alle an der Alarmierung und Eskalation beteiligten Personen handlungssicher?
- Haben sich die Kriterien bewährt, aufgrund derer die Eskalation erfolgen sollte?
- Wo haben wir Zeit verloren?
- Wie haben wir von dem Vorfall erfahren? Durch Glück? Mittels vorgesehener Kanäle (intern, extern)?
- Ist unsere aktuelle Regelung bzgl. (Ruf-)Bereitschaften und Erreichbarkeits-regelungen zweckmäßig?
- …

7.3.4   Zusammenspiel der Ebenen der Notfall- und Krisenorganisation

Zusammenspiel nach innen und außen
Die Zusammenarbeit innerhalb eines Gremiums ist das eine, das Zusammenspiel der Gremien das andere (insbesondere ebenenübergreifend). Wenn es irgendwo bricht, dann oft an den Schnittstellen. Das gilt nicht nur im normalen Geschäftsalltag, sondern erst recht im Krisenfall. Daher sind die Schnittstellen von besonderem Interesse, wenn wir eine Nabelschau vornehmen.

Dazu können wir fragen:

- Wie hat das Zusammenspiel innerhalb der strategischen/taktischen/operativen Ebene funktioniert?
- Wie hat das Zusammenspiel zwischen den Ebenen funktioniert?
- Wie hat das Zusammenspiel der einzelnen Ebenen mit der Linienorganisation funktio-niert?
- Wie hat das Zusammenspiel der einzelnen Ebenen mit externen Partnern (Dienst-leistern, Behörden etc.) funktioniert?
- …

7.3.5   Strategische Ebene

Krisenstab, Lagezentrum und Kommunikationsstab
Wenn wir untersuchen wollen, wie wir uns auf strategischer Ebene geschlagen haben, sollten wir uns verschiedene Themenfelder vornehmen:

- unsere Prozesse (Initialisierung der Krisenbewältigung, Krisenbewältigungsprozess)
- den eingeschlagenen Weg, d. h. unsere Strategie
- unsere Gremien (Krisenstab, Kommunikationsstab, Lagezentrum)
- die Hilfsmittel, die wir eingesetzt haben (oder dringend gebraucht hätten)

Initialisierung der Krisenstabsarbeit
Prüffragen:

- Haben wir die Krisenstabsarbeit nach einem strukturierten Prozess aufgenommen und hat dieser für uns funktioniert?
- Haben wir das Ziel unserer Krisenstabsarbeit, die wesentlichen Stakeholder und unser Worst-Case-Szenario herausgearbeitet?
- Haben wir unsere Maßnahmen daran ausgerichtet?
- Haben wir streng nach Fakten und Vermutungen unterschieden?
- Haben wir rechtzeitig mit der Protokollierung begonnen?
- Haben wir den Krisenstab formal festgestellt, dokumentiert und kommuniziert?
- Konnte der Kernkrisenstab den restlichen Krisenstabsmitgliedern bei der Initialisierung der Krisenstabsarbeit Orientierung geben?
- Wie hat sich der Initialisierungsprozess bewährt?
- …

Krisenbewältigung
Prüffragen:

- Haben wir im Krisenstab (und anderen Gremien der Notfall- und Krisenorganisation) nach einem einheitlichen Prozess gearbeitet?
- Wie hat die Zusammenarbeit der Gremien der Notfall- und Krisenorganisation mit externen Stellen (z. B. Behörden, Dienstleistern etc.) funktioniert?
- Konnte der Kernkrisenstab den restlichen Krisenstabsmitgliedern bei den Durchläufen des Krisenbewältigungsprozesses Orientierung geben?
- Wie hat sich der Krisenbewältigungsprozess bewährt?
- …

Strategiewahl
Prüffragen:

- Hatten wir eine klare Strategie für unsere Krisenbewältigung?
- Ist die Strategie aufgegangen? Falls nein, weshalb nicht?
- Müssen wir strukturelle Änderungen in unserer Organisation herbeiführen?
  - Governance-Systeme (s. Kap. 5 Cyber Crisis Prevention) aufbauen oder weiterentwickeln?
  - Compliance-Richtlinien erlassen oder weiterentwickeln?

- Whistleblower-Hotline einrichten?
- Fehlerkultur verbessern?
- Hierarchien aufbrechen?
- Abläufe, Verantwortlichkeiten und Zuständigkeiten verändern?
- …
- …

Organisatorische Vorkehrungen.
Prüffragen:

- War die Zusammensetzung von Krisenstab, Lagezentrum und Kommunikationsstab (Rollen, Funktionen) und Besetzung (Personen) zweckmäßig?
- Hatten Krisenstab, Lagezentrum und Kommunikationsstab die nötigen fachlichen Hilfsmittel zur Hand?
- Waren alle Personen ausreichend für ihre Rolle qualifiziert bzw. auf die Aufgaben vorbereitet?
- War die Infrastruktur zweckmäßig (Technik, Tools, Räumlichkeiten, IT)?
- Hatten wir eine Cyberrisikoversicherung und ist diese eingesprungen?
- Müssen wir die Gremien mit zusätzlichen Tools (methodisch, technisch) ausstatten?
- …

7.3.6   Taktische Ebene: BCM und IRBC

Analyseobjekte
Auf der operativen Ebene müssen wir uns anschauen, wie sich unsere Continuity Organisation bewährt hat. Dies schließt Business und IT Service Continuity gleichermaßen ein. Dabei sollten wir eine gesamthafte Perspektive einnehmen, die sich aber wiederum unbedingt aus den Erfahrungen der einzelnen Notfallteams speisen sollte.

BCM
Aus einer (Geschäfts-)Prozesssicht heraus können wir fragen:

- Haben wir rechtzeitig den Notbetrieb aufgenommen (tatsächlich erreichte Zeit, RTA)?
- Haben die Ergebnisse der BIA bzgl. Wiederanlaufzeiten gestimmt (RTO)?
- Hatten wir die wechselseitigen Prozessabhängigkeiten im Griff?
- Hatten wir ausreichend Ressourcen für den Notbetrieb?
- War der Output des Notbetriebs ausreichend?
- Waren die Workarounds praktikabel?
- Hat die übergeordnete Koordination des Wechsels in den Notbetrieb funktioniert?
- …

IRBC/ITSCM

Aus der IT-Perspektive heraus können wir fragen:

- Konnten wir die für den Geschäftsbetrieb (Notbetrieb und Normalbetrieb) benötigten Anwendungen wieder rechtzeitig bereitstellen?
- Konnten wir die für den Geschäftsbetrieb (Notbetrieb und Normalbetrieb) benötigten Daten rechtzeitig wiederherstellen?
- Hatten wir die wechselseitigen Systemabhängigkeiten im Griff?
- Hatten wir eine zutreffende Dokumentation des kritischen Pfads für Wiederanlauf bzw. Wiederherstellung?
- Hat die übergeordnete Koordination des Wiederanlaufs funktioniert?
- Hatten wir funktionierende Backups von allen wichtigen Systemen und Daten?
- Konnten wir die Integrität der Backups vor dem Restore zuverlässig prüfen?
- …

Vorbereitungsmaßnahmen und Hilfsmittel
- War die Zusammensetzung des Notfallstabs und der Notfallteams aufseiten BCM und IRBC (Rollen, Funktionen) und Besetzung (Personen) zweckmäßig?
- Wie hat die Zusammenarbeit im Notfallstab und innerhalb der unterschiedlichen Notfallteams funktioniert?
- Hatten alle diese Gremien die nötigen fachlichen Hilfsmittel zur Hand?
- Waren alle Personen ausreichend für ihre Rolle qualifiziert bzw. auf die Aufgaben vorbereitet?
- War die Infrastruktur zweckmäßig (Technik, Tools, Räumlichkeiten, IT etc.)?
- …

7.3.7 Operative Ebene: Cybersecurity Incident Response

Analyseobjekte

Auf der operativen Ebene müssen wir das Cybersecurity Incident Response Team (CSIRT), dessen Verfahren und Hilfsmittel auf den Prüfstand stellen. Dabei bietet sich an, diese isoliert von der Analyse des konkreten Cybersecurity Incidents zu betrachten, den wir selbstredend ebenfalls analysieren müssen.

Cybersecurity Incident.

Die Analyse des konkreten Cybersecurity Incidents sollte u. a. folgende Aspekte umfassen:

- Wann und von wem wurde das Problem entdeckt?
- Wie lange hat es von Ereigniseintritt über die Detektion bis zur Reaktion gedauert?

- Wie weit konnte der Incident um sich greifen (Netzsegmente, Anzahl Systeme, Clients, Mandanten etc.)?
- Wie konnte der Incident eingedämmt werden?
- Wie konnte die Ursache beseitigt werden?
- Welche Tätigkeiten waren dazu nötig?
- ...

Aufbau-/Ablauforganisation, Hilfsmittel

Der Blick auf das CSIRT und dessen Hilfsmittel bzw. Vorbereitungsmaßnahmen darf die Frage nach eventuellen technischen Maßnahmen nicht unterschlagen. Deren Umsetzung kann mitunter kostenintensiv werden. Insofern bietet sich erneut die Verzahnung mit dem Cyber Risk Management an, das uns den gesamthaften Blick auf unsere Cyberrisiken bietet und die Frage beantwortet, ob die erforderlichen Investitionen im Vergleich zu anderen Sicherheitsmaßnahmen das beste Kosten-Nutzen-Verhältnis aufweisen.

- War die Zusammensetzung des CSIRT (Rollen, Funktionen) und Besetzung (Personen) zweckmäßig?
- Waren alle Personen ausreichend für ihre Rolle qualifiziert bzw. auf die Aufgaben vorbereitet?
- Wie hat die Zusammenarbeit im CSIRT funktioniert?
- Hatte das CSIRT die nötigen fachlichen Hilfsmittel zur Hand?
- War die Dokumentation (Playbooks, Atomic Actions etc.) aktuell?
- Wie hat die Zusammenarbeit mit anderen Gremien der Notfall- und Krisenorganisation funktioniert?
- War die Infrastruktur zweckmäßig (Technik, Tools, Räumlichkeiten, IT)?
- Welche Nacharbeiten/Weiterentwicklungen/Ergänzungen an unseren Tools sind erforderlich (IDS/IPS, SIEM, SOAR, Deployment-Lösung)?
- Gibt es technische Lösungen, die wir implementieren sollten (Black-/Sinkholing, Bandbreitenerhöhung, DLP, DMZ etc.)?
- Hat der externe IR-Dienstleister zu unserer Zufriedenheit gearbeitet?
- ...

Disclaimer: Je nach Lesart gehört dieser Schritt mitunter zum CSIR-Prozess.

7.3.8   Krisenkommunikation

Krisenkommunikation.

Egal, wie gut wir in der praktischen Krisenbewältigung auch waren, bei einer professionell gemanagten Krise ist die Krisenkommunikation ein fester Bestandteil. Wenn wir unsere Krisenkommunikation Revue passieren lassen, sollten wir uns fragen:

- Haben wir eine Kommunikationsstrategie gehabt und umgesetzt?
- Haben wir ihre Wirkung kontrolliert, z. B. mittels Social Media Monitoring?
- Haben wir unsere Kommunikation stakeholderübergreifend sauber koordiniert und an der Kommunikationsstrategie ausgerichtet?
- War unsere Kommunikation zielgruppengerecht, schnell, empathisch und sachlich fundiert?
- Welche Stakeholder haben wir erreicht und welche nicht (inhaltlich, emotional, technisch)?
- Waren wir für unsere Stakeholder erreichbar?
- Wie waren wir vorbereitet? Hatten wir Musterstatements, Stakeholdermatrizen, Textbausteine etc. zur Hand?
- Waren wir personell (quantitativ, qualitativ) für die Kommunikationsarbeit gerüstet?
- Hatten wir die richtigen Partner an unserer Seite, um die Kommunikationsstrategie zu entwickeln bzw. zu implementieren?
- …

7.3.9   Prävention, Cyberhygiene und Dienstleistersteuerung

Informations- und IT-Sicherheitsarchitektur
Der in der Behebung vermutlich umfangreichste und arbeitsintensivste Part ist die Etablierung einer Informations- und IT-Sicherheitsarchitektur nach dem Stand der Technik. Zum Zeitpunkt der Überarbeitung dieses Buches bedeutet das, nach Zero-Trust-Prinzipen.
Prüffragen:

- Hatten wir die kompromittierten Daten unsererseits verschlüsselt, sodass der Angreifer selbst bei einem Datendiebstahl nichts damit anfangen kann?
- Wie gut waren wir in der Lage, den Angriff auf Endpoints und Netzen zu erkennen?
- Wie gut waren uns privilegierten Nutzerkonten geschützt?
- Wie gut waren unsere Backups geschützt?
- Wie einfach/schwer konnte sich der Angreifer in unseren Netzen bewegen?
- Wie schnell konnten wir Schwachstellen schließen?
- Wie gut war unsere Systemhärtung und wie gut waren unsere Automatismen beim Deployment virtualisierter Infrastrukturen?
- …

Auf einen Blick: Sieben Todsünden des Cyber Crisis Managements

Stakeholderfokus verlieren

Wir dürfen nie aus den Augen verlieren, dass unsere Kunden (oder anderen Stakeholder) sich primär selbst als Opfer sehen. Sie sehen zuallererst die Probleme, die für sie selbst durch das Ereignis entstehen (oder schon entstanden sind). Unsere Probleme hingegen sind für sie bestenfalls eine Randnotiz. Daher dürfen unsere Entscheidungen keinesfalls den Anschein erwecken, dass wir unsere eigenen Interessen über die Bedürfnisse und Erwartungshaltungen unserer wichtigsten Stakeholder stellen.

Crown-Jewels-Fokus vermissen lassen

Wenn wir uns nicht auf unsere wichtigsten Wertschöpfungsketten, Services und Produkte samt ihrer Informationen, Prozesse sowie IT-Systeme und Dienstleister konzentrieren, verheben wir uns – zu teuer, zu zeitintensiv, zu komplex. Und spätestens bei einer größeren Cyber-Attacke wird unseren Stakeholdern auffallen, dass wir uns verzettelt haben. Dann wirkt es, als wären wir unfähig oder unwillig gewesen, Cyber-Risiken ernst zu nehmen. Hand auf's Herz: Wer kann sich heutzutage noch den Vorwurf erlauben, auf dem Cyber-Auge blind gewesen zu sein?

Prävention und Präparation vernachlässigen

Der Aufwand in Form von Zeit und Kosten ist beim Management von (Cyber-)Krisen konstant: Entweder wir investieren in die Prävention von (und Vorbereitung auf) Krisen, oder nehmen das Geld in die Hand, wenn ein unliebsames Ereignis eintritt. Daher ist es um Längen sinnvoller, in Prävention (Sicherheitsarchitektur auf Basis der Zero-Trust-Prinzipien mit einem Defense-in-Depth-Ansatz) und Vorbereitung zu investieren, da wir in dieser Phase die beiden entscheidenden Dinge haben, die wir in einer Krise zwar dringend bräuchten, aber gewiss nicht haben: Ruhe vor neugierigen Stakeholdern sowie Zeit, Zeit und nochmals Zeit.

© Springer Fachmedien Wiesbaden GmbH, ein Teil von Springer Nature 2024
H. Kaschner, *Cyber Crisis Management*, https://doi.org/10.1007/978-3-658-43465-6_8

Öffentliche Blame-Games

Nur wenig lässt uns unsouveräner dastehen, als wenn wir eine öffentliche Schlamm-schlacht mit Dienstleistern (oder gar Kunden, Gott bewahre!) führen, während unsere Stakeholder völlig zu Recht eigentlich Lösungen von uns erwarten. Selbst wenn unsere Cyber-Krise die Schuld eines unserer Dienstleister ist und auch in der Öffentlichkeit kein Zweifel daran besteht: Ihn anzugreifen und zu diskreditieren ist tabu! Unsere Kunden haben uns ihre Daten anvertraut, nicht unserem Dienstleister. Also tragen wir die Ver-antwortung für die Daten unserer Kunden. Den Dienstleister mit der Verarbeitung der Daten zu beauftragen, war unsere eigene Entscheidung. Wenn er dieser Aufgabe nicht so nachkommt, wie wir uns das wünschen, müssen wir uns an die eigene Nase fassen: Was sagt der Dienstleistungs- bzw. Auslagerungsvertrag? Haben wir uns mal die Mühe gemacht, uns zu vergewissern, dass der Dienstleister vernünftige Sicherheitsmaßnahmen implementiert hat? Das sind die Fragen, die wir stellen sollten. Aber bitte intern und nicht öffentlich.

Salami-Taktik

Vor Gericht mag es mitunter eine sinnvolle Strategie sein, immer nur Scheibchenweise mit der Wahrheit herauszurücken: gerade so viel zugeben, wie einem gerade nach-gewiesen werden kann. Das Problem bei der Krisenbewältigung (genauer: Krisen-kommunikation) ist, dass wir dabei nun mal vor einer anderen Art von (Schieds-)Rich-ter stehen. Über uns sitzen alle unsere Stakeholder gemeinsam zu Gericht und nicht nur Vertreter der Judikative. Insofern sollten wir uns gut überlegen, ob wir die Salami-Taktik wählen, denn mit ihr verhält es sich wie mit einer reifen Salami in einem über-vollen Bahnabteil. Sie riecht. Und zwar im Fall der Taktik nicht lecker, sondern nach Vertuschungsversuchen.

Interne Kommunikation vergessen

Wer träumt nicht davon, über eines der einschlägigen Onlinemedien oder Social Media zu erfahren, dass die Organisation, für die wir seit Jahren arbeiten, gehackt wurde? Und dass durch den Hack Daten aus der Lohnbuchhaltung abgeflossen sind? Das dürfte für die wenigsten von uns eine attraktive Vorstellung sein. Daher gilt: Wenn wir unsere ex-ternen Stakeholder über wesentliche Ereignisse und auch Fortschritte in der Krisen-bewältigung informieren, sollten wir immer auch unsere Mitarbeiter informieren. Min-destens zeitgleich, wenn nicht gar aus purem Anstand mit einem kleinen zeitlichen Vor-sprung. Hier müssen wir eine Einschränkung beachten: Falls wir börsennotiert sind, müssen wir bestimmte Informationen mittels einer ad-hoc-Mitteilung publizieren.

Worte statt Taten

„Vertrauen ist die Summe der gehaltenen Versprechen", „Wer einmal lügt, dem glaubt man kaum", „Drohungen muss man wahr machen" oder „underpromise and overdeli-ver". Egal, welchem dieser Sprichworte wir folgen – wir machen es richtig. Nichts ver-prellt unsere Stakeholder mehr als große Ankündigungen, die in sich zusammenfallen und verpuffen. Daher ist es besser, wenn wir uns mit großen Versprechen zurückhalten. Niemand ist böse, wenn er ein besseres Ergebnis in der angekündigten Zeit oder das angekündigte Ergebnis schneller als versprochen bekommt. Im Gegenteil, er wird sich freuen. Sind das nach den ganzen Strapazen nicht versöhnliche Aussichten?

Zum Weiterlesen

Anforderungen an Krisenstabsmitglieder

Enzensberger, Hans Magnus (2008): Hammerstein oder Der Eigensinn. Eine deutsche Geschichte, Frankfurt (Main): Suhrkamp.

IRBC: Hochverfügbarkeit

Bundesamt für Sicherheit in der Informationstechnik (2013): Quick Reference Guide
https://www.bsi.bund.de/SharedDocs/Downloads/DE/BSI/Hochverfuegbarkeit/QuickReferenceGuide.pdf;jsessionid=7DA885B08F891D3175B03DD491D383B0.2_cid360?__blob=publicationFile&v=1

IRBC: Strategieoptionen und Prinzipien

Müller, Klaus-Rainer (2018): IT-Sicherheit mit System. Integratives IT-Sicherheits-, Kontinuitäts- und Risikomanagement – Sichere Anwendungen – Standards und Practices, 6. Auflage, Wiesbaden: Springer Vieweg.

IRBC: RZ-Abstände

Bundesamt für Sicherheit in der Informationstechnik (2018): Kriterien für die Standortwahl von Rechenzentren, Standort-Kriterien RZ, Version 2.0
https://www.bsi.bund.de/SharedDocs/Downloads/DE/BSI/RZ-Sicherheit/Standort-Kriterien_Rechenzentren.pdf?__blob=publicationFile&v=1

ISO-Standards

Die internationalen ISO-Standards beschreiben Cyber Crisis Management, d. h. die Bewältigung und Verhinderung von sowie Vorbereitung auf Cyber-Krisen, anhand verschiedener Standards aus unterschiedlichen Reihen.

Unten folgende Aufstellung ist eine Auswahl, die den Einstieg ermöglicht. Insbesondere die 27000er-Reihe beinhaltet zahlreiche weitere, darunter branchen- oder technikspezifische Standards.

© Der/die Herausgeber bzw. der/die Autor(en), exklusiv lizenziert an Springer Fachmedien Wiesbaden GmbH, ein Teil von Springer Nature 2024
H. Kaschner, *Cyber Crisis Management*, https://doi.org/10.1007/978-3-658-43465-6

Hinweise:

- Herausgeber ist in allen Fällen die International Organization for Standardization (www.iso.org).
- In der Bezeichnung der Standards gibt die vierstellige Zahl hinter dem Doppelpunkt das Erscheinungsjahr des Standards an (z. B. ISO 22361:2022). An dieser Stelle verzichten wir auf dieses Addendum, da wir unabhängig von der zum Zeitpunkt des Erscheinens gültigen Version empfehlen, stets die jeweils aktuelle zu nutzen.

ISO 19011
Guidelines for auditing management systems.

ISO 22301
Security and resilience – Business continuity management systems – Requirements.

ISO/TS 22317
Security and resilience – Business continuity management systems – Guidelines for business impact analysis.

ISO/TS 22318
Societal security – Business continuity management systems – Guidelines for supply chain continuity management.

ISO 22398
Societal security – Guidelines for exercises.

ISO/IEC 27001
Information technology – Security techniques – Information security management systems – Requirements.

ISO/IEC 27005
Information technology – Security techniques – Information security risk management.

ISO/IEC DIS 27031
Information technology – Cybersecurity – Information and communication technology readiness for business continuity.

ISO/IEC 27032
Cybersecurity – Guidelines for Internet security.

ISO/IEC 27035-x

Information technology – Security techniques – Information security incident management.

„-x" bedeutet, dass es unter der Nummer 27035 mehrere Teile gibt, die unterschiedliche Aspekte des Information Security Incident Managements behandeln.

ISO/IEC 28000

Security and resilience – Security management systems – Requirements.

ISO/IEC 31000

Risk management – Guidelines.

Krisenbewältigung (Maxime)

Sunzi (2013): Die Kunst des Krieges. Aus dem Chinesischen übertragen und mit einem Nachwort versehen von Volker Klöpsch, 5. Auflage, Berlin: Insel Verlag.

Das in diesem Buch genutzte Zitat findet sich in o. g. Ausgabe auf Seite 58.

Krisenkommunikation

Höbel, Peter/Hofmann, Thorsten (2014): Krisenkommunikation, 2., völlig überarbeitete Auflage, Konstanz: UVK.

Nationale Standards

Die nationalen Standards beschreiben Cyber Crisis Management, d. h. die Bewältigung und Verhinderung von sowie Vorbereitung auf Cyber-Krisen, anhand verschiedener Standards aus unterschiedlichen Reihen (BSI Grundschutz und Wirtschaftsgrundschutz).

Der Download der Standards ist kostenfrei.

Herausgeber ist in allen Fällen das Bundesamt für Sicherheit in der Informationstechnik. Ausnahmen sind separat gekennzeichnet.

Übersicht:

https://www.bsi.bund.de/DE/Themen/Unternehmen-und-Organisationen/Standards-und-Zertifizierung/IT-Grundschutz/it-grundschutz_node.html
[zuletzt abgerufen am 14.08.2023].

IT-Grundschutz-Kompendium
Download:
https://www.bsi.bund.de/SharedDocs/Downloads/DE/BSI/Grundschutz/Kompendium/IT_Grundschutz_Kompendium_Edition2023.pdf?__blob=publicationFile&v=4#download=1
[abgerufen am 14.08.2023].

Leitfaden zur Basis-Absicherung nach IT-Grundschutz
Download:
https://www.bsi.bund.de/SharedDocs/Downloads/DE/BSI/Publikationen/Broschueren/
    Leitfaden_zur_Basis-Absicherung.html
[abgerufen am 14.08.2023].

BSI-Standard 200–4:
Business Continuity ManagementDownload:
https://www.bsi.bund.de/SharedDocs/Downloads/DE/BSI/Grundschutz/BSI_Standards/
    standard_200_4.pdf?__blob=publicationFile&v=8

BfV/BSI/ASW: Standard 2000–3
Aufbau und Betrieb eines Notfall- und Krisenmanagementsystems.
Download:
https://www.wirtschaftsschutz.info/DE/Veroeffentlichungen/Wirtschaftsgrund-
schutz/Standards/Notfall_Krisenmanagement.pdf;jsessionid=B8C3BDD11FED-
B4F27C560B7A16E187A2.2_cid365?__blob=publicationFile&v=3
[abgerufen am 14.08.2023].

Risikokommunikation
Obermeier, Otto-Peter (1999): Die Kunst der Risikokommunikation. Über Risiko, Kommunikation und Themenmanagement, München: Gerling Akademie Verlag.

Risikowahrnehmung
Munzinger, Paul (2015): Warum sagt er das? In: https://www.sueddeutsche.de/politik/
thomas-de-maiziere-warum-sagt-er-das-1.2742900.
    [erschienen: 18.11.2015; zuletzt abgerufen am 14.08.2023].

Otway, Harry/Wynne, Brian (1993): Risiko-Kommunikation: Paradigma und Paradox, in
Krohn, Wofgang/Krücken, Gerd (Hrsg.): Riskante Technologien: Reflexion und Regulation. Einführung in die sozialwissenschaftliche Risikoforschung (S. 101–112), Frankfurt/
Main, Deutschland: Suhrkamp.

Schutz kritischer Nutzerkonten

Privileged Access
https://learn.microsoft.com/en-us/security/privileged-access-workstations/overview
[abgerufen am 14.08.2023].
Enterprise Access Model
https://learn.microsoft.com/en-us/security/privileged-access-workstations/privileged-ac-
    cess-access-model
[abgerufen am 14.08.2023].

Rapid Modernization Plan (RaMP)
https://learn.microsoft.com/en-us/security/privileged-access-workstations/security-rapid-
  modernization-plan
[abgerufen am 14.08.2023].

Social Media und Shitstorm
Lobo, Sascha (2019): Realitätsschock. Zehn Lehren aus der Gegenwart, 2. Auflage,
Köln: Kiepenheuer & Witsch.
  Das Thema „Soziale Medien" behandelt Lobo in der o. g. Ausgabe auf den Seiten
291–329.

Sony Pictures Entertainment (Hack)
Einen schönen Überblick inklusive umfangreicher Linksammlung bietet die englisch-
sprachige Wikipedia-Seite:
  https://en.wikipedia.org/wiki/Sony_Pictures_hack
  [zuletzt abgerufen am 14.08.2023].

Je nach Interessenslage sind u. a. untenstehende Artikel aufschlussreich.
  Cook, James (2015): Security researchers have discovered more information on how
the Sony hackers managed to stay undetected, in:
  https://www.businessinsider.com/security-researchers-discover-hacking-tools-used-in-
sony-pictures-hack-2015-11?r=DE&IR=T.
  [erschienen: 23.11.2015; zuletzt abgerufen am 14.08.2023].

Frizell, Sam (2015): Sony Is Spending $15 Million to Deal With the Big Hack, in:
https://time.com/3695118/sony-hack-the-interview-costs/
  [erschienen: 04.02.2015; zuletzt abgerufen am 14.08.2023].

Schirrmacher, Dennis (2015): Wikileaks veröffentlicht Dokumente von Sony-Hack, in:
https://www.heise.de/security/meldung/Wikileaks-veroeffentlicht-Dokumente-von-Sony-
Hack-2610817.html
  [erschienen: 17.04.2015; zuletzt abgerufen am 14.08.2023].

Zetter, Kim (2014): Sony Got Hacked Hard: What We Know and Don't Know So Far, in:
https://www.wired.com/2014/12/sony-hack-what-we-know/
  [erschienen: 04.12.2014; zuletzt abgerufen am 14.08.2023].

Stressbewältigung
Kaluza, Gerd (2018): Stressbewältigung. Trainingsmanual zur psychologischen Gesundheitsförderung, 4., korrigierte Auflage, Berlin: Springer.
  Strang, Axel/Günthner, Christian (2005): Krisenintervention. Psychosoziale Unterstützung für Einsatzkräfte, Stuttgart: W. Kohlhammer.

Abkürzungen und Glossar

Die Definitionen sind die des Autors. Wo dies nicht der Fall, ist die Quelle separat ausgewiesen.

Akteur	Siehe Stakeholder
Alarmierungs-Tool	IT-gestütztes Hilfsmittel zur Beschleunigung und Automatisierung der Alarmierung des Krisenstabs. Über vordefinierte Verteilerkreise können auf Knopfdruck unterschiedliche Personen über unterschiedliche Kanäle (Telefon, SMS, Mail) kontaktiert werden. Kann Bestandteil eines Krisenmanagement-Tools oder auch einer GRC-Toolsuite sein, muss aber nicht
APT	Advanced Persistent Threat
Asset Management	Asset Management ist die Verwaltung der Primärressourcen und unterstützenden Ressourcen. Es gibt uns Auskunft darüber, welche Ressourcen wir wo zu welchem Zweck im Einsatz haben. Zentral sind die wechselseitigen Abhängigkeiten (Relationen) der Ressourcen, die mittels der Strukturanalyse erfasst werden. Alle anderen Managementsysteme (ISMS, BCMS etc.) bauen auf einem gemeinsamen Asset Management auf
Assurance: Audit, Assessment und Testing	Oberbegriff für die strukturierte Überprüfung der Angemessenheit, Vollständigkeit und Wirksamkeit von Maßnahmen bzw. deren Konformität zu definierten Soll-Vorgaben. Aus der Soll-Vorgabe und Risikoexpositionen leitet ein Test- und Auditprogramm konkrete Überprüfungsmaßnahmen ab
Authentizität	Eines der Schutzziele im Informationssicherheitsmanagement; bezeichnet den Umstand, dass Gewissheit darüber bestehen muss, wer (vorwiegend auf technischer Ebene) tatsächlich Teilnehmer eines Informationsaustauschs ist. Der Grund ist klar: Wer erfolgreich vorgibt, jemand anders zu sein, kann sich – in der Regel unbemerkt – in nicht für ihn bestimmte Informationsströme einschalten. Um sich zu legitimieren, müssen Nutzer und auch IT-Systeme spezielle Nachweise erbringen. Dazu zählen beispielsweise Crypto-Zertifikate (PKI), 2-Faktor-Authentifizierung (Haben oder Sein-Prinzip) bzw. mindestens die Kombination aus Nutzerkennung und Passwort Authentizität ist das zentrale Schutzziel, wenn es bei Information Warfare und Fake-News-Kampagnen

H. Kaschner, *Cyber Crisis Management,* https://doi.org/10.1007/978-3-658-43465-6

Awareness	Bezeichnet die Sensibilität und Aufmerksamkeit gegenüber Risiken, Entwicklungen oder Ereignissen/Situationen. Spielt bei der Prävention von bzw. Reaktion auf Krisen eine entscheidende Rolle. Wird oftmals im Zusammenhang mit Trainings genannt und genau wie jene im Idealfall über ein Programm gesteuert Siehe auch Training und Awareness
BaFin	Bundesanstalt für Finanzdienstleistungsaufsicht; Aufsichts- und Regulierungsbehörde für das Finanzwesen in Deutschland, zu dem neben Banken und Versicherungen auch Fintechs und Insuretechs zählen
BAIT	Bankaufsichtliche Anforderungen an die IT; erlassen durch die → BaFin als zuständiger Aufsichtsbehörde. Die BAIT konkretisieren die → MaRisk
BCM	Siehe Business Continuity Management
BC RA	BC Risk Assessment, siehe Cyber Risk Management
BfArM	Bundesinstitut für Arzneimittel und Medizinprodukte; zuständig bei • Arzneimitteln für die Zulassung • Medizinprodukten für die zentrale Erfassung, Auswertung und Bewertung der Risiken und die Koordinierung von Maßnahmen
BIA	Siehe Business-Impact-Analyse
Black Building Test	Bei einem Black Building Test wird ein Gebäude komplett stromlos geschaltet, um dessen Ausfall zu simulieren und die Wirksamkeit von Notfallvorsorgemaßnahmen zu überprüfen
BNetzA	Bundesnetzagentur; Aufsichtsbehörde für Unternehmen aus den Zweigen Elektrizität und Gas, Telekommunikation, Post und Eisenbahnen; hat schon zu Zeiten der Referentenentwürfe des → IT-Sicherheitsgesetzes für Netzbetreiber die Zertifizierung eines ISMS nach ISO 27001 gefordert – als erste Behörde überhaupt in Deutschland
Bot-Netze	Ein Bot-Netz besteht aus dem Zusammenschluss einer Vielzahl von internetfähigen (End-)Geräten – vom Babyphone über den klassischen PC bis hin zu Überwachungskameras und Kühlschränken. Angreifer übernehmen diese Geräte und schließen sie zusammen, um mit der kollektiven Rechenleistung unter anderem selbst →DDoS-Angriffe durchzuführen oder das Bot-Netz im Darknet für DDoS-Attacken zu vermieten. Wichtig: Ungesicherte oder unverändert mit dem werkseitig genutzten Passwort gesicherte Geräte begünstigen die Übernahme durch Dritte. Die Besitzer der übernommenen Geräte bemerken oft nicht einmal, dass ihr Gerät zweckentfremdet wird
Bruttorisiko	Siehe Risiko
BSI	Bundesamt für Sicherheit in der Informationstechnik
BSIG	Auch BSI-Gesetz; Gesetz über das Bundesamt für Sicherheit in der Informationstechnik; zentraler Part des als Mantelgesetz konzipierten→ IT-Sicherheitsgesetzes

Business Continuity Management	BCM ist ein zyklischer Managementprozess, mittels dessen eine Organisation die Verfügbarkeit ihrer kritischen Prozesse, Aktivitäten, Produkte, Abteilungen etc. auch und gerade in Notfällen (z. B. Cyber-Attacken) sicherstellt Wesentliche Prozessschritte: → BIA, → BC RA, Pflege der → GFP, Durchführung von → Tests Wesentlicher Output: kritische → Ressourcen inkl. → Verfügbarkeitsanforderungen, → GFP der kritischen Prozesse
Business-Impact-Analyse	Durch die sogenannte BIA werden die zeitkritischen Prozesse, Aktivitäten, Produkte, Abteilungen etc. einer Organisation ermittelt. Ergebnis der BIA ist eine Aufstellung derselben inklusive Wiederherstellungszielen (Zeiten, Quantitäten, Qualitäten). Wesentlicher Prozessschritt des → BCM
Business-Notfallteams	Siehe Notfallteams
Call Tree	Siehe Telefonkaskade
CMDB	Configuration Management Database; Verzeichnis aller IT-Assets, auch Configuration Items (CI) genannt. Im Idealfall sind zu jedem Asset verschiedene Informationen hinterlegt, insbesondere wechselseitige Abhängigkeiten, verarbeitete Informationsarten/-kategorien, Schutzklasse/ Grundwert je Schutzziel bzw. Grundwert der Informationssicherheit und wer für ein Asset verantwortlich ist
Cryptolocker	Siehe Ransomware
Cyber Risk Management	Cyber Risk Management ist ein systematischer Ansatz, bei dem Cyberrisiken zunächst bewertet und anschließend auf Basis der Bewertung behandelt werden. Die Bewertung („Cyber Risk Assessment") besteht aus den Schritten Identifikation, Analyse und Evaluation. Die typischen Behandlungsoptionen bestehen im Vermeiden, Mindern, Transferieren oder Akzeptieren der (Rest-)Risiken Im Idealfall ist das Cyber Risk Management als Managementsystem aufgesetzt und eng mit anderen Governance-Disziplinen verschränkt, beispielsweise über das → BC RA, IRM sowie OpRisk Die einschlägigen ISO-Standards sind ISO 27032, ISO 27001, ISO 27002, ISO 27005 und natürlich ISO 31000
Cybersecurity	Siehe Informationssicherheit(-smanagement)
(Cybersecurity) Incident	Siehe Ereigniskategorien
Cyberversicherung	Versicherungsleistung, die bei der Verletzung eines der → Schutzziele greift; oft an die Bedingung geknüpft, dass die Verletzung aus einem Sicherheitsvorfall resultiert
Daten	Siehe Informationen
DDoS-Attacke	Distributed Denial of Service; Angriffsform, bei der IT-Systeme (zum Beispiel die Website) mutwillig mit Anfragen überflutet werden, sodass sie den Nutzer nicht mehr erreichbar sind. Für derartige Angriffe werden oftmals → Bot-Netze eingesetzt. Bedrohtes Schutzziel: Verfügbarkeit

D&O-Versicherung	Die D&O-Versicherung ist eine spezielle Form der Berufshaftpflichtversicherung für leitende Angestellte. Dabei steht D&O für Directors & Officers. Eine D&O-Versicherung reduziert die persönlichen Haftungsrisiken
DVZ	Datenverlustzeit; siehe RPO
EBA	European Banking Authority; Europäische Bankenaufsichtsbehörde
Ereigniskategorien	**Incident** Ein Incident ist eine nicht standardmäßige Betriebssituation eines Services, die eine Minderung der vereinbarten Qualität oder Verfügbarkeit verursachen kann oder verursacht (orientiert an ITIL®). Im Kontext dieses Buchs ist ein Incident daher ein Ereignis, das mit Fokus auf IT-Systeme die Vertraulichkeit, Integrität, Verfügbarkeit und Authentizität von Informationen und Kommunikationsteilnehmern beeinträchtigen kann oder beeinträchtigt **Notfall** Ein Notfall ist ein Ereignis, bei dem einer Organisation aufgrund einer Verletzung der Schutzziele Vertraulichkeit, Integrität, Verfügbarkeit und Authentizität von Informationen und Prozessen ein erheblicher Schaden droht oder bereits entstanden ist Quelle: Bundesamt für Sicherheit in der Informationstechnik, Bundesamt für Bevölkerungsschutz und Katastrophenhilfe; online via kritis.bund.de (abgerufen am 14.07.2019) **Krise** Eine Krise ist eine „unnormale und instabile Situation, die die strategischen Ziele, die Reputation oder die Überlebensfähigkeit einer Organisation bedroht" (orientiert an den Standards BS 11200 und BfV/BSI/ASW 2000-3) Nicht zu vergessen: Aus dem Altgriechischen ergeben sich zusätzlich noch die Bedeutungen eines „Wendepunkts" bzw. einer Entscheidungssituation **Katastrophe** Eine Katastrophe ist ein Geschehen, bei dem Leben oder Gesundheit einer Vielzahl von Menschen oder die natürlichen Lebensgrundlagen oder bedeutende Sachwerte in so ungewöhnlichem Ausmaß gefährdet oder geschädigt werden, dass die Gefahr nur abgewehrt oder die Störung nur unterbunden und beseitigt werden kann, wenn die im Katastrophenschutz mitwirkenden Behörden, Organisationen und Einrichtungen unter einheitlicher Führung und Leitung durch die Katastrophenschutzbehörde zur Gefahrenabwehr tätig werden Quelle: Bundesamt für Sicherheit in der Informationstechnik, Bundesamt für Bevölkerungsschutz und Katastrophenhilfe; online via kritis.bund.de (abgerufen am 14.07.2019)

Erweiterter Krisenstab	Siehe Krisenstab
FOR-DEC	FOR-DEC ist ein Modell für Entscheidungsfindung in der Luftfahrt und eine in Deutschland eher selten angewandte Form des → Krisenbewältigungsprozesses. Das Akronym steht für Fakten (F), Optionen (O), Risiken und Nutzen (R), Entscheidung (D), Ausführung (E) und Kontrolle (C)
Führungsprozess	Der Führungsprozess stammt aus der behördlichen Stabsarbeit und ist die in Deutschland übliche Form des → Krisenbewältigungsprozesses. Er wird zyklisch durchlaufen und besteht aus vier Schritten: • Lagebewertung • Optionen und Maßnahmenplanung • Entscheidung und Delegation • Lagefeststellung/Kontrolle
GDV	Gesamtverband der Deutschen Versicherungswirtschaft e. V
Geschäftsfortführrungs- und Wiederanlaufpläne	Dokumentierte (und hoffentlich erprobte) Workarounds für die zeitkritischen Prozesse, Aktivitäten, Produkte, Abteilungen etc. Die GFP müssen Workarounds zur Kompensation der notfallrelevanten Ressourcen enthalten. Dies sind in der Regel IT-Anwendungen, Gebäude, Rollen und Mitarbeiter, Dienstleister sowie Maschinen/Anlagen
GeschGehG	Gesetz zum Schutz von Geschäftsgeheimnissen (GeschGehG)
GFP	Siehe Geschäftsfortführungs- und Wiederanlaufpläne
GRC	Governance, Risk and Compliance
Haftungsfreistellung	Organisationen können die Mitglieder ihres Krisenstabs von der Haftung freistellen oder die Haftung begrenzen. Die Haftungsfreistellung (oder auch Begrenzung) bezieht sich auf Konsequenzen, die sich aus Entscheidungen und Maßnahmen der Krisenbewältigung ergeben. Dadurch reduziert sich der Druck, der auf den handelnden Personen lastet
Highlanderprinzip	Das Highlanderprinzip ist ein Synonym für die Konzentration der Entscheidungskompetenz innerhalb des Krisenstabs beim Krisenstabsleiter. Namensgebend ist der Film „Highlander – Es kann nur einen geben" mit Christopher Lambert in der Hauptrolle
Incident	Siehe Ereigniskategorien
Informationen	Neben Prozessen eine der beiden Kategorien von Primärressourcen. Werden bei der Vorbereitung der Schutzbedarfsfeststellung zu Informationsarten bzw. -kategorien gebündelt und über die → Strukturanalyse anderen → Ressourcen zugeordnet
Informationsrisikomanagement	Risikomanagementansatz mit Fokus auf Informationen und die unterstützenden Ressourcen, über die die Informationen verarbeitet werden; siehe auch Cyber Risk Management

Informationssicher-heit(-smanagement)	ISM ist ein zyklischer Managementprozess, mittels dessen eine Organisation den Schutz ihrer kritischen Informationen und der Assets, über die sie verarbeitet werden, sicherstellt Wesentliche Elemente sind auf präventiver Seite die Schutzbedarfs-feststellung, konkrete Vorgaben für diverse Security-Handlungsfelder (Kryptographie, Access Management, Absicherung von Netzkomponenten etc.) und Informationsrisikomanagement sowie auf reaktiver Seite die Reaktion auf Informationssicherheitsvorfälle, d. h. Cybersecurity Incident Response
Integrität	Eines der Schutzziele bzw. Grundwerte im → Informationssicherheits-management. Bezeichnet den Umstand, dass gespeicherte Daten nicht ohne Nachweis und explizite Autorisierung verändert werden dürfen
IRBC	IT readiness for business continuity (in der ITIL®-Welt auch als → ITSCM bezeichnet) ist ein Begriff aus ISO 27031 und bezeichnet das Managementsystem, mittels dessen IT und sonstige (Tele -) Kommunikationssysteme auch bei Ausfällen bereitgestellt werden, dass geschäftskritische Prozesse zumindest im Notbetrieb aufrecht erhalten werden können. Wie bei anderen Managementsystemen stützt es sich nicht nur auf technische, sondern auch organisatorische Maßnahmen. Seine wichtigsten Teilprozesse/Ergebnisobjekte sind die →IRBC-Gap-Analyse, → Wiederanlaufpläne und → Restorekonzepte sowie → Tests zur Überprüfung der Wirksamkeit der Pläne und Konzepte
IRBC-Gap-Analyse	Die IRBC-Gap-Analyse überprüft, inwieweit IT-Services (Anwendungen, Datenbanken, komplette Systeme etc.) die Verfügbarkeitsanforderungen der kritischen Geschäftsprozesse erfüllen. Die Ergebnisse der Gap-Analyse fließen ein in das Risk Assessement (IRM, BC Risk Assessment, Cyber Risk Management)
IRM	Informationsrisikomanagement
ISM(S)	Informationssicherheitsmanagement(system)
Issue	Thema, das einen Stakeholder bewegt; kann in die Erwartungshaltung übersetzt werden, die der Stakeholder bzgl. des jeweiligen Themas an sein Umfeld hat
Issuemanagement	Siehe Stakeholder- und Issuemanagement
ITK	Informations- und Telekommunikationstechnologie
ITSCM	IT Service Continuity Management; einer der klassischen ITIL-Prozesse; andere Bezeichnung für → IRBC
ITSiG	Das IT-Sicherheitsgesetz (ITSiG) ist ein deutsches Mantelgesetz, das sich an Betreiber kritischer Infrastrukturen richtet. Eine besondere Rolle innerhalb des ITSiG nimmt das BSIG ein. § 8a BSIG verpflichtet Betreiber kritischer Infrastrukturen, „angemessene organisatorische und technische Vorkehrungen zur Vermeidung von Störungen der Verfügbarkeit, Integrität, Authentizität und Vertraulichkeit ihrer informationstechnischen Systeme, Komponenten oder Prozesse zu treffen, die für die Funktionsfähigkeit der von ihnen betriebenen Kritischen Infrastrukturen maßgeblich sind" Insofern ist der Name „IT-Sicherheitsgesetz" irreführend, da die im Gesetz geforderten Maßnahmen deutlich über reine IT-Sicherheitsmaßnahmen hinaus gehen

Katastrophe	Siehe Ereigniskategorien
Kernkrisenstab	Siehe Krisenstab
Krise	Siehe Ereigniskategorien
Krisenhandbuch	Ein Krisenhandbuch beschreibt die Aufgaben und Kompetenzen der Krisenstabsmitglieder sowie die Prozesse zur Initialisierung der Krisenstabsarbeit und Krisenbewältigung. Ergänzend kann es auch Checklisten und Leitfäden für ausgewählte konkrete Szenarien mitsamt Text- und Kommunikationsbausteinen für die Krisenkommunikation sowie Templates zur Visualisierung und Dokumentation der Krisenstabsarbeit umfassen. Als unverzichtbar erweisen sich Stakeholderaufstellungen inklusive Kontaktmöglichkeiten und ein Template des → Krisenstabsprotokolls
Krisenbewältigungs-prozess	Der Krisenbewältigungsprozess ist ein szenariounabhängiges Vorgehen zum Management von (akuten) Krisen. Er ist strukturiert, rollenbasiert, im → Krisenhandbuch dokumentiert und sollte den Krisenstabsmitgliedern in Fleisch und Blut übergegangen sein. In Deutschland orientiert er sich meist am → Führungsprozess, deutlich seltener an → FOR-DEC
Kriseninfrastruktur	Zur Kriseninfrastruktur gehören alle infrastrukturellen Maßnahmen, die der Krisenorganisation zur Bewältigung von Krisen zur Verfügung stehen, also unter anderem der Krisenstabsraum, der Raum für das Lagezentrum, das Krisenhandbuch, ein Alarmierungs- oder auch ein Krisenmanagement-Tool
Krisenkommunikation	Integraler Bestandteil der Krisenbewältigung, die kontinuierlich erfolgen und abhängig vom Adressaten gleichermaßen die Sach- und Emotionsebene adressieren muss
Krisenlog	Siehe Krisenstabsprotokoll
Krisenmanagement	Krisenmanagement • dient dem Schutz von (im-)materiellen Gütern (zuallererst Menschen); • ist nicht im Detail planbar; • muss auf unterschiedlichen Ebenen erfolgen; • muss auch Themen wie Issue- und Stakeholdermanagement, Geschäftsfortführung, Incident Response etc. umfassen • besteht aus Maßnahmen zur Vorbereitung auf sowie Verhinderung, Eindämmung und Nachbereitung von Krisen
Krisenmanagement-Tool	Ein Krisenmanagement-Tool ist ein IT-gestütztes, oft webbasiertes Hilfsmittel, das Krisenstab und Lagezentrum bei ihrer Arbeit unterstützen soll. Die Funktionalitäten reichen von Aufgabensteuerung über Dokumentation bis hin zur Verteilung von Kommunikationselementen. Typisch sind weiterhin Schnittstellen zu Alarmierungs- und GRC-Tools
Krisenorganisation	Zur Krisenorganisation gehören die aufbau- und ablauforganisatorischen Maßnahmen, die eine Organisation zur Prävention und insbesondere zur Bewältigung von Krisen ergriffen hat. Dazu zählen der Krisenstab und das Lagezentrum genauso wie das Alarmierungsverfahren und Krisenstabsprozesse

Krisenstab	Der Krisenstab ist auf strategischer Ebene das zentrale Koordinations- und Entscheidungsgremium. Er unterteilt sich in einen Kernkrisenstab und einen erweiterten Krisenstab. Während der Kernkrisenstab aus den Rollen besteht, die unabhängig vom Szenario bei der Krisenbewältigung immer gefordert sind, sind im erweiterten Krisenstab zusätzliche Rollen versammelt, die den Kernkrisenstab fallweise verstärken. Der Krisenstab ist kein stehendes Gremium, sondern kommt lediglich im Krisenfall (ad hoc) zusammen
Krisenstabsprotokoll	Das Krisenstabsprotokoll ist das zentrale Dokumentationstool für den Krisenstab. In ihm werden ein- und ausgehende Informationen, Beschlüsse, Zuständigkeiten und Zeiten festgehalten. Daher ist es von erheblicher Beweiskraft, wenn sich im Nachgang an die Krisenbewältigung Ermittlungsbehörden, Auditoren und sonstige Prüfer mit der Arbeit des Krisenstabs auseinandersetzen
Krisenstabsraum	Ein Krisenstabsraum bietet dem Krisenstab eine angemessene Infrastruktur. Dazu zählen vor allem ausreichend Platz, Visualisierungs- und Telekommunikationsmöglichkeiten, insbesondere Zugang zu Intranet und Internet. Bei verteilt arbeitenden Krisenstäben kann der Krisenstab auch virtuell aufgesetzt werden, z. B. anhand IT-basierter Krisenmanagement-Tools oder schlichtweg Telefonkonferenzen. Entscheidend ist, dass sämtliche Infrastrukturen so robust wie möglich sind, d. h. auch bei Ausfall der Basisversorgung (Strom, Wasser, Kälte-/Klima) und (zumindest Teilen) der IT funktionieren
KRITIS	Kritische Infrastrukturen sind Organisationen und Einrichtungen mit wichtiger Bedeutung für das staatliche Gemeinwesen, bei deren Ausfall oder Beeinträchtigung nachhaltig wirkende Versorgungsengpässe, erhebliche Störungen der öffentlichen Sicherheit oder andere dramatische Folgen einträten In Deutschland werden folgende Sektoren (und Branchen) den Kritischen Infrastrukturen zugeordnet: • Transport und Verkehr (Luftfahrt, Seeschifffahrt, Binnenschifffahrt, Schienenverkehr, Straßenverkehr, Logistik) • Energie (Elektrizität, Mineralöl, Gas) • Informationstechnik und Telekommunikation (Telekommunikation, Informationstechnik) • Finanz- und Versicherungswesen (Banken, Versicherungen, Finanzdienstleister, Börsen) • Staat und Verwaltung (Regierung und Verwaltung, Parlament, Justizeinrichtungen, Notfall- und Rettungswesen einschließlich Katastrophenschutz) • Ernährung (Ernährungswirtschaft, Lebensmittelhandel) • Wasser (Öffentliche Wasserversorgung, öffentliche Abwasserbeseitigung) • Gesundheit (Medizinische Versorgung, Arzneimittel und Impfstoffe, Labore) • Medien und Kultur (Rundfunk (Fernsehen und Radio), gedruckte und elektronische Presse, Kulturgut, symbolträchtige Bauwerke) Quelle: Bundesamt für Sicherheit in der Informationstechnik, Bundesamt für Bevölkerungsschutz und Katastrophenhilfe; online via kritis.bund.de (abgerufen am 14.07.2019)

Lagezentrum	Das Lagezentrum ist der verlängerte Arm des Krisenstabs. Es sammelt krisenrelevante Informationen und bereitet diese für den Krisenstab auf. Ebenso unterstützt es den Krisenstab bei der Kontrolle des Umsetzungsstands von Entscheidungen. Je nach Zuschnitt übernimmt es auch die Koordination ausgehender Informationen
Malware	Überbegriff für alle Arten schädlicher Software, z. B. Trojaner, Viren oder Würmer
MaRisk	Mindestanforderungen an das Risikomanagement von Banken; erlassen durch die BaFin als zuständiger Aufsichtsbehörde
MaSi	Mindestanforderungen an die Sicherheit von Internetzahlungen; erlassen durch die BaFin als zuständiger Aufsichtsbehörde. Die MaSi stellen die nationale Umsetzung der auf europäischer Ebene geltenden PSD II dar
MBCO	Minimum business continuity objective; Angabe für Menge und/oder Qualität eines Prozessoutputs, der auch im → Notbetrieb erreicht werden muss
MPSV	Medizinprodukte-Sicherheitsplanverordnung; erlassen durch das → BfArM; regelt für Medizinprodukte u. a. den Begriff „Vorkommnis" sowie Meldepflichten
MTA	Maximal tolerierbare Ausfallzeit; siehe MTPD
MTPD	Maximum tolerable period of downtime; gibt die Zeitspanne an, für die eine Ressource (meist ein Prozess) ausfallen darf, bis ein schwerwiegender Schaden entsteht
Nettorisiko	Siehe Risiko
Normalbetrieb	Betriebsform, bei der alle Kapazitäten (→ Ressourcen) zur Verfügung stehen
Notbetrieb	Temporäre Betriebsform mit eingeschränkten Kapazitäten (→ Ressourcen), bedingt durch adverse Ereignisse. Der Notbetrieb muss die → Verfügbarkcitsanforderungen erfüllen
Notfall	Siehe Ereigniskategorien
Notfallteam	Notfallteams können gebildet werden, um den Notbetrieb und den Wiederanlauf von Prozessen (Business Notfallteams) sowie den Wiederanlauf und die Wiederherstellung ausgefallener Ressourcen zu koordinieren. Ähnlich wie der Krisenstab sind sie keine stehenden Teams, sondern werden anlassbezogen aktiviert
PM	Pressemitteilung
Primärressourcen	Siehe Ressourcen
Prozess	Neben Informationen eine der beiden Kategorien von Primärressourcen. Prozesse bündeln einzelne (sequenzielle oder parallele) auf den gleichen Zweck ausgerichtete Aktivitäten. Prozesse sind Teil der Ablauforganisation einer Organisation
PSD II	Payment Services Directive; Neufassung der Richtlinie über Zahlungsdienste; enthält u. a. Vorgaben zur Authentifizierung von Nutzern

Ransomware	Besondere Art von Malware, mit der Angreifer Daten eines Opfers verschlüsseln oder IT-Systeme blockieren, sodass diese dem Zugriff entzogen sind und nicht genutzt werden können. Die Verschlüsselung wird flankiert von einer Erpressung: Zugriff gegen Lösegeld (engl. Ransom) freizugeben
Ressourcen	Auch Assets genannt; unterschieden werden nach ISO 27005 Primärressourcen (Primary Assets) und unterstützende Ressourcen (Supporting Assets). Primärressourcen sind Informationen und Prozesse, wohingegen zu den unterstützenden Ressourcen IT-Systeme, Rollen/Menschen, Dienstleister, Maschinen/Anlagen, Gebäudeinfrastrukturen, papierhafte Unterlagen etc. zählen. Wichtig zum Verständnis: Primärressourcen können nicht angegriffen werden – Angriffe können nur gegen unterstützende Ressourcen erfolgen. Daher müssen auch die unmittelbaren Schutzmaßnahmen an den unterstützenden Ressourcen ansetzen
Restore	Technische Wiederherstellung von Daten; beschrieben im Restore-Konzept, das wiederum auf das Datensicherungskonzept abgestimmt sein sollte
Risiko	Ein Risiko setzt sich aus zwei Faktoren zusammen: Eintrittswahrscheinlichkeit und zu erwartende Folgen. Es wird vor allem beeinflusst von den Bedrohungen (Threats), die auf ein Asset einwirken, und den Schwachstellen (Vulnerabilities), die das Asset besitzt. Wenn eine Bedrohung eine Schwachstelle ausnutzen kann (Exploit), resultiert daraus ein Risiko. Häufig wird als Näherungswert mit der Formel $R = S \times W$ gearbeitet, der zufolge das Risiko (R) das Produkt aus Schadenshöhe (S; Folgen) und Eintrittswahrscheinlichkeit (W) ist. Unterscheiden können wir zwischen dem Bruttorisiko und dem Nettorisiko. Ersteres beschreibt den Risikowert vor der Risikobehandlung, letzteres den Risikowert danach
Risikoappetit	Der Risikoappetit ist die grundsätzliche Einstellung eines Akteurs gegenüber Risiken aller Art. Eine risikofreudige Haltung bezeichnen wir als risikoaffin, während eine eher vorsichtige Ausrichtung risikoavers heißt
Risikobehandlungs-plan	Der Risikobehandlungsplan ist Bestandteil des → Cyber Risk Managements und wird sowohl durch ISO 27005, als auch durch ISO 27001 gefordert. Die Grundidee des Risikobehandlungsplans ist es, den Status quo der Behandlung eines jeden einzelnen Risikos inklusive der Verantwortlichkeiten transparent zu machen. Er ist im Rahmen der Risikokommunikation als Teil der → Awareness-Maßnahmen ein wichtiger Baustein
Risikoidentifikation	Die Risikoidentifikation ist Bestandteil des → Cyber Risk Managements und dient der Zuordnung • der Bedrohungen/Gefahren, • Gegenmaßnahmen, • Schwachstellen und • Folgen Zu den einzelnen → unterstützenden Ressourcen
RPO	Recovery Point Objective; gibt die Zeitspanne an, die längstens zwischen zwei aufeinander folgenden Datensicherungen liegen darf

RTO	Recovery Time Objective; Zeitspanne, innerhalb der eine Ressource zumindest im Notbetrieb bzw. auf Notbetriebsniveau wieder zur Verfügung stehen muss. Leitet sich aus der → MTPD ab, die in der Regel größer als die RTO, mindestens aber gleich ist
SBF	Siehe Schutzbedarfsfeststellung
Schulung	Eine Schulung ist eine Weiterbildungsform mit überwiegendem Theorieanteil Siehe auch Training und Awareness
Schutzbedarfsfeststellung	Mitunter auch als Schutzbedarfsanalyse bezeichnet; Verfahren zur Ermittlung des Schutzbedarfs einer bestimmten Informationsart/-kategorie. Aus dem Schutzbedarf ergibt sich wiederum ein Schutzniveau, für das assetspezifisch bestimmte Maßnahmen zwingend gesetzt werden müssen
Schutzziele	Mitunter auch als Grundwerte der Informationssicherheit bezeichnet. In der Praxis begegnen uns zwei (sich überschneidende) Sets an Schutzzielen Set 1: Vertraulichkeit, Integrität, Verfügbarkeit und Authentizität (VIVA) Set 2: Confidentiality, Integrity, Authenticity (CIA) Bei der Umsetzung beider Sets sind Kompromisse nötig, wie ein einfaches Beispiel zeigt. Stellen wir uns vor, wir haben eine Information, die wir unbedingt geheim halten wollen und die auch keinesfalls verfälscht werden darf Wie können wir das sicherstellen? Nun, wir können sie in Geheimschrift auf einen Zettel schreiben und diesen sofort verbrennen. Das Problem dabei: Wenn wir jetzt zu einem ungünstigen Zeitpunkt vor einen schnellen Lastwagen mit schlechten Bremsen laufen, ist die Information unwiederbringlich verloren. Wir haben zwar Vertraulichkeit, Integrität und Authentizität hervorragend geschützt – dabei aber die Verfügbarkeit außer Acht gelassen
Security Orchestration, Automation and Response	Klasse von Tools, die Funktionen für Incident Response, Orchestrierung und Automatisierung von Gegenmaßnahmen sowie Threat Intelligence (TI)-Management auf einer einzigen Plattform kombiniert
Single Points of Failure	Bruchpunkt, der über das Funktionieren eines Verfahrens, Systems, einer Organisation entscheidet; Kopfmonopole (Personen mit solitärem Wissen) sind ein prominentes Beispiel
SOAR	Siehe Security Orchestration, Automation and Response
SPoF	Siehe Single Points of Failure
Stakeholder	Andere Bezeichnung für Zielgruppen, Anspruchsgruppen und Akteure, die in einem wie auch immer gearteten Zusammenhang zu einer Organisation stehen. In den ISO-Standards auch als „interested parties" bezeichnet Die Erwartungen der Stakeholder bilden den Dreh- und Angelpunkt des Krisenmanagements. In professionellem Umfeld Gegenstand eines speziellen → Stakeholder- und Issuemanagement
Stakeholder- und Issuemanagement	Managementsystem, mittels dessen eine Organisation ihr Auftreten gegenüber relevanten Stakeholdern und deren Erwartungshaltungen hinsichtlich bestimmter Themen (→ Issues) steuert. Facette des Risikomanagements, insbesondere der Risikokommunikation

Störung	Siehe Incident
Stress	Anpassungsreaktion des menschlichen Organismus auf Änderungen in seinem Umfeld, z. B. einen Cyber-Angriff. Je stärker diese Stressoren, desto heftiger in der Regel die Anpassungsreaktion, d. h. der erzeugte Stress. Eine systematische (mentale und organisatorische) Auseinandersetzung mit unterschiedlichsten Stressoren sowie das Einüben von Bewältigungsmechanismen können das Stresslevel reduzieren und zweckmäßige Entscheidungen begünstigen
Strukturanalyse	Über die Strukturanalyse werden die Abhängigkeiten der primären und unterstützenden → Ressourcen untereinander festgelegt, sodass Schutzbedarfe und Kritikalitäten weitervererbt werden können
Telefonkaskade	Telefonbasiertes, an eine Lawine erinnerndes Alarmierungsverfahren; Person 1 ruft Personen 2–4 an, Person 2 ruft Personen 5–8 an, Person 3 ruft Personen 9–12 an, usw
TI	Threat Intelligence Maßnahmen zur Gewinnung von Informationen über strategische Entwicklungen, taktische Ansätze und operative Tools, die die eigene Organisation bedrohen (könnten)
TKG	Telekommunikationsgesetz; wurde als Part des als Mantelgesetz konzipierten IT-Sicherheitsgesetzes sowie mit Blick auf EU-DSGVO-Vorgaben novelliert
Training	Ein Training ist eine praxis-, d. h. handlungsorientierte Weiterbildungsform Siehe auch Training und Awareness
Training und Awareness	Oberbegriff für die strukturierte Vermittlung von Wissen über ein klar umrissenes Themengebiet gegenüber definierten Zielgruppen. Leitend ist dabei je Zielgruppe immer eine spezifische Zielvorgabe. Aus der Zielvorgabe leitet ein Trainings- und Awarenessprogramm konkrete Maßnahmen ab und setzt diese anhand nachvollziehbarer Prioritäten um
Unterstützende Ressourcen	Siehe Ressourcen
VAG	Versicherungsaufsichtsgesetz
VAIT	Versicherungsaufsichtliche Anforderungen an die IT; erlassen durch die BaFin als zuständiger Aufsichtsbehörde. Die VAIT konkretisieren das → VAG
Verfügbarkeit	Eines der Schutzziele bzw. Grundwerte im → Informationssicherheitsmanagement und das zentrale Schutzziel im → Continuity Management
Verfügbarkeitsanforderungen	Anforderungen an Ressourcen hinsichtlich Zeit, Qualität und Quantität, die bei ihrem → Wiederanlauf und ihrer → Wiederherstellung eingehalten werden müssen. Wichtige Kategorien von Verfügbarkeitsanforderungen sind → RTO bzw. → WAZ, → MTPD bzw. → MTA, → RPO sowie → MBCO Verfügbarkeitsanforderungen werden in der → BIA ermittelt

Vertrauen	Vertrauen ist die Grundlage aller Beziehungen, im privaten wie im geschäftlichen Kontext. Sich in letzterem erfolgreich zu behaupten ist ohne das Vertrauen der wesentlichen Stakeholder unmöglich. Wenn Kunden, Geldgeber, Aufsichtsbehörden, Mitarbeiter und Öffentlichkeit ihr Vertrauen in unsere Organisation verlieren, geht es um alles. Das Vertrauen zu bewahren ist daher das zentrale Anliegen des Cyber Crisis Managements
Vertraulichkeit	Eines der Schutzziele bzw. Grundwerte im → Informationssicherheitsmanagement; beschreibt den Umstand, dass nicht jede Information für jedermanns Ohren (oder Augen) bestimmt ist
VoIP	Voice-over-IP
VUCA	VUCA steht für volatile, uncertain, complex and ambiguous (schwankungsfreudig, ungewiss, komplex und mehrdeutig). Das Akronym beschreibt die gesellschaftlichen, politischen und wirtschaftlichen Rahmenbedingungen, innerhalb derer sich Menschen und Organisationen behaupten müssen
WAP	Wiederanlaufplan, siehe Wiederanlauf
WAZ	Wiederanlaufzeit, siehe RTO
WHP	Wiederherstellungsplan, siehe Wiederherstellung
Wiederanlauf	Verfahren zur Aufnahme des Notbetriebs Der Wiederanlauf hilft uns unter Einhaltung von RTO, MBCO und RPO in den Notbetrieb Für IT-Ressourcen bedeutet Wiederanlauf, innerhalb kürzester Zeit mittels redundanter Systeme hoffentlich weitestgehend automatisiert (z. B. durch Virtualisierung oder geskriptet) ein definiertes Maß an Leistungen bereit zu stellen. Dokumentationen (Wiederanlaufpläne) sind soweit wie möglich geskriptet Der Begriff des Wiederanlaufs wird oft mit dem der → Wiederherstellung verwechselt
Wiederanlaufplan	Siehe Wiederanlauf
Wiederherstellung	Beschreibt die Reparatur bzw. Wiederinbetriebnahme von Ressourcen, die temporär ausgefallen oder endgültig zerstört waren Die Wiederherstellung hilft uns aus dem Notbetrieb zurück in den Normalbetrieb Für IT-Systeme sind entsprechende Dokumentationen (Wiederherstellungspläne) Bestandteil der klassischen Betriebsdokumentation Der Begriff der Wiederherstellung wird oft mit dem des → Wiederanlaufs verwechselt
vzbv	Verbraucherzentrale Bundesverband

Printed in the United States
by Baker & Taylor Publisher Services